21 世纪高职高专新概念（财经类）系列教材

总主编　王宗湖

管理学概论

（第二版）

主　编　王波涛
副主编　顾秀英　孙　琳　王义荣

对外经济贸易大学出版社
中国·北京

图书在版编目（CIP）数据

管理学概论／王波涛主编．—2版．—北京：对外经济贸易大学出版社，2011
21世纪高职高专新概念（财经类）系列教材
ISBN 978-7-5663-0226-7

Ⅰ．①管… Ⅱ．①王… Ⅲ．①管理学－高等职业教育－教材 Ⅳ．①C93

中国版本图书馆CIP数据核字（2011）第225370号

管理学概论（第二版）

王波涛 主编
责任编辑：王 京 赵 昕

对外经济贸易大学出版社
北京市朝阳区惠新东街10号 邮政编码：100029
邮购电话：010－64492338 发行部电话：010－64492342
网址：http://www.uibep.com E-mail：uibep@126.com

山东省沂南县汇丰印刷有限公司印装 新华书店北京发行所发行
成品尺寸：185mm×260mm 18.75印张 462千字
2011年12月北京第1版 2011年12月第1次印刷

ISBN 978-7-5663-0226-7
印数：0 001－5 000册 定价：36.00元

21世纪高职高专新概念（财经类）系列教材编委会

总　序

当今世界科学技术日新月异，知识经济初见端倪，国力竞争日趋激烈。针对这一知识化、信息化、全球化的时代特征，世界各国正在酝酿进行一场深刻的教育改革，以培养同时代要求相适应的高素质的劳动者和富有创造性的专业人才。

随着我国市场经济体制的逐步完善和对外开放的不断扩大，我国经济将完全融入世界经济体系之中，而教育水平的高低与经济的发展密切相关。职业教育作为我国高等教育的全新组成部分，应确立怎样的培养目标来适应时代要求，已成为人们普遍关心的问题。教育部在关于《面向21世纪教育振兴行动计划》有关问题的回答中，对高职的培养目标是这样定位的:“高等职业教育应以培养基层和生产第一线技术应用型人才为办学宗旨，建立以基本素质和技术应用能力培养为主线的教学体系……专业课应加强针对性和实用性，实践教学要以培养学生专业应用能力为主……时间可占总课时数的1/3以上，至多可达50%……”可见，高等职业教育的培养目标，主要强调能力的培养和技术的应用，它要求我们的教育能够不断造就基本功扎实、操作能力强，又具有丰富知识和较高技能的复合型、实用型人才。

教材作为“整个教育系统的软件”，它不仅反映着社会发展的要求，同时在某种程度上还直接决定着受教育者的培养质量，因而，世界各国都非常注重教材的开发和建设。但目前，我国职业教育教学和管理模式受传统教育思想和教育模式的影响较深，以能力为本位的教育观念还未能在教学领域完全形成，课程改革和教材开发还远远满足不了形势发展对高职教育的要求。因此，要适应21世纪知识经济时代发展和我国现代化建设的要求，高等职业教育必须加快课程体系改革和教材建设的步伐，建立符合时代特征和具有我国特色的职业教育新思想、新模式、新课程体系。有鉴于此，对外经济贸易大学出版社为适应教育发展的新形势，并努力推动高职高专院校的教材建设，委托我们组织全国职业院校的教师及具有企业工作经验的业务骨干，编写这套21世纪高职高专新概念（财经类）系列教材。本系列教材暂包括国际贸易、会计、市场营销、经贸英语、旅游管理、物流管理、电子商务等10大专业以及基础科目90门课程。

为使教材编写尽量适应高职教育的特点及时代发展的新要求，我们在编写过程中，尽可能把最新的研究成果吸收渗透到教材中来，在内容安排、教法选择、编写体例等方面也进行了较多的改革，甚至是新的尝试，使本套丛书具有以下特点：

1. 在内容安排上，突出了“能力培养”和“创新教育”，加大了技能训练的比重

本套丛书各册教材，在基础理论讲授之后，每篇均加列“技能训练”专章，通过采用案例分析等形式，引导学生对本篇的重点、难点内容进行分析、讨论、练习和模拟训练；每章结束后针对本章重点内容设计了个案分析、关键名词、讨论与思考等项目，以强化学生对经济与管理理论和业务环节处理技巧的掌握。这些新增加的关于“能力培养”和“技能训练”等新内容，约占整本教材篇幅的1/3，基本上达到了国家对职业教育改革的要求。这种编写体例的运用在目前经济类课程的教材中还较少见，希望这种新的尝试能经日后的教学实践验证，成为一种“能力培养”和“创新教育”的有效方法。

2. 在编写体例上，积极探索模块教学，使学生容易理清教材的知识体系，迅速而系统牢固地掌握知识

本套丛书各册均采用“篇、章、节”的结构，每篇开始之前，均有一段概括性文字，对本篇内容的重点与难点、目的与要求加以说明，使学生在学习之前能对整篇主要内容有所了解；每章之下又提出了具体的学习目标及应掌握的重点难点，以便学生明确具体的学习任务。这样，每篇作为教材的大模块，包含着“章”这样的小模块，小模块又通过具体的学习任务的确立映衬着大模块，既使大模块之间篇篇相连，又与小模块环环相扣，组成系统的“知识链”。这种先将一本教材中的相关知识切块“溶解”，最后又串联起来的编写思路及形式，符合人类的分析综合的思维特点，有利于学生在学习过程中迅速而系统牢固地掌握知识。

3. 在教学方法上，注意吸收国外流行的教学理念，并尝试教学改革与教法创新

模拟教学、案例教学和启发式教学源于国外，现在是我国经济专业比较流行和推崇的教学方法。在本套教材的编写过程中，我们注重了上述教学方法的综合运用，旨在增强学生的主动参与意识和创新意识，提高学习的功效。同时，我们进一步借鉴了培养MBA的教学经验，在本套教材的编写方法上尽量运用提示、启发、引导、讨论和模拟等方法，其目的是使学生运用所学知识在进行初步的分析、综合、比较、分类后，将知识、技能抽象概括和具体化，提高学生灵活分析和解决问题的能力。这样既与国家对高职教育培养的目标相吻合，又适合学生的学习思维特点，并容易激发学生的学习兴趣，所以较之传统的教学方法有了较大的改革与突破。

4. 在学科建设上，积极探索和建立综合型、技能型、实践型新科目

江泽民同志在第三次全国教育工作会议上指出：“职业教育和成人教育要使学生在掌握必要的文化知识的同时，具有熟练的职业技能和适应职业变化的能力。”可见，现代职业教育呼唤综合型、应用型、技能型的新学科的设立。为反映这些要求，我们在每个专业都增设了“综合技能训练”课程，以此为基础编写了经济管理类各专业实践课的应用教材。该科目在内容上以各专业的主要业务为线索，将骨干核心课程的知识高度浓缩并有机串联，将主干课中没有系统讲授而实际工作中必然牵涉到的知识纳入其中，弥补了原来系列教材的欠缺与不足。同时，该系列教材大量采用模拟教学和案例教学，让学生以“业务员、经济师、总经理”的身份参与学习与训练，独自策划交易，进行经济活动等，刻意营造一种仿真情境，让学生在“训练”中学习，在“情景”中增长才干和积累经验，有效地将知识转变为专业性的技能技巧，提高其解决和处理实际问题的综合能力。总之，各专业“综合技能训练”课程的设立，是按照教育部“要多增加综合课”的要求而设立的新型试验科目，其主要目的是通过运用灵活有趣的模拟训练及案例教学等方法，启发诱导学生的立体思维，全面提高其独立操作经济业务的综合实践能力。因为是初次尝试，所以希望大家多加关注，并提出指导性的建议。

本套丛书的编写，得到了有关学校领导和学者、教授的大力支持，并引用了有关作者的部分资料，在此一并表示谢意。

本套丛书无论从体例安排到内容设置，还是从知识点的归纳到教法的运用，都进行了大胆探索和尝试，意欲为我国财经类高职高专教材的编写尽微薄之力，但由于时间和水平有限，疏漏和不足甚至是错误在所难免，希望广大教师、读者多提宝贵意见，以便日后充实与完善。

21 世纪高职高专新概念（财经类）系列教材编委会
2009 年 1 月

再版说明

21 世纪高职高专新概念（财经类）系列教材自出版至今已有 4 个年头。本套教材作为全国较早推出的针对高等职业教育的专业教材，深受高职院校师生的欢迎和好评。其重印率、销售量不断提高。然而随着形势的发展，很多业务法规和国际惯例已发生变化，高职教育也在进行人才培养模式和课程改革。为适应新的形势，我们组织相关教师对原教材进行了修订，使之更适应高职院校教学的需要。本次修订主要呈现以下特点：

1. 突出实践教学，强调“能力培养”和“创新教育”

本套教材在编写过程中，始终本着“实用、管用、够用”的原则，努力突出实践教学，强化技能训练，让学生在“训练”中学习，在“情景”中积累经验，有效地将知识转化为专业性的技能技巧。

2. 反映最新的业务变化

鉴于最近几年业务上出现了一些新的变化，如新的国际惯例（UCP600）、法律的修改和实施、会计准则的修改等等，教材也紧随其变化而进行了调整和充实，防止出现教学内容与实际业务脱节的现象。

3. 与职业资格考试证书相衔接

鉴于国家在各个行业实行职业资格考试，如报关员、外销员、会计、金融等，在编写教材时我们将相关内容与此类考试相衔接，在有关章节渗透、训练相关资格证书考试的内容和知识点。

本套教材包括国际贸易、会计、市场营销、商务英语、旅游与酒店管理、物流管理、电子商务、金融与保险、企业管理等九大专业，主要供高等职业院校相关专业的学生学习使用，也可作为短期培训教材。

21 世纪高职高专新概念（财经类）

系列教材编委会

2009 年 8 月

第二版前言

随着社会的发展，各行业、领域对高技能人才需求不断提高，为了实现培养生产、建设、管理、服务一线“下得去、用得上、留得住”的高素质、高技能人才的目标，高职院校必须加快改革，强化特色，增加人才培养的针对性和应用性。而教材建设是提高人才培养质量的重要基础。目前，各高职院校都在努力建立突出职业能力培养的课程标准，改革教学方式，强化“教、学、做”一体，不断提高对学生能力的培养。《管理学概论》第二版正是基于这样一种思路修订的。

本书第一版自 2007 年 8 月出版以来已有 4 年时间，经过几年来的广泛使用，各高职院校对该书质量给予了较高评价，本编写组成员在对第一版教材的使用过程中，不断充实相关资料，完善教学内容，听取学生和教师的意见和建议，使修订版更具有实用性和可操作性。本次修订力求通过内容更新使学生掌握知识的最新动态，通过新案例的使用增强教材内容的新颖性，通过技能训练拉近理论与实践的距离，着力培养学生分析和解决问题的能力。

修订后的第二版，主要突出了以下变化：

第一，内容新颖。本书注重吸收国内外管理的新思想、新理论和新经验，加强了对当代管理前沿知识的介绍，使学生能及时掌握与管理有关的新理论和新方法。本次修订几乎对每章内容都有充实和调整，使其内容更趋科学合理。

第二，紧紧围绕管理理论和管理实践的新发展，以学生应知、应会为切入点，以实际应用为重点，突出了基本理论和基本方法的实际运用。

第三，突出实训。本书每章后都安排了一个案例，每篇后都有包括填空题、单项选择题、多项选择题、判断题、案例分析题或计算题在内的技能训练专章，突出实训效果。在第一版的基础上调整优化了各章技能训练题目，并配备了参考答案。

第四，结构上由原来的三篇调整为四篇。即在原来“绪论篇”、“管理原理、职能与方法篇”及“管理实务篇”的基础上增加了“管理创新与变革篇”，实现了与管理前沿知识的对接。

第五，配备了 PPT 课件，为教师的课堂教学提供了方便。

修订后的第二版由王波涛任主编，顾秀英、孙琳、王义荣任副主编。具体编写章节如下（按章节次序）：王波涛，第一、二、三、六、七、十五章；王从芳，第四章；江美丽，第五章；孙琳，第八、十三章；谭科，第九章；顾秀英，第十、十二章；杨晓丽，第十一章；王义荣，第十四章。

本书适用于高等职业院校、高等专科院校、成人高校和民办高校开设管理课程的各专业使用，亦可供从事经济管理工作的人员参考阅读。本书在编写过程中参考了同类教材和有关论著的观点，在此向作者表示衷心的感谢。

由于受时间、水平、经验等主客观条件所限，加之本书对高职高专教材编写模式和编写经验作了大胆的改革尝试，难免存在不成熟和不妥之处，敬请读者批评指正。

编　者

2011 年 10 月 10 日

目录

第一篇　绪　论

第一章　管理与管理学 …………………………………………………… (3)

［学习目标］ …………………………………………………… (3)

［重点难点］ …………………………………………………… (3)

第一节　管理的概念及特征 …………………………………………… (3)

第二节　管理的性质 …………………………………………………… (6)

第三节　管理学研究的内容与方法 …………………………………… (8)

［个案分析］ …………………………………………………… (12)

［关键名词］ …………………………………………………… (13)

［讨论思考］ …………………………………………………… (13)

第二章　管理学的形成与发展 …………………………………………… (15)

［学习目标］ …………………………………………………… (15)

［重点难点］ …………………………………………………… (15)

第一节　传统管理思想的形成 ………………………………………… (15)

第二节　科学管理理论的产生 ………………………………………… (17)

第三节　现代管理理论的发展 ………………………………………… (22)

［个案分析］ …………………………………………………… (27)

［关键名词］ …………………………………………………… (29)

［讨论思考］ …………………………………………………… (29)

第三章　管理者 …………………………………………………………… (31)

［学习目标］ …………………………………………………… (31)

［重点难点］ …………………………………………………… (31)

第一节　管理者与管理者群体 ………………………………………… (31)

第二节　管理者的领导方式 …………………………………………… (36)

第三节　管理者的管理艺术…………………………………………………………（40）
［个案分析］ …………………………………………………………………（43）
［关键名词］ …………………………………………………………………（44）
［讨论思考］ …………………………………………………………………（44）

第四章　技能训练…………………………………………………………（45）

第一节　管理与管理学技能训练 ……………………………………………（45）
第二节　管理学的形成与发展技能训练 ……………………………………（48）
第三节　管理者技能训练 ……………………………………………………（52）

第二篇　管理原理、职能与方法

第五章　管理原理…………………………………………………………（57）

［学习目标］ …………………………………………………………………（57）
［重点难点］ …………………………………………………………………（57）
第一节　系统原理 ……………………………………………………………（57）
第二节　效益原理 ……………………………………………………………（60）
第三节　人本原理 ……………………………………………………………（62）
第四节　动态原理 ……………………………………………………………（65）
［个案分析］ …………………………………………………………………（68）
［关键名词］ …………………………………………………………………（70）
［讨论思考］ …………………………………………………………………（70）

第六章　管理职能…………………………………………………………（71）

［学习目标］ …………………………………………………………………（71）
［重点难点］ …………………………………………………………………（71）
第一节　计划职能 ……………………………………………………………（71）
第二节　组织职能 ……………………………………………………………（84）
第三节　领导职能 ……………………………………………………………（90）
第四节　控制职能 ……………………………………………………………（98）
［个案分析］ ………………………………………………………………（104）
［关键名词］ ………………………………………………………………（105）
［讨论思考］ ………………………………………………………………（105）

第七章　管理方法 ………………………………………………………（107）

［学习目标］ ………………………………………………………………（107）
［重点难点］ ………………………………………………………………（107）

第一节　法律方法 …………（107）
第二节　经济方法 …………（110）
第三节　行政方法 …………（112）
第四节　社会心理学方法 …………（114）
第五节　咨询诊断方法 …………（117）
第六节　经济数学方法 …………（119）
［个案分析］ …………（121）
［关键名词］ …………（123）
［讨论思考］ …………（123）

第八章　技能训练 …………（125）

第一节　管理原理技能训练 …………（125）
第二节　管理职能技能训练 …………（129）
第三节　管理方法技能训练 …………（136）

第三篇　管理创新与变革

第九章　管理创新 …………（143）

［学习目标］ …………（143）
［重点难点］ …………（143）
第一节　管理创新概述 …………（143）
第二节　管理创新的内容与过程 …………（148）
第三节　管理创新的实施与控制 …………（152）
［个案分析］ …………（155）
［关键名词］ …………（156）
［讨论思考］ …………（157）

第十章　管理变革 …………（159）

［学习目标］ …………（159）
［重点难点］ …………（159）
第一节　企业文化 …………（159）
第二节　学习型组织 …………（165）
第三节　柔性管理 …………（171）
第四节　知识管理 …………（177）
第五节　企业资源计划 …………（179）
第六节　顾客关系管理 …………（180）
第七节　供应链管理 …………（182）

第八节　比较管理 …………………………………………（183）
［个案分析］ …………………………………………（185）
［关键名词］ …………………………………………（185）
［讨论思考］ …………………………………………（185）

第十一章　技能训练 …………………………………………（187）

第一节　管理创新技能训练 …………………………………………（187）
第二节　管理变革技能训练 …………………………………………（191）

第四篇　管理实务

第十二章　战略管理 …………………………………………（199）

［学习目标］ …………………………………………（199）
［重点难点］ …………………………………………（199）
第一节　战略管理概述 …………………………………………（199）
第二节　战略环境分析 …………………………………………（203）
第三节　战略类型与选择 …………………………………………（210）
［个案分析］ …………………………………………（212）
［关键名词］ …………………………………………（213）
［讨论思考］ …………………………………………（213）

第十三章　人力资源管理 …………………………………………（215）

［学习目标］ …………………………………………（215）
［重点难点］ …………………………………………（215）
第一节　人力资源管理概述 …………………………………………（215）
第二节　工作分析与工作设计 …………………………………………（220）
第三节　员工招聘与选拔 …………………………………………（226）
第四节　员工培训 …………………………………………（231）
第五节　绩效管理与薪酬管理 …………………………………………（236）
［个案分析］ …………………………………………（245）
［关键名词］ …………………………………………（248）
［讨论思考］ …………………………………………（248）

第十四章　质量管理 …………………………………………（249）

［学习目标］ …………………………………………（249）
［重点难点］ …………………………………………（249）
第一节　质量与质量管理 …………………………………………（249）

第二节　全面质量管理 …………………………………………………………（252）
第三节　质量管理的方法和技术 ……………………………………………………（257）
第四节　质量认证制度与 ISO 9000 质量体系 ……………………………………（262）
［个案分析］ …………………………………………………………………（266）
［关键名词］ …………………………………………………………………（267）
［讨论思考］ …………………………………………………………………（668）

第十五章　技能训练 ……………………………………………………（269）

第一节　战略管理技能训练 ……………………………………………………（269）
第二节　人力资源管理技能训练 ………………………………………………（272）
第三节　质量管理技能训练 ……………………………………………………（275）

参考文献 ……………………………………………………………………（279）

第一篇 绪 论

管理已经成为现代人类生活中最重要的领域之一。各类组织中的管理者卓有成效的管理，保证了组织的有效运行和人们生活水平的稳定提高。虽然管理者的工作环境有所不同，但其承担的任务是相同的，即设计和维持一种能促使集体中共同工作的成员施展才能、实现预定目标的环境。因此，他们的管理工作的实质是相同的。

本篇是管理学概论的绪论篇，介绍了管理、管理学及管理者的相关内容，主要包括管理的概念、性质和特征，管理学的研究内容和方法，管理学理论的形成与发展历史，管理者领导方式的相关理论与管理艺术等内容。通过学习使学生了解管理的一些基本知识，掌握管理者应具备的基本素质等，能在实践中运用所学的管理知识。

第一章

管理与管理学

课前准备

【学习目标】

通过本章的学习，使学生了解和掌握管理的概念、性质以及管理学的概念，明确管理学研究的内容和方法。

【重点难点】

1. 管理的概念及特征；
2. 管理的性质；
3. 管理学研究的内容；
4. 学习和研究管理学的方法。

学习内容

第一节　管理的概念及特征

一、管理的概念

管理活动自古有之。长期以来，人们在不断的实践中认识到管理的重要性。20 世纪初开始的管理运动和管理热潮取得了令人瞩目的成果，成果之一就是形成了较完整的管理理论体系，以及在管理理论指导下带来的组织绩效。那么，什么是管理呢？从不同的角度和背景，对管理可以有不同的理解。从字面上看，管理可以简单地理解为“管辖”、“处理”、“管人”、“理事”等意，即对一定范围内的人员及事务进行安排和处理。许多中外学者从不同的研究角度出发，对管理作出了不同的解释。

国外一些管理学著作或管理教科书中，对管理的定义有以下几种说法：

“管理就是决策。”（［美］赫伯特・A・西蒙）

“管理就是由一个或者更多的人来协调他人的活动，以便收到个人单独活动所不能收到的效果。”（［美］小詹姆斯・H・唐纳利等）

“管理就是计划、组织、控制等活动的过程。”（［美］弗里蒙特・E・卡斯特等）

“管理是筹划、组织和控制一个组织或一组人的工作。”（［美］托尼・布洛克特）

“给管理下一个广义而又切实可行的定义，可把它看成是这样的一种活动，它发挥某些职能，以便有效地获取、分配和利用人的努力和物质资源，来实现某个目标。”（［美］丹尼尔・A・雷恩）

“管理就是通过其他人来完成工作。”（［美］R. M. 霍德盖茨）

“管理是指同别人一起，或通过别人使活动完成得更有效的过程。”（［美］斯蒂芬・P・史宾斯）

“管理就是设计并保持一种良好环境，使人在群体里高效率地完成既定目标的过程。”（［美］哈罗德・孔茨/海因茨・韦里克）

我国一些文献或教科书中也给管理下了一些定义，如：

“管理就是指由专门机构和人员进行的，控制人和组织的行为，使之趋向预定目标的技术、科学和活动。”（张尚仁．管理、管理学与管理哲学．昆明：云南人民出版社，1987：172）．

“管理是管理者为使客观事物的存在和发展合乎一定的目的而采用相应的方式所进行的活动。”（戴金珊．东西方的不同管理艺术．读书，1985（2）：11）

上述定义可以说是从不同的侧面、不同的角度揭示了管理的含义以及管理在某一方面的属性。

综合中外学者的观点，笔者认为：所谓管理，是指组织中的管理者，通过实施计划、组织、领导、控制等职能来协调他人的活动，使他人同自己一起实现既定目标的活动过程。

我们可以从管理的基本特征来加深对这一概念的理解。

二、管理的基本特征

（一）管理是一种普遍的文化现象和社会现象

自从有了人类社会，就存在管理活动，并在此基础上形成各种管理思想，因此管理是一种社会现象和文化现象。管理或管理活动的存在，必须具备两个必要条件：两个人以上的集体活动；一致认可的目标。

在人类社会生产活动中，人们总是或多或少地组织起来，通过协作来达到个人单独活动所不能收到的效果。协作的有效性是通过管理活动完成和实现的，可见，管理的载体是组织。同时任何组织的活动，都需要有计划与目标。管理就是通过制订计划，确定目标，引导组织成员实现目标，达到组织成员协作的整体效果。有组织活动的地方就有管理活动，就需要管理，所以管理具有普遍性。

（二）管理的主体是管理者

既然管理是让他人与自己一道去实现既定目标，那么管理者对管理的效果及组织绩效都承担重大责任。管理者在管理活动中将扮演什么角色，即管理者的责任究竟是什么呢？美国管理学家德鲁克（Peter. F. Drucker）针对这一问题从三个层次作出明确回答。

德鲁克认为，管理者的第一个责任是管理一个组织。组织是一个整体，为此，管理者应明确：我们的组织是什么，它的目标是什么，如何实现目标。惟其如此，组织才能取得最大效益，更好地服务社会。管理者的第二个责任是管理管理者。对管理者应该通过目标管理和自我控制进行管理，同时管理者还应该培养下属。管理者的第三个责任是管理工作和员工，主要是激励组织成员发挥其创造的热情，求得组织的最佳效果。

（三）管理的职能是计划、组织、领导和控制

20 世纪初，法国工业家法约尔认为管理者行使着五项管理职能，即计划、组织、指挥、协调和控制。到 20 世纪 50 年代中期，美国加州大学洛杉矶分校的两位教授——孔茨和奥唐内尔在教科书中，把管理的职能划分为计划、组织、人员配备、指导和控制。目前，管理职能被压缩成四种，即计划、组织、领导和控制。

（四）管理的本质是协调

协调就是使个人的努力与集体的预期目标相一致，每一项管理职能、每一个管理决策都要进行协调。

（五）管理的目的是为了实现目标

任何组织活动都需要计划和目标。管理就是通过制订计划，确定目标，引导组织成员实现目标，达到组织成员协作的整体效果。

（六）管理的核心是处理好人际关系

管理是管理者让他人与自己一起去实现既定的目标。在实现目标的过程中，如何采取各种手段和措施，使得他人的行为能够与组织目标保持一致，是十分重要的。有些管理学者认为，组织是一个社会合作系统，人们在这个社会合作系统内相互合作和协作，达成个人无法实现的整体效果。显然，人们彼此协作有效与否，将直接影响到整体效果。因此，管理者的主要工作就是与人打交道，管理的核心就是处理好人际关系。

三、管理既是一门科学，又是一种艺术

（一）管理是一门科学

科学是系统化的知识，科学的方法能够通过对事物的观察而对事物的本质作出判定，并通过持续不断的观察对这些本质的确切性进行检验。20 世纪以来，管理知识逐渐系统化，并形成了一套行之有效的管理方法。尽管与自然科学相比，它还不够精确，但管理已成为一

门科学是毋庸置疑的。

（二）管理是一种艺术

管理是一种艺术，这是强调管理的实践性。艺术是指达到某种预期效果的有效方法或者“诀窍”。像其他所有技艺一样，管理工作也要利用系统化知识，根据实际情况加以运用，以获得预期效果。也就是说，管理者在管理实践中，既要运用管理知识，又要发挥创造性，谋划出一种有用的解决方法来高效地实现目标。没有实践则无所谓艺术，而最富有成效的管理艺术是以对管理理论的理解为基础的。管理者靠背诵管理原则或原理进行管理活动，如同医务人员靠背医书诊断疾病、建筑师靠背公式设计建筑一样，必然是脱离或忽视实际情况的无效活动。这就是说，管理专业的学习不能培养出“成品”管理者，但能为培养有效的管理者在管理理论知识方面打下基础。相反，没有掌握管理理论的人在进行管理活动时，靠经验、凭直觉、碰运气，难以取得有效成果。美国哈佛大学商学院企业管理教授列文斯顿先生，在他担任某研究所所长和担任某管理系统公司总经理期间，通过调查数以百计获得MBA（工商管理硕士）学位的人在实际管理工作中的情况发现，他们在学校或训练计划中的成绩同管理上取得的业绩之间并无直接联系。

（三）管理是科学与艺术的统一

管理既是一门科学，又是一种艺术，是科学与艺术的有机结合体。管理的这一特性，对于学习管理学和从事管理工作的管理人员来说也是十分重要的，它可以促使人们既注重管理基本理论的学习，又不忽视实践的灵活运用，这一点，可以说是管理成功的一项重要保证。

第二节 管理的性质

一、管理的两重性

管理的两重性是指管理的自然属性和社会属性。

管理的两重性是马克思首先提出的，是马克思主义关于管理问题的基本观点。马克思指出，资本主义管理“因为它所管理的生产过程本身具有两重性，一方面是制造产品的社会劳动过程，另一方面是资本的价值增殖过程”。马克思进一步指出：“凡是直接生产过程具有社会结合的过程形态，而不是表现为独立生产者的独立劳动的地方，都必然会产生监督劳动和指挥劳动，不过它具有两重性。”（马克思恩格斯全集.25卷：431）. 一方面，“凡是由许多个人进行协作的劳动，过程的联系和统一都必然要表现在一个指挥的意志上……”；另一方面，“凡是建立在作为直接生产者的劳动者和生产资料所有者之间的对立上的生产方式中，都必然会产生这种监督劳动。”

根据马克思的论述，我们可以明确管理的两重性。

（一）管理的自然属性

管理的自然属性是同生产力直接联系的，它由共同劳动的社会化性质产生，是进行社会化大生产的一般要求和组织劳动协作过程的必要条件。通过管理实现生产力三要素的结合，具有组织技术属性，表现为合理组织生产力的一般职能。管理的自然属性不受社会生产关系、政治制度和相应的上层建筑的束缚，可以在不同的社会生产关系和政治、文化传统的管理中表现出来。所以，管理的自然属性又称生产力属性或管理的共性。

（二）管理的社会属性

管理的社会属性是同生产关系联系的，是由共同劳动所采取的社会结合方式的性质产生的，是维护社会生产关系和实现社会生产目的的重要手段，表现为维护生产关系的特殊职能。管理的社会属性随着社会生产关系、政治制度和相应的上层建筑的变化而变化，反映社会生产关系发展需要的性质，总是为一定的社会经济利益服务，具有特定的目的。所以，管理的社会属性又称生产关系属性或管理的个性。

管理的两重性反映出管理的必要性和目的性。所谓必要性，是说管理是生产过程固有的属性，是有效地组织劳动所必需的；所谓目的性，是说管理直接或间接地同生产资料所有制相关，反映生产资料占有者组织劳动的目的。这就是说，一方面，管理是由许多人协作劳动而产生的，它是有效组织共同劳动所必需的，具有同生产力、社会化大生产相联系的自然属性；另一方面，管理又体现着生产资料所有者指挥劳动、监督劳动的意志，因此，它又有同生产关系、社会制度相联系的社会属性。

二、学习管理两重性的意义

学习管理的两重性原理，对于研究社会主义企业管理、借鉴资本主义企业管理、探索我国企业管理理论与实践具有重大意义。

第一，明确不同制度下管埋的区别和联系，有利于全面坚持管理的两重属性。只有认识到不同制度下管理的自然属性和社会属性的区别和联系，才能在社会主义企业管理中，一方面，重视管理的一般职能，根据生产力发展规律的客观要求，努力提高管理水平；另一方面，重视管理的特殊职能，根据生产关系发展规律的要求，处理好企业内外的各种关系，充分调动人的积极性，更好地实现经济效益。两种属性都应重视，不可偏废。管理是由生产力发展引起和决定的，社会主义的根本任务就是发展生产力，所以不能忽视管理的自然属性；生产力是在一定生产关系下的生产力，社会主义生产关系决定社会主义企业的管理性质和经营方向，所以也不能忽视管理的社会属性。

第二，了解管理科学具有共享性，有助于正确学习、借鉴国外企业管理的先进经验。管理成为科学是随着资本主义的产生和发展而逐渐形成的，资本主义长期积累的丰富的管理经验和方法，值得我们学习和借鉴。列宁在谈到泰罗制度时曾说过：“资本主义在这方面的最新发明——泰罗制——也同资本主义其他一切进步的东西一样，有两个方面，一方面是资产阶级剥削的最巧妙的残酷手段，另一方面是一系列最丰富的科学成就。”毛泽东同志在《论十大关系》中曾谈到管理两重性的问题。他说：“外国资产阶级一切腐败制度和思想作风，我们要坚决抵制和批判。但是，这并不妨碍我们学习资本主义国家的先进的科学技术和企业管理方法中合乎科学的方面。工业发达国家的企业，用人少、效率高、会做生意，这些都应当有原则地好好学过来，以利于改进我们的工作。”邓小平同志1992年在南方的重要谈话中指出："社会主义要赢得与资本主义相比较的优势，就必须大胆吸收和借鉴人类社会创造的一切文明成果，吸收和借鉴当今世界各国包括资本主义发达国家的一切反映现代化生产规律的先进经营方式、管理方法。要学习资本主义国家的某些好东西，包括经营管理方法，也不等于实行资本主义。这是社会主义利用这种方法来发展社会生产力。把这当做方法，不会影响整个社会主义，不会重新回到资本主义。"我们对资本主义管理的剥削性质应予以分析和批判，而对其丰富的科学成就则应好好吸收和利用。先进的管理理论、管理方法就像自然科学成果一样，是人类的共同财富，具有继承性，管理科学在不同制度下的企业是可以共享的。

第三，明确管理的存在及其发展的客观必然性，有助于探讨和建立具有中国特色的管理理论和实践。我国的管理实践经历了曲折的历史变化进程，出现了两种偏向：一种是"生产力决定论"，否定管理的生产关系属性，主张全盘学习西方管理；一种是"生产关系决定论"，否定管理的生产力属性，全盘否定西方管理。它们走向了两个极端，违背了马克思主义经济学说的基本原理。任何生产都是生产力和生产关系的统一，不论在什么生产方式（社会制度）下，管理都兼有两重任务：组织生产力、维护生产关系。管理的两重性是客观存在的，因此，管理的发展是必然趋势。随着生产的发展和科技的进步，生产经营的社会化程度越来越高，劳动分工与协作越来越紧密，经济联系越来越广泛，导致生产经营对管理的依赖性越来越大，管理对生产经营的指挥和控制作用也越来越显著。我国科学技术落后，管理更落后，在我们大量引进西方发达国家先进设备、技术和管理的同时，结合国情，改革我国管理体制，提高我国的管理技术和管理水平，促进生产力发展，贯彻"以我为主，博采众长，融合提炼，自成一家"的方针，探讨建立具有中国特色的管理理论和管理实践，具有重大的现实意义。

第三节　管理学研究的内容与方法

一、管理学及其特点

管理学是一门系统地研究管理过程的普遍规律、基本原理和一般方法的科学。随着社会的不断进步、科学技术的飞速发展，以及管理活动内容的日益丰富，管理在生活和生产过程中的作用越来越受到关注和重视。这就为全面系统地研究管理活动过程中的客观规律和一般方法提供了必要的条件和基础，从而使管理学的研究不断得到充实和发展。但同自然科学相比较，管理学还是一门不精确、有待发展的科学。

一般说来，管理学具有以下几个特点：

（一）一般性

管理学有别于其他各种专门管理学，如工商企业管理、医院管理、行政事务部门管理等，它试图从各种不同的组织中概括、抽象、提炼出共同的东西，并形成系统的管理理论。其他各类专门管理，都需要把管理学作为基础来加以学习和研究。

（二）多科性

管理学的多科性表现为：在内容上，它需要从社会生活的各个领域、各个方面以及各种不同类型组织的管理活动中，概括和抽象出对各门具体管理学科都具有普遍指导意义的管理思想、原理和方法；在方法上，它需要综合运用现代社会科学、自然科学和技术科学的成果，研究管理活动过程中普遍存在的基本规律和一般方法。管理活动是很复杂的活动，影响这一活动的因素是多种多样的。除生产力、生产关系的基本因素外，还有一些自然因素，以及政治、法律、社会、心理等社会性因素。因此，要搞好管理工作，必须考虑到组织内部和外部的多种错综复杂的因素，利用经济学、数学、生产力经济学、工程技术学、心理学、生理学、仿真学、行为科学等的研究成果，以及运筹学、系统工程、信息论、控制论、电子计算机等的最新成就，对管理进行定性的描述和定量的预测，从中研究出行之有效的管理理论，并用以指导管理的实际工作。所以从管理学与许多学科的相互关系来看，可以说，管理学是一门交叉学科或边缘学科，但从它综合利用上述多种学科的成果发挥自己的作用来看，它又是一门多种学科综合的科学。

（三）模糊性

管理既是一门科学，又是一门艺术。实际工作中所遇到的复杂因素，使它不同于数学和自然科学。数学只要给出足够的条件或函数关系，按一定的法则进行演算就能得到确定的结果。但是，管理工作的许多要素是无法完全预知，也难以完全量化的，如国家的方针、政策和法令，自然环境的突然变化，其他企业的经营决策，人的心理等，因此在现实生活中无法找出绝对理想的最优管理方案。管理科学在整体上重视定性分析和定量分析相结合的方法，追求满意决策。因此管理学是一门不精确的科学，在学习管理理论的同时，要更加重视管理的艺术性，在实践中灵活发挥管理理论和原理的作用。

（四）历史性

管理学是前人的管理实践、管理思想、管理理论的总结、扬弃和发展。割断历史，不了解前人对管理经验的理论总结与管理实践的历史轨迹，就难以理解管理学发展的依据，也就难以把握管理学的发展趋势，更谈不上用它指导实践了。

（五）实践性

管理学是一门应用科学，管理学的理论与方法的有效性要通过实践来检验。同时，有效的管理理论与方法只有通过实践才能带来实效，发挥其指导实际工作的作用，并在不断反复的实践中，完善管理学的理论和方法。管理学有其一般规律，但一定要结合实际，既要借鉴国外的经验，又要研究总结我国的经验，这样才能形成具有中国特色的管理学理论。

二、管理学研究的内容与范围

通常我们把管理学研究的内容和范围大体分成三个层次。

首先，因为管理活动总是在一定社会生产方式下进行的，故其研究内容可以分为三个方面：

（1）生产力方面。研究如何合理配置和使用组织中的人、财、物，才能使各生产要素充分发挥作用；研究如何根据组织目标及社会需求，合理使用各种资源，以求得最佳经济效益与社会效益。

（2）生产关系方面。研究如何处理组织中人与人之间的相互关系；研究如何完善组织机构与各种管理体制，从而最大限度地调动各方面的积极性和创造性，为实现组织目标服务。

（3）上层建筑方面。研究如何使组织内部环境与外部环境相适应；研究如何使组织内部环境与外部环境的政治、经济、法律、道德等上层建筑保持一致，从而维持正常的生产关系，促进生产力的发展。

其次，从历史的角度研究管理实践、管理思想及管理理论的形成与演变过程。通过了解管理理论发展的来龙去脉，帮助我们正确理解管理理论发展至今的历史必然性，预测和展望管理理论发展的趋势。

最后，从管理者的基本职能或工作出发，系统研究管理活动的原理、规律和方法。具体包括如下内容：管理活动中管理者要承担哪些职能；执行这些职能要涉及组织中的哪些要素；在执行各项职能中应遵循哪些原理，采用哪些方法、程序和技术；执行职能过程中会遇到哪些障碍、阻力等。

三、学习管理学的重要性

由于管理工作在社会中普遍存在，影响着社会经济的发展、组织的高效运行和个人的工作行为，因此学习管理学是非常重要的。

（一）管理在社会中普遍存在

自从有了人类活动、有了组织，管理活动便随之产生。对于任何组织，管理都是非常必要的。无论组织规模的大小与类型、无论组织在哪个层次上、无论这个组织位于哪个国家或地区，管理都是普遍存在的。在任何环境里，管理都要进行计划、组织、领导和控制，只是不同的组织采用的具体方法不同。

（二）管理是影响企业经营成败的重要因素

管理是对所有可以调配的资源进行协调和配置的过程，因此，它决定资源使用的合理性和经济性。美国学者在对倒闭企业进行的调查中发现，绝大部分企业倒闭的原因并非技术问题，而是经营管理不善。2001 年，我国有人对 61 290 家倒闭企业的相关材料进行了统计分析，发现倒闭的原因中企业经营所需要的物质、精神或智力准备不够、能力不足的占 44%，缺乏管理经验或经验不配套的占 33%，其他原因占 23%。大量证据表明，管理对企业经营成败具有举足轻重的作用。管理不善的组织，它的顾客基础必然萎缩，相应的营业收入也会下降，从而最终走向经营失败。

（三）管理能够推动社会经济快速发展

现代科技和管理是推动一个国家或地区经济快速发展的车轮，仅有先进的科学技术，没有先进的管理水平、没有相应的管理科学的发展，科学技术是无法得到推广和有效运用的。例如，我们从国外引进先进的生产技术和设备，但是没有科学的管理方法和制度，这些设备和技术无法正常地运转产生价值。国外的社会学者一般认为，19 世纪经济学家特别受欢迎，而20 世纪 40 年代以后，却是管理人才的天下了。这些都表明管理在现代社会的发展中占有很重要的地位，起着很大的作用。

（四）学习管理学是提高管理者能力的重要途径

知识来源于经验的归纳和总结，知识既可以从直接经验中获取，也可以通过学习间接经验获得。主管人员要提高自身的管理能力，需要将直接经验和间接经验有机地结合起来，既通过亲身的管理实践完善自我，又通过各种方式学习他人的经验提升能力。对间接性经验、阅历和结论的学习，能够使管理者迅速获得多方面的管理知识。管理学的学习正是获得他人的成功经验的最有效、最迅速的途径。用较短的时间掌握管理的基本理论和方法，然后在实践中因地制宜地运用这些知识来指导自己的工作，将理论与实践、经验与科学有效地结合起来，提高管理者的能力。

（五）学习管理学可以使个体更高效地工作

任何一个个体，无论其从事何种工作，必然是两种角色的选择——管理者或者被管理者，或者是两种角色兼而有之。对于那些计划进入管理者行列的人来说，理解管理过程是构成其管理技巧的基础；对于那些不想成为管理者的人来说，仍然要和管理者打交道。随着现代社会的进步，即使不是管理者，也会承担一定的管理职能。因此，通过学习管理学，个体能够对上司的行为有更多的认识，便于彼此的沟通与协调，对于组织工作能够有更深入的洞察，从而提高个人的工作效率。

四、学习和研究管理学的方法

（一）唯物辩证法

马克思主义的唯物辩证法是学习与研究管理学的总的方法论指导。毛泽东同志指出："判定认识或理论是否是真理，不是依主观上觉得如何而定，而是依客观上社会实践的结果如何而定。真理的标准只能是社会的实践。实践的观点是辩证唯物论的认识论之第一的和基本的观点。"（毛泽东选集．1 卷．北京：人民出版社，1991：284.）

管理学产生于管理的实践活动。在管理的实践中，人们用全面的、历史的、发展的观点去观察和分析管理活动中的各种问题，经过提炼上升为管理理论；管理理论反过来通过实践指导人们的管理活动，验证管理理论的有效性，逐步发展和完善管理理论。不难看出，辩证唯物主义认识论作为人们认识自然和社会的一般规律，完全适用于人们对管理活动的认识。

（二）理论联系实际的方法

管理理论来源于管理实践，应用于管理实践，并在管理实践中得到丰富、发展和完善。因此，在学习和研究管理学时，要运用理论联系实际的方法，善于观察管理实践、总结管理经验，在实践中学，在实践中运用和提炼，真正领会管理理论的精髓。

（三）系统方法

所谓系统的方法是指用系统的观点来研究和分析管理活动的全过程。把管理过程或活动看成是一个整体系统，有助于我们把握管理的整体性、目的性、开放性、控制性、依存性等特点，有助于我们全局性地把握管理的性质、原理等。

（四）比较研究方法

有比较才会有鉴别，有比较才会有提高。从纵向来看，无论是中国的历史，还是外国的历史，在长期的管理实践中，都形成了大量的管理思想、管理案例和管理文化经典，深入地研究前人留下的管理精华，就会有所启发、有所创新、有所发展。从横向来看，当代世界各国，特别是西方发达国家，都形成了各自富有特色的管理理念和管理理论，我们可以通过比较分析，借鉴其先进的管理理念、管理原理和管理方法，博采众长，丰富我们的管理理论。

（五）案例分析方法

案例分析方法就是指在研究、学习管理学的过程中，通过对典型的管理案例进行分析、讨论，从中总结出管理的经验、方法和原则，以加强对管理理论的理解与运用。研究管理学必须掌握案例分析法，将自己置身于模拟的管理环境中，运用所学的原则、原理和方法去指导实践。

（六）试验研究方法

试验研究方法就是指在一定的环境中有目的地观察研究对象的行为特征，并有计划地变动试验条件和环境，再反复观察研究对象的行为特征，从而揭示管理的规律、原则和艺术的方法。著名的“霍桑实验”就是运用试验研究法揭示管理问题的典范。

【个案分析】

晋升之后

郭宁最近被一家生产机电产品的公司聘为总裁。在他准备接任此职位的前一天晚上，他浮想联翩，回忆起他在公司工作二十多年的情况。

他在大学时的专业是工业管理，大学毕业获得学位后到该公司工作，最初担任液压装配单位的助理监督。他当时真不知道如何工作，因为他对液压装配所知甚少，在管理工作上也没有实际经验，他感到几乎每天都手忙脚乱。可是他非常认真好学，一方面，他仔细参阅该单位制定的工作手册，并努力学习有关的技术书刊；另一方面，监督长的主动指点使他渐渐摆脱了困境，胜任了工作。经过半年多的努力，他已有能力独担液压装配的监督长工作。可是，当时公司没有提升他为监督长，而是直接提升他为装配部经理，负责包括液压装配在内的四个装配单位的领导工作。

在他当助理监督时，他主要关心的是每日的作业管理，技术性很强。而当他担任装配部经理时，他发现自己不能只关心当天的装配工作状况，还得作出此后数周乃至数月的规划，还要完成许多报告、参加许多会议，而没有多少时间去从事自己过去喜欢的技术工作。当上装配部经理不久，他就发现原有的装配工作手册已基本过时，因为公司已安装了许多新的设备，引进了一些新的技术，这令他花了整整一年的时间去修订工作手册，使之切合实际。在修订手册的过程中，郭宁发现要让装配工作与整个公司的生产作业协调起来是有很多讲究的。他还主动到几个工厂去访问，学到了许多新的工作方法，他也把这些吸收到修订的工作手册中去。由于该公司的生产工艺频繁发生变化，工作手册也必须经常进行修订，郭宁对此都完成得很出色。他工作了几年后，不但自己学会了这些工作，而且还学会如何把这些工作交给助手去做，教他如何做好，这样，他可以腾出更多时间用于规划工作和帮助他的下属更好地工作，以及花更多的时间去参加会议、批阅报告和完成自己向上级的工作汇报。

在他担任装配部经理六年之后，正好该公司负责规划工作的副总裁辞职应聘于其他公司，郭宁便主动申请担任此职务。在同另外五名竞争者较量之后，郭宁被正式提升为规划工作副总裁。他自信拥有担任此职位的能力，但由于此高级职位工作的复杂性，仍使他在刚接任时碰到了不少麻烦。例如，他感到很难预测一年之后的产品需求情况。可是一个新工厂的开工，乃至在新的岗位上他还要不断处理市场营销、财务、人事、生产等部门之间的协调，这些都是他过去所不熟悉的。他在新岗位上深切感到：越是职位上升，越难于仅仅按标准的工作程序去进行工作。但是，他还是渐渐适应了，作出了成绩，以后又被提升为负责生产工作的副总裁，而这一职位通常是由该公司资历最深、辈分最高的副总裁担任的。如今，郭宁又被提升为总裁。他知道，一个人当上公司最高主管之时，应该自信自己有处理可能出现的任何情况的才能，但他也明白自己尚未达到这样的水平。因此，他不禁想到自己明天就要上任了，今后数月的情况会是怎么样？他不免为此而担忧！

资料来源：张弘，郭巧云．管理学．长沙：湖南大学出版社，2009.

问题：

1. 你认为郭宁当上公司总裁后，他的管理责任与过去相比有了哪些变化？应当如何去适应这些变化？

2. 你认为郭宁要成功地胜任公司总裁的工作，哪些管理技能是最重要的？你觉得他具有这些技能吗？

【关键名词】

管理　管理学　管理两重性

【讨论思考】

1. 什么是管理？管理有哪些基本特征？
2. 什么是管理学？管理学有哪些特点？
3. 管理具有哪两重性？学习管理两重性原理有何现实意义？
4. 为什么说管理既是一门科学，又是一种艺术？
5. 结合实际说明为什么要研究管理学？
6. 研究管理学有哪些方法？

第二章

管理学的形成与发展

课前准备

【学习目标】

本章主要介绍管理学理论的形成与发展历史。通过学习，学生应能了解管理理论的发展历史，并掌握不同阶段管理理论的主要流派、代表人物及其理论观点。

【重点难点】

1. 传统管理思想的代表人物及其观点；
2. 科学管理理论时期的代表人物及其理论；
3. 现代管理理论的主要流派。

学习内容

第一节　传统管理思想的形成

在人类历史上，自从有了有组织活动，就有了管理活动。管理活动的出现促使一些人对这种活动加以研究和探索。经过长期的积累和总结，人们对管理活动有了初步的认识和见解，从而开始形成一些零散的管理思想。随着社会的发展和科学技术的进步，一些人又对管理思想加以提炼和概括，找出管理中带有规律性的东西，并将其作为一种假设，结合科学技术的发展，在管理活动中进行检验，继而对检验结果加以分析研究，从中找出属于管理活动普遍原理的东西。这些原理经过抽象和综合就形成了管理理论。因此，管理理论、管理活动（或管理实践）、管理思想之间的关系如图 2－1 所示。

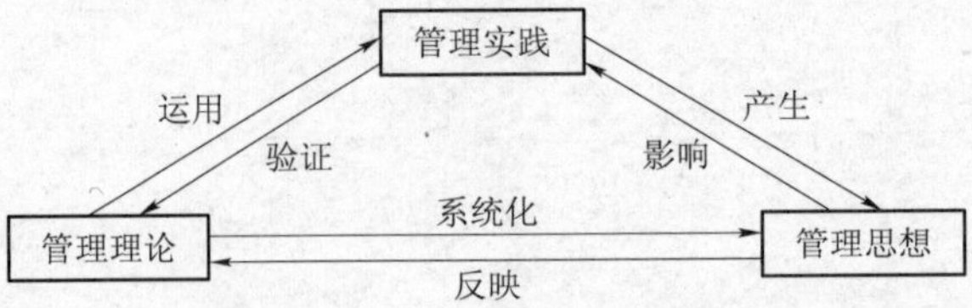

图 2－1　管理实践、管理思想、管理理论三者关系示意图

一、亚当·斯密的管理思想

18 世纪后期，英国经过产业革命，瓦特发明的蒸汽机得到广泛运用。于是机器生产代替手工生产，用自然力、机械力代替人力，在英国开始出现了工厂制度。随后，欧洲各国相继出现了很多工厂。新的工厂制度一经形成便面临许多管理问题，其中最迫切需要解决的问题是：由于劳动分工的需要，每个工人只能从事某项工作；由于大批量生产，产品的零件应具有互换性；大机器生产要求工人严格遵守劳动纪律和操作规章，接受新的监督制度，要求工作速度应均衡，操作方法应准确和标准化等。所有这一切都要求对每个人的工作进行有效的组织、指挥和协调。这对当时的管理人员来说是前所未有的。如何实现分工协作，保证生产过程的正常进行；怎样充分利用人力、物力和财力，减少耗费，降低成本，以取得更多的利润，便成为一个非常棘手的问题。在这种情况下，英国古典政治经济学家亚当·斯密发表了著名的《国民财富的性质和原因的研究》（简称《国富论》），系统地阐述了劳动分工理论及劳动价值理论。

亚当·斯密认为，劳动是国民财富的源泉，各国人民每年消费的一切日用必需品的来源是本国人民每年的劳动。劳动创造的价值是工资和利润的源泉。他在分析增进“劳动生产力”的因素时，特别强调了分工的作用，认为劳动分工能提高劳动生产率，理由是：第一，劳动分工可以使工人重复完成单项操作，提高工人技巧和熟练程度，提高劳动效率。第二，分工可以减少由于变换工作而损失的时间。第三，分工可以简化劳动，使专门从事某项作业的劳动者比较容易改进工具和发明机械。劳动分工理论不仅符合当时生产发展的需要，而且也成为以后管理理论中的一条重要原理。

此外，亚当·斯密还提出了生产合理化概念、“经济人”观点和经济效果概念等。他认为经济现象是基于具有利己主义目的的人们的活动所产生的。人们在经济行为中追求的完全是私人利益，但是每个人的利益又为其他人的利益所限制，这就迫使每个人都必须顾及其他人的利益，由此而产生了相互的共同利益，进而形成总的社会利益。社会利益正是以个人利益为基础的。而这些追求个人利益的人，就是斯密所说的“经济人”。

二、查尔斯·巴贝奇的管理思想

查尔斯·巴贝奇是英国剑桥大学的教授，是数学家和机械学家。他进一步发展了亚当·斯密的观点，于 1832 年出版了《论机器制造和制造业的经济》一书，着重论述了专业分工与机器、工具使用的关系。巴贝奇赞同斯密的劳动分工能提高劳动效率的论点，但认为斯密忽略了分工可以减少支付工资这一好处。巴贝奇认为如果不实行分工，整个制造过程由一个人来完成，那就要求每个工人都要有全面的技艺，都能完成制造过程中技巧性较强的工序，同时又有足够的体力来完成繁重的操作。工厂主必须按照全部工序中技术要求最高、体力要求最强的标准来支付工资。由此，巴贝奇提出了"边际熟练"原则，即对技艺水平、劳动强度定出界限，以此作为报酬的依据。

此外，巴贝奇还主张实行有益的建议制度，鼓励工人提出改进生产管理的建议。他认为工人同工厂主之间存在利益共同点，并竭力提倡工人按照其在生产中所作的贡献，分得工厂利润的一部分。巴贝奇认为工人的收入应当由三部分组成：第一，按照工作性质所确定的固定工资；第二，按照生产效率及所作贡献分得的利润；第三，为提高劳动效率而提出建议所应给予的奖励。提出按照生产效率不同来确定报酬的具有刺激作用的制度，是巴贝奇作出的重要贡献。

三、罗伯特·欧文的管理思想

英国空想社会主义者罗伯特·欧文注意到了企业内部人力资源的重要性。欧文提出，要重视工厂工作中人的因素，企业应致力于人力资源的开发和投资。他在自己的工厂里进行了一系列改革试验，如改进工人的劳动条件、缩短工人的工作时间、提高童工的就业年龄、提供免费就餐、改善工人住宅等。通过试验，他认识到重视人的因素、尊重人的地位，可以使工厂获得更多的利润。欧文在人力资源管理方面的开拓性实践，成了行为科学管理理论的先导。

上述各种管理思想是随着生产力的发展而不断发展的，适应了当时的工厂制度发展的需要。这些管理思想虽然不系统、不全面，没有形成专门的管理理论和学派，但对于促进生产及以后科学管理理论的产生和发展，都具有积极的影响。传统管理阶段主要具有如下特点：管理的依据是个人的经验和感觉，工人凭个人经验操作，没有科学的操作规程；管理人员凭个人经验管理，没有统一的管理方法；管理人员和工人的培训也主要靠师傅带徒弟的方法，没有统一的标准和要求。

第二节　科学管理理论的产生

19 世纪末 20 世纪初，随着资本主义自由竞争逐步向垄断过渡，科技水平及生产社会化程度不断提高，市场和企业规模不断扩大，生产技术更加复杂，分工协作更加严密，对管理工作的要求越来越高，客观上要求管理工作逐步成为一种专门的职业，建立专门的管理机构，采用科学的管理制度和方法。传统管理时期凭经验进行管理的方法已经无法适应当时社会的发展，要求对过去积累的管理经验进行总结提高，使之系统化、科学化，并上升为理论，以指导管理实践，提高管理水平。由此，科学管理理论应运而生。

所谓科学管理理论，是指符合客观规律的管理，也就是按照社会化大生产的特点和规律进行管理。科学管理时期的主要特点是管理工作逐渐成为一种专门的职业，由经理、厂长作为资本家的代理人执行管理职能。管理方法也在过去凭经验管理的基础上，经过总结、研究和提高，向科学化、规范化、标准化、制度化、系统化的方向发展。

科学管理时期的管理理论又被称为“古典管理理论”或古典管理学派。它是现代管理学理论的一个重要基础，其代表人物和管理理论主要有美国的泰罗及其科学管理理论、法国的法约尔及其管理过程理论、德国的韦伯及其行政组织理论。科学管理理论主要研究的是对工作的管理，以提高工作（劳动）的效率；管理过程理论研究的核心是管理的原则和职能；行政组织理论研究的核心是组织管理体系，以提高组织的效率。

一、泰罗的科学管理理论

美国工程师弗雷德里克·温斯洛·泰罗（1856－1915年）是科学管理理论的创始人。在其代表作《科学管理原理》及一系列其他著作中，泰罗总结了他几十年试验研究的成果，概括出一些管理原理和方法，经过系统化的整理，形成了“科学管理”的理论。由于泰罗对管理学作出了基础性和开创性的贡献，在他去世后的墓碑上刻有“科学管理之父”的字样，以此作为后人对他的评价，因而，泰罗被誉为“科学管理之父”。

泰罗于1856年出生于美国费城的一个律师家庭，早年在英国的埃克塞特学校上学，后考入美国哈佛大学法律系。1875年，泰罗因眼疾被迫中止了大学生涯，进入费城菲拉德尔菲亚机械厂当学徒工，1878年转入费城米德瓦尔炼钢厂当技工，由技工、工长、技工长一直升任总工程师。由于泰罗有着“从士兵到将军”的经历，使他有更多的机会去了解工人，发现和改进管理中的各种重大问题。

泰罗对工人“磨洋工”的现象体会极深。他认为这主要是由于没有确定一个科学的“劳工定额”和“定额工资”标准造成的。于是，他着手从事“时间和动作研究”，先后进行了著名的搬铁块、铲铁砂和金属切削试验。

第一，搬铁块试验。泰罗确定了“重劳动测试方法”，认为每一个搬运工人都有特定的精力消耗，必须给他以复原的时间。一个搬运100千克生铁的工人应有43%的时间来承担这一重量，其余57%的时间应让他休息，以恢复体力。泰罗通过对一个工人的特殊训练，创造了增产300%的显著成绩，工人的工资也从1.1美元增加到了1.8美元。

第二，铲铁砂试验。为了确定工作指标，泰罗研究了铲砂工人的体力因素。他发现每一铲子最适宜的重量是21磅，而且对每一种不同的工作，铲子应有适当的形状。

第三，金属切削试验。为了能准确地确定劳动定额，泰罗研究了一个车工的劳动。他对这个工人全部工作的每个部分进行鉴定，并对凡是可以测量的部分进行测量，去掉多余无效的动作，使一个车工工作的动作和时间大大减少，提高了切削的效率。

通过这三个试验，泰罗先后发表了《计件工资制度》等一系列著作，系统地阐述了他的科学管理思想，提出了一套管理理论。泰罗的“科学管理理论”主要包括以下八个方面的要点：

（一）科学管理的中心问题是提高劳动生产率

泰罗认为，科学管理的中心问题是提高劳动生产率。要制定出有科学依据的工人的工作定额，就必须进行工时和动作的研究。选择合适而熟练的工人，将他们的每一项动作、每一道工序的时间记录下来，并把这些时间加起来，再加上必要的休息时间和其他延误时间，就得出完成该项工作所需的总时间，据此制定出“合理的日工作量”，这就是所谓的工作定额原理。

（二）能力与工作相适应

泰罗认为，为了提高劳动生产率，必须为工作挑选“一流的工人”。那些能够工作而不想工作的人不能成为一流的工人，一流的工人需要具备两个条件：具有做某种工作所需要的能力；愿意从事该项工作。泰罗认为管理部门的任务就是为工人找到最合适的工作，帮助他们成为一流的工人并设法激励他们尽最大努力来工作。

（三）掌握标准化原理

泰罗认为管理者的首要任务是发展和建立一种严格的科学制度，使工人掌握标准化的操作方法、使用标准化的工具和材料，并使作业环境标准化，即所谓标准化原理。必须用科学的方法对工人的操作方法、工具、劳动和休息时间的搭配、机器的安排和作业环境的布置等进行分析，消除各种不合理的因素，把各种好的因素结合起来，形成最好的方法。

（四）建立刺激性的报酬制度，实行有差别的计件工资制

泰罗认为差别计件工资制能自动地对工人进行正确分级，按工人的工作绩效增减工资，能清除所有低能工人，吸收合适的工人。具体内容是：通过工时研究和分析，制定出一个有科学依据的定额或标准，在此基础上，确定两种不同的工资率，工人的计件工资按照何种工资率计算取决于他完成定额的情况。对完成或超额完成定额的人，以较高的工资率支付工资；对完不成定额的人，则按较低的工资率支付工资。

（五）工人和雇主必须进行一次双向“精神革命”

泰罗认为工人与雇主必须变相互指责、怀疑、对抗为相互信任，共同为提高劳动生产率和增加盈余而努力。因为，工人追求的是高工资，雇主追求的是高利润，如果劳动生产率得到了提高，不仅工人可以增加工资，而且雇主可以获得高额利润。必须通过“精神革命”使工人和雇主都不把盈余分配看成头等大事，而把注意力转移到增加盈余上来。

（六）工人与管理者的分工合作原则

泰罗认为，工人单凭自己的经验是不能找到科学的方法的，而且他们也没有时间和条件去从事这方面的试验和研究，因此，必须把计划职能和执行职能分开。计划职能由管理部门行使，主要任务是制定定额并规定标准化的操作方法和工具；拟定计划并发布指示和命令；比较标准和实际情况，进行有效的控制。至于现场的工人，则从事执行职能，按照计划部门制定的操作方法和指示，使用规定的标准工具，从事实际的操作，不得自由改变。

（七）提出了例外原则思想

泰罗认为规模较大的企业不仅要依据职能原则来组织管理，而且还必须应用例外原则。所谓的例外原则就是企业的高级管理人员把一般的日常事务授权给下级管理人员去处理，自己只保留对例外事项或重大事项的决策权和监督权。这种以例外原则为依据的管理控制原

理，后来发展成为了管理上的分权化原则和事业部制管理体制。

（八）实行职能工长制

为了使工长能够有效地履行职责，必须细分管理工作，使每一个工长只承担一种职能。这种做法使一个工人同时接受几个职能工长的指挥，容易造成混乱，所以没有得到推广，但这种思想为后来职能部门的建立和管理专业化奠定了基础。

以上是泰罗科学管理理论的基本内容，但绝不是科学管理理论的完成和全部。泰罗曾强调指出：“科学管理的每一步都是一种发展，而不是一种理论。在任何情况下，实践都先于理论……在科学管理中，没有任何东西是一成不变的。”

泰罗的科学管理主要有两大贡献：一是使管理走向科学；二是劳资双方的精神革命，为有效管理创造了必要的心理条件。当然，科学管理存在过于重视技术、强调个别作业效率、忽视企业的整体功能等历史局限因素，但在当时是一次史无前例的革命，具有划时代的历史意义，至今仍被参照采用。

二、法约尔的管理过程理论

亨利·法约尔是欧洲最杰出的管理大师，被后人尊称为“经营管理之父”。他于1860年毕业于法国圣艾蒂安国立矿业学院，作为一名采矿工程师进入法国一家矿业公司，不久被提升为一口矿井的经理。1888年，他开始担任该公司的总经理直到退休。1916年，他出版了其代表作《工业管理与一般管理》。由于他长期担任企业高级领导职务，因此，法约尔的管理理论是把企业作为一个整体进行研究，着眼于全局性的管理，强调管理是一个综合职能，是一个过程，管理理论具有普遍性。法约尔的管理过程理论的主要贡献在于三个方面，即从经营职能中独立出管理活动、提出管理活动的五大职能以及14条管理原则。

（一）提出经营与管理是两个不同的概念

法约尔认为，经营和管理是两个不同的概念，管理包括在经营之中。通过对企业全部活动的分析，将管理职能从经营职能（包括技术职能、商业职能、财务职能、安全职能、会计职能等五大职能）中提炼出来，成为经营的第六项职能。

其中，技术职能包括设计、工艺、生产、制造和改制等；商业职能包括采购、销售和交换等；财务职能包括资本的筹集、运用等；安全职能包括财产安全和人员安全；会计职能包括财产清点、资产负债表、成本、统计、核算等；而管理职能则包括计划、组织、指挥、协调和控制五个要素。

（二）全面系统地论述了管理的职能

法约尔首次提出了管理的五大基本职能，将管理定义为：管理由计划、组织、指挥、协调和控制五个要素构成。实现管理，五个要素缺一不可。

（1）计划。法约尔特别强调和重视计划要素。管理应当预见未来，而计划不仅指出了所要达到的结果，而且还指出了实行计划的路线、过程以及所使用的手段。同时，法约尔还特别强调制订长期计划，这是对管理思想所作出的一个杰出贡献。

（2）组织。组织包括企业的组织结构、活动和相互关系的规章制度，还包括职工招募、评价与训练。

（3）指挥。指挥就是管理人员对下属活动给予指导，为了企业的整体利益，使每个成员都能作出最大的贡献。

（4）协调。协调就是指企业的一切工作都要和谐地配合，整合企业活动与个人的努力，实现共同目标，使企业取得成功。

（5）控制。控制就是证实和检查每一项工作是否同所制定的计划、发布的指令和确立的原则相符合，其目的就是发现错误以便改正并防止重犯。

（三）总结归纳了管理的 14 条原则

法约尔对管理科学的重要贡献在于他明确了管理的含义和提出了著名的“14 项管理原则”。这 14 项管理原则如下：

（1）分工。只要有可能，就应实行分工和劳动专业化，分工适用于从工人到管理人员的一切组织成员。分工可以提高劳动生产率。

（2）权力与责任。权力就是指挥别人和要求别人服从的力量，责任是权力的当然结果和必要补充，要担负管理的责任就要有权力。

（3）纪律。纪律的实质是遵守组织内部各方达成的协议或规定。法约尔认为制定和维持纪律最有效的办法，一是有好的领导；二是尽可能有明确、公平的协定；三是合理执行惩罚。

（4）统一指挥。法约尔认为组织内的任何人都只能接受一个上级的指令，并向这个上级报告自己的工作，多重指挥会使权力和纪律遭到破坏，造成混乱。

（5）统一领导。一个组织或部门为了相同的目的所进行的活动，都只能有一个领导统一指挥。统一领导是统一指挥的前提。

（6）个人利益服从集体利益。任何个人都不应把个人利益放在组织整体利益之上，当个人利益与组织利益不一致时，个人利益应服从集体利益。

（7）报酬。企业中人员的报酬必须公平合理，尽量使劳资双方都满意。

（8）集权化。集权与分权是相对的，增加下级权力的行为就是分权，减少下级权力的行为就是集权。集权与分权应根据管理者的性格、人员素质以及组织的实际情况而定。

（9）等级链。从最高层次到最低层次的各级管理人员应该建立明确的权力等级结构，保证上下沟通方便。

（10）秩序。法约尔认为，建立秩序是为避免物质和时间的损失，并使每个组织成员都能处在能作出最大贡献的岗位上。

（11）公平。每一个管理者都必须善意和公正地对待下属人员。

（12）人员保持稳定。一个人适应新的职位要有一个过程，这就要求有相对的稳定性。如果人事不断变动，则难保工作顺利完成。

（13）首创精神。法约尔认为，发明创造是首创精神，工作积极主动也属于首创精神，领导者要激发和支持每个职工的主动性和创造性。

（14）集体精神。法约尔相信团结就是力量，要在组织内部建立团结、协作、融洽的关系，特别是人与人之间的相互关系。

法约尔特别强调指出，以上14条原则在管理工作中不是死板和绝对的，关键是尺度问题，应当注意各种可变因素的影响。

综上所述，法约尔关于管理过程和管理组织理论的开创性研究，特别是其中关于管理职能的划分以及管理原则的描述，对后来的管理理论研究具有深远的影响，但同样受历史条件的限制而有其局限性，主要表现在：第一，对人的因素虽然也有所注意，但把人视为单纯的“经济人”，把人视为工具，忽略了管理的因素，结果只会压抑职工的积极性和创造性。第二，管理原则的内容过于庞杂，它们之间的内在联系没有说清楚，缺乏进一步的分析和研究。第三，只局限于对静态和简单的组织进行研究，把组织视为一种封闭系统，忽视了组织同周围环境的联系。

三、韦伯的行政组织理论

德国的马克斯·韦伯与泰罗、法约尔是西方科学管理理论的三位先驱。韦伯认为，任何组织都必须以某种形式的权力作为基础，没有权力，任何组织都不能达到自己的目标。

韦伯认为人类社会存在三种形态的合法权力：传统权力，由传统惯例或世袭得来；超凡权力，来源于别人的崇拜与追随；法定权力，是法律规定的权力。

有了适合于行政组织体系的权力基础，韦伯勾画出理想的行政组织模式，它具有以下主要特征：

第一，存在明确的分工，即每个职位的权力和义务都应有明确的规定，人员按职业进行专业化分工。

第二，组织内的各个职位，按照等级原则进行法定的安排，形成自上而下的等级系列。

第三，组织中的人员应有固定和正式的职责并依法行使职权。组织是根据合法程序制定的，应有明确的目标，并依靠一套完整的法规制度，组织与规范成员的行为，组织内部任何人都必须遵守共同的法规和制度。

第四，组织成员之间的关系，只是一种职位关系，完全以理性准则为指导，不受个人感情影响。

第五，人员的任用，完全根据职务的要求，通过公开的考试或教育训练来施行。

韦伯认为这种理想的行政组织体系符合理性原则，具有最高效率。它在精确性、稳定性、纪律性和可靠性等方面都优于其他组织形式，所以是一种最好的组织形式。韦伯的这一理论，对泰罗、法约尔的理论是一种补充，对管理理论，尤其是组织理论的发展有很大影响。

科学管理理论经历了从泰罗到法约尔、韦伯的发展，趋于完善，在管理学的发展史上作出了巨大的贡献，但是由于受时代、背景等方面的影响，其理论也有很大的局限性。科学管理理论在提高劳动生产率和工作效率等方面的确起到了很大作用，但是却忽视了管理中的“人”的因素，忽视了人的主动性和创造性，而人又是管理中最重要的因素。

第三节　现代管理理论的发展

现代管理理论产生于20世纪20年代末期。它力图克服科学管理理论的弱点，重视人的因素，重视社会、心理因素对人们的影响，强调把现代科学技术成果用于管理，作出准确决策。在现代管理时期，有许多管理学家和实业家从事现代管理的研究，呈现出各种学派林立的局面。他们研究的对象虽然一致，但研究的侧重点各不相同，各学派相互补充，促使管理科学的内容更加丰富。本节将介绍现代管理理论的几个学派。

一、行为科学理论

行为科学理论产生于20世纪20年代末30年代初，最初叫做人际关系学说。它着重从社会和心理方面研究企业中人与人之间的相互关系，是由美国管理学家埃尔顿·梅奥等人创立的。

1927年，梅奥与其助手在芝加哥附近的西方电气公司所属的霍桑工厂进行了一系列试验，即著名的霍桑实验。试验主要通过改变工人的工作环境、照明、工作气氛、休息时间、工资支付方法等，来观察研究影响工人工作积极性的原因。梅奥在霍桑实验的基础上，于1933年发表了《工业文明的人类问题》一书，创立了早期的行为科学——人际关系学说。

梅奥的人际关系学说的主要内容包括如下三个部分：

第一，人是“社会人”，而不是单纯的“经济人”。人们的行为并不单纯出自追求物质的动机，还有社会的、心理方面的需要。

第二，重视企业中非正式组织的作用。霍桑试验表明，除正式组织外，企业中还存在着非正式组织。梅奥认为，正式组织以效率为标准，非正式组织以感情为标准。管理者必须重视非正式组织的作用，寻求正式组织的效率与非正式组织感情之间的最佳协调与平衡。

第三，新型的领导能力在于正确处理人际关系，善于倾听和沟通职工的意见，并通过提高工人需求的满足程度而激励工人的“士气”，从而达到提高生产率的目的。

人际关系学说以后又发展成为行为科学，20世纪60年代出现了组织行为科学的名称。行为科学从怎样认识和处理人际关系出发，形成了行为科学的两大理论体系，即“人的本质理论”和“激励理论”。

（一）人的本质理论

人的本质理论主要有道格拉斯·麦格雷戈的“X－Y理论”和威廉·大内的Z理论。

1. X－Y理论

美国麻省理工学院教授道格拉斯·麦格雷戈于1957年首先提出X理论和Y理论。他围绕“人的本性”来论述人类行为的规律及其对管理的影响。

X理论认为，人的本质是坏的，工人生来就是懒惰的，缺乏进取心，喜欢以自我为中心，对组织漠不关心；多数人宁愿服从而不愿负责任；对多数人必须用监督、强制甚至惩罚的手段。而Y理论则认为，人的本性是好的，要求工作是人的本能，只要给予一定的外界条件，就能激发人的能动性去努力工作，达到确定的目标；如果职工的工作没干好，应从管理者本身去寻找妨碍职工发挥积极性的原因，主张以“诱导与信任”代替“强制与管束”，去鼓励职工发挥主动性和积极性。

2. Z理论

Z理论是由美国加州大学管理学院日裔美籍教授威廉·大内在研究分析日本的企业管理

经验后提出的。他认为，一切企业的成功都离不开信任、敏感和亲密，主张以坦诚、开放、沟通作为基本原则来实行“民主管理”。其理论的主要内容是：① 企业应实行长期或终身雇佣制度，以便使职工感到职业有保障，愿意与企业同甘苦、共命运；② 采用集体研究与个人负责相结合的决策方式，鼓励职工参与企业的管理工作；③ 强调对职工实行长期考察和逐步提升的制度，不以“一时一事”为依据对职工的表现下结论；④ 上下级关系要融洽，要平等对待职工，领导者要处处显示对职工的全面关心，使职工心情舒畅；⑤ 加强对职工知识的全面培训，使职工具有多方面的工作能力；⑥ 管理过程既要运用必要的控制手段，又要注重对人的经验和职能进行细致而积极的启发诱导，要求管理人员不要机械地执行上级命令，而要敏感地体会上级命令的实质，创造性地去执行。

（二）激励理论

人的行为是由动机决定的，而动机的产生又依赖于需要。为了使人达到目标，通过从外部给以推动力来满足人的内在需要或欲望，就可以促进人的行为。管理者的责任在于了解下属在各个时期的各种不同需要，分析人们在各种场合产生各种不同行为的原因，从而引起和激励人们趋向正当需要、正确的动机和积极的行为，这就是激励理论研究的内容。其中比较著名的激励理论包括马斯洛的需求层次理论、赫兹伯格的双因素理论、弗鲁姆的期望理论、亚当斯的公平理论、波特—劳勒的综合激励模型。

1. 需求层次理论

需求层次理论是由美国著名心理学家亚伯拉罕·马斯洛提出的。该理论指出，人的需求是一个由低级向高级发展的过程，是有层次的，某一层次需求得到满足以后，另一层次需求才出现；每一个时期都有一种需求占主导地位，而其他需求则属于从属地位。

马斯洛将人类的需求分为五个层次，从低级到高级依次是生理的需求、安全的需求、社交的需求、尊重的需求和自我实现的需求，如图 2－2 所示。

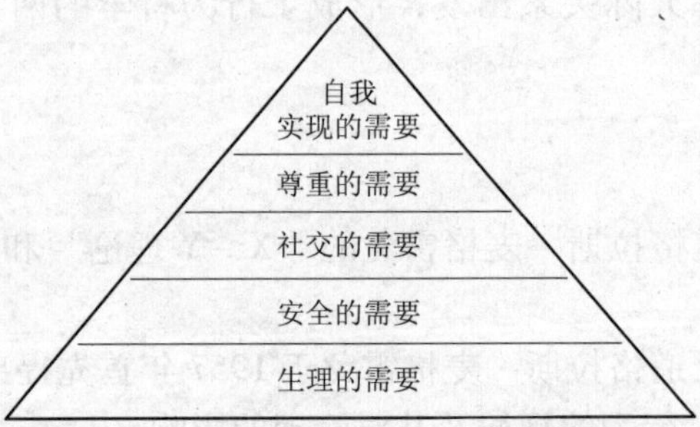

图 2－2 马斯洛需求层次理论示意图

2. 双因素理论

双因素理论是由美国心理学家赫兹伯格提出的。他通过访问调查，把企业中的因素分为满意因素和不满意因素。满意因素是指可以使工人感到满意的，属于工作本身或工作内容方面的因素，称之为激励因素；不满意因素是指使工人感到不满意的，属于工作环境或工作关系方面的因素，称之为保健因素。

赫兹伯格归纳出 6 类以工作为中心的激励因素：工作上的成就、得到赏识、进步、工作本身、个人发展的可能性、责任感。有了这些因素，就会产生激励作用；没有这些因素，也不会使工人感到不满。

赫兹伯格把保健因素归纳为企业的政策与管理、监督、与上级的关系、与同事的关系、与下级的关系、工资、工作安全、个人生活、工作条件、地位等。这些因素必须保持在使工人满足的合理水平上。具备这些因素时，对人并不起激励作用；但是缺乏这些因素，就会引起不满，影响正常的工作状态。

3. 期望理论

期望理论是美国心理学家弗鲁姆于1964年发表的《工作与激励》一书中提出来的。这种理论认为，一个人的工作动力取决于他对某种行动的预期价值和这种行动达到目标的可能性。也就是说，一个人在预期他的行动将会有助于达到某个目标时，才会被激励起来去做某些事情以达到这个目标，用公式表示为：

$$\text{激励} = \text{期望值} \times \text{效价}$$

激励，是指激励水平的高低，它表明动机的强烈程度。被激发的工作动机的大小，即为达到高绩效而作的努力程度。

期望值，指根据以往的经验进行的主观判断，即达到目标并能导致某种结果的概率。

效价，指人们对某一目标的重视程度与评价高低，即人们主观上认为这种奖酬的价值大小。

期望理论认为，激励水平取决于期望值和效价两个因素。如果期望值大而效价低，即某人自认为能够达到目标，但对实现目标后的奖酬并不感兴趣；或效价高而期望值小，即虽然很想实现目标获得奖酬，但对自己能否实现目标毫无信心时，都不会产生较大的动力。只有在期望值与效价都大时，才能获得较大的动力或较高激励水平。

4. 公平理论

美国心理学家斯达西·亚当斯于1965年提出了公平理论。该理论侧重于研究工资报酬分配的合理性、公平性及其对工人生产积极性的影响。

亚当斯认为，工人工作的积极性不仅受其所得到报酬的绝对值的影响，而且受其相对值的影响。也就是说，人们会把自己付出的劳动和所得报酬与他人付出的劳动和所得报酬进行比较。如果比例相等，感到公平，则具有激励作用；如果比例不相等，特别是发现低于别人时，就会产生不公平感，从而产生消极怠工的现象。亚当斯提出的公平理论的方程式如下：

$$\frac{\text{自己所得报酬}}{\text{自己所付出投入}} = \frac{\text{他人所得报酬}}{\text{他人所付出投入}}$$

5. 综合激励模型

波特和劳勒在期望理论基础上，引进了激励过程所要经历的中间环节和影响因素，构造了包括努力、效绩、技术与能力、角色认识、环境限制、奖酬、公平、满足等变量在内的较为复杂的综合激励模型，如图2－3所示。

从图2－3中可以看出，波特—劳勒模型将激励过程划分为以下三个阶段：第一阶段，激励导致努力，努力取得效绩。但效绩并不完全取决于努力，它还受个人技术能力的高低、角色认识程度以及客观环境的影响。第二阶段，效绩获得奖酬，包括外在报酬和内在报酬。外在报酬是指行为结果所获得的外在性奖励，如奖金、晋级等。内在报酬是指工作本身给人

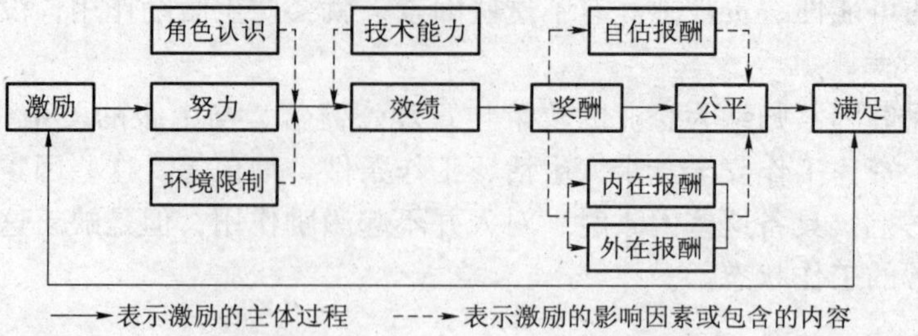

图 2－3　波特—劳勒的综合激励模型

带来的乐趣和获得成就给人带来的满足。第三阶段，所获得奖酬与自估奖酬进行比较，认为公平就会得到满足，从而得到激励；反之，则不会受到激励，甚至产生副作用。

从梅奥的霍桑实验开始，拉开了行为科学理论研究的序幕，半个世纪以来，行为科学得到了迅速的发展。行为科学理论使人们对管理的职能有了新的认识，作为管理者不应只注意工作的要求、生产的进度，而应把注意的重点放在关心人、满足人的需要上，注意倾听工人的意见，了解工人的思想感情；不应只注意正式组织的功能，还应发挥非正式组织的作用；不应只注意计划、组织和控制等，还应重视组织中的人际关系。总之，行为科学理论为管理思想和理论开辟了新的领域，并导致管理方法上的一系列变革。

二、决策理论

决策理论的代表人物是美国经济学家和管理学家赫伯特·西蒙，其代表作是《管理决策新科学》。决策理论学派的主要观点如下：

第一，管理就是决策。西蒙等人认为，管理活动的全过程都是决策的过程，决策是管理人员的主要任务，管理人员应集中研究决策问题。决策贯穿于整个管理过程之中，所以管理就是决策。

第二，决策分为程序性决策和非程序性决策。程序性决策是指例行性的、常规的、反复性的决策，针对那些经常重复发生的问题；非程序性决策是指一次性的、缺乏一定规律的、带有创新性的决策，针对那些涉及诸多因素、偶然发生的问题。在企业中，上层管理者更多的是作出非程序性决策，基层管理者往往是作出程序性决策。

第三，决策应遵循令人满意的原则。决策应该以比较符合实际的“令人满意”原则来代替传统的“最优化”原则。在主客观条件的约束下，决策者不可能作出完全理性的决策，不可能达到最优的效果，只能通过组织成员的共同努力来弥补个人有限的理性，作出“令人满意”的决策。

决策理论为现代企业如何适应日益复杂的经济形势和瞬息万变的市场环境指出了一条正确的发展途径，使企业管理活动富于科学性，减少了主观盲目性。

三、其他现代管理理论

第二次世界大战结束后，涌现出大批的跨国公司和新兴工业，经济组织中的竞争，尤其是国际市场的竞争更加激烈，因而又出现了很多新的管理学派，并且这些学派在历史渊源和内容上相互影响、盘根错节，呈现出管理学派林立的局面，因此有人形象地称之为“管理理论的丛林”。其中影响较大的主要有以下几个学派：

1. 社会系统学派

社会系统学派的代表人物是美国学者巴纳德。社会系统学派的主要观点为：从系统分析的观点出发，对管理的组织进行研究，认为社会的各级组织都是一个由物质、个人和社会要素组成的协作系统。一个协作系统包含三大要素，即协作意愿、共同目标和信息联系。管理者的作用就是在协作系统中作为相互联系的中心，对各要素的协作进行协调，以保证系统的顺利运转。

2. 经验主义理论学派

经验主义理论学派的代表人物是美国学者德鲁克。他认为，传统的管理理论和行为科学都不能完全适应企业发展的实际需要，有关企业管理的科学应该从企业管理的实际出发，特别是以大企业的管理经验为主要对象，加以概括和总结，从而抽象出一般性管理结论和原理，向企业管理人员提供实际的建议和实用的管理方法。

3. 系统管理学派

系统管理学派的代表人物是弗里蒙特·卡斯特等人。他们认为系统是由若干相互作用、相互依存的子系统构成的，应该按系统的观念来管理企业，把企业看成一个与周围环境相互影响的、开放的动态系统。系统管理学派强调系统的综合性、整体性，强调系统各组成部分之间的联系。

4. 管理科学学派

管理科学学派又称数理学派，其代表人物是美国的伯法等人。他们强调运筹学、系统工程、电子技术等科学技术在管理中的应用，认为管理就是制定和运用数学模型和程序的系统，用数学符号和公式来表示计划、组织、控制和决策等合乎逻辑的程序，求出最优解，以达到企业的目标。

5. 权变理论学派

权变理论学派的代表人物是琼·伍德沃德、菲德勒等人。他们认为在管理领域没有一种适合于任何时代、任何组织和任何个人的普遍的、行之有效的管理方法，以前各种管理理论都有一定的适用范围；也没有所谓“最佳”的管理方法，对组织的管理应依据其所处的内外环境条件和形势的变化，因地制宜、因时制宜地灵活采用不同的管理方法。因此，管理人员在任何形势下都必须对变动的环境因素进行具体分析，然后采取那些适用于某种特定环境的管理方法，这样才能取得良好效果。

现代管理理论的不同学派观点各异，但又起到了相互补充、相互促进的作用，共同促进管理理论不断地向前发展、延伸。进入20世纪80年代以来，管理界出现了一些管理新思潮，这些新的管理趋势从各个方面反映了对当今企业管理问题的新见解，丰富和发展着现代管理理论，如企业文化热、创新管理、学习型组织、柔性管理等新的趋势。

【个案分析】

康洁利公司是一家中外合资的高科技专业涂料生产企业，总投资594万美元，其中固定资产324万美元，中方占有60%的股份，外方占有40%的股份，生产玛博伦多彩花纹涂料等十一大系列高档涂料产品。这些高档涂料产品不含苯、铅和硝基等有害物质，无毒无味，在中国有广阔的潜在市场。

开业在即，由谁出任公司总经理呢？外方认为，康洁利公司引进的20世纪90年代的先进技术、设备和原材料均来自美国，中国人没有能力进行管理，要使公司迅速发展壮大，必须由美国人来管理这个高新技术企业。中方也认为，由美国人来管理可以学习借鉴国外企业的管理方法和经验，有利于消化吸收引进技术和提高工作效率。因此，董事会形成决议：从美国聘请米勒先生任总经理，中方推荐两名副总经理参与管理。

米勒先生年近花甲，但身心爽健，充满自信。他有18年管理涂料生产企业的经验，自称"血管里流淌的都是涂料"，对振兴康洁利公司胸有成竹。公司职工也都为有这样一位洋经理而庆幸，想憋足劲大干一场，好好地大赚其钱。

谁料事与愿违。公司开业9个月不但没有赚到一分钱，反而亏损七十多万元。当一年的签证到期时，米勒先生被总公司的董事会正式辞退了。1994年3月29日，米勒先生失望地返美。来自太平洋彼岸的洋经理被"炒鱿鱼"的消息在康洁利公司内外引起了强烈的反响，这位曾经在日本、荷兰主持并成功地管理过涂料公司的洋经理何以在中国败走麦城呢？这自然成了议论的焦点。

多数人认为，米勒先生是个好人，工作认真，在技术管理上是内行，对搞好康洁利公司怀有良好的愿望，同时，在吸收和消化先进技术方面做了许多工作。他失败的主要原因是不了解中国的实际情况，完全照搬他过去惯用的企业管理模式，对中国的许多东西不能接受，在经营管理方面缺乏应有的弹性和适应性。中方管理人员曾建议根据中国国情，参照我国有关"三资"企业现成的成功管理模式，结合国外先进的管理经验，制定一套切实可行的管理制度，并严格监督执行。对此，米勒先生不以为然。他的想法是"要让康洁利公司变成一个纯美国式的企业"。对计划不信任，甚至忧虑，以致对正常的工作计划都持抵触态度，害怕别人会用计划经济的一套做法去干涉他的管理工作。米勒先生煞费苦心地完全按照美国的模式设置了公司的组织结构并建立了一整套规章制度，但最终还是使一个生产高新技术产品且有相当实力的企业缺乏活力，在起跑线上停滞不前，陷入十分被动的局面。

也有人认为，米勒先生到任后学会的第一个中文词就是"关系"，而他最终还是因搞不好关系而离华返美。对于中国的市场，特别是中国"别具一格"的市场情况和推销方式，米勒先生也不甚了解。他将所有有关市场营销的事情都交给一位中方副总经理，但他和那位副总经理的关系并没有"铁"到使副总经理为他玩命去干的程度。

在管理体制上，米勒先生试图建立一套分层管理制度：总经理只管两个副总经理，下面再一层管一层。但他不知道，在中国，如果没有上下级间的心灵沟通与相互间的了解和信任，这套制度会出现什么样的状况和局面。最后的结果是造成管理混乱，人心涣散，员工普遍缺乏主动性，工作效率大为降低。

米勒先生还强调，我是总经理，我和你们不一样，你们要听我的。他甚至要求，工作进入正轨后，除副总经理外的其他职工不得进入总经理的办公室。米勒先生不知道，聪明的中国企业负责人在职工面前总是强调和大家一样，以求得职工的认同。

米勒先生临走时扔下一句话："如果这个企业出现奇迹的话，肯定是上帝帮忙的结果。"然而，上帝并未伸出援助之手，奇迹却出现了。

康洁利公司在米勒先生走后，中方合资厂家选派了一位懂经营管理、富有开拓精神的年轻副厂长刘思才任总经理，并随之组成了平均年龄只有33岁的领导班子。新班子迅速制定了新的规章制度，调整了机构，调动了全体职工的积极性。在销售方面，基于这样一个现实：自己的产品虽好但尚未被人认识，因而采取了多种促销手段，并确定在1994年零利润的状态下，主动向消费者让利销售，使企业走上了良性循环。1994年5月，康洁利公司首次赢利3万元，宣告扭亏为盈。

资料来源：张敏，丁传奉．管理学教程．北京：北京大学出版社，2005.

问题：

1. 试分析康洁利公司起落的原因。
2. 试总结米勒先生的管理思想及管理哲学。
3. 从本案例中你得到了什么启示?

【关键名词】

管理的例外原则　非正式组织　系统管理理论　权变管理理论

【讨论思考】

1. 管理理论大体经历了几个阶段?
2. 简述泰罗的科学管理理论的主要内容。
3. 简述法约尔的管理过程理论的基本内容。
4. 简述人际关系学说的主要内容。
5. 简述韦伯的行政组织理论的基本内容。
6. 简述马斯洛的需求层次理论。
7. 简述赫兹伯格的双因素理论的主要观点。
8. 简述弗鲁姆的期望理论的主要观点。
9. 简述亚当斯的公平理论的主要观点。
10. 现代管理理论包括那些学派？请分别说出它们的主要观点。
11. 管理理论丛林是否可以实现统一？你认为是否有统一的必要？你倾向于哪一种管理理论？为什么？

第三章

管　理　者

课前准备

【学习目标】

通过本章的学习，使学生了解管理者的定义及其分类，理解管理者所应具备的基本技能和素质，掌握管理者领导方式的相关理论，从而熟练运用管理者的管理艺术。

【重点难点】

1. 管理者应具备的素质；
2. 管理者领导方式的相关理论；
3. 管理艺术。

学习内容

第一节　管理者与管理者群体

一、管　理　者

（一）管理者的定义

根据人们在组织中的地位和作用的不同，可将企业中人员分为操作者和管理者。

操作者是指在组织中直接从事具体业务，不对他人工作承担监督责任的人，如工厂的工人、学校的教师等。操作者的任务就是做好组织分配的具体的操作性工作。

管理者是指那些在组织中指挥他人完成具体任务的人，如企业的厂长、学校的校长、公司的经理等。管理者虽然有时也承担一定的具体事务性工作，但他们的主要职责是指挥下属。下属必须遵从管理者的指示做事，必须向管理者汇报他们的工作。

（二）管理者的分类

1. 按管理者的层次分类

组织的管理者可以按其所处的管理层次分为高层管理者、中层管理者和基层管理者。同时，整个组织层次还包括一层作业人员，也就是操作者。

高层管理者是对整个组织的管理负有全面责任的人。他们的主要职责是制定组织的总目标、总战略，掌握组织的大政方针并评价整个组织的绩效；对组织发展战略、行动计划、资源安排拥有充分的权力；其决策是否科学，职权行使是否得当等，直接关系组织的存亡兴衰。

中层管理者指处于高层管理者与基层管理者之间的一个或若干个中间层次的管理人员。他们的主要职责是贯彻执行高层管理者所制定的重大决策，监督和协调基层管理者的工作。他们管理的下属规模差异很大，多则数百人，少则几十人，因此不可能去做太多具体工作，而是根据高层管理者的计划和部署，把具体任务分配给各基层单位，同时指导、支持和协调基层管理者的工作。与高层管理者相比，中层管理者更注意日常事务，在组织中起承上启下的作用。

基层管理者是组织中处于最底层的管理者。他们所管辖的仅仅是作业人员而不涉及其他管理者。他们的主要职责是给下属操作者分派具体工作，直接指挥和监督现场操作者，保证各项任务有效完成。

2. 按管理者的领域分类

管理者按其所从事管理工作的领域宽度及专业性质的不同，可划分为综合管理人员与专业管理人员。

综合管理人员是指负责整个组织或组织中某个事业部全部活动的管理者。小型组织可能只有一个综合管理者，而对于大型组织来说，可能会按产品类别设立产品分部，或按地区设立若干地区分部，此时综合管理人员就包括总经理和每个产品分部或地区分部的经理，每个分部经理都要统管该分部包括生产、营销、人事、财务等在内的全部活动。

专业管理人员是指负责组织中某一类活动或职能的管理者，如生产部门管理者、营销部门管理者、人事部门管理者、财务部门管理者及研究开发部门管理者等。现代组织随着规模的不断扩大和环境的日益复杂多变，将需要越来越多的专业管理人员，专业管理人员的地位也将变得越来越重要。

（三）管理者的职责

管理者的基本职责是协调成员在组织内的工作，从而实现组织的目标。研究发现，管理者都从事以下四种活动：传统管理、沟通、人力资源管理和网络联系。因此，管理者必须承担以下职责：

1. 管理者要保证组织活动能顺利进行

比如，管理者要能代表组织与外界保持必要的接触；要负责本单位、部门成员的任用、训练、评价和指导；要处理好同下属的关系，对组织成员做好激励和调配工作等。

2. 信息方面的职责

管理者通过收集信息、处理信息和传递信息以便各层次的管理者作出决策。作为信息收集和发布者，管理者必须保证信息的集散和畅通。收集信息时，管理者必须不断地审视环境，不断地向他的联络人和下属提问题，以便收集信息；作为信息的传播者，管理者必须与他人共享和分配其大部分信息，如把他享有特权的某些信息传递给下属；作为发言人，管理者必须把他收集到的信息传递给其他部门的人员，甚至是组织外部的人员。

3. 决策的职责

作为决策者，要保证决策的及时正确。包括目标、战略和制度的制定；不断探索新的途径，进行组织运行的创新；随时对目标和计划的实现情况进行监控，对组织出现的问题进行妥善解决；决定权限范围内的资源在组织成员之间合理分配和利用等。

4. 管理者必须对组织的资源进行合理配置

管理者要从事企业内部和外部争执的谈判和调解，因为只有管理者有权掌握有关的信息进行谈判；作为联络人和谈判者，必须保证同组织内部其他成员以及外部利益相关集团沟通渠道的畅通；代表本单位、本部门就某些问题与外部或组织内部其他成员进行必要的谈判和磋商等。

二、管理者技能与管理者素质要求

管理者能否开展行之有效的管理工作，在很大程度上取决于管理者是否真正具备了履行管理职责所需要的相应技能，是否具备了一个好的管理者所应具有的管理者素质。

（一）管理者技能

一般而言，管理者应具备的基本管理技能主要包括技术技能、人际技能和概念技能三个方向。

技术技能是指使用某一专业领域内相关的工作程序、技术和知识完成组织任务的能力。管理者虽然没有必要成为精通某一技术领域的专家，但必须掌握一定的技术技能，否则很难与他所管辖的专业技术人员进行有效沟通。比如，监督会计人员的管理者必须掌握会计知识。技术技能对于基层管理者最重要，中层管理者次之，对高层管理者较不重要。

人际技能是指与处理人事关系有关的技能或者说是与组织内外的人交际的能力。人际技能包括对下属的领导能力和处理不同小组之间关系的能力。管理者作为组织中的一员，其工作能力在很大程度上取决于人际技能。人际技能对于所有层次的管理者的重要性大体相同。

概念技能是指能够洞察企业与环境相互影响的复杂性，并在此基础上加以分析、判断、抽象、概括并迅速作出正确决策的能力。较强的概念技能为管理者识别问题的存在、拟定可供选择的解决方案、挑选最好的方案并付诸实施提供了便利。概念技能对于高层管理者最重要，中层管理者次之，对基层管理者较不重要。

（二）管理者素质

管理者决定着企业的生存与发展，他们既要是懂管理、会经营的专家，又要是识大局、善谋断的战略家。管理者必须具备一些基本的素质和条件来满足自身工作的需要。我们认为管理者的思想素质、能力素质、观念素质、身体素质应符合下列条件：

1. 思想素质

作为现代企业的管理者，应该思想端正，作风过硬。管理者应有强烈的事业心、责任感和创业精神，敬业、精业、爱业；有良好的思想作风和工作作风，能一心为公，不谋私利，谦虚谨慎，戒骄戒躁，不文过饰非，严于解剖自己，深入基层，善于调查研究，工作扎实细致，实事求是，不图虚名；不搞特殊化，品行端庄，模范遵守规章制度和道德规范；能密切联系群众，发扬民主作风，关心群众，尊重下级，尊重人才；要有较强的责任感和义务感，充分认识到自己对社会、企业和群体所担负的道德责任，敢于承担责任，敢于分担风险；能学法、懂法、守法、用法、遵纪，不“以人代法”、“以言代法”、“以教代法”，克己奉公，公正严明，以身作则，严于律己，胸怀宽广、豁达。

管理者的思想素质集中体现了其个人的形象，也从根本上决定着他在企业内的感召力，影响企业的文化环境和风气，从而影响其工作的有效性。

2. 能力素质

管理者应具有管理现代企业的能力，主要包括广博的知识和特殊的领导能力两个方面。

作为一个企业的管理者必须具备以下几方面的知识：

（1）专业知识。作为现代企业管理者，应懂得生产技术和有关自然科学、技术科学的基本知识，掌握本行业的科研与技术发展动向，熟悉本企业产品的结构原理和制造工艺，了解产品的性能和用途。

（2）管理知识。一个现代企业管理者，应懂得管理的基本原理、方法和各项专业管理知识。不仅要了解管理学的一般原理和方法，而且要熟悉本行业、本企业的特殊规律和方法；了解现代企业组织的一般结构和功能，熟悉自己企业的特殊结构和功能；不仅要掌握各种管理方法，而且要熟悉主要的管理技术；要懂得对财、物、信息的管理，更要懂得对人的管理；还要掌握市场经济的基本原理，了解有关国际贸易、国际金融、技术引进、合资经营等方面的基本知识等。

（3）相关知识。作为一个管理者，除了具备必要的专业知识和管理知识外，还必须掌握一些相关知识。管理者应学习统计学、会计学、经济法、财政金融和外贸等方面的知识；应懂得政治思想工作、心理学、人才学、行为科学、社会学等方面的知识，以便做好政治思想工作，激励职工士气，协调好人际关系，充分调动人的积极性；管理者还应能熟练应用计算机、信息管理系统和网络，及时了解和处理相关信息。

3. 观念素质

现代企业管理者，时时刻刻都应体现时代精神和现代观念，即要具有如下观念：① 市场观念。重视市场机制，调查市场需求，预测市场变化。② 竞争观念。掌握竞争规律，了解竞争对手，了解产品、技术、质量、品种等的竞争趋势。③ 服务观念。树立为顾客服务的思想，搞好服务工作，建立质量反馈系统，听取用户意见。④ 战略观念。重视战略思想、战略目标、战略组织，高瞻远瞩，顾全大局。⑤ 务实观念。讲实际，求实效，根据具体情况灵活处理问题，而不片面追求模式化的科学管理。⑥ 发展观念。面向未来，干今天、想明天、谋后天。

4. 身体素质

管理者负责指挥、协调组织活动的进行，这项工作不仅需要足够的心智，而且需要消耗大量体力，因此必须有强健的身体和充沛的精力。

（三）管理者的条件与能力

美国普林斯顿大学的教授威廉姆·鲍莫尔提出：合作精神、决策能力、组织能力、精于授权、善于应变、敢于创新、勇于担责、敢担风险、尊重他人、品德高尚是领导者应具备的十大条件。

日本企业认为领导者的品德与能力应该并重，并将其各归纳为十个方面。十种品德是：使命感、责任感、积极性、忠诚老实、进取心、忍耐性、公平、热情、勇气；十种能力是：思维决策能力、规划能力、判断能力、创造能力、洞察能力、劝说能力、理解能力、解决问题的能力、培养下属的能力、调动积极性的能力。

三、管理者群体

组织中的管理者是一群人而非一个人。现代企业的经营活动异常复杂，如果单靠一个人很难有效地组织和指挥企业的生产经营活动。因此一个具有合理结构的管理者群体，不仅能使每个成员各尽其才，而且能通过有效的组合发挥巨大的集体力量。管理者群体的结构一般包括年龄结构、知识结构、能力结构、专业结构等。

（一）年龄结构

不同年龄的人具有不同的智力、不同的经验，因此寻求管理者群体的最佳年龄结构非常重要。管理者群体应该是老、中、青相结合，向年轻化的趋势发展。但年轻化绝对不是青年化，不是说管理者成员的年龄越小越好，而是指管理者群体中应有一个合理的老、中、青比例，平均年龄界限与管理层次相适应。在不同管理阶层中，对年龄的要求和年轻化的程度应有所不同。

老年人的经验比较丰富，但吸收新知识的能力不如中青年人。现代生理科学和心理科学研究表明，一个人的年龄与智力有一定的关系，如表 3－1 所示。

表 3－1　　年龄与智力的关系

智力＼年龄	10～17	18～29	30～49	50～69	70～89
知觉	100	95	93	76	46
记忆	95	100	92	83	55
比较和判断力	72	100	100	87	67
动作及反应速度	88	100	97	92	71

从表 3－1 中可知，在智力诸因素中，中青年占有明显优势，老年人经验往往比较丰富。因此，管理者群体应老、中、青相结合，充分发挥各年龄层的优势。

（二）知识结构

知识结构是指管理者群体中不同成员的知识水平构成。管理者应该具备较高的知识水平。没有较高的文化知识素养，就不能胜任管理现代企业的要求。现代企业采用了大量的先进科学技术，具有复杂多变的经营环境，为了使企业获得生存，管理者必须具备广博的知识。

（三）能力结构

管理的效能不仅与管理者的知识有关，而且与他运用知识的能力密切相关。这种运用知识的能力对于管理好一个企业是非常重要的。它包括决策能力、判断能力、分析能力、指挥能力、组织能力、协调能力等。每个人的能力是不同的，有的人善于思考分析问题，提出好的建议与意见，但不善于组织工作；有的人善于组织工作，但分析问题的能力较差。因此，企业管理者群体中应包括不同能力类型的人，既要有预见家，又要有思想家、组织家，还要有实干家，这样才能形成最优的能力结构，相互协调、配合，充分发挥作用。

（四）专业结构

专业结构是指管理者群体应由各种专门的人才组成，形成一个合理的专业结构，从总体上强化管理群体的专业力量。若管理群体只懂管理不懂技术，则很难发现生产过程中出现的问题，也难以处理这些问题；若管理群体只懂技术而对管理等知识一窍不通，那更会导致企业生产一片混乱。因此，在管理者群体中，既要有懂得产品相关知识的技术人员，又要有懂得管理、经济、法律、会计等方面知识的专业人员。只有具备全面知识的管理者群体，才能更有效地管理企业。

以上所述的管理者群体结构仅是几个方面的结构，还有其他一些结构，如性格结构等。管理者群体中既要有性格果断，能当机立断的管理者，也要有性格谨慎，能三思而后行的管理者。只有按照这些要求形成的管理者群体才是一个结构优化、富有效率的集体。

第二节　管理者的领导方式

一、领导方式的类型

仅有良好的管理者素质还不足以保证管理者的工作效率。要充分利用这些素质，进行有效的管理，管理者还必须选择恰当的领导方式。领导方式大体上有三种类型：专权型领导方式、民主型领导方式和放任型领导方式。

专权型领导方式，是指管理者独断专行，个人决定一切，依靠强权迫使下属被动执行，下属没有选择和发挥的自由，是一种“管、卡、压”式的简单领导方式。这种管理者要求下属绝对服从，下属没有参与的机会，下属的工作完全由管理者布置，上下级之间的关系比较紧张。这种管理的权力完全来自于职位，没有威信可言。

民主型领导方式。民主型领导的决策由管理者发动下属讨论，在决策前广泛采纳各方的意见，在布置任务时以协商的态度面对下属，在执行任务时给下属以充分的自由发挥空间。因此下级工作的主动性较强，关系较为融洽。这种管理的权力来自于管理者的个人魅力和权威，是一种最佳的领导方式。

放任型领导方式，是指管理者把一切权力下放给下属，从决策到执行都由下属自行决定，对下属既没有指导，也没有约束。管理者没有权威也没有责任心，这种管理者只是个摆设，他的职责仅仅是为下属提供信息并与企业外部进行联系，因此有利于下属的工作。现实中很少有典型的放任型领导。

领导方式的这三种基本类型各具特色，也各适用于不同的环境。但在实际工作中，很少有管理者完全表现出某一种风格特征，往往是介于这三种方式之间。管理者要根据所处的管理层次、所担负工作的性质以及下属的特点，在不同的时间处理不同问题时，针对不同下属，选择合适的领导方式。

二、领导方式的相关理论

（一）领导方式的连续统一体理论

美国学者坦南鲍姆和施米特提出了“领导方式的连续统一体理论”。他们认为，领导方式是多种多样的，专权型和放任型是一个连续统一体中的两个极端点，而在这两个极端点之间存在着多种过渡类型。该理论模型列举了7种有代表性的领导方式。

施米特认为，7种领导方式中并不存在正确与错误之分。管理者究竟应当采取哪一种管理方式，不能一概而论，应主要考虑管理者方面的条件、下属方面的条件和组织环境方面的条件。管理者应根据具体的情景，如社会条件、问题性质、工作的时间性等因素，适当地选择某种水平的专制与民主统一的形式来实施管理行为，以提高管理活动的有效性。图3－1概括描述了这种理论的基本内容和观点。

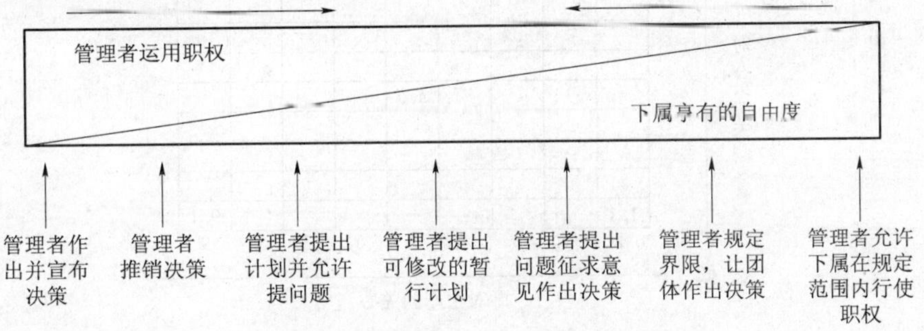

图3－1　领导方式的连续统一体理论

（1）管理者作出并宣布决策。在这种方式中，管理者确认一个问题，考虑各种可供选择的解决方法，从中选出一个，然后布置给下属执行。管理者不给下属参与决策的机会，下属只能服从他的决定。

（2）管理者推销决策。在这种方式中，管理者独断地确认问题和作出决策，但他不是简单地宣布这个决策，而是说服下属接受他的决策，通过阐明这种决策给下属带来的利益来争取下属的支持。

（3）管理者提出计划并允许提出问题。在这种方式中，管理者作出决策，期望下属接受这个决策。因此，他向下属提供一个有关他的想法和意图的详细说明，允许下属提出问题，这样下属可以更好地了解他的意图和计划，能深入探讨这个决策。

（4）管理者提出可修改的暂行计划。在这种方式中，确认问题和决策的主动权仍操纵在管理者手中，管理者先对问题进行了考虑，并提出一个暂行计划，然后把这个计划交给有关人员征求意见，允许下属对决策发挥某些影响作用。

（5）管理者提出问题，征求建议，作出决策。在这种方式中，下属有建议权。下属可以在管理者提出问题后，提出各种解决问题的方案，管理者从自己和下属提出的方案中选择较为满意的方案。这样做的目的是充分利用下属的知识和经验。

（6）管理者决定界限，让团体作出决策。在这种方式中，管理者解释需要解决的问题，并给要做的决策规定界限，然后把决策权交给团体。

（7）管理者允许下属在规定的范围内行使职权。在这种方式中，团体有极度的自由，唯一的界限是必须执行上级所作的规定。如果上级参加决策过程，也往往以普通成员的身份出现，并执行团体所作出的决定。

（二）管理方格理论

管理方格理论是布莱克和穆顿提出的。他们认为管理主要通过处理人与工作的关系来体现。他们从对人的关心和对工作的关心两个方面来研究管理者的领导方式，通过方格图加以表述，从而创立了管理方格理论。如图3－2所示，横轴表示管理者对工作的关心，纵轴表示管理者对人的关心。纵横两个方向又分为9格，表示不同的关心程度，第一格代表关心程度最低，第九格代表关心程度最高，整个方格图共有81个方格，每一个方格都代表管理者对人和对工作的关心的不同组合。下列五种为典型的领导方式：

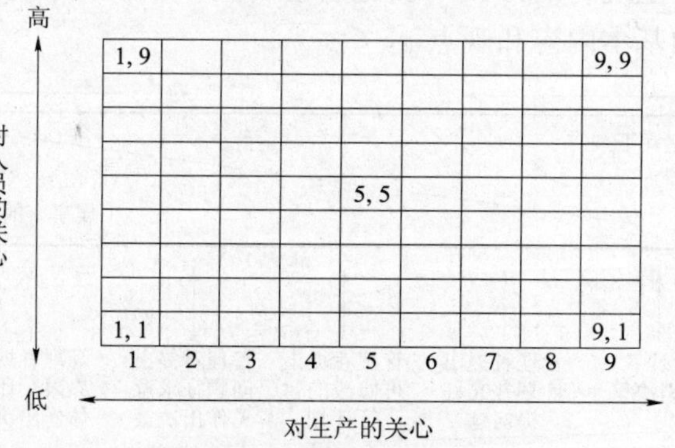

图3－2　管理方格图

（1）9·1型方式（任务型）。对工作任务极其关心，对职工缺乏关心。这种管理者是一种专权式的领导，下属只能奉命行事，职工失去进取精神，不愿用创造性的方法去解决各种问题，缺乏工作积极性，进而影响工作效率。

（2）1·9型方式（俱乐部型）。与9·1型方式相反，管理者特别关心职工，而很少关心工作本身。持此方式的管理者认为，只要职工精神愉快，生产自然会好。但这种管理方式尽管营造出宽松的环境及和谐的人际关系，但很少协调下属为完成工作而作的努力，一旦和谐的人际关系受到影响，生产成绩会随之下降。

（3）5·5型方式（中庸型）。这种管理方式既不过于重视人的因素，也不过于重视任务因素，努力保持和谐和妥协，以免顾此失彼。但缺乏革新精神，职工的积极性得不到充分发挥，在激烈的竞争中难免会失败。

(4) 1·1型方式（贫乏型）。对职工和工作皆不关心，放任自流，既对工作完成不利，又不能处理好与下属的关系。这种方式无疑会使企业失败，在实践中很少见。

(5) 9·9型方式（团队型）。这种管理方式认为对人的关心和对工作的关心之间并没有必然的冲突，管理者对人和工作的关心都达到了最高点。在9·9型方式下，管理者通过调动每个下属的积极性，使他们自愿地为实现组织目标而团结协作，在完成工作的同时也实现其自身的价值。

从上述不同方式的分析中可以得出下述结论：作为一个管理者，既要发扬民主，又要善于集中；既要关心企业任务的完成，又要关心职工的正当利益，只有这样才能使管理工作卓有成效。

（三）权变理论

美国管理学家菲德勒认为，管理工作是一个过程，在这个过程中，管理者施加影响的程度取决于管理者的工作环境、管理者的特性，以及管理方法的适合程度等因素。也就是说，管理者之所以成为管理者，不仅仅是由于他的特性，还由于各种环境因素以及管理与环境之间的相互作用。

菲德勒将管理的环境具体化为三个方面，即职位权力、任务结构和管理者与下级之间的关系。

职位权力，是指管理者职位所具有的正式职权以及管理者从上级和组织各个方面所获得的支持的程度。职位权力是管理者对其下属的实际权力，管理者只有拥有一定的职位权力，才容易使群体成员遵从他的指导。

任务结构，是指任务的明确程度和下属对这些任务的负责程度。当下属对任务的性质清晰明确时，管理者对下属比较容易控制。任务越明确，下属责任心越强，则管理者所处的环境越好。

管理者与下级之间的关系，是指下属乐于追随的程度。菲德勒认为，从管理者的角度看，管理者与下级的关系是最重要的。因为职位权力与任务结构大多可以置于组织控制之下，而上下级关系直接影响下级对其上级管理者的信任和爱戴，从而决定是否乐于追随他共同工作。

菲德勒根据这三种情景因素的状况，把管理者所处的环境从最有利到最不利分为八种类型、三种状态，如表3－2所示。

表3－2　　菲德勒权变理论模型

状态	最有利			中间状态				最不利
情境	1	2	3	4	5	6	7	8
管理者与下属关系	好	好	好	好	差	差	差	差
任务结构	高	高	低	低	高	高	低	低
职位权力	强	弱	强	弱	强	弱	强	弱

菲德勒认为，对于各种领导情景而言，只要管理风格能与之适应，都能取得良好的管理效果。在对管理者最有利和最不利的情况下（例如1、2、3、8），采用任务导向型领导方式，其效果较好；在对管理者中等有利情况下（例如4、5、6、7），采用关系导向型领导方式效果较好。另一方面，管理行为与管理者的个性是相联系的，所以管理者的风格是相对稳定的，要提高管理的有效性，只有两条途径：替换管理者以适应环境；改变环境以适应管理者。

第三节　管理者的管理艺术

管理艺术是管理者在行使管理职能时，综合运用其知识和经验的技能。管理职能的有效发挥，不仅取决于管理者的职权、威望和知识专长，还取决于他的技能和艺术。管理艺术多种多样，一般来说，管理者的管理艺术包括三大方面，即用人艺术、处事艺术和运时艺术。

一、用人艺术

管理者掌握用人艺术，关键在于知人善任。知人，就是要了解人、熟悉人，指的是对人的观察、识别和选择；善任，指的是对人要使用得当，充分发挥人的作用。知人和善任是相辅相成的两方面，知人是为了善任，善任必须知人。要做到知人善任应掌握以下几点：

（一）用人所长，扬长避短

美国管理大师彼得·德鲁克在他的《有效的管理者》一书中说道：如果谁想在一个组织中任用没有缺点的人，那么其结果最多只是一个平庸的组织。一个管理者如果只重视别人不能干什么，而不重视别人能干什么，则证明他本人就是个弱者。因此要用好人，必须用人之长，发挥其特长和优势，使其在最有利于发挥其作用的岗位上施展才华。而且，发挥人的长处是克服其短处的重要方法，一个人的优点扩展了，缺点往往就受到了限制。人各有所长，也各有所短，世界上不存在十全十美的人。用肯定的眼光而不是否定的眼光是用人的一项基本技能。

（二）宽容大度，用人不疑

宽容大度就是要有容才的胸怀、宽宏的气度，要能够使用跟自己关系疏远的人，而不是“近者用，疏者弃”；要能用比自己才能高的人，而不是嫉贤妒能；要能用曾经反对过自己或与自己意见不一致的人，而不是搞个人恩怨。在用人问题上，还经常会出现这样的情况：有的企业管理者想用某个人，可是又不放心，或者给职不给权，对他处处设防，将信将疑，这断然是用不好人的。古人说：“非得贤难，用之难；非用之难，任之难也。”用好人就必须让他们大胆工作，使其在充满信任的气氛中，在充满信心的状态下，充分发挥主动创造精神。疑人不用，用人不疑，这是企业管理者应掌握的用人艺术。

（三）关怀备至，保护人才

企业管理者要对人才充满爱心，表现为解决人才的后顾之忧，让其把更多的精力倾注在本职岗位上；采用多种形式的培训和教育，使其知识和能力不断更新和提高；敢于保护正直而遭人妒忌、打击的人才；严格要求，不要宠坏人才。

（四）人才互补，力求精干

作为一个人才个体，只能有一种或几种专长，其不足之处就应该通过人才群体来相互补充，从而形成一个合理的人才结构，更好地发挥整体效应。人才互补，既包括年龄、性格、气质的互补，也包括知识、能力的互补。大小齿轮各有用处，但只有相互衔接吻合，搭配合理，才能带动整个机器的运转。当然，人才互补不等于大杂烩，要本着精干高效的原则进行谨慎选择，做到因事设人、人事相宜，避免出现人浮于事、人才浪费的现象。

二、处事艺术

管理者每天都要处理大量的工作，协调来自各方面的人际关系。这些事务有先有后，有轻有重，有急有缓。如果分不清轻重缓急，眉毛胡子一把抓，大事小事一身兼，纵然有三头六臂，也不可能把事情处理好。反之，还可能导致丢掉西瓜抓芝麻的混乱局面。因此，处事艺术是管理者应该具备的一项高超的协调艺术。处事艺术包括处理工作艺术和协调关系艺术。

（一）处理工作艺术

抓大事、懂全局，是管理者处理各项工作的基本出发点。管理者只有全局在胸，抓住关键，时刻把企业发展的战略问题和长远的、根本的利益放在心中，才能在处理各种错综复杂的工作时，得心应手，游刃有余。以下两方面是管理者处理工作应该掌握的艺术：一是要明责授权。不是带有全局性和长远影响的事，就要明确职责，授权给下属，不要事必躬亲。这对管理者本人来说，可以集中精力办大事，对下属也是一种培养锻炼，并能激发他们的工作热情。二是善于安排工作。重要的工作，优先处理；一般的工作，随时处理；可做可不做的工作，暂时缓办；如有紧急的工作，立刻就办。这样，既抓住关键工作，又兼顾其他工作，并使之有机配合，平衡协调，就能使企业管理活动有节奏、有韵律地运转。

（二）协调关系艺术

协调关系艺术指的是协调人与人之间认识上的分歧、利益上的冲突以及处理相互间的矛盾的艺术。企业管理中有“硬性”因素也有“软性”因素。对“硬性”因素，可以通过建立一套清楚的、确定的、完美的组织结构和管理制度，使企业成为一个有秩序、有效率的机构。而管理“软性”因素，如沟通上下级间的关系、协调部门间的冲突、培植企业员工的团体精神，这需要在制度化、规范化、科学化的组织结构中拥有诸如能动性、灵活性、创造性的人员、作风和技巧因素。

协调人际关系的方式很多，常用的协调方式有以下几种：

1. 择机行事

当解决冲突和分歧的条件尚未成熟时，把问题放一放，在当事人双方情绪冷静下来，认识和观念趋向一致时，再行处置。“让时间去检验”是日本松下电器公司解决冲突和矛盾的最有利方法。如果时机不成熟，管理者就易于采取强加于人的做法，不仅解决不了冲突，反而会加深隔阂，加重内耗。当然，择机行事不是消极等待，而是让时间去逐步改变冲突双方的立场，使问题解决得自然顺畅。同时，管理者有更多的时间作出积极的调停努力。

2. 适当迂回

在特定的条件下，对一些无原则的纠纷，应采取模糊的处理方法。那些非原则的、枝节的、又不需要分清是非的问题，不必搞得不偏不倚。适当回避，模糊处理，可使冲突双方都得到满足，管理者也可以抽出精力去处理重要问题。

3. 公正裁决

一些矛盾和冲突在管理者无法回避又必须马上裁决时，公正合理是管理者进行裁决的基本原则。这时，关键要找到协调双方的适度点，即双方均可以接受的条件。这一方面需要冲突双方相互让步，另一方面需要管理者在听了双方陈述后，能明辨是非，作出客观公正的评价，做到以理服人。找出适度点，往往是比较困难的，需要管理者作出许多十分细腻而又非常机敏的工作。

三、运时艺术

管理者有条不紊地办事是一种艺术。在组织中我们经常看到一些这样的管理者，他们整天忙忙碌碌，工作十个小时、十二个小时，放弃了娱乐、休息和学习，还总是感到时间不够。作为一个管理者，当发现自己忙不过来的时候，就应该考虑自己是如何运用时间的，为什么时间不够？

管理者要合理运筹时间，应努力做到以下几点：

（一）记录时间

企业管理者首先应该学会记录时间，并形成良好习惯。每隔一段时间拿出来看看，知道自己把时间花在哪里，检讨自己把时间浪费在哪些不该浪费的事情上，以便调整自己的时间安排，使其具有计划性。

（二）合理使用时间

时间的合理使用因人而异，取决于企业的特点、管理体制、组织结构、管理者的分工以及各人的职责和习惯等，很难有一个统一的标准。表 3－3 是根据我国一些优秀管理者的经验列出的。

表 3－3　管理者每周工作时间的分配

工作内容	每周小时数	时间使用方式
了解情况，检查工作	6	每天 1 小时
研究业务，进行决策	12	每次 2－4 小时
与主要业务骨干交谈，做人的工作	4	每次 0.5－1 小时
参加社会活动（接待、开会等）	8	每次 0.5－2 小时

续表

工作内容	每周小时数	时间使用方式
处理企业与外部的重大业务关系	8	每次 0.5 - 2 小时
处理内部各部门的重大业务关系	8	每次 0.5 - 3 小时
学习与思考	4	集中一次进行

表 3 - 3 所显示的时间分配比较合理，但还存在不足，如管理者的学习与思考时间比较少，有待改进。

（三）杜绝时间浪费

杜绝时间浪费的方法很多，诸如有目的的行动；充分授权；避免文山会海；运用现代通讯手段和交通工具；有关资料及时归档，以便查找；果断决策；礼貌拒绝不必要的应酬等。

【个案分析】

ABC 公司是一家中等规模的汽车配件生产集团。最近，对该公司的三个重要部门经理进行了一次有关领导类型的调查。

一、安西尔

安西尔对他本部门的产出感到自豪。他总是强调对生产过程和产出量控制的必要性，坚持下属人员必须很好地理解生产指令以得到迅速、完整、准确地反馈。当遇到小问题时，安西尔则委派几个有能力的下属人员去解决问题。通常情况下，他只是大致规定下属人员的工作方针、完成情况的报告及完成期限。安西尔认为，只有这样才能导致更好的合作，避免重复工作。

安西尔认为对下属人员采取敬而远之的态度对一个经理来说是最好的行为方式，所谓的“亲密无间”会松懈纪律。他不主张公开谴责或表扬某个员工，他相信他的每一个下属人员都有自知之明。

据安西尔说，在管理中的最大问题是下级不愿意接受责任。他讲道，他的下属人员可以有机会做许多事情，但他们并不是很努力地去做。

他表示不能理解他的下属人员以前如何能与一个毫无能力的前任经理相处。他说，他的上司对他们现在的工作运转情况非常满意。

二、鲍勃

鲍勃认为每个员工都有人权，他偏重于管理者有义务和责任去满足员工需要的学说。他说，他常为他的员工做一些小事，如给员工两张下月在伽利略城举行的艺术展览的入场券。他认为，每张门票才 15 美元，但对员工和他的妻子来说却远远超过 15 美元。这种方式也是对员工过去几个月工作的肯定。

鲍勃说，他每天都要到工场去一趟，与至少 25% 的员工交谈。鲍勃不愿意为难别人，他认为安西尔的管理方式过于死板，安西尔的员工也许并不那么满意，但除了忍耐别无他法。

鲍勃说，他已经意识到在管理中有不利因素，但大都是由于生产压力造成的。他的想法是以一个友好、粗线条的管理方式对待员工。他承认尽管在生产率上不如其他单位，但他相信他的雇员有高度的忠诚与士气，并坚信他们会因他的开明领导而努力工作。

三、查里

查里说他面临的基本问题是与其他部门的职责分工不清。他认为不论是否属于他们的任务都安排在他的部门，似乎上级并不清楚这些工作应该由谁来做。

查里承认他没有提出异议，他说这样做会使其他部门的经理产生反感。他们把查里看成是朋友，而查里却不这样认为。

查里说过去在不平等的分工会议上，他感到很窘迫，但现在适应了，其他部门的领导也不以为然了。

查里认为纪律就是使每个员工不停地工作，预测各种问题的发生。他认为作为一个好的管理者，没有时间像鲍勃那样握紧每一个员工的手，告诉他们正在从事一项伟大的工作。他相信，如果一个经理声称为了决定将来的提薪与晋职而对员工的工作进行考核，那么，员工则会更多地考虑他们自己，由此而产生很多问题。

他主张，一旦给一个员工分配了工作，就让他以自己的方式去做，取消工作检查。他相信大多数员工知道自己把工作做得怎么样。

如果说存在问题，那就是他的工作范围和职责在生产过程中发生的混淆。查理的确想过，希望公司领导叫他到办公室听听他对某些工作的意见。然而，他并不能保证这样做不会引起风波而使情况有所改变。他说他正在考虑这些问题。

资料来源：王爱民，张素罗．管理学原理．成都：西南财经大学出版社，2010.

问题：

1. 你认为这三个部门经理各采取什么领导方式？这些模式都是建立在什么假设的基础上的？试预测这些模式各将产生什么结果？

2. 是否每一种领导方式在特定的环境下都有效？为什么？

【关键名词】

管理者　人际技能　技术技能　概念技能　管理方格理论　权变理论　管理艺术

【讨论思考】

1. 管理者的素质和管理者群体结构包括哪些内容？
2. 联系实际谈谈如何提高管理者的素质？
3. 如果你的上司是专权型管理者，你将如何适应？
4. 试述几种领导方式理论的主要内容。
5. 管理者的管理艺术主要有哪些？

第四章

技能训练

第一节　管理与管理学技能训练

一、单项选择题

1. 管理的主体是（　　）。
A. 管理者　B. 系统　C. 组织　D. 人际关系
2. 学习与研究管理学的一般方法有：系统方法、理论联系实际的方法和（　　）。
A. 信息论　B. 唯物辩证法　C. 控制论　D. 统筹方法
3. 管理是一门艺术，这里强调管理的（　　），否则就无所谓艺术。
A. 多样性　B. 科学性　C. 实践性　D. 复杂性
4. 管理的核心是（　　）。
A. 决策　B. 领导　C. 激励　D. 处理好人际关系
5. 管理的两重性是马克思主义关于管理问题的基本观点，它反映的是（　　）。
A. 经济性和目的性　B. 必要性和目的性
C. 经济性和必要性　D. 有效性和经济性
6. 决定学习、研究管理必要性的是（　　）。
A. 管理的自然性　B. 管理的社会性　C. 管理的重要性　D. 管理的历史性
7. 管理是一门应用性科学，是指管理的（　　）。
A. 一般性　B. 多样性　C. 历史性　D. 实践性
8. 在研究管理学的方法中，起总的指导作用的是（　　）。
A. 系统方法　B. 理论联系实际的方法
C. 唯物辩证法　D. 比较分析法
9. 反映管理同生产力、社会化大生产相联系的属性是（　　）。
A. 社会属性　B. 艺术性　C. 自然属性　D. 科学性
10. 管理学原理区别于专门管理学的特点在于（　　）。

A. 历史性　B. 科学性　C. 一般性　D. 实践性

二、多项选择题

1. 管理是一种（　　）。
   A. 政治现象　B. 社会现象　C. 文化现象
   D. 经济现象　E. 个别现象
2. 管理的两重性是指管理的（　　）。
   A. 科学性　B. 艺术性　C. 自然属性
   D. 社会属性　E. 实践性
3. 管理学的特点是（　　）。
   A. 一般性　B. 多科性　C. 历史性
   D. 实践性　E. 辩证性
4. 管理学研究的内容包括（　　）。
   A. 生产力方面　B. 生产关系方面　C. 上层建筑方面
   D. 管理实践　E. 管理史
5. 管理的基本特征有（　　）。
   A. 管理是一种社会现象　B. 管理是一种文化现象
   C. 管理的主体是管理者　D. 管理的核心是决策
   E. 管理的核心是处理好人际关系

三、案例分析

案例一：

比特丽公司的分权管理

比特丽公司是美国一家大型联合公司，总部设在芝加哥，下设450个分公司，经营着9 000多种产品，其中许多产品如克拉克棒糖、乔氏中国食品等，都是名牌产品。公司每年的销售额达90多亿美元。

多年来，比特丽公司都采用购买其他公司来发展自己的积极进取战略，因而取得了迅速的发展。公司的传统做法是：每当购买一家公司或厂家以后，一般都保持其原来的产品，使其成为联合公司一个新的产品市场；同时对下属各分公司都采用分权的形式，允许新购买的分公司或工厂保持其原来的生产管理结构，这些都不受联合公司的限制和约束。由于实行了这种战略，公司变成由许多没有统一目标，彼此又没有什么联系的分公司组成的联合公司。公司专门设有一个财务部门，但是这个财务部门根本就无法控制这么多分公司的财务活动，因此造成联合公司总部甚至无法了解并掌握下属部门的收支情况等现象。

1976年，负责这个发展战略的董事长退休以后，德姆被任命为董事长。

新董事长德姆的意图是要使公司朝着他新制定的战略方向发展。根据他新制定的战略，德姆卖掉了下属56个分公司，但同时又买下了西北饮料工业公司。据德姆的说法，公司除了面临发展方向方面的问题外，还面临着另外两个主要问题：一个是下属各分公司都面临着向社会介绍并推销新产品的问题，为了刺激各分公司的工作，德姆决定采用奖金制，对下属干得出色的分公司经理每年奖励1万美元。但是，对于这些收入远远超过1万美元的分公司经理人员来说，1万美元奖金恐怕起不了多大的刺激作用。另一个面临的更严重的问题是，在维持原来的分权制度下，应如何提高对增派参谋人员必要性的认识，应如何发挥参谋人员的作用问题。德姆决定要给每个下属部门增派参谋人员，以更好地帮助各个小组开展工作。但是，有些管理人员认为只增派参谋人员是不够的，有的人则认为，没有必要增派参谋人员，可以采用单一联络人联系几个单位的方法，即集权管理的方法。

资料来源：王凤彬，刘松博，朱克强．管理学教学案例精选．上海：复旦大学出版社，2009.

问题：

1. 比特丽公司可以在分权方面做得更好吗？
2. 你对德姆的激励方法有何看法？

案例二：

艾珂卡与克莱斯勒公司

在20世纪80年代，李·艾珂卡因拯救濒临破产的美国汽车巨头之一克莱斯勒公司而声名鹊起。今天，克莱斯勒公司又面临另外一场挑战：即在过热的竞争和预测到的世界汽车产业生产能力过剩的环境中求生存。为了渡过这场危机并再次成功地进行竞争，克莱斯勒不得不先解决以下问题：

首先，世界汽车产业的生产能力过剩，意味着所有汽车制造商都将竭尽全力保持或增加它们的市场份额。美国的汽车公司要靠增加投资来提高效率，日本的汽车制造商也不断在美国建厂，欧洲和韩国的厂商也想增加他们在美国的市场份额。艾珂卡承认，需要对某些车型削价，为此，他运用折扣和其他激励手段来吸引消费者进入克莱斯勒的汽车陈列室。可是，艾珂卡和克莱斯勒也认为，价格是唯一得到更多买主的方法，但从长期性来看，这不是最好的方法。克莱斯勒必须解决的第二个问题是改进它所生产汽车的质量和性能。艾珂卡承认，把注意力过分集中在市场营销和财务方面，而把产品开发拱手让给其他厂家是不好的。他还认识到，必须重视向消费者提供高质量的售后服务。艾珂卡的第三个问题是把美国汽车公司（AMC）和克莱斯勒的运作结合起来。兼并美国汽车公司意味着克莱斯勒要解雇许多员工，这包括蓝领工人和白领阶层，剩余的员工对这种解雇的态度从愤怒到担心，这对克莱斯勒的管理产生巨大的压力：难以和劳工方面密切合作、回避骚乱，确保汽车质量和劳动生产率。

为了生存，克莱斯勒承认，公司各级管理人员及设计、营销、工程和生产方面员工应通力协作，以团队形式开发和制造与消费者的需要相匹配的产品。克莱斯勒的未来还要以提高效率为基础。今天，克莱斯勒一直注重以降低成本、提高质量、靠团队合作的方式提高产品开发的速度，并发展与供应商、消费者的良好关系。在其他方面，艾珂卡要求供应商提供降低成本的建议——他已收到上千条这样的提议。艾珂卡说，降低成本的关键是“让全部员工都谈降低成本”。

艾珂卡现已从克莱斯勒公司总裁的职位退休。有些分析家开始预言克莱斯勒仍会有艰难时光。但一位现任主管却说，克莱斯勒有一项大优势：它从前有过一次危机，却渡过了危机并生存下来，所以，克莱斯勒能够从过去的经历中学到宝贵的东西。

资料来源：王爱民，张素罗．管理学原理．成都：西南财经大学出版社，2010.

问题：

1. 如何用当代管理学方法解决克莱斯勒面临的问题？
2. 如何用权变管理的思想解决克莱斯勒面临的问题？
3. 克莱斯勒在今天该怎么做？

第二节　管理学的形成与发展技能训练

一、单项选择题

1. (　　) 被称为“管理过程理论之父”。

A. 泰罗　B. 法约尔　C. 吉尔布雷斯　D. 哈林顿·埃默森

2. 霍桑实验提出要重视管理中（　　）。

A. 物的因素　B. 人的因素　C. 工程技术方面因素　D. 人/事/物的结合

3. 法约尔在管理的十四条原则中指出，“组织内每一个人只能服从一个上级并接受他的命令”，这属于（　　）原则。

A. 统一指挥　B. 统一领导　C. 集中化　D. 职权与职责

4. 上级管理人员把一般的日常事物授权给下级管理人员去处理，而自己只保留对例外事项的决策和监督权，这是泰罗提倡的（　　）。

A. 工作定额原理　B. 例外原则

C. 心理革命　D. 职能工长制

5. 西方早期的管理思想中，（　　）是最早研究专业化和劳动分工的经济学家。

A. 亚当·斯密　B. 查尔斯·巴贝奇

C. 泰罗　D. 罗伯特·欧文

6. 泰罗科学管理的核心问题是（　　）。

A. 实行差别的计件工资制　B. 提高劳动生产率

C. 制定科学的作业方法　D. 实行职能工资制

7. 泰罗的管理理论对以后管理理论的发展产生了深远影响，他的代表作是（　　）。

A.《社会组织与经济组织理论》　B.《工业管理和一般管理》

C.《科学管理原理》　D.《管理的要素》

8. 小张大学计算机系毕业后，到一家计算机软件公司工作。三年来，他工作积极，取得了一定的成绩，最近他作为某项目小组的成员，与组内其他人一道奋战了三个月，成功地开发了一个系统，公司领导对此十分满意。这天小张领到领导亲手交给他的红包，较丰厚的奖金令小张十分高兴，但当他随后在项目小组奖金表上签字时，目光在表上注视了一会儿后，脸便很快阴沉了下来。对于这种情况下列哪种理论可以较恰当地给予解释（　　）。

A. 双因素理论 B. 期望理论 C. 公平理论 D. 需求层次理论

9. 曹雪芹虽食不果腹，仍然坚持《红楼梦》的创作，是出于其（ ）。

A. 自尊需要 B. 情感需要 C. 自我实现的需要 D. 以上都不是

10. 商鞅在秦国推行改革，他在城门外立了一根木棍，声称有将木棍从南门移到北门的，奖励500金，但没有人去尝试。根据期望理论，这是由于（ ）。

A. 500金的效价太低 B. 居民对完成要求的期望很低

C. 居民对得到报酬的期望很低 D. 枪打出头鸟，大家都不敢尝试

11. 当一位30～40岁的科研工作者显示出卓越的技术才能时，作为该科研人员的领导对他的最有效的激励应该是（注意：并不排斥其他方面的适当奖励）（ ）。

A. 高额奖金 B. 配备最好的研究条件

C. 提职 D. 精神奖励（如评为劳模）

12. 从期望理论中，我们得到的最重要的启示是（ ）。

A. 目标效价高低是激励是否有效的关键

B. 期望概率的高低是激励是否有效的关键

C. 存在着负效价，应引起领导者注意

D. 应把目标效价和期望概率进行优化组合

13. 强调管理方式或方法应该随着环境的不同而改变的管理学派是（ ）。

A. 决策学派 B. 系统管理学派 C. 权变理论学派 D. 经验学派

14. 科学管理中能体现权力下放，分权尝试的原理是（ ）。

A. 差别计件工资制 B. 职能原理

C. 例外原则 D. 工时研究

15. 决策学派的代表人物主要是（ ）。

A. 哈罗德·孔茨 B. 赫兹伯格

C. 赫伯特·西蒙 D. 伍德沃德

16. 韦伯提出的理想的组织形态是（ ）。

A. 行政性组织 B. 神秘化组织 C. 传统的组织 D. 现代组织

二、多项选择题

1. （ ）是科学管理理论的要点。

A. 中心问题是提高劳动生产率

B. 实行有差别的计件工资制

C. 把计划职能同执行职能分开

D. 在管理控制上实行例外原则

E. 工人和雇主双方都必须来一次“精神革命”

2. 管理过程学派的创始者法约尔认为，管理的职能有（ ）。

A. 计划工作 B. 组织工作 C. 人员配备

D. 指挥 E. 控制

3. 以下属于法约尔管理十四条原则的有（ ）。

A. 分工 B. 统一指挥 C. 公平

D. 管理宽度　　　　　　　E. 权力与责任

三、判　断　题

1. 泰罗的科学管理既重视技术因素，也重视人的社会因素。(　　)

2. 权变理论认为，组织和组织成员的行为是复杂的、不断变化的，这是一种固有的性质。(　　)

3. 从19世纪末期到20世纪初期，欧洲和美国都相继有人提出比较系统的管理理论。比如，在美国表现为泰罗创建的科学管理理论，在法国表现为法约尔的行政管理理论。(　　)

4. 西蒙是决策理论学派的代表人，他认为管理就是决策，并将决策分为程序性决策和非程序性决策，他的研究重点是程序性决策。(　　)

5. 霍桑实验证明，职工的工作态度以及他和周围人的关系是决定工作效率的唯一原因。(　　)

6. 根据法约尔的理论，管理活动只是企业经营活动的内容之一。(　　)

四、案例分析

案例一：

李华是一个食品厂厂长。在过去的4年中，工厂每年的销售量都稳步递增。但是，今年的情况发生了较大的变化，到8月份，累计的销量比去年同期下降了17%，生产量比所计划的少15%，缺勤率比去年高20%，迟到早退现象也有所增加。李华认为这种情况的发生，很可能与管理有关，但他不能确定发生这些问题的原因，也不知道应该怎样改变这种情境，他决定去请教管理专家。

请问：具有不同管理思想（科学管理思想、行为管理思想、权变管理思想、系统管理思想）的管理专家，会认为该厂的问题出在哪里，并提出怎样的解决方法？

案例二：

某市通用有限公司的总经理王先生刚收到计财部关于公司最近情况的报告。他翻阅之后很不高兴：销售额下降，成本上升，利润减少，用户的投诉增加，人员流动率也在升高。他立即召开中层以上干部会，会上他说："我看了最近的报告，发现公司的绩效不佳，这应归咎于你们的领导不力。我看到不少职工在上班时间随意走动，公司变成了俱乐部。职工们关心的是少干工作，多拿工资和奖金。现在需要更严格的监督和更多的控制。他们不好好干，先警告一次；再不行，就炒他们的鱿鱼！"

与会干部听后都不发言，只有一位年轻干部胡蓉对公司是否应这样严格控制发表意见，他说："人们基本上是要工作、想贡献的，只要有机会，他们都想把工作做好。公司或许还未把职工的潜力真正挖掘出来，因为职工都有较高的文化程度，都想参与决策过程。"他建议总经理向职工说明公司当前的处境，然后请他们帮助提高生产率。

王先生对胡蓉的话感到吃惊，心想，他肯定是在业余学习工商管理硕士学位课程时，被一些新观点迷惑住了。于是，他突然宣布休会，并命令与会干部下周星期一再开会，汇报各自在强化控制方面拟采取的特别措施。

问题：

1. 总经理对人性的观点是什么？胡蓉的发言暗含的人性观点又是什么？

2. 假如你是该公司职员并参加了这次会，你打算说些什么？

案例三：

宏伟服装公司的激励

汪明明是宏利服装公司的人事经理，最近她刚刚在职学习完 MBA 的所有课程并且获得了某著名学府的 MBA 学位。在 MBA 学习的过程中，她对于管理中的激励理论，特别是马斯洛和赫茨伯格的理论相当注意。在她看来，马斯洛的清晰的需求层次和赫茨伯格的激励因素和保健因素理论的划分非常具有操作性。因此她认为可以立即在公司中实际运用它们。据汪明明了解的可靠信息，宏利公司的工资和薪水水平在服装行业中间是最好的。因此，她认为公司在激励下属时应该集中在赫茨伯格的激励因素上。

经过多次会谈，她说服公司高层管理者。公司总裁授权她去制定工作计划并且放手让她去推行。在这种情况下，汪明明开始制定关于强调表彰、增加个人责任、成就以及使工作更有挑战性等各种计划，并且在组织里开始推行。但是计划运转了几个月后，她迷惑了，发现结果和她的期望相差甚远。

首先，设计师们对于计划的反应很冷漠。他们认为他们的工作本身就是一个很具有挑战性的工作。他们设计的服装在市场上很畅销就是对他们工作成绩的最大肯定，而且公司通过发放奖金的方式对他们的工作已经给予肯定。总之他们认为所有这些新计划都是浪费时间。有一个和汪明明比较熟悉的设计师甚至和她开玩笑地说："明明，你这些玩意儿太小儿科了，你是不是把我们当成小学生了，我看你理论学得太多了。"

其次，裁剪工、缝纫工、熨衣工和包装工的感受各式各样。有些人在新计划的实行过程中受到了表扬，反应良好；但是另一些人则认为这是管理人员的诡计，要让他们更加拼命地工作，同时又不增加任何工资。而且很不幸的是，这些人占大多数。甚至偏激一些的工人开始叫嚷要联合罢工来争取自己的权益。

汪明明万万没有想到事情会发展到这个地步。原来很信任和支持她的高层管理者也开始怀疑她的计划，批评她考虑不周全。

资料来源：华章 MBA 备考网 http：//www.hzmba.com/huazhang/news_show.asp？id＝18674.

1. 你认为新计划失败的主要原因是什么（　　）？

A. 高层管理者没有参与计划的制订和实施工作

B. 企业中人员对于双因素理论缺乏了解

C. 员工不配合

D. 她忽视了各层次员工的需求不同的事实

2. 根据马斯洛的需求层次理论，你认为设计人员的主导需求和一线工人的主导需求有何不同（　　）？

A. 设计人员不关心表扬、赏识等，说明他们的主导需求不是自我实现

B. 大多数一线工人更关注报酬，因此他们的主导需求是生理需求

C. 设计人员和一线工人都不太关注社会需求

D. A 和 B

3. 根据案例提供的信息，你认为汪明明对于需求层次理论的理解错误最可能是（　　）。

A. 她认为保健因素不重要，激励因素重要

B. 她认为激励因素和保健因素是独立发挥作用的

C. 她认为保健因素达到行业最高水平就足够了

D. 她认为只有激励因素可以发挥激励的作用

4. 根据企业中不同的员工的不同反应，我们可以认为（　　）。

A. 设计师和大多数一线员工都是经济人

B. 设计师是社会人，大多数一线员工是社会人

C. 设计师是自我实现人，大多数一线员工是经济人

D. 设计师是自我实现人，大多数一线员工是社会人

5. 汪明明对于这种结果很苦恼，为此她请教了一位资深顾问，如果你是这位顾问，你认为下列做法哪个更可取（　　）？

A. 进行培训，帮助员工了解双因素理论，增进对于新计划的认可

B. 停止该计划，采用调查表调查各层次人员的需求情况，以及他们对于新计划的评价

C. 争取高层管理者的支持，继续推行新计划

D. 安抚一线员工，给予一定的物质补偿

第三节　管理者技能训练

一、单项选择题

1. 在企业领导班子中，既要求配备气质外向、善于交际的管理者，也要求配备气质内向、比较稳重的管理者。他们的有效配合所形成的结构叫（　　）。

A. 年龄结构　　B. 能力结构　　C. 性格结构　　D. 专业结构

2. 假设你是某公司的经理，你招聘了一名很有希望的年轻下属，并在工作上给予他许多的指导和关心，可现在，你听到了一些小道消息，说其他职员认为你对这位年轻人过于关心了，这时，你应该（　　）。

A. 给这个年轻人安排一项重要工作，让他向其他职员证明他的能力

B. 疏远这个年轻人，接近其他职员，以证明你是公平对待每个人的

C. 重新评价这个年轻人的能力和潜力，据此决定下一步该怎样做

D. 不理会小道消息，继续现在的做法

3. 布莱克和穆顿认为，领导者应客观地分析企业内外条件，有意识地采取措施，把自己的领导方式改造成为（　　）。

A. 任务型管理方式　　B. 中庸型管理方式

C. 团队型管理方式　　D. 俱乐部型管理方式

4. 一个管理者所处的层次越高，面临的问题越复杂，越无先例可循，就越需要具备（　）。

A. 技术技能　B. 领导技能　C. 概念技能　D. 人际技能

5. 对于能挑150斤的人，领导者既不是只让他挑100斤，也不是硬要他挑200斤，这体现了（　　）。

A. 扬长避短，各尽所能　　B. 量才用人，职能相称

C. 用人不疑，疑人不用　　D. 五湖四海，宽以容人

6. 管理方格图是由（　　）设计的。

A. 布莱克和穆顿　B. 法约尔　C. 泰罗　D. 甘特

7. 按照菲德勒的权变理论，在最有利和最不利的两种情况下，采取（　　）的领导方式较好。

A. 以任务为中心　B. 以人为中心　C. 以技术为中心　D. 以领导为中心

8. 管理方格图中的1·9型管理又称（　　）。

A. 贫乏型管理　B. 团队型管理　C. 俱乐部型管理　D. 任务型管理

9. 领导方式的连续统一体理论的倡导者们认为一个适宜的领导方法取决于（　　）。

A. 领导者的素质　B. 厂长经理　C. 监事会　D. 工会

10. 主管人员极少或根本不关心生产，只关心人的管理方式属于（　　）。

A. 1·1型管理　B. 9·9型管理　C. 9·1型管理　D. 1·9型管理

11. 假设你召集下属开会，研究解决领导所布置的一项紧急任务，结果其中有位比较啰嗦的人大讲特讲与主题无关的教条理论，耽误很多时间。你认为如何应付这种情况为好（　　）？

A. 任其讲下去，让其他与会者群起而攻之

B. 不客气地打断其讲话，让别人发言

C. 有策略地打断其讲话，指出时间很宝贵

D. 允许其畅所欲言以表示广开言路

12. 某知名医科大学附属医院外科护士长，在处理危重患者时，应表现为（　　）。

A. 专制—权威式领导风格　　B. 开明—权威式领导风格

C. 民主协商式领导风格　　D. 参与式领导风格

二、案例分析

案例一：

某国有企业的一名由与该企业有利害关系的上级主管负责人介绍来的会计，长期以来对工作不负责任，劳动纪律差，并因此多次影响企业正常生产经营活动，造成一定的经济损失，引起该企业职工的普遍不满，领导班子决定研究处理意见。归纳起来，大致有三方面的意见：

（1）此人既然靠关系调入，素质太差，不称职，理应退回原单位；

（2）此人不负责任，又给企业造成了经济损失，理应赔偿损失，并调离财会部门，最好到生产第一线；

（3）此人与企业有一定利害关系，处理需慎重，最好采取批评教育的方式，帮助他改正错误，但仍留原职。

问题：如果你是厂长，将采纳什么意见？为什么？应如何解决？（该案例中要求解决两个问题：为什么要处理？如何处理？）

案例二：

从知名度讲，尤伯罗斯也许超过了当时的美国总统里根，作为1984年洛杉矶奥运会组委会的主任，他成功地组织并领导了那次国际体育盛会。他首次使这项给主办国造成巨大经济负担的活动产生了赢利，就是说不仅没花纳税人的钱，反而最终还盈余了2.25亿美元。如此的经济效益，在奥林匹克运动史上，是绝无仅有的，他成为世界名人，确实当之无愧。

尤伯罗斯是个组织者，他担负着用人、集资、理财、管物、协调、组织等一系列重任。与其他组织者不同的是，他具有良好的经济头脑。他的经济头脑从以下所作所为可见一斑：他善于利用广告收入，广泛进行集资宣传；他利用现有的设备场地，甚至巧妙地利用了银行存款的利息；火炬接力活动原先只是礼仪性质的内容，可他却宣布将火炬接力向全体美国人敞开，只要你愿意参加一公里路程的跑步，你就捐出300美金的款。这个主张不仅激起了全体美国人民的爱国心和自豪感，而且创造了1 090万美元的净收益。他还决定在奥运会结束后拍卖授奖台、旗杆、体育馆软垫、打字机等奥运会用品。他从头到尾的一切活动，无不联系着“经济效益”四个字。这个地地道道的“经济头脑”与一体化的商品经济活动是如此匹配，其精明程度足以使人惊叹不已。无怪乎，洛杉矶奥运会一降下帷幕，作为组织者的尤伯罗斯便声誉鹊起，世人皆感叹：尤伯罗斯的出现是这届奥运会的一大奇迹。

问题：尤伯罗斯作为奥运会的组织者，在其组织活动的过程中表现出作为一个管理者应具备什么样的素质？

案例三：

A公司是一家民营企业，最近其经理王飞碰到了一个难题：公司的员工看起来非常懈怠，对公司的发展毫不关心，已经有三个月没有人对公司的发展提出建议了；员工们虽然严格的遵守各种规章制度，譬如每天基本都能按时打卡上班，按时完成公司规定的工作，但在工作间隙有人上网聊天，打游戏，也有很多人在办公室内闲聊一些跟工作无关的事情。王飞现在迫切需要想办法激励员工的斗志。

资料来源：赵洪宾．管理学原理（自学考试同步训练．同步过关）．北京：人民日报出版社．

问题：如果你是该公司的经理王飞你会怎么办？

案例四：

运用教材中的管理理论，分析下面的案例，写出200字左右的心得体会。答案不求一致，凡能自圆其说者，均可得分，尤其鼓励具有创新意识的分析和体会。

一个小伙子在一家小厂当锻工，工作又苦又累，可情绪一直很高。邻居们都以为他有很高的工资和奖金，所以才总是那么兴奋。结果不是，有人问他原因时，他说“我们头儿好”。原来他的厂长见到他时总是聊上几句，有几次厂长还拍了拍他的肩膀。聊上几句，拍拍肩膀竟然让一个青年工人有那么高的干劲，其中之微妙难以言传。

第二篇　管理原理、职能与方法

任何一门科学都有其基本原理和操作方法，本篇重点讲述了管理学的基本原理、职能和方法，详细介绍了管理的系统原理、效益原理、人本原理和动态原理，阐述了管理的计划、组织、领导和控制四个基本职能，并介绍了学习和研究管理学的方法，如法律方法、经济方法、行政方法、社会心理学方法和经济数学方法等。通过本篇学习，学生应在了解和掌握管理学基本原理和职能的基础上，学会运用各种管理方法来解决企业中遇到的各种问题，更好地将所学管理知识运用到实际操作中去。

第五章

管理原理

课前准备

【学习目标】

本章着重介绍了管理学中的各个管理原理。通过本章的学习让学生充分了解应用于现代管理过程中的系统原理、效益原理、人本原理、动态原理，掌握各原理的要点，在管理过程中能熟练运用各种原理。

【重点难点】

1. 系统原理的含义、要点及应用；
2. 效益原理的含义、要点及应用；
3. 人本原理的含义、要点及应用；
4. 动态原理的含义、要点及应用。

学习内容

第一节　系统原理

现代管理一般都是复杂的系统性管理。为此，只有树立系统观念，有效运用系统原理及其原则，广泛采用系统分析方法，才能准确把握现代企业管理的规律，合理有效地解决管理中的各种问题。

一、系统的概念

系统是指由若干相互联系、相互作用的部分组成，在一定的环境中运行并具有特定功能的有机整体。除了自然系统外，凡是经人工改造或由人工创造的系统，都被称为社会系统。企业管理就是一个社会系统。

（一）系统由要素按一定结构组成

任何系统内部均存在着人力、物力、财力等各种基本要素，这些要素是组成系统的最基本资源。这些要素不是杂乱无章的，而是按照一定的结构进行有机组合，形成要素组合块。不同的结构组合形成不同的组合块或系统类别。例如，将人与物要素按照工序作业结构组合，形成生产作业系统；将人与物按照保管作业结构组合，形成储存作业系统；将人、财、物、信息等要素按照市场营运结构组合，形成营销作业系统；将人与人要素按照人事关系结构组合，形成人力资源管理系统。

（二）系统是一个有机整体

整体性是系统的本质特征。而系统整体的有机性表现在各组成部分之间存在着有机联系。系统是由各要素按一定结构组成的，各要素之间、各要素块之间均存在着必然的联系，这种联系也存在着有机性，所以由各种要素组成的有机系统必然是有机的整体。例如，人力资源管理系统中，管理者与被管理者之间就存在着有机联系，两者是矛盾的统一体，缺少一个要素则该系统就不复存在；企业各分系统之间也是相互依存的，生产经营系统、财务人事系统等都缺一不可，它们共同构成了一个有机整体。

（三）系统具有特定的目的和功能

任何事物都是依据特定的目的和发挥特定的功能而存在的，系统的存在同样具有这种属性，无目的和功能的系统是不存在的。因为系统各要素的结构组合是根据其应完成的任务、发挥的功能和达到的目的而实现的。例如，生产作业系统是为了完成产品加工任务，发挥制造过程功能，达到提供合格产品、满足市场需要、获得赢利的目的而进行的有机组合。

（四）系统都处于一定的环境中

系统是在特定的环境中生存和发展的，离开这种环境，系统就没有生存空间，更没有发展余地。企业系统内各分系统依存于企业系统环境中，企业系统消亡时各分系统就随之消亡；而企业系统又依存于更大的环境中，系统与环境存在着输入输出的关系，离开与外部环境的联系而孤立存在的系统是没有的。当环境发生变化时，企业系统也应随之发生变化，否则将被环境所排斥。例如，随着社会主义市场经济的建立和深入发展，我国的经济管理体制正在发生变革，企业逐渐成为市场的主体，随之而来的是建立现代企业制度的要求，这必然要求企业在经营管理上进行深入的改革，对系统进行改造和重新设计构造，否则就不能适应环境的变化要求。

企业是一个人造的社会系统，它由管理系统、采购系统、生产系统、销售系统、储运系统、人事系统、财务系统和物质技术系统等分系统构成，以生产和销售产品、获取利润为目的，按照特定的结构结合而成，具有生产和流通的特殊功能。企业的每一个分系统既相互独立，又密切联系，有机地联系在一起，共同为企业的整体目标和功能服务。

二、系统原理的要点

系统原理认为，管理是一个系统，各要素间不是孤立的，要实现管理目标必须对企业经营管理活动及其各种要素进行系统分析，综合治理。

任何管理的对象都是一个特定的系统，企业管理的对象是由人、财、物等要素及其相互联系构成的有机整体。系统论最重要的观点是发挥整体效应，它要求我们在分析问题和解决问题时，把重点放在整体效应上。现代企业管理实质上就是使企业系统的要素形成最佳结构，以获得最大的整体效益。对于现代企业来讲，其发展的趋势日益呈现出规模的形态，对管理的要求越来越注重对整体的把握，否则就难以发挥其规模优势。所以对现代企业进行管理就不能仅仅单纯地控制某个个体要素，而应从要素间的联系出发，进行综合分析和综合管治，以获得整体效益。

1. 目的性

系统原理的目的性要求每个系统都要有明确的目的，没有明确的目的必然导致系统内部的混乱。

2. 整体性

系统不是各个要素的简单集合，而是各个要素按照同一目的，依据一定的规则组成的集合体。它以整体的观念来协调要素间的联系，使系统的功能达到最优。

3. 层次性

系统都是由各子系统构成的，这些子系统又由低一层的子系统构成，最下层的子系统是由组成该系统的基础单位的各个部分组成。这样系统可由好几个等级形成，在观察一个系统时，要注意系统的层次性。

4. 环境适应性

任何一个人造系统都附属于另外一个更大的系统，都存在于系统环境之中，大系统和系统环境处于不断变化之中，必然影响所属系统，所属系统要存在，就必须进行相应的变化，否则就不能继续存在。

三、系统原理的运用

在管理工作中运用系统原理分析问题时，要特别注意系统的特征。

系统的目的性说明现代企业无论大小都必须紧紧围绕目标展开工作，无论管理关系多么复杂，只要抓住了目标，就能理清头绪，把握线索，统揽全局。如企业经营管理的目的是获得经济效益，所以确定和实现效益目标值是企业系统的中心任务，抓住了这个核心，企业工作就有了明确的方向。同时围绕这个中心目的，企业应开展认真的调研和分析工作，根据市场需求和内部的条件状况，合理确定效益目标值；总目标确定后，各部门、各层次应根据工作的职责范围，确定实现目标值的各项工作任务。例如，技术系统设计工艺计划，生产系统制定生产作业计划，人事系统进行人力资源配置和管理计划，销售系统制订营销计划等。这样企业系统有明确的总效益目标，各分系统有明确的工作计划目标，企业的各项工作就能够有条不紊地运行，从而促进企业的不断发展。

系统的整体性要求在企业管理工作中，应加强各局部协作的力度，使各局部均能协调地发展，否则就难以形成整体的规模效益。例如，企业设置的每个分公司都是一个局部的整体，构成局部利益，若某个分公司效益较佳，而其他分公司的效益不佳，收益和损失相抵消，公司的整体规模效益就会丧失。再如，现代企业应追求质量，而质量受诸多因素、环节的影响，某个局部环节工作的优良，并不意味着整个质量工作的优良，也不意味着就能生产出合格的产品。例如，采购系统工作优良，能够购进100%合格的原材料和优良的设施，但如果生产作业系统中由于操作人员的操作技能素质低，不能生产出合格的产品，企业就不能取得最佳的效益，企业系统效益不佳，局部利益也将受到影响。所以只有从整体出发，开展全面质量管理，才能真正解决质量问题，才能为企业的整体发展奠定基础。

系统的层次性要求企业管理的各种活动要按照一定的顺序、层次来进行，如果企业职能部门随意对业务部门发号施令，管理者随意越级指挥，就会形成多头领导，使下级无所适从。这样既会造成工作不分主次，穷于应付具体事物的局面，又会挫伤下级的积极性、主动性和责任心，降低工作效率。企业规模越大，管理层次就越多。要维持正常的秩序和提高组织效率，就要严格按照层次开展工作。最高管理者要想使其影响力到达基层的每一个员工，就必须通过逐层让渡权力，并委以责任，形成若干管理层次来实现。一旦秩序建立，就不能随意打乱，必须使各级管理能有效地发挥作用。这样，无论企业规模多大，其组织运行都能有序、高效。

系统的适应性要求企业必须及时适应系统环境的变化，根据系统环境的变化情况，采取相应的措施，增强应变能力。现代企业为了向社会输出产品和劳务，必须从外部输入资金、货源、市场信息等资源。在市场经济条件下，市场竞争日趋激烈，形势瞬息万变，企业面临着一个复杂、严峻的系统环境，能否适应这种环境已成为企业生存和发展的关键。因此，企业必须加强管理，提高素质，增强应变能力和适应能力，这样才能及时适应系统环境的变化，在竞争中生存与发展。

在管理中运用系统原理，就是要把企业作为一个系统进行设计与研究，使企业的各个要素按照系统的要求进行组织和运行。首先，要树立整体观念，企业内部各个子系统要服从企业整体的利益；其次，要充分发挥各子系统的功能和作用，提高各子系统的效益，以促进整体系统效益的提高；再次，要提高整体适应环境变化的能力，保持内外部环境的动态平衡。

第二节　效益原理

管理的目的是以经济效益和社会效益为出发点，这就要求企业必须注意讲求实效、加强管理，以更好地实现企业经营目标。

一、效益原理的含义

效益原理是关于企业管理目的的原理。按照市场经济的要求，企业要谋取利润最大化，不断提高竞争能力，就必须以获得经济效益为目的。因此，企业生产经营活动的目的就是要千方百计地提高企业的经济效益。

企业通过加强管理工作，做到以尽量少的活劳动消耗、物化劳动消耗和尽量少的资金占用，生产出尽可能多的符合社会需要的产品，不断提高经济效益，这就是管理的效益原理。

如果企业管理者在管理中能够把追求效益作为企业活动的根本目的，始终围绕这个目的去决策、计划、组织和控制整个企业活动，所收到的将是事半功倍的效果。相反，如果企业管理者缺乏效益头脑，只是为了管理而管理，或者只空有效益观念，管理毫无成效，其结果只能事倍功半。例如，有一家刚兴建的六层楼的饭庄，刚建一半，就在保证安全的措施下，用下边二层开展风味食品展销，吸引大量顾客，以后每盖一层就利用一层，到竣工时，已收回投资的43%。而相邻的同类建筑，从兴建到竣工竟达两年之久，毫无效益可言。从中我们可以看出，效益观念不同，经营者的及时行动及其结果会截然不同。

二、效益原理的要点

根据效益原理，管理企业应遵循价值原则。价值原则认为，管理的一切活动都要紧紧围绕提高效益这个中心，合理地使用企业的人力、物力、财力资源，力求以尽可能少的耗费，取得尽可能多的成效。

讲管理的效益，就必须研究投入与产出的关系，即耗费带来了多大的效用，这是价值原则的集中表现。效益是由价值体现的，企业管理者所追求的经济效益和社会效益相统一的目标，体现在具体的管理活动中就是经济价值和社会价值的统一。对企业来说，经济价值主要表现为企业的经营利润，社会价值主要表现为满足社会需要的销售额。

价值原则可以用以下公式概括：

价值(效益)=效用(产出)/耗费(投入)，即 $V=F/C$

在上述公式中，价值即企业的利润，也是企业经济效益的主要标志；效用即企业的销售额，标志着企业能为社会消费者提供多少适销对路、物美价廉的商品；耗费即企业的流通费用或生产成本，包括活劳动和物化劳动的消耗，标志着企业的实际投入额。企业运用价值原则，就是以最少费用（成本）争取完成最多的商品销售额，以取得最大的经营利润。

根据公式，企业的效益可有三种情况：

第一，效用小于耗费，即价值小于1。这时企业的经营处于亏损状态，如果长期亏损，又无力扭转，企业系统的运行就要终止。

第二，效用等于耗费，即价值等于1。这时处于盈亏平衡状态，如果企业外部环境和内部条件没有大的变化，经营管理搞得好些，企业还可以维持简单再生产。

第三，效用大于耗费，即价值大于1。这是良好的经营状态，企业可以扩大再生产和提高职工的物质生活水平。

三、效益原理的应用

效益是管理的根本目的，管理就是对效益的不断追求。在企业管理中应用效益原理，要注意抓好以下几方面工作。

第一，建立经济效益保证体系。所谓经济效益保证体系，是运用系统的概念和方法，根据提高经济效益的要求，从企业整体出发，把各部门、各环节结合起来，规定各自在提高经济效益方面的具体职责、任务和权限而建立的协调管理系统。

第二，加强企业管理的基础工作。做到每一项基础工作都能促进活劳动和物化劳动消耗的节约，减少投入，增加有效产出。

第三，注意企业整体素质的提高。科学技术迅速发展，企业间竞争激烈，为使产品和服务能符合市场的需要，获取赢利，企业就必须不断地从整体上提高企业素质，增强企业的竞争实力。

第四，推行各种现代管理方法。价值工程、网络计划技术、量本利分析等各种现代化管理方法的运用都可以促进企业经济效益的提高。

第五，用指标评价经济效益。评价指标有三类：一是产出类，包括品种、质量、销量、产值、利税等指标；二是投入类，包括单位产品成本、原材料消耗、能源消耗等指标；三是综合效益类，包括资金利税率、人均净产值、流动资金周转率、产品适销率、可比产品成本降低率等指标。

第三节　人本原理

管理工作的实质是以人为本的管理。人本管理原理是现代管理原理中最重要、最基础的管理原理，通过对人本管理原理的分析，从中引申出符合该原理的管理原则，现代企业应依据这些原则进行管理。

一、以人为本的含义

在管理活动中，最重要的、对管理效果起决定作用的因素是人。从事管理活动的主体是人，被管理者也是人，而且，在管理对象中其他要素的管理也都需要人的参与。对财、物的管理必须通过人来完成，对时间的支配和信息的处理分析也必须有人们的活动来承担。总之，在管理对象的全部要素和管理的整个过程中都需要人去掌握和推动，这正是人本管理原理指导管理实践的基本思路。

所谓人本管理就是以人为本的管理。人本管理原理认为，管理的核心对象是人。在管理过程中要树立以人为中心的观念，它能够有效地调动人的积极性、智慧和创造力，为管理系统的高效运作和功能的优化提供动力基础和保证。人本原理的思想基础是，人是具有多种需要的复杂的“社会人”。

二、人本原理的要点

（一）人本原理的基本内容

1. 以人为本，以人为核心的管理观念

企业是为满足自身需要与市场需要以人为主体构成的组织。企业管理是挖掘人的创造潜力，实现企业预定目标的过程。高素质的人才是企业各种资源中最重要和最宝贵的资源。在市场经济条件下，企业与企业的竞争归根结底是人的竞争。企业全体劳动者的积极性、智慧和创造力是企业活力的根本源泉。因此，企业管理必须以人为本，以人作为全部管理工作的核心。

2. 以企业文化为主体的管理模式

企业文化是指一个企业从上到下所共有的，居于统治地位的，独特的价值、行为准则、传统习惯和作风。它对于凝聚企业职工的意志，规范和引导职工的行为，从根本上调动职工的积极性和搞好企业管理，具有重要的意义。

3. 管理模式中理性化与非理性化的统一

企业管理的核心是人，而人按其本性而言，绝不是纯理性的，感性和心理因素的比重不容忽视。因此，过分拘泥于以理性主义为基石的所谓“科学”和“理性”的手段是不足取的，必须将理性化与非理性化进行统一。

（二）人本原理的原则

通过对人本原理的分析和理解，可以从中引申出符合该原理的管理原则，即利益协调原则、行为激励原则、控制适度原则、权责对等原则和参与管理原则。

1. 利益协调原则

在现实社会经济生活中，参与活动的行为主体都有其自身的利益。某一特定的组织与其他组织之间存在着不同的利益，同一组织内部各成员之间也存在着不同的利益，这体现为组织成员之间的个人目标是彼此不同的，而个人目标又往往与组织的整体目标不一致。不同利益共存是客观现实，这就要求管理者在实现组织目标的过程中，承认利益共存，掌握和认识组织成员之间的不同利益；协调组织内个人目标与组织整体目标的矛盾，在实现组织目标的过程中尽可能满足组织成员的个人目标，使组织目标体现个人目标。尽管人本管理原理以人是“社会人”的假设为基础，但它并不否定利益共存的事实。这里所说的利益不仅是物质利益，还包括非物质利益，如个人的发展要求等。

2. 行为激励原则

根据人本原理，要达到组织的目标就必须使组织中的成员在组织的整体目标上有一定的行为动力，这就必须调动人的积极性。行为激励原则要求管理者运用艺术手段激励组织成员发挥他们的主动性和创造性，充满热情、富有责任感地为实现组织目标而努力工作。西方管理理论中关于行为科学的研究内容已相当丰富，它大体包括人类需求研究、激发动机研究和领导效能研究。现代管理者可以借鉴现有的行为激励模式和具体方法，结合具体的管理实际，有效地激励组织成员。

3. 控制适度原则

管理过程的一项重要内容就是控制。控制主要是指管理者对下属的指挥和监督，以及对实物投入产出的管理。按照人本原理，管理者对下属的指挥和监督应该是控制的主要内容，它也是控制好实物投入产出的前提。因此，控制适度原则要求管理者在管理活动中对下属的控制要适度。只有适度的控制，才能保护和激发组织成员的主动性和创造性，从而有效地实现组织既定的目标。因此管理者要适度分权与授权，建立适当的奖惩制度，实施民主管理。

4. 权责对等原则

所谓权力，是指职责范围内的支配力量，而责任是指分内应做的事情。权责对等原则要求管理者应使组织成员所承担工作的责任范围与其在职责范围内的支配力量相辅相成。只有做到了权责对等，才能真正调动组织成员的积极性，激发人们的工作热情。我国经济体制改革的实践充分说明了这一点。在高度集权的计划经济体制下，组织的责任与权限、利益相互脱节，各组织和组织成员有责而无权。在权责不符的情况下，参与经济活动的主体事实上难以真正负责，自然不能产生较高的管理效率。在经济体制改革的过程中，我国企业所建立的各种经济责任制，基本上体现了权责对等的原则，调动了经济活动行为主体的积极性，也取得了显著的经济和管理效率。

5. 参与管理原则

参与管理主要是指职工参与管理。职工参与管理的做法盛行于第二次世界大战后的西方资本主义国家，现已形成一种制度，几乎任何组织都主张这一做法，可以说参与管理已成为管理的原则之一。我国企业中的职工代表大会制度就体现了职工参与管理的原则。在西方，随着管理思想和管理理论的发展，职工参与管理的活动更加频繁，参与管理的形式也多种多样。目前主要有工人自我管理制度，包括工人自我管理小组、质量管理小组、劳动生活质量小组等；大多数股份公司还实施了大规模的职工持股计划，以协调劳资关系，促使职工关心组织。此外，还建立起职工建议制度、初级董事会制度以及组建生产委员会等。

三、人本原理的应用

在企业管理中应用人本原理，应把握好以下几个方面：

（一）以服务为宗旨

企业应以服务为宗旨，树立为用户服务，为职工群众服务的思想。只有努力为用户服务，满足用户的需求，企业才能赢得市场，增加赢利；也只有为职工群众服务好，才能调动起职工的积极性和创造性，增加企业的活力和发展动力。

（二）建立以人为核心的双向管理模式

如果把技术和管理比作企业腾飞的两个轮子，那么人才则是连接轮子的轴，它带动并制约着两个轮子的旋转。因此，要谋求企业的发展，必须建立全方位调动职工积极性的双向管理模式。即从“命令—服从”的单向管理模式转向“目标—参与”的双向管理模式，把管理的重心由物转向人，并逐步建立起一整套激励职工积极性和创造性的动力机制。

（三）注重企业文化的塑造，建立严爱结合的管理哲学

企业文化是积淀于企业及其职工心灵中的意识形态，如理想信念、道德规范、价值取向和行为准则等。

（四）加强和完善企业的民主管理

让职工有更多的机会直接参与管理。在满足他们基本物质需要的前提下，让职工参与管

理，实现自身的价值，使其更有成就感。

（五）重视人力资源的开发

要重点抓好企业员工从招聘、使用、评价到培养、激励等全过程的开发，为人才成长创造良好的环境，不断提高企业员工的整体素质，充分挖掘人的潜能。

第四节　动态原理

管理是动态的。因为管理的内、外部环境总是不断变化，所以要求管理的原理也不应是一成不变的。特别是在今天这样激烈竞争的环境中，企业要生存，就必须不断创新、不断发展，以便在快速的、无法预测的变化中生存和发展下去。

一、动态原理的含义

管理是通过一系列管理过程实现的。动态原理认为，现代企业管理是一个运动变化的过程，经过决策、计划、组织和控制四个阶段，在动态中进行。因此，在管理活动中，必须随时把握企业的运动变化情况，及时协调各项管理活动，以实现企业的整体目标。也就是说，企业必须为了适应环境的变化而选择相应的管理模式和管理方法。

任何企业都是一个复杂的多要素系统，系统内部的各个要素本身及其相互之间始终都处于不断的发展变化之中，如企业人员的能级、能力的不断变化，资金的周转运动，物质技术设施的更新改造以及人、财、物等要素的不断重新组合、调配等。企业的经营管理正是在系统的这种运动变化过程中保持着正常的运行状态，并力求获得最佳的动态效果。任何系统的正常运行都不仅受自身要素的影响，还受到外部环境的影响和制约，与外部系统的联系始终处在发展变化过程中，如国家经济政策的变化和市场供求关系的变化等。在现代社会，企业能否适应外部环境的变化决定了企业的生存和发展。“计划赶不上变化”，反映了企业管理必须适应外部环境变化的动态本质。

动态原理要求每个管理者必须从认识上明确，企业及其发展目标都是发展变化的，这种变化决定了企业内部要素和外部环境的变化，企业管理必须根据这些变化动态进行。在实践中，要动态地把握管理的决策和控制这两个环节，重视信息收集，注意信息反馈，随时进行调节，保持充分的弹性，及时适应客观情况，应对各种可能的变化，有效地实现动态管理。

二、动态原理的要点

动态管理原理主要包括创新原则和弹性原则。

（一）创新原则

任何管理原理和原则都是在一定的内部环境、外部环境和历史条件下产生和发展起来的。当环境和条件发生变化时，这些原理和原则也应相应发生变化，有些甚至已没有存在的必要。现今社会的发展日新月异、变化空前。这就要求管理者和被管理者都应该有“打破常规、怀疑一切”的思想，进行不断地改进和创新，以适应社会发展和企业内外环境的变化。

在变化万千的科学技术和消费市场面前，大型公司的应变能力往往滞后，不能作出及时有效的反应；同时，大型公司极易产生的对现有成就的满足感，也和改革创新精神格格不入，不利于公司的进一步发展。所以，大型公司的高层主管就应在适当的时候发起改革运动，将创新意识灌输给员工，以便在公司内部营造积极创新的气氛，促进公司保持长期发展的势头和活力。

创新是方方面面的，既有生产流程的创新，又有产品的创新，还有管理体制的创新等。

【相关案例】

麦当劳已经成为美国文化的一部分。它取得成功的原因很多，但最根本的是它的创新意识。食品服务业一向以个性的服务为特色，但是麦当劳兄弟却将传统准备食物的方法弃置不用，而改用生产线方式生产。在不知不觉中，他们进入了自动化食品服务的新时代。两兄弟狂热地想要改进厨房的工作速度。

首先，他们为这种装配线生产方式设计厨房器具。例如，他们设计了一种可以装 24 片面包的转盘，两名服务员可以利用转盘，在面包上加调味酱。由于转盘放在一个可移动的平台上，所以加好调味酱以后，便可连盘推至炉边，摆上煎好的肉饼，再推回原处，将汉堡包起来。

为了打破传统意识，麦当劳兄弟在当地找到一名从未做过厨房器具的工匠来做他们想要的器具。由于毫无经验，所以这位名叫托曼的工匠可以从全新的角度来看这些工具，并设计了一些十分具有创意的工具。为了使汉堡调味过程自动化，托曼设计了一种手握式不锈钢的铜筒形分配器，每压一次扳手，便可挤出定量的番茄酱或芥末酱，均匀地分配在面包上。

其次，他们设计了一套非常严格的作业程序，以完全消除快餐服务业最大的障碍——人的因素。在快餐风行以前，餐厅烹饪被认为是一种因人而异的艺术，所以不论在品质或速度上，服务的水准往往参差不齐。但是，麦当劳兄弟经过仔细研究，将菜单减至有限的项目，使得准备事项可化为简单、不断重复的程序，连第一次踏入厨房的人，都能够很快地进入状态。麦当劳餐厅不断改进生产技巧，厨房的服务员便成为一个个的专家。厨房的标准人员配置是：三个煎饼员，专门煎汉堡肉饼；两个奶昔员，专门制作奶昔；两位管油锅，专炸薯条；两名调味员，专管三明治的调理和包装；还有三名柜台服务员，分别在两个窗口前帮顾客点餐。

最后，他们注意在各方面增加透明度。每一座餐厅从建筑物的天花板到室内布置的柜台全覆以玻璃，顾客可以清楚地看到准备食物的全过程，并采用纸餐具，从而既方便了操作，消除了顾客对食品卫生的担忧，又加快了服务速度。

（二）弹性原则

弹性原则认为，动态管理必须留有余地，为了适应客观变化和动态管理的需要，管理必须具有适应性和应变能力。

弹性原则在企业管理中的重要性在于：客观的情况是难以完全预料的，预料到的情况也会有所变化。管理所面临的问题是多因素的，这些因素之间存在着复杂联系，而且是经常变化的。对这些联系和变化的认识需要一个过程，事先不可能精确地加以估计。企业管理和科学实验不同，不能人为地创造一种条件和环境，无法排除某些因素的影响，很多因素主观上无法控制。为了防止那些不可控因素对目标决策和实施的干扰，管理必须具有一定的弹性。尤其是最高层的管理，所要解决的问题往往关系着整体，出现失误就会造成严重后果。企业决策时，尽管已经做了大量的调查分析工作，但很难考虑周全，总会有预料不到的情况，管理的目标、计划和方法具有一定的弹性，企业才能有适应性和应变能力。

管理的弹性不应该是消极的，而应该是积极的。消极弹性的特点是“留一手”，如把计划指标压得低一些，资金要得多一些，积压人才等；积极弹性则是遇事“多一手”，如事先预备好可供选择的多种方案，运营中充分发挥人的智慧和企业的各种潜力等。

【相关案例】

麦当劳在初期选择开店地点时决定，首先应该在加州开始发展连锁店，因为加州不但是汽车王国，同时气候良好，快餐厅可以终年营业。再者，麦当劳以及所谓快餐业，已在加州有相当的知名度了。而且当克罗克接手时，9 家麦当劳连锁店中，有 8 家是在加州。

克罗克开始经营连锁的第一年发展了 18 家连锁店，其中一半在加州。不过，加州虽然容易建立连锁店，但克罗克却几乎无力管理，因为克罗克总部在 3 000 多公里外的芝加哥，既无法对连锁店做任何实质服务，也无法控制品质及营运的统一。于是各连锁店主就随意改变总店的规定，有的增加菜单项目，有的改变作业程序，有的提高产品价格，形势一片混乱。

针对这种情况，克罗克及时改变了原有方针，转向芝加哥附近发展连锁店，培养好一批骨干后，再向全国发展，从而确保了麦当劳的信誉。

三、动态原理的应用

动态原理在企业管理中的应用，要把握好以下几个方面：

（一）注意分析对管理起影响作用的因素，随机制宜地设计或选择适当的管理模式

企业管理中对管理模式的选择构成影响的因素很多，如外部环境的复杂性、多变性和不可预测性，企业任务的多样性和规范性，企业职工的素质，管理人员的能力和经验等。因此，要结合企业自身的实际，选择合适的管理模式。

（二）保持管理职能的适度弹性

为保证企业生产经营活动的正常进行，计划、组织、控制等管理职能都必须相对稳定。但为了适应企业内外环境的变化，也必须保持适度的弹性。如计划要有严肃性，不能朝令夕改，也要有备选方案，保持适度的可塑性。

（三）保持经营管理策略的高度灵活性

为适应复杂多变的管理对象和环境，企业在经营方向和经营方式上要考虑多种形式。在调动职工积极性上，要根据职工的思想觉悟和实际需要，采用恰当的手段和方法。

（四）注重提高企业管理人员的能力和技巧

企业管理人员既要注重企业管理新理论和新技巧的学习，理论结合实际，大胆创新，又要注重通过实践提高自身的能力和素质；既要认真总结和学习我国企业管理的成功经验，也要不断吸收和借鉴国外企业管理有益的经验和技巧。

（五）增强改革和创新观念

为了适应市场经济要求，企业管理人员要不断提高自身的素质，与时俱进，不断增强改革和创新的观念。

【个案分析】

松下崛起的秘密

松下公司的电器产品在世界市场上早就闻名遐迩，被海内外企业界誉为“经营之神”的公司创始人松下幸之助，也因畅销书《松下的秘密》而名扬全球。现在，松下电器公司已被列入世界 50 家最大公司的排名之中，由此可见它的实力之雄厚，企业王国之庞大。1990 年，由日本 1 500 多名专家组织评选的该年度日本“综合经营管理最佳”的 15 个公司中，松下电器公司名列榜首。人们对该公司经营管理水平和社会形象予以高度评价，而作为该公司最高顾问的松下幸之助更是备受推崇。

贫民出身的松下幸之助，刚踏入社会时是在一家自行车商行当学徒，当时每天的收入大约相当于 0.25 美元，生活之艰辛可想而知。美国著名科学家爱迪生发明电灯的消息传到日本时，松下幸之助受到很大鼓舞。于是他决定辞去原有的有固定收入的工作，和妻子一起在没有资金、工作经验几乎是零的情况下，着手创办新企业。1918 年，松下电器公司正式成立。松下幸之助的第一项产品是双插座接合器，制造工厂就在他家的客厅。这种电器可用螺纹固定在日光灯插座上，使得日本式房屋一个插座可同时插上两个插头，方便了广大居民，故生意十分兴隆，在不到 10 年的时间内电器公司的业务就一跃而起，成为日本电器行业的领导者。松下公司之所以能有今天，是和松下先生管理有方、经营得法分不开的。

若把松下电器公司与几乎同时创办的美国通用汽车公司、电报电话公司等加以比较，就会发现这些公司因缺乏活力而落在松下公司之后。可以说，松下电器公司获得成功的一个重要原因是“精神价值观”在起作用。松下幸之助规定公司的活动原则是：“认清实业家的责任，鼓励进步，促进全社会的福利，致力于世界文化的繁荣发展。”松下先生给全体员工规定的经营信条是：“进步和发展只有通过公司每个人的共同努力和协力合作才能实现。”进而，松下幸之助还提出了“产业报国，光明正大，友善一致，奋斗向上，礼节谦让，顺应同化，感激报恩”等七方面内容构成的“松下精神”。在日常管理活动中，公司非常重视对广大员工进行“松下精神”的宣传教育。每天上午八时，松下公司遍布各地的 87 000 多名职工都在背诵企业的信条，放声高唱《松下之歌》。松下电器公司是日本第一家有精神价值观和公司之歌的企业。在解释“松下精神”时，松下幸之助有一句名言：如果你犯了一个诚实的错误，公司是会宽恕你的，把它作为一笔学费；而你背离了公司的价值规范，就会受到严厉的批评，直至解雇。正是这种精神价值观的作用，使得松下公司这样一个机构繁杂、人员众多的企业产生了强劲的内聚力和向心力。见过松下电器的人都知道“NATIONAL”，它不仅是松下公司电器产品的商标，而且也成为日本产品形象和经济起飞的象征。

与此同时，松下电器公司建立的“提案奖金制度”也很有特色。公司不仅积极鼓励职工随时向公司提建议，而且由职工选举成立了一个推动提供建议的委员会，在公司职员中广为号召，收到了良好的效果。1985 年 1 月到 10 月，公司下属的技术工厂仅有 1 500 名职工，而提案多达 75 000 多个，平均每人 50 多个。1986 年，全公司职工一共提出了 663 475 个提案建议，其中被采纳的多达 61 299 个，约占全部提案的 10%。公司对每一项提案都予以认真地对待，及时、全面、公正地组织专家进行评审，视其价值大小和可行性，给予不同形式的奖赏。仅 1986 年一年，松下电器公司用于奖励职员提案的奖金就高达 30 多万美元。当然，这一年中合理化提案所产生的效益则远远不止 30 万美元。正如松下电器公司劳工关系处处长阿苏津所说：“即使我们不公开提倡，各类提案仍会源源而来，我们的职工随时随地在家里、在火车上，甚至在厕所里都在思索提案。”

松下幸之助经过常年观察研究后发现：按时计酬的职员仅能发挥工作效能的 20%~30%，而如果受到充分激励则可发挥至 80%~90%。于是松下先生十分强调“人情味”管理，学会合理的“感情投资”和“感情激励”，即拍肩膀、送红包、请吃饭。

拍肩膀。在车间里，当一个员工在机器旁兢兢业业、一丝不苟地操作时，常常会被前来巡视的经理或领班们发现。他们先是拿起零件仔细瞧瞧，然后会对着你的肩膀轻轻拍几下，并说上几句“不错”、“很好”之类赏识的话。

送红包。当你完成一项重大技术革新，当你的一条建议为企业带来重大效益的时候，老板会不惜代价地重赏你。他们习惯于用信封装上钱款，个别而不是当众送给你。对员工来说，这样做可以避免别人，尤其是一些“多事之徒”不必要的斤斤计较，减少因奖金多寡而滋事的可能。

请吃饭。凡是逢年过节，或是厂庆，或是职工婚嫁，厂长经理们都会慷慨解囊，请员工赴宴或上门贺喜、慰问。在餐桌上，上级和下属可尽情唠家常、谈时事、提建议，气氛和睦融洽，它的效果远比站在讲台上向员工发号施令好得多。

更令人叫绝的是，为了消除内耗，减轻员工的精神压力，松下公司公共关系部还专门开辟了一间“出气室”。里面摆着公司大大小小行政人员与管理人员的橡皮塑像，旁边还放上几根木棒、铁棍，假如哪位职工对自己某位主管不满，心有怨气，你可以随时来这里，对着他的塑像拳脚相加棒打一顿，以解心中积郁的闷气。过后，有关人员还会找你谈心聊天，沟通思想，给你解惑指南。久而久之，在松下公司就形成了上下一心，和谐相容的“家庭式”氛围。在与国内外同行的竞争中，松下公司的电器产品总是格外受人青睐。

资料来源：张旭东，张立迎．管理学原理教程．北京：北京师范大学出版社，2009.

问题：

1. 请结合管理原理，试分析松下先生的管理之道。
2. “出气室”的作用何在？这种做法能给我们什么启示？

【关键名词】

系统原理　效益原理　人本原理　动态原理

【讨论思考】

1. 如何理解系统的概念？
2. 系统原理包含哪些要点？
3. 如何理解效益原理的要点？
4. 如何在实际工作中合理运用效益原理？
5. 人本原理的基本内容是什么？符合人本原理的原则有哪些？
6. 动态原理包含哪些要点？
7. 如何将动态原理运用在企业管理工作中？

第六章　管理职能

课前准备

【学习目标】

通过本章学习，使学生对计划职能、组织职能、领导职能、控制职能有一个全面的了解，并掌握各种职能的基本原理和方法，为将来在管理实践中应用这些职能打下基础。

【重点难点】

1. 计划、目标、目标管理的含义、特征，决策的方法；
2. 组织职能的类型、组织结构设计的原则；
3. 领导、沟通、激励的理论；
4. 控制的概念及类型。

学习内容

第一节　计划职能

一、计划职能概述

管理的第一个职能就是计划职能。计划职能是一座桥梁，连接起现在和将来要达到的目标。它给组织提供了通向未来目标的明确道路，给组织、领导和控制等一系列管理工作提供了基础。如果没有计划，我们就只能听凭自然。

（一）计划的含义

计划是所有管理机构的首要职能。计划有广义和狭义两层含义，广义的计划是指制订、执行和检查计划；狭义的计划仅指制订计划。计划作为管理的一项职能，多使用其广义的含义。

那么，什么是计划？一句话，计划是对未来行动的事先安排。换句话说，计划就是一个组织要做什么和怎么做的行动指南。根据不同的侧重点，对计划的理解主要有以下五种：

（1）计划是管理工作的一项首要职能；

（2）计划是在调查、分析、预测的基础上形成的；

（3）计划是对未来一定时期内的工作安排，是现实与未来目标间的一座桥梁；

（4）计划是一种管理协调的手段；

（5）一个完整的计划要清楚地回答下列六个问题：做什么（What）？为什么做（Why）？何时做（When）？何地做（Where）？谁去做（Who）？怎样做（How）？

（二）计划的分类

根据不同的标准，可以将计划分成不同类型，具体见表6-1所示。

表6-1　计划的分类

序号	分类标准	具体内容
1	按计划的广度分	战略计划和作业计划
2	按计划的期限分	长期计划、中期计划、短期计划
3	按制订计划的管理层次分	企业计划、中层部门计划、基层单位计划
4	按计划的明确性分	具体性计划与指导性计划
5	按计划表现形式分	宗旨、目标、战略、政策、规则、程序、规划和预算等类型

以下我们主要就计划的广度、期限和明确性的分类来具体讲解。

1. 战略计划与作业计划

这是按照计划的广度来划分的。战略计划应用于整个企业，为整个企业设立长远发展目标，确定实现目标的方针、步骤和措施。而规定总体目标如何实现的细节性的计划被称为作业计划。战略计划和作业计划在时间框架、范围和内容上都有所不同。战略计划倾向于覆盖较长的时间间隔，通常为五年甚至更长；作业计划倾向于覆盖较短的时间间隔，如年度计划、季度计划、月计划等。战略计划以企业全局为对象，由企业高层管理人员根据企业总体发展的需要而制定，并通过确定使命、目标、方针等来协调企业各部门的关系。换句话说，战略计划具有纲领性，它不纠缠于细枝末节，也不包罗万象，而是明确整体行动的方向。作业计划以某项职能或活动为对象，由中低层管理人员根据战略计划的要求来制订，内容比较明确、具体，操作性更强。此外，战略计划的任务主要是设立目标，而作业计划则假定目标已经存在，只是提供实现目标的方法。

2. 长期计划、中期计划和短期计划

这是按计划所涉及的时间跨度进行的分类。长期计划往往是战略性计划，主要规定企业在较长时期内要达到的目标以及为实现目标应采取的措施和步骤；短期计划通常是指一年以内的计划，是根据中长期计划和当前实际情况，对计划年度的各项活动所作出的具体安排。中期计划则介于长期计划和短期计划之间。这三种计划相互衔接，反映了事物发展在时间上的连续性。

3. 指导性计划和具体性计划

这是按计划的明确性进行的分类。指导性计划只规定一些一般的方针，它指出重点但不把管理者限定在具体的目标或特定的行动方案上。具体计划具有明确规定的目标，不存在模棱两可，没有容易引起误解的问题。指导性计划具有内在的灵活性，而具体计划便于及时有效地完成特定的程序、方案和各类活动目标。

（三）计划的制订

计划是计划工作的结果，计划工作则是制订计划的过程。由于计划工作在现代管理中非常重要，因而，现代管理中一些较大的系统通常都设有专门履行计划职能的部门。计划工作基本上都需要遵循以下几个步骤：

1. 估量机会

计划工作的一个重要环节是对组织的当前状况作出评估，这是制定和实施计划工作方案的前提。机会源于对两方面的分析：内部环境和外部环境。内部环境研究主要是分析组织客观上对各种资源的拥有状况和主观上对这些资源的利用能力。外部环境研究是分析各种外部条件，如政治、法律、经济、技术、自然等条件的特征及其变化趋势。在清楚地了解环境的基础上，根据组织自身的优势与劣势，利用SWOT等分析方法弄清组织所处的位置，明确组织面临的不确定因素，找出发展机会。

2. 确定目标

确定目标是指在估量机会的基础上，确定组织的发展方向和短期目标以及实现目标的时间。企业的目标指明主要计划的方向，而主要计划又根据企业目标规定了各个主要部门的目标，而主要部门的目标又依次控制下属部门的目标，如此等等。沿着这样的一条线依次类推，从而形成了组织的目标结构，包括目标的时间结构和空间结构。目标结构描述了组织中各层次目标间的协作关系。

3. 确定计划的重要前提条件

前提条件是关于计划环境的假设条件，是关于由所处的此岸到将要去的彼岸的过程中所有可能的假设情况。前提条件按可控制程度分为可控、部分可控和不可控三种类型。对前提条件认识越清楚、越深刻，计划工作就越有效，而且组织成员越能彻底地理解和同意使用一致的计划前提条件，企业的计划工作就比较协调。因此，预测并有效地确定计划的前提条件有重要意义。

4. 拟订可供选择的方案

“条条道路通罗马”和“殊途同归”，都描述了实现某一目标的途径是多种多样的。一般来说，一个计划往往同时有许多可供选择的方案，但过多的计划方案会大大增加评估的复杂性和难度，因此，应对计划方案的数量加以适当的限制。

5. 评价各种备选方案和选择方案

评价各种备选方案，是按照一定的标准对所有备选方案进行利润和风险的评价。备选方案可能有几种情况，有的方案利润大，但风险也大；有的方案对长远规划有益，但当前收益小。因此，在评价备选方案时，要注意考虑以下几点：① 认真考察每一个计划的制约因素和隐患；② 要用总体的效益观点来衡量计划；③ 既要考虑到每一计划的有形的可以用数量表示出来的因素，又要考虑到无形的不能用数量表示出来的因素；④ 要动态地考察计划的效果，不仅要考虑计划执行所带来的利益，还要考虑计划执行所带来的损失，特别注意那些潜在的、间接的损失。评价备选方案的最后一步是按一定的原则选出一个或几个较优计划。

在对各种备选方案进行评估后，要选择一个最终行动的方案。在几种方案并存的情况下，要根据组织的目标来选择一个最合适的方案。有时候，可供选择方案的分析和评估表明两个或两个以上的方案是合适的。在这种情况下，管理人员在确定采取的方案的同时，可以决定把其他几个方案作为后备方案，这样可以加大计划工作的弹性，使之更好地适应未来环境。

6. 拟订派生计划

基本计划还需要派生计划的支持，因为一个基本计划总是需要若干个派生计划来支持，只有在完成派生计划的基础上才可能完成基本计划。比如一家公司年初制定了当年销售额比上年增长 15% 的销售计划，与这一计划相连的有许多计划，如生产计划、促销计划等。再如当一家公司决定开拓一项新的业务时，这个决策要制定很多派生计划，如雇佣和培训各种人员的计划、筹集资金计划、广告计划等。

7. 编制预算

预算是使计划具体化的工具，它是计划工作的最后一步。编制预算是指把决策和计划目标转化为预算，使之数字化，通过数字来反映整个计划。如果预算编得好，则可以成为衡量计划工作的重要标准。

（四）目标与目标管理

管理学家们曾经专门作过一次摸高试验。试验内容是把 20 个学生分成两组进行摸高比赛，看哪一组摸得更高。第一组，不规定任何目标，由学生自己随意制订摸高的高度；第二组规定每个人首先定一个标准，比如要摸到 1.60 米或 1.80 米。试验结束后，把两组的成绩全部统计出来进行对比，结果发现制订目标的第二组的平均成绩要高于没有制订目标的第一组。

摸高试验证明了一个道理：目标对于激发人的潜力有很大作用。

1. 目标的定义与多样性

未来的不确定性和环境的变化使管理工作变得困难和复杂，要时刻保持正确的行动方向，就必须明确自己行动的目标。

目标是指为完成个人或组织使命而提出的个人或组织活动所要达到的结果。目标能够为管理决策确立方向，并可作为标准用以衡量实际的成效。计划工作的目的就是使所有的行动保持同一方向，促使组织目标的实现。

目标的多样性是组织为了适应外部环境和内部情况的变化而导致的必然结果，所以组织的目标不可能是单一的，而是多样化的。德鲁克把企业的目标分为以下几种：企业的总目标、利润、市场地位、生产率、创新、实物资源和金融资源、管理人员的表现和培养、员工的表现和态度以及社会责任等。

2. 目标管理

目标管理是由美国著名企业管理专家德鲁克首先提出的。它被广泛应用于企业、学校、医院和政府机构中，特别是应用于对人员的管理中。

（1）目标管理的含义。目标管理是指围绕确定目标和为实现目标而开展的一系列管理活动，是企业运用激励理论和系统工程原理，充分调动全体职工的积极性和智慧，为实现企业目标而实行的计划、实施、检查和处理等四个阶段的全部活动的管理。企业进行目标管理的过程就是开展目标管理活动的步骤和工作内容。

（2）目标管理的特点。目标管理具有以下四个特点：第一，目标管理是参与管理的一种形式；第二，目标管理强调组织成员的自我控制；第三，目标管理是一种系统整体的管理方法；第四，目标管理是一种重视成果的管理方法。

（3）目标管理的过程。孔茨认为，目标管理是一个全面的管理系统，它用系统的方法，使许多关键管理活动结合起来，并且有意识地瞄准如何有效和高效地实现组织目标和个人目标。

在理想的情况下，这个过程开始于组织的最高层，并且有总经理的积极支持和指导。但是目标设置并非一定开始于最高层，它可以从分公司一级开始，也可以从职能部门这一级或更低层开始。

第一，制定目标。它包括确定组织的总体目标和各部门的分目标。总体目标是组织在未来从事活动要达到的状况和水平，其实现有赖于全体成员的共同努力。为了协调这些成员的努力，各个部门的各个成员都要建立与组织总体目标相结合的分目标。这样就形成了一个以组织总体目标为中心的一贯到底的目标体系。在制定每个部门和每个成员的目标时，上级要向下级提出总的方针和目标，下级要根据上级的方针和目标制定自己的目标，在此基础上进行协商，最后由上级综合考虑后作出决定。

第二，明确组织的作用。目标体系应与组织结构相吻合，从而使每个部门都有明确的目标，每个目标都有人明确负责。但是，组织结构往往不是按组织在一定时期的目标建立的。因此，有时会发现，一个重要的分目标找不到对此负全面责任的主管部门，而组织中的有些部门又没有确定的目标。这种情况反复出现，说明组织机构已不适应组织的发展，最终导致对组织结构的调整。理想的情况是，每个目标和子目标都应由某一个人明确负责。但这种理想情况基本上是不可能实现的。

第三，执行目标。建立了组织自上而下的目标体系之后，组织中的成员就要紧紧围绕确立的目标、赋予的责任、授予的权力，运用已有的技术和专业知识，为实现目标寻找最有效的途径。为了保证他们能实现目标，必须授予其相应的权力，使之有能力调动和利用必要的资源。有了目标，组织成员便会明确努力的方向；有了权力，他们便会产生强烈的与权力使用相对应的责任心，充分发挥自己的判断能力和创造能力，使目标执行活动有效地进行。这样，作为上级的管理者就可以腾出时间和精力，抓重点的综合性管理。同时，下属人员也会产生强烈的责任感，在工作中发挥自己的聪明才智和创造性，针对自己的不足，积极寻求自我提高，进而力争实现自己的目标。

第四，评价成果。成果评价既是实行奖惩的依据，也是上下左右沟通的机会，同时还是自我控制和自我激励的手段。成果评价既包括上级对下级的评价，也包括下级对上级的评价、同级关系部门间的评价，以及各层次组织成员的自我评价。上下级之间的相互评价，有利于信息、意见的沟通，从而有利于组织活动的控制；同级关系部门间的评价，有利于保证不同环节的活动协调进行；而各层次组织成员的自我评价，则有利于促进自我激励、自我控制以及自我完善。

目标成果的具体评价一般采用综合评价法，即按目标的实现程度、目标的复杂困难程度和在实现目标过程中的努力程度三个要素对每一项目标进行评定，确定各要素的等级分值，修正后得出单项目标的分值，再结合各单项目标在全部目标中的重要性权数，得出综合考虑的目标成果值，以此来确定目标成果的等级。

第五，实行奖惩。组织对不同成员的奖惩，是以上述各种评价的综合结果为依据的。奖惩可以是物质的，也可以是精神的。公平合理的奖惩有利于维持和调动组织成员的工作热情和积极性，奖惩有失公正，则会影响成员行为的改善。

第六，制定新目标并开始新的目标管理循环。成果评价与成员行为奖惩，既是对某一阶段组织活动效果及组织成员贡献的总结，也为下一阶段的工作提供参考和借鉴。在此基础上，为组织成员及其各个层次、部门的活动制定新的目标并组织实施，展开目标管理的新一轮循环。

二、预　　测

组织外部环境是不断变化的。未来的环境和人们制订计划时的环境不会完全一样，而计划是在未来实施的，所以管理者应当充分预见计划在未来实施时所处的环境，对可能影响计划的环境要素进行预测。

（一）预测的含义

预测是人们对客观事物未来发展的预料、估计、分析、判断和推测。这种估计是建立在科学分析基础上的，而不是臆断或凭空想象。预测充分体现了人类活动的能动性，因为世上的一切生物中，只有人类能够对未来作出合理预见。对于现代管理来说，加强预测是提高管理应变能力的需要。

预测和计划是不同的。计划是对未来的部署，预测是对未来的描述；计划要说明的问题是：要使将来成为这样，应当采取什么措施来改变现状，即对事情作出安排以达到预期的目的；预测要说明的问题是：如果不采取措施，而是顺其自然，估计会发生什么情况，即将来将会如何。两者的联系是：预测是计划工作中一个不可缺少的环节，计划目标的制定与后期工作的展开要以预测为前提。

（二）预测的方法

选择预测方法是使预测准确有效的关键环节。预测的方法很多，每一种方法都有其适用范围，有时可以用几种方法同时对某一问题进行预测，以提高预测的精度。常用的方法有定性预测法和定量预测法。

1. 定性预测法

定性预测法，也称经验判断法或判断预测法。定性预测法主要是利用直观材料，依靠管理者个人的经验和综合分析能力，对未来的发展方向和趋势作出推断，其优点是直观简单、适应性强。定性预测在工程实践中被广泛使用，特别适合于对预测对象的数据资料（包括历史的和现实的）掌握不充分，或影响因素复杂难以用数字描述，或对主要影响因素难以进行数量分析等情况。

定性预测偏重于对市场行情的发展方向和施工中各种影响施工项目成本因素的分析，能发挥专家经验和主观能动性，比较灵活，而且简便易行，可以较快地得出预测结果。但是在进行定性预测时，也要尽可能地搜集数据。定性预测方法主要有经验判断法、会议专家法、专家调查法（德尔菲法）、主观概率法、调查访问法等。

2. 定量预测法

定量预测法，也称统计预测法，是根据比较完备的历史统计资料，运用一定的数学方法进行科学的加工处理，对事物的未来发展作出定量的测算。定量预测法按处理资料方法的不同，可分为以下两类：

（1）凡利用历史数据来推算市场发展趋势的方法称为外推法。此类方法包括时间序列法和最小二乘法。时间序列法是把同一个指标（如销售量）的历史数据按年、月或周、日进行排列，构成一个统计数列，并根据其发展动向向前推算得出未来预测值。常用的推算方法有简单平均法、移动平均法、加权移动平均法、指数平滑法等。最小二乘法也叫趋势外推法。当数据分布呈直线趋势时，可通过求出一条误差平方和最小的趋势直线；然后用该直线的方程求出预测值。

（2）凡利用事物的因果关系来预测市场发展趋势的方法称为因果法。因果法是从一个指标（因变量）与其他一个或多个相关指标（自变量）的联系中，寻求市场（需求量或销售量）发展变化的趋势值。因果法又可分为领先指标法和回归模型法。领先指标是指能够引起预测目标发生变化的先行因素。比如建筑业的开工率往往是钢铁需求量的领先指标；工人、农民收入的增加，是消费品需求量的领先指标。领先指标法是根据预测目标与相关的领先指标之间的因果关系，从领先指标的变化中推算出预测目标发展变化的趋势值。回归模型法是一种纯粹的数学方法，包括一元线性回归、多元线性回归、一元非线性回归等多种模型。

三、决　策

美国教授西蒙提出“管理就是决策”的论断，这一论断使决策在管理中的地位跃然而出。无论是进行计划、组织还是领导和控制，各项管理职能的开展都离不开决策，决策是管理工作的基本要素。决策质量的好坏对于管理各项职能的效率和效果都有着不容忽视的影响。正是为了突出决策的地位和作用，我们通常说，决策是管理的中心，管理就是决策。

（一）决策的含义

管理学所讲的决策，是指组织或个人为了实现一定的目标，在处理管理中的实际问题时，从各种备选方案中作出选择的活动。该含义表明，决策的主体既可以是组织，也可以是组织中的个人，决策要解决的问题，既可以是对组织或个人活动的选择，也可以是对这种活动的调整。

（二）决策的类型

为了作出正确的决策，我们必须对决策进行科学的分类。根据不同的原则和标准，决策可以分为以下几种：

1. 长期决策和短期决策

按照决策时间的长短来划分，我们把决策分为长期决策和短期决策。

（1）长期决策。

长期决策是指决策结果对组织的影响时间长，对组织今后的发展方向具有长远性、全局性的重大影响的决策。一般而言，该种决策需要一定数量的投资，实现时间长，风险较大。投资方向的选择、人力资源开发、组织规模的确定等问题的决策就属于长期决策。

（2）短期决策。

短期决策是指决策结果对组织的影响时间较短，是实现长期战略目标所采用的短期策略手段的决策。例如企业的日常营销决策、物资储备决策、生产中的人员安排和资金分配等问题的决策属于短期决策。

2. 战略决策、战术决策和业务决策

按照决策的重要性程度划分，可以把决策分为战略决策、战术决策和业务决策。

（1）战略决策。

战略决策是指有关组织全局性的、长期性的，关系到组织生存和发展的根本性决策。它包括组织的发展方向、经营方针、市场的开拓与巩固、组织结构的调整、组织高层管理人员的人事变动等。战略决策主要是为了使组织适应外部环境的变化，谋求未来的发展而采取的对策。战略决策所要解决的问题较为复杂，主要是协调组织与环境之间的关系，其决策结果需要经历一段较长的时间才能显现出来。决策过程所需考虑的环境变化较大，不仅仅要依赖复杂的数学模型及计算技术，而且更需要定量分析和定性分析二者的相互结合。该种类型的决策一般由组织的高层负责进行。

（2）战术决策。

战术决策又称为管理决策，是解决如何分配内部资源的具体问题，是为了实现战略目标而作出的带有局部性的具体决策。例如企业组织的营销计划、财务决策、产品开发、设备更新等。其目的在于实现组织内部各环节活动的高度协调和资源的合理配置及使用，以提高经济效益与管理效能。

（3）业务决策。

业务决策又称为执行性决策，是指在日常业务活动中，为了提高工作效率，合理组织业务活动进程所作出的决策。该种决策一般涉及组织中的日常管理和具体工作，具有技术性强、时间紧的特点，大多由基层管理者负责进行。例如工作任务的日常分配与检查、工作日程的监督与管理、岗位责任制的制定与执行、库存控制与原料采购等。

业务决策是组织所有决策中范围最小、影响也最小的具体决策，是组织中其他决策的基础，同时也是组织运行的基础。一般而言，业务决策的有效与否，在很大程度上依赖于决策者的经验和常识。

3. 个人决策和集体决策

按照决策的主体划分，决策可以分为个人决策和集体决策。

（1）个人决策。

个人决策是指在选定最后的决策方案时，由某一个最高领导人或决策者作出最后决定的一种决策形式。这种决策方式的特点就是决策迅速、责任明确。因此，个人决策主要适用于处理常规的管理问题或者信息较为准确、简单的决策问题。虽然，个人决策能够充分地发挥个人的主观能动性，展示个人的才华与能力，但是，往往受到个人的性格、学识、能力、经验、魄力等因素的制约，具有一定的局限性。

（2）集体决策。

集体决策是指由两个或两个以上的人组成的决策集体所作出的决策。集体决策是相对于个人决策而言的，它包含了两点涵义：一是通过会议集体讨论，充分发挥领导集团的智慧，集思广益，进行决策；二是通过领导机构与下属机构相结合，也称为领导与群众相结合，对一些重大的决策问题进行充分地分析、研究、论证，然后作出决策。

4. 初始决策和追踪决策

按照决策所要解决的问题及其实践的先后顺序划分，可以把决策分为初始决策和追踪决策。

（1）初始决策。

初始决策是指组织对从事某种活动的方案进行的初次选择，实在对组织内外环境的某种认识的基础上作出的。初始决策是为了解决组织所面临的问题，有针对性地收集信息，进行组织内外环境分析，确定目标，拟定及评价备选方案，选择令人满意的方案的最终决策。

（2）追踪决策。

追踪决策是指决策方案付诸实施后，发生最初制订方案时并未估计到的重大情况变化，不能再按照原来的决策方案进行，必须对原有方案进行修正时所作出的决策。

追踪决策分为损益型追踪决策和增益型追踪决策。损益型追踪决策是指在决策的实施中，情况发生了不利的变化，在无法避免受损的情况下，通过追踪决策力求减少损失。这种决策具有被动性、防守性、补救性的特点。增益型追踪决策是指在决策实施过程中，从对实际的接触中发现了原来未曾发现的新条件，或者实际情况变化中实现了某些新的因素，抓住这些新的条件或者因素，可以转移原来的决策目标，或者大幅度提高原有决策目标值的决策。

5. 程序化决策和非程序化决策

根据决策问题出现的复杂程度和有无先例可遵循，决策可以分为程序化决策和非程序化决策。

（1）程序化决策。

程序化决策是指经常发生的、决策目标明确的、判断标准清楚并且可以根据原有的规定程序、处理方法和标准进行的决策。程序化决策一般用于解决业务问题。业务问题的产生背景、特点等基本上被决策者所掌握，可以依赖其经验来完成。

（2）非程序化决策。

非程序化决策是指具有极大的偶然性和随机性，发生的次数较少或者仅有一次，无先例可遵循并且具有大量不确定因素的决策活动。这类决策问题的分析和处理，没有固定的模式和规范化的程序，缺乏可靠、准确的统计数据和情报信息。它具有偶发性、性质不确定性和结构不明确性等特点。因此进行该类决策时，主要依赖于最高决策者个人具有的丰富经验、渊博的知识、敏锐的洞察力和活跃的思维等个人因素。

6. 确定型决策、风险型决策和不确定型决策

按照决策的可控制程度划分，决策可以分为确定型决策、风险型决策和不确定型决策。

（1）确定型决策。

确定型决策是指在稳定的条件下进行的决策。在确定型决策中，各种可行方案所需的条件是已知的和肯定的，决策者确知自然状态的发生，每一个方案只有一个确定的结果，方案的选择取决于对备选方案结果的直接比较，因而决策者能预先准确地了解决策的必然结果。企业组织的作业计划、项目管理的进度安排等问题，可以通过数学模型求得最优解，属于确定型决策。

（2）风险型决策。

风险型决策是指在风险状态下，决策时只掌握了部分情报和资料，而且各种方案潜在的收益和风险与估测的概率有关。决策所面临的自然状态是一种随机事件，各种方案所需的条件均存在不可控制因素，从而导致一个方案出现多个不同的结果，并且各种结果的出现都是随机的，而决策者只能根据相似事件的历史统计资料计算出各种自然状态的概率来决策。

（3）不确定型决策。

不确定型决策是指决策所处理的未来事件的各种自然状态的发生具有不确定性，决策时所需的各种情报资料无法具体掌握，而客观形势同时要求必须作出决定的那些决策。由于存在着难以确定的情况，而且各种方案都有若干个不同的结果，这种决策的结果也是不确定的。因此，进行这种决策情况关键在于决策人员对信息资料的掌握程度、信息资料的质量以及对于未来形势的准确判断。

（三）决策方法

决策是管理的核心，整个管理过程都是围绕着决策的制定和实施而展开的。为了保证决策尽可能正确，必须运用科学的决策方法。决策方法多种多样，各种方法又各有其优缺点，因此，在实际决策中要根据各种决策问题灵活运用。这里主要根据未来情况的可控程度，把有关活动方案的决策方法分为三大类：确定型决策方法、风险型决策方法和不确定型决策方法。

1. 确定型决策方法

确定型决策是指未来情况是十分明确的，即事物各种自然状态是完全稳定而明确的，在这种情况下，需采用确定型决策方法。常用的确定型决策方法有量本利分析法等。

量本利分析法又称保本分析法或盈亏平衡分析法，是通过分析生产成本、销售利润和产品数量三者之间的关系，掌握盈亏变化的规律，指导企业选择能够以最小的成本生产出最多产品并可使企业获得最大利润的经营方案。

在应用量本利分析法时，关键是找出企业不盈不亏时候的产量（称为保本产量或盈亏平衡产量，此时企业的总收入等于总成本），而找出保本产量的方法有图解法和代数法两种。

（1）图解法。图解法是用图形来考察产量、成本和利润的关系的方法。在应用图解法时，通常假设产品价格和单位变动成本都不随产量的变化而变化，所以销售收入曲线、总固定成本曲线和总成本曲线都是直线。

例 6－1 某企业生产某产品的固定成本为 5 万元，单位变动成本为 2 元，产品单价为 3 元。假设某方案带来的产量为 10 万件，问该方案是否可取？

利用例子中的数据，在坐标图上画出固定成本曲线、总成本曲线和销售收入曲线，得出量本利分析图，如图 6－1 所示。从图 6－1 中可以得出以下信息，供决策分析之用：

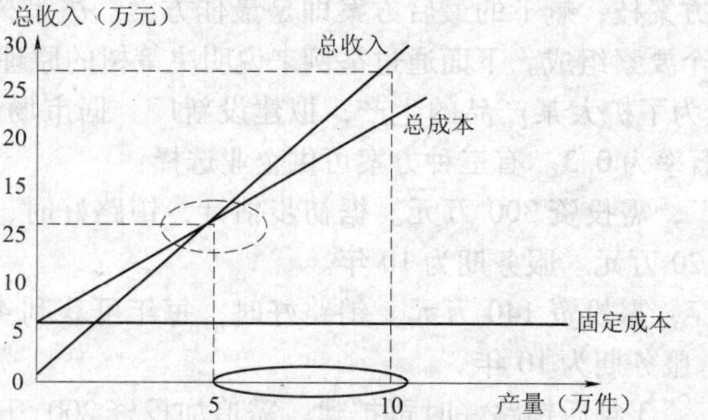

图 6－1　量本利分析图

① 保本产量，即总收入曲线和总成本曲线交点所对应的产量（本例题中保本产量为 5 万件）；

② 各个产量上的总收入；

③ 各个产量上的总成本；

④ 各个产量上的总利润，即各个产量上的总收入与总成本之差；

⑤ 各个产量上的总变动成本，即各个产量上的总成本与固定成本之差；

⑥ 安全边际，即方案带来的产量与保本产量之差［本例题中安全边际为 5（10－5）万件］。

在本例题中，由于方案带来的产量（10 万件）大于保本产量（5 万件），所以该方案可取。

（2）代数法。代数法是用代数式来表示产量、成本和利润的关系的方法。

假设 P 代表单位产品价格，Q 代表产量或销售量，F 代表固定成本，V 代表单位变动成本，π 代表总利润，C 代表单位产品贡献（$C=P-V$）。

① 保本产量。企业不盈不亏时，$PQ=F+VQ$，所以保本产量 $Q=F/(P-V)=F/C$

② 保目标利润的产量。设目标利润为 π，则 $PQ=F+VQ+\pi$，所以保目标利润 π 的产量 $Q=(F+\pi)/(P-V)=(F+\pi)/C$

③ 利润。$\pi=PQ-F-VQ$

④ 安全边际和安全边际率。

安全边际＝方案带来的产量－保本产量

安全边际率＝安全边际/方案带来的产量

2. 风险型决策方法

有时我们会碰到这样的情况，一个决策方案对应几个相互排斥的可能状态，每一种状态都以一定的可能性出现，并对应特定结果，这时的决策就被称为风险型决策。风险型决策的目的是如何使收益期望值最大，或者损失期望值最小。期望值是一种方案的损益值与相应概率的乘积之和。常用的风险型决策方法是决策树法。

决策树法是用树状图来描述各种方案在不同情况（或自然状态）下的收益，据此计算每种方案的期望收益从而作出决策的方法。决策树就是用树枝分叉形态表示各种方案的期望值，剪掉期望值小的方案枝，剩下的最后方案即是最佳方案。决策树由决策结点、方案枝、状态结点、概率枝四个要素组成。下面通过举例来说明决策树的原理和应用。

例 6－2 某企业为了扩大某产品的生产，拟建设新厂。据市场预测，产品销路好的概率为 0.7，销路差的概率为 0.3。有三种方案可供企业选择：

方案 1，新建大厂，需投资 300 万元。据初步估计，销路好时，每年可获利 100 万元；销路差时，每年亏损 20 万元。服务期为 10 年。

方案 2，新建小厂，需投资 140 万元。销路好时，每年可获利 40 万元；销路差时，每年仍可获利 30 万元。服务期为 10 年。

方案 3，先建小厂，3 年后销路好时再扩建，需追加投资 200 万元，服务期为 7 年，估计每年获利 95 万元。问哪种方案最好？画出该问题的决策树，如图 6－2 所示。

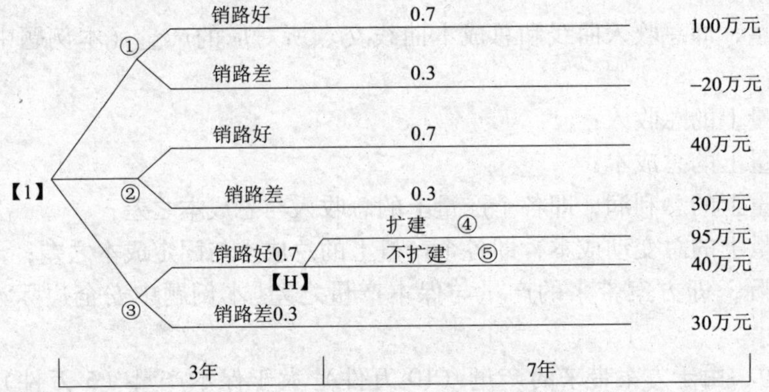

图 6－2 一个多阶段决策的决策树

图 6－2 中的矩形结点称为决策点，从决策点引出的若干条树枝表示若干种方案，称为方案枝。圆形结点称为状态点，从状态点引出的若干条树枝表示若干种自然状态，称为状态枝。图中有两种自然状态：销路好和销路差，自然状态后面的数字表示该种自然状态出现的概率。位于状态枝末端的是各种方案在不同自然状态下的收益或损失。据此可以算出各种方案的期望收益。

方案 1（结点①）的期望收益为：$[0.7\times100+0.3\times(-20)]\times10-300=340$（万元）

方案 2（结点②）的期望收益为：$(0.7\times40+0.3\times30)\times10-140=230$（万元）

至于方案 3，由于结点④的期望收益 465（$95\times7-200$）万元大于结点⑤的期望收益 280（40×7）万元，所以销路好时，扩建比不扩建好。

方案 3（结点③）的期望收益为：$(0.7\times40\times3+0.7\times465+0.3\times30\times10)-140=359.5$（万元）

计算结果表明，在三种方案中，方案 3 最好。

需要说明的是，在上面的计算过程中，我们没有考虑货币的时间价值，是为了使问题简化。但在实际中，多阶段决策通常要考虑货币的时间价值。

3. 不确定型决策方法

我们看到，在风险型决策方法中，计算期望值的前提是能够判断各种状况出现的概率。

如果出现的概率不清楚，就需要用不确定型方法。常用的不确定型决策方法有小中取大法、大中取大法和最小最大后悔值法等。下面通过举例来介绍这些方法。

例 6-3　企业打算生产某产品。据市场预测，产品销路有三种情况：销路好、销路一般和销路差。生产该产品有三种方案：A. 改进生产线；B. 新建生产线；C. 与其他企业协作。据估计，各方案在不同情况下的收益见表 6-2。问企业选择哪个方案？

表 6-2　　**各方案在不同情况下的收益**　　单位：万元

方案 \ 自然状态	销路好	销路一般	销路差
A. 改进生产线	180	120	-40
B. 新建生产线	240	100	-80
C. 与其他企业协作	100	70	16

（1）小中取大法。采用这种方法的管理者对未来持悲观的看法，认为未来会出现最差的自然状态，因此不论采取哪种方案，都只能获取该方案的最小收益。采用小中取大法进行决策时，首先计算各方案在不同自然状态下的收益，并找出各方案所带来的最小收益，即在最差自然状态下的收益，然后进行比较，选择在最差自然状态下收益最大或损失最小的方案作为最终方案。

本例题中，A 方案的最小收益为 -40 万元，B 方案的最小收益为 -80 万元，C 方案的最小收益为 16 万元，经过比较，C 方案的最小收益最大，所以选择 C 方案。

（2）大中取大法。采用这种方法的管理者对未来持乐观的看法，认为未来会出现最好的自然状态，因此不论采取哪种方案，都能获取该方案的最大收益。采用大中取大法进行决策时，首先计算各方案在不同自然状态下的收益，并找出各方案所带来的最大收益，即在最好自然状态下的收益，然后进行比较，选择在最好自然状态下收益最大的方案作为所要的方案。

在例题中，A 方案的最大收益为 180 万元，B 方案的最大收益为 240 万元，C 方案的最大收益为 100 万元，经过比较，B 方案的最大收益最大，所以选择 B 方案。

（3）最小最大后悔值法。管理者在选择了某方案后，如果将来发生的自然状态表明其他方案的收益更大，那么他（或她）会为自己的选择而后悔。最小最大后悔值法就是使后悔值最小的方法。采用这种方法进行决策时，首先计算各方案在各自然状态下的后悔值（某方案在某自然状态下的后悔值 = 该自然状态下的最大收益 - 该方案在该自然状态下的收益），并找出各方案的最大后悔值，然后进行比较，选择最大后悔值最小的方案作为所要的方案。

在例题中，在销路好这一自然状态下，B 方案（新建生产线）的收益最大，为 240 万元。在将来发生的自然状态是销路好的情况下，如果管理者恰好选择了这一方案，他就不会后悔，即后悔值为 0。如果他选择的不是 B 方案，而是其他方案，他就会后悔（后悔没有选择 B 方案）。比如，他选择的是 C 方案（与其他企业协作），该方案在销路好时带来的收益是 100 万元，比选择 B 方案少带来 140 万元的收益，即后悔值为 140 万元。

各个方案后悔值的计算结果见表 6-3。

表 6－3　　各方案在各自然状态下的后悔值　　单位：万元

方案 \ 后悔值 \ 自然状态	销路好	销路一般	销路差
A. 改进生产线	60	0	56
B. 新建生产线	0	20	96
C. 与其他企业协作	140	50	0

由表中看出，A 方案的最大后悔值为 60 万元，B 方案的最大后悔值为 96 万元，C 方案的最大后悔值为 140 万元，经过比较，A 方案的最大后悔值最小，所以选择 A 方案。

第二节　组织职能

一、组织职能概述

组织职能是实现管理目标的重要保证。管理人员一旦确定了基本目标和方向，制定了明确的实施计划和步骤之后，就必须通过组织设计为决策和计划的有效实施创造条件。一般认为，组织是人们为了一定目标的实现而进行的合理的组织和协调，组织是具有一定边界的社会实体。一个组织要符合以下三个特征：

第一，组织是由很多人组成的。人的心理和行为，人与人的社会关系是协作的基本的影响因素，也是组织工作的基本对象。

第二，组织有共同的目标。目标是组织存在的根本原因，目标说明组织应该做什么，目标是组织成员活动的指南，是影响组织结构的基本因素。

第三，组织是一个分工和协作的体系。为了实现组织目标，组织被划分为各个部门。组织中的每个人都有确定的职责，分工的目的是为了各项业务活动更加专业化，从而提高效率。同时，组织通过建立若干领导层次来协调各部门的工作，使各部门明确工作，形成一个有机的整体。

二、组织结构的类型

组织结构就是将企业组织形式以结构图的形式表示出来，形象地体现企业各成员之间的层次关系、指挥关系以及协调关系。组织结构一般有以下几种类型：

（一）直线型

直线型组织结构是指上下级职权关系贯穿于组织的最高层到最低层，从而形成指挥链的组织结构形式，如图 6－3 所示。在直线型的组织结构中，管理者的职责与职权直接对应着组织目标。如比较小的企业不再设诸多部门，领导直接管理。

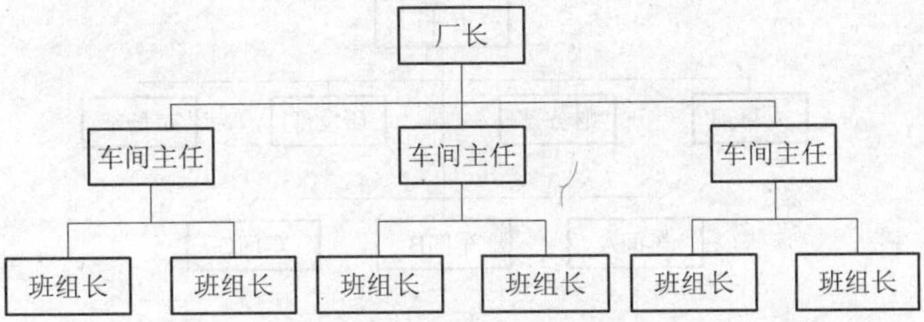

图 6－3 直线型结构示意图

这种组织结构的特点是权力集中、责任分明、命令统一、控制严密、信息交流少。一般适用于劳动密集、机械化程度比较高、规模较小的企业。

（二）职能型

职能制组织结构是一种将相似或相关职业的专家们组合在一起的组织结构类型，是将按职能划分部门的方法应用到整个组织的范围而设计出来的。如图 6－4。例如，很多公司是按照运营、财务、人力资源和产品研究开发等职能来组织的，这样可以获得规模经济优势，也便于职能专家之间的交流。职能制结构的基本特点是：在各级主管人员的领导下，下级既要服从上级主管人员的指挥，也要听从上级各职能部门的指挥，从而存在多条智慧线。职能制最早是由泰罗在 1903 年出版的《工厂管理》一书中提出来的，并曾在米德维尔钢铁公司以职能工长制的形式试行。但由于职能工长制存在多头领导的情况，容易造成管理混乱，以后没有被推广开来。

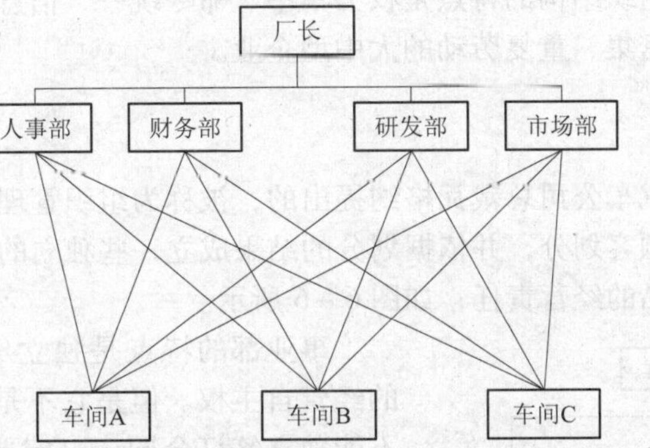

图 6－4　职能型结构示意图

（三）直线—职能型

直线职能制组结构既综合了直线制和职能制的优点，又克服了它们的缺点。在这种结构中，企业管理机构和人员被分为两大类：一类是直线机构和人员，它们按照命令统一原则行使指挥权，对工作全面负责；另一类是职能机构和人员，他们作为直线人员的业务助手，在直线管理人员授予的权限范围内工作。直线管理人员授予职能管理人员一定的权限，即职能权利，如决策权、控制权、协调权等。如图 6－5。

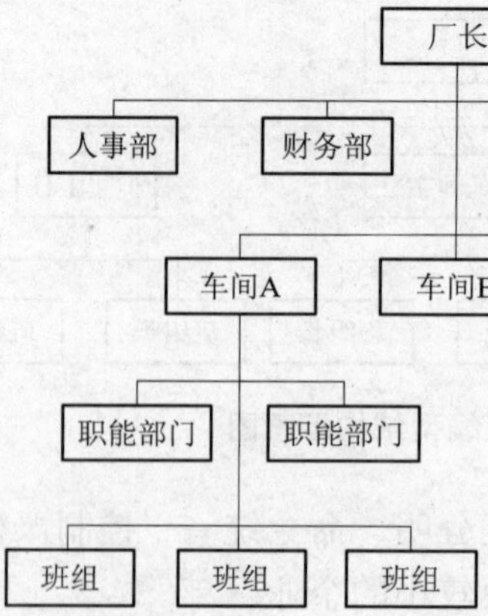

图 6－5 直线——职能型结构示意图

直线职能制的优点是：一方面保持了直线制实行直线领导，统一指挥的优点；另一方面又保持了职能制职能管理专业化的优点。其不利的方面主要有：各职能单位往往缺乏信息交流，不同职能机构、人员之间的目标不统一，各部门考虑问题倾向于从本部门利益出发，缺乏全局观念，可能引发组织运行中的矛盾；这种组织结构往往弹性不足，对环境变化反应迟钝，不易迅速适应新的情况；职能工作划分明确，不利于从组织内部培养熟悉全面情况的管理人才。这种结构比较适合中小企业，它便于最沟通高主管个人对整个组织的活动监督和协调。当组织规模扩大到一定程度时，直线职能制结构的适用性将会越来越差。

直线——职能型组织结构的特点是权力集中、命令统一、信息交流多、控制严密。这种组织结构适用于劳动密集、重复劳动的大中型企业。

（四）事业部型

事业部型是通用汽车公司总裁瓦格纳提出的，被称为组织管理的一次革命。事业部型是按照产品、地区或者顾客划分，并依据划分的结果成立一些独立的事业部。事业部本身是利润中心，自己承担产品的经营责任，如图 6－6 所示。

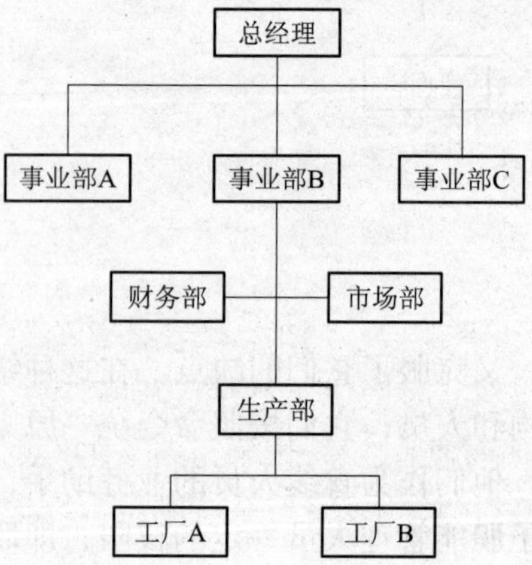

图 6－6 事业部型结构示意图

事业部的特点是独立经营、独立核算，有自己的经营自主权。但是它不是法人，不是独立的公司，不能独立签订合同，一定要获得公司的委托才能签合同。事业部制特别适合规模大、产品多、市场分散的企业，如中国几个大的家电企业，像海尔、联想、长虹等大部分都实行事业部制。

（五）矩阵型

矩阵型通常用于从事项目管理的企业，如研发型企业、软件公司、工程企业等。矩阵型就是一方面服从项目的管理，另一方面服从公司各个职能部门的管理，形成一种矩阵，如图 6－7 所示。

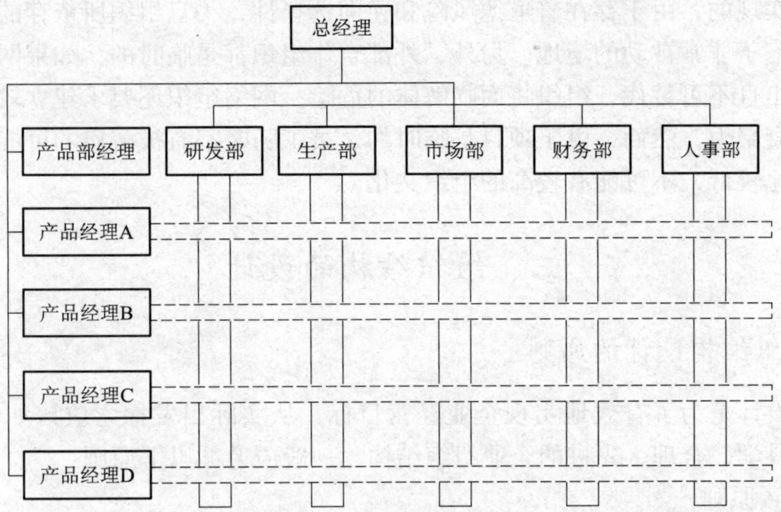

图6-7　矩阵型结构示意图

这种组织结构的特点是加强了横向联系，组织的机动性加强，集权和分权相结合，专业人员的潜能得到发挥。这种组织结构适用于集权、分权优化组合，员工素质较高，技术复杂的企业。

（六）动态网络型结构

动态网络型结构是一种以项目为中心，通过与其他组织建立研发、生产制造、营销等业务合同网，有效发挥核心业务专长的协作型组织形式，如图6-8所示。动态网络型组织结构是组织基于信息技术的日新月异以及激烈的市场竞争而发展起来的一种临时性组织。它通过以市场的组合方式替代了传统的纵向层级组织，实现了组织内在核心优势与外部市场资源优势的动态有机结合，因而更具敏捷性和快速应变能力，可视为组织结构扁平化趋势的一个极端例子。

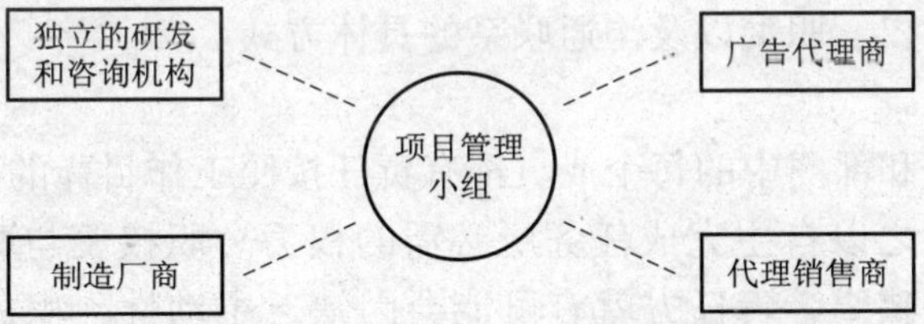

图6-8　网络组织结构示意图

动态网络型结构的优点是：组织结构具有更大的灵活性和柔性，以项目为中心的合作可以更好地结合市场需求来整合各项资源，而且容易操作，网络中的各个价值链也随时可以根据市场需求的变动情况增加、调整或撤并；另外，这种组织结构简单、精练，由于组织中的大多数活动都实现了外包，而这些活动更多的是靠电子商务来协调处理，组织结构可以进一步扁平化，效率更高。

动态网络型结构的缺点是可控性太差。这种组织的有效运作是靠与独立的供应商广泛而密切的合作来实现的，由于存在着道德风险和逆向选择性，一旦组织所依存的外部资源出现问题，组织将陷于非常被动的境地。另外，外部合作组织都是临时的，如果网络中的某一合作单位因故退出且不可替代，组织将面临解体的危险。网络组织还要求建立较高的组织文化以保持一定的凝聚力，然而，由于项目是临时的，员工随时都有被解雇的可能，因而，员工的组织忠诚度比较低，不可能有较高的组织文化。

三、组织结构的设计

（一）组织结构设计的原则

企业组织设计是为了有效地实现企业经营目标，从实际出发探索应该如何设计组织结构。设计一个科学、合理、先进的企业组织结构，一般应遵循以下原则：

1. 目标一致原则

组织结构设计要服从每一项工作的任务和目标，尤其是价值链上的目标，体现一切设计为目标服务的宗旨。一切管理组织的结构形式、组织机构的调整、增设、取消或合并，都必须以是否能实现企业最优目标为准绳。

2. 控制幅度原则

控制幅度原则指一个上级直接领导与指挥下属的人数应该有一定的限度，并且应该是有效的。管理幅度太大，可能无暇顾及；管理幅度太小，可能没有完全发挥作用。法国的管理学者格拉丘纳斯曾提出一套数学公式说明了当上级的控制幅度超过6~7人时，其和下级之间的关系会越来越复杂，以至于最后他无法驾驭下级。

3. 统一指挥原则

无论公司怎么设计，都要服从统一指挥的原则。统一指挥原则就是要求每位下属应该有且仅有一个上级，要求在上下级之间形成一条清晰的指挥链。如果下属有多个上级，就会因为上级可能存有彼此不同甚至相互冲突的命令而无所适从。虽然有时在例外场合必须打破统一指挥原则，但是，为了避免多头领导和多头指挥，组织的各项活动应该有明确的区分，并且应该明确上下级的职权、职责以及沟通联系的具体方式。

4. 责权对等原则

组织中的每个部门和部门中的每个成员都有责任按照工作目标的要求保质保量地完成工作任务，组织也必须委之以自主完成任务所必需的权力。职权要与职责对等。如果有责无权，或者权力范围过于狭窄，责任方就有可能会因缺乏主动性、积极性而导致无法履行责任，甚至无法完成任务；如果有权无责，或者权力不明确，权力人就有可能不负责任地滥用权力，甚至助长官僚主义的习气，这势必会影响到整个组织系统的健康运行。

5. 柔性经济原则

所谓组织的柔性，是指组织的各个部门、人员都是可以根据组织内外环境的变化而进行灵活调整和变动。组织的结构应当保持一定的柔性以减小组织变革所造成的冲击和震荡。组织的经济是指组织的管理层次与幅度、人员结构以及部门工作流程必须要设计合理，以达到管理的高效率。组织的柔性与经济是相辅相成的，一个柔性的组织必须符合经济原则，而一个经济的组织又必须保持柔性。

6. 精干高效原则

组织结构是否精干直接影响到组织的效能。所谓精干高效就是在保证完成目标，达到高效和高质量的前提下，力求减少管理层次，精简机构和人员，充分发挥组织成员的积极性和创造性，提高管理效率和工作效率，节约非生产性开支。

7. 集权和分权原则

在整个组织结构设计的时候，权力的集中与分散应该适度。集权和分权应控制在合适的水平上，既不能影响工作效率，又不能影响积极性。

8. 稳定性与适应性相结合的原则

为了保证企业生产经营活动有序进行和提高效率，企业组织结构设计首先应保持一定的稳定性，即保持相对稳定的组织机构、权责关系和规章制度。同时，环境条件的变化必定影响企业的目标以及企业成员的态度和士气，企业组织机构必须针对这些条件作出适应性的调整。

（二）管理幅度与管理层次

1. 管理幅度与管理层次概述

所谓管理幅度，也称组织幅度，是指组织中上级主管能够直接有效地指挥和领导的下属的数量。下属的任务是分担上级主管的管理工作，并将组织任务进行层层分解，然后付诸实施。显然，组织幅度应该是有限的。因为，一定的下属数量虽然能够减少上级必须直接从事的业务工作量，但同时也增加了上级协调下属之间关系的工作量。

由于组织任务存在递减性，从最高的直接主管到最低的基层具体工作人员之间就形成了一定的层次，这种层次便称为管理层级。管理层级受到组织规模和管理幅度的影响，它与组织规模呈正比，组织规模越大，包括的人员越多，组织工作也越复杂，则层级也就越多；在组织规模已确定的条件下，管理层级与管理幅度呈反比，即上级直接领导的下属越多，管理层级就越少，反之则越多。

管理层级与管理幅度的互动关系决定了两种基本的组织结构形态：一种是扁平式的组织结构形态，另一种是锥型式的组织结构形态。图 6－9 显示了这两种组织幅度与层级的差别性。

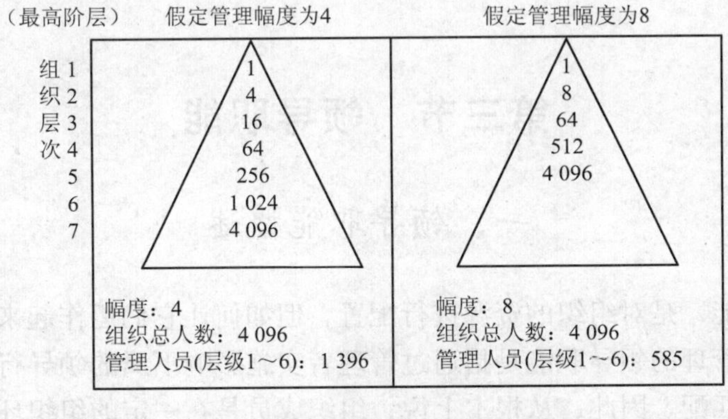

图 6－9　管理幅度与管理层级图

扁平式组织结构的优点是：由于管理的层级比较少，信息的沟通和传递速度比较快，因而信息的失真度也比较低，同时，上级主管对下属的控制也不会太呆板，这有利于发挥下属的积极性和创造性。其缺点是：过大的管理幅度增加了主管对下属的监督和协调控制难度，同时，下属也缺少更多的提升机会。

锥型式组织结构的优点是：由于管理的层级比较多，管理幅度比较小，每一管理层级上的主管都能对下属进行及时的指导和控制；另外，层级之间的关系也比较紧密，这有利于工作任务的衔接，同时也为下属提供了更多的提升机会。其缺点是：过多的管理层级往往会影响信息的传递速度，因而信息的失真度比较大，这又会增加高层主管与基层之间的沟通和协调成本，增加管理工作的复杂性。

最理想的状态是消除管理层次，实现信息纵向“短路”，因此，提倡尽可能地减少管理层次。现代化的企业组织倾向于管理幅度宽层次，即扁平化管理。

2. 管理幅度设计的影响因素

有效的管理幅度设计应考虑以下诸多因素的影响：

（1）管理工作的内容和性质。管理工作内容越多，上下左右之间的联系就越多，需要花费的工作时间也就越多；管理工作越是复杂多变，管理人员需要耗费的时间和精力就越多，组织就越需要缩小控制幅度。另外，下属工作的相似性越大，管理的指挥和监督工作就越容易，就越有可能扩大管理幅度。

（2）管理人员的工作能力情况。管理人员的综合能力、理解能力、表达能力强，则可以迅速地把握问题的关键，对下属的请求提出恰当的指导建议，并使下属明确地理解。同样下属也能够准确领会上级的命令和意图，从而减少协调和沟通的频率，有效扩大管理幅度。

（3）下属的空间分布状况。如果下属在空间上的分布比较分散，就会增加上下左右之间协调和沟通的困难，尽管现代通讯手段提供了较为便捷的联系渠道，但是，这多少会影响上级主管增加管理幅度的主动性。

（4）组织变革的速度。每一个组织都必须根据环境的变化进行及时的调整，环境变化越快，组织遇到的问题就越多，组织变革的速度也就越快，主管人员对下属的指导时间和精力耗费也就越多，组织也就越不太容易扩大管理幅度。

（5）信息沟通的情况。信息沟通充分及时是有效管理的前提，如果组织上下级之间的信息交流能够充分快捷，并且具有较高的横向沟通效果，组织就可以适当扩大管理幅度。

第三节　领导职能

一、领导职能概述

管理的组织职能，是对组织的资源进行配置，但如何让它们运作起来，需要通过管理的领导职能来完成。管理的领导职能是指通过管理者实施影响下属的领导行为，把组织成员的个体目标进行有效匹配。因此，从根本上说，组织成员是在一定的组织环境中，通过管理者的指挥和协调，完成组织目标的。这说明管理的领导职能在行为的作用方向上包括两个方面：一是实施管理权力的领导者；二是管理权力的作用对象——组织成员，或者相对于领导者的追随者（员工或下属）。所以，从领导者方面来说，管理者的领导力量从何而来、领导者的基本类型以及领导者采用什么样的领导方式，关系到能否使员工的个体目标与组织目标保持一致。

（一）领导的概念

领导是领导者及其领导活动的简称。领导者是组织中那些有影响力的人员，他们可能是组织中拥有合法职位的、对各类管理活动具有决定权的主管人员，也可能是一些没有确定职位的权威人士。

（二）领导活动

领导活动是领导者帮助其下属有效地实现组织目标和个人目标的过程。它既体现在组织目标的确定这类战略性的工作中，也体现在审时度势、用人执事等具体的战术性的工作中。在现代管理中，领导活动往往是由一个领导集团来承担的，这也称作集体领导。由于大量的领导活动必须落实到个人身上，所以在领导活动方式上存在着差异。概括地讲，大致存在着以下三种类型的领导活动方式：集权型的领导活动方式、民主型的领导活动方式、放任型的领导活动方式。

无论采取何种类型的领导活动方式，领导活动都是领导者与被领导者关系的动态形式，领导者的指挥、控制和协调，是通过把自己的想法、感受和决策等信息传递给被领导者，并影响被领导者的行为。

二、沟　通

（一）沟通的概念

沟通是人们进行的思想或情况交流，以此取得彼此了解、信任和建立良好的人际关系的活动，同时，沟通又是保证人们在共同活动中协调一致的基础。沟通对于一个组织来讲，就好比是血液循环对于一个生命有机体，是必不可少的。一切组织的存在与发展都必须以成员间的沟通为基础，只要是两个人以上在一起共同活动，就需要沟通的手段来保证他们的动作协调一致。管理就是要使沟通规范、有序地进行，以保证管理体系的运行处于各部门协调互动的良性发展中。

（二）沟通的作用

沟通的作用主要表现在以下三方面：

第一，使组织中的各类人员（主管人员、下级人员、新来人员）都能够做到在适当的时候，将适当的信息，用适当的方法，传给适当的人，从而形成一个健全的、迅速的、有效的信息传递系统，以有利于企业目标的实现。

第二，使决策更加合理有效。沟通可提供充分而确定的材料，是制定正确决策的前提和基础。管理者要根据信息作出决策，任何组织机构的决策过程都是把信息转变为行动的过程。

第三，稳定员工的思想情绪，统一组织行动。沟通是组织成员统一思想和行动的工具。沟通有益于使下级了解自己的地位，了解上级对自己完成任务的看法，使职工熟悉本职工作，有工作安全感，使职工产生精神上的满意，从而工作更有效率。

（三）沟通的类型

沟通的方式多种多样，按照不同的标准，本书对沟通进行了如下分类：

1. 按中介或手段划分

（1）口头沟通，又称语言沟通，是最基本、最重要的沟通方式，指人与人之间使用语言进行沟通，表现为讲演、交谈、会议、面试、谈判、命令以及小道消息的传播等形式。口头沟通在一般情况下都是双向交流的，信息交流充分，反馈迅速，实时性强，信息量大。但是由于个人的理解、记忆、表达的差异，可能会造成信息内容的严重扭曲与失真，传递的信息无法追忆，导致核查困难。因此，在组织中传达重要的信息慎用口头沟通这种方式。

（2）书面沟通，又称文字沟通，是指以文字、符号的书面形式沟通信息的方式。信函、报告、备忘录、计划书、合同协议、总结报告等都属于这一类。书面沟通传递的信息准确、持久、可核查，适用于比较重要的信息的传递与交流。但是在传递过程中耗时太多，传递效率远逊于口头沟通，而且形式单调，一般缺乏实时反馈的机制，信息发出者往往无法确认接受者是否收到信息，是否理解正确。

（3）非语言沟通。人的面部表情、眼神、眉毛、嘴角等的变化和手势动作，身体姿势的变化都可以传达丰富的信息，这种传递信息的方式被称为非语言沟通。非语言沟通中的信息意义十分明确，内涵丰富，含义隐含灵活，但是传递距离有限，界限模糊，只能意会不能言传。一般情况下非语言沟通与口头沟通结合进行，在沟通中对语言表达起到补充、解释、说明和加强感情色彩的作用。据美国心理学家艾伯特·梅拉比安的研究，口头交流时，55% 的信息来自于面部表情和身体姿态，38% 来自语调，而只有 7% 来自于词汇。

（4）技术设备支持的沟通，指人们借助于传递信息的设备装置所进行的沟通，例如利用电报、电话、电视、通信卫星、手机、网络支持的电子邮件、可视会议系统作为沟通媒介，进行信息交流。技术设备支持的沟通传递速度快、信息容量大、远程传递信息可以同时传递给多人，并且价格低廉，但是它属于单项传递，并且缺乏非语言沟通。应当说，技术设备支持的沟通并非单独的一种沟通方式，技术设备与其他各种媒介物共同构成人际沟通中的信道。在现代以计算机为代表的信息技术、通信技术的支持下，尤其是在国际互联网络的环境下，人与人的沟通可以延伸到世界范围。

2. 按组织系统划分

（1）正式沟通。正式沟通是指以正式组织系统为沟通渠道，依据一定的组织原则所进行的信息传递与交流。例如组织与组织之间的公函来往，组织内部的文件传达、会议，上下级之间定期的情报交换等。另外，团体的参观访问、技术交流、市场调查等也在此列。正式沟通比较严肃，效果好，约束力强，易于保密，可以使信息沟通保持权威性。重要的信息和文件的传达、组织的决策等，一般都采取这种方式。但是这种方式依靠组织系统层层的传递，形式较刻板，沟通和速度慢。

（2）非正式沟通。非正式沟通是正是沟通渠道以外的信息交流和传递，它不受组织监督，自由选择沟通渠道。团体成员私下交换看法，朋友聚会，传播谣言和小道消息等都属于非正式沟通。非正式沟通是正式沟通的有机补充。非正式沟通不拘形式，直接明了，速度很快，容易及时了解到正式沟通难以提供的“内幕新闻”。但是它能够发挥作用的基础是团体中具有良好的人际关系。非正式沟通难以控制，传递的信息不确切，易于失真，而且它可能导致小集团、小圈子，影响人心稳定和团体的凝聚力。

3. 按方向划分

（1）下行沟通，指领导者对员工进行的自上而下的信息沟通。上级将信息传递给下级，通常表现为通知、命令、协调和评价下属。

（2）上行沟通，指下级的意见向上级反映，即自下而上的沟通。管理者依靠下属人员获取的信息、有关工作的进展和出现的问题，通常需要上报给领导者。通过上行沟通，管理者能够了解下属人员对他们的工作、同事及整个组织的看法。下属提交的工作绩效报告、合理化建议、员工意见调查表、上下级讨论等都属于上行沟通。

（3）平行沟通，指组织中各平行部门之间的信息交流保证平行部门之间沟通渠道畅通，是减少部门之间冲突的一项重要措施。例如，跨职能团队就急需通过这种沟通方式形成互动。

4. 按是否进行反馈划分

（1）单向沟通。单向沟通是指发送者和接受者两者之间的地位不变（单项传递），一方只发送信息，另一方只接受信息。这种方式信息传递速度快，但准确性较差，有时还容易使接受者产生抗拒心理。

（2）双向沟通。在双向沟通中，发送者和接受者两者之间的地位不断交换，且发送者是以协商和讨论的姿态面对接受者。信息发出以后还需及时听取反馈意见，必要时双方可进行多次重复商谈，直到双方共同明确和满意为止，如交谈、协商等。其优点是沟通信息准确性较高，接受者有反馈意见的机会，从而产生平等感和参与感，增加自信心和责任心，有助于建立双方的感情。但是，这种沟通方式花费的时间较多。

（四）沟通过程

沟通是一个过程，完整的沟通过程包括六个环节：

（1）沟通主体，即信息的发出者或来源。

（2）编码，指主体借助于某种形式来传递信息的内容。

（3）媒体，或称沟通渠道。

（4）沟通的客体，即信息的接收者。

（5）译码，指客体对接收到的信息所作出的解释、理解。

（6）反馈。

沟通的具体过程是：沟通主体有了要传递的信息，将通过编码的信息，选择合适的渠道（电话、文件、面谈等），尽力不失真地传递给客体，并期待客体对信息的理解和反馈。其过程如图 6－10 所示。

（五）沟通中的障碍及解决办法

管理者向信息接收者发送信息，希望对方能够准确无误地接收信息，实现有效沟通。然

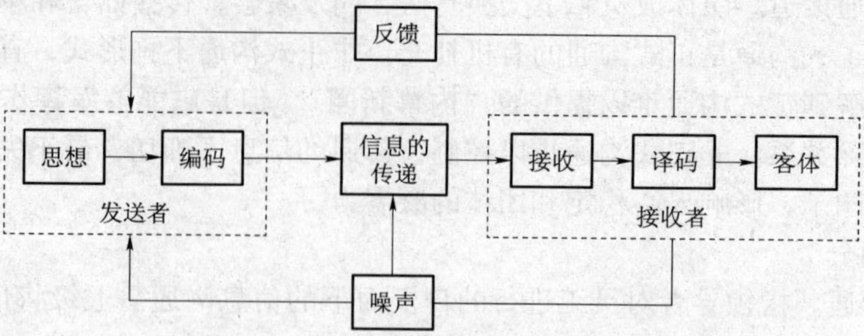

图 6－10　沟通过程

而，在实践中，信息沟通经常会遇到一些障碍，如非常简单的语言却因方言的阻碍而相互不理解，造成沟通效果弱化。沟通是一种有效的管理手段，管理者要很好地运用，必须了解造成沟通无效的障碍及消除障碍的技巧。

1. 沟通的障碍

造成沟通障碍的因素很多，可能是单一因素，也可能是多种因素的合力。沟通的障碍主要有以下几类：

（1）自然因素造成的沟通障碍。如空间距离、通信手段的破坏、交通中断等。

（2）管理因素造成的沟通障碍。由于缺乏计划、岗位设置不合理、职责不明确、职能交叉等因素而使沟通不畅。

（3）技能因素造成的沟通障碍。沟通时语言表达能力差，语义不清，语义易曲解，信息传递中的遗失、不完整等因素都会影响沟通。

2. 解决办法

（1）力求表达清楚。无论信息如何传递，表达不清楚、不准确往往会铸成大错。任何人发送信息，都必须遵循明确的原则，使接受者容易理解，避免措词不当、文字松散、思想表达不严密、中心主题不突出、千篇一律或用难懂的方言土语，以及不好理解或造成错觉的比喻、手势等。否则，要纠正由此产生的错误通常需要花费高昂的代价，需要做许多本来不必做的解释工作。

（2）减少干扰，检查沟通效果。处于企业沟通中心的主管人员和信息传递人员，既要接收信息又要传递信息。他们要接收上级、同级和下级送来的各种情报，然后把这些情报改编成其上级、同级和下级各自熟悉的语言，向他们传递。改编要使接收者能够理解，但不能因此而使情报“失真”。人们做过实验，按级别层次逐级传达同一条信息往往会降低情报的准确性。尤其是口头传达时，每传达一次大概要损失信息的 30%。所以，组织规模不同，进行沟通的形式也不尽相同。由于记忆不佳所造成的失真也同样是严重的。研究结果表明，员工只记得他接收到的信息的 50%，领导只记得 60%。如果不认真传达或对传达人不信任，信息损失就会更大。因而，把信息传递出去之后，要跟踪检查沟通效果。否则将不知道是否达到了沟通的本来意图。跟踪检查的方法有许多，如询问、鼓励信息接收者发表自己的意见、继续与对方保持联系等。

（3）培养“听”的艺术。对管理人员来说，“听”不是件容易的事。要较好地“听”，也就是要积极倾听。一些积极倾听的要点见表 6－4。

表 6－4　　倾听的要点

要	不　要
表现出兴趣	争辩
全神贯注	打断
该沉默时必须沉默	从事与谈话无关的活动
选择安静的地方	过快地或提前作出判断
留适当的时间用于辩论	草率地给出结论
注意非语言暗示	让别人的情绪直接影响你
当你没有听清楚时请以疑问的方式重复一遍	
当你发觉遗漏时，直截了当地问	

三、激　励

激励是指激发人的动机和内在动力，鼓励人朝着所期望的目标采取行动的心理过程。也就是说，激励在本质上就是激发、鼓励和努力调动人的积极性的过程。作为管理手段的激励，是利用人的需要的客观性和满足需要的规律性，在帮助组织成员满足需要的同时，促使满足需要的行为朝着实现组织目标的方向运动。激励手段的运用，赋予了管理活动以主动性的特征。因为激励是激发人的内在动力，使人的行为建立在人的希望、愿望的基础之上。这样，人的行为就不再是一种外在的强制，而是一种自觉自愿的行为。激励方法有：

（一）物质利益激励

物质利益激励是指以物质利益为诱因，通过调节被激励者的物质利益来刺激其物质需要，以激发其动机的方式与手段。物质利益激励主要有几个方面的内容：

1. 薪酬激励

薪酬激励主要包括短期物质利益和长期物质利益。短期物质利益主要有：基本工资，它通常是相对固定的；奖金，是对组织成员努力工作的一种奖赏，通常是变动的，具有较大的弹性；津贴和福利，属于特殊的物质奖励，在一定程度上可以使组织成员产生归属感。长期物质利益主要是期权和购买社会保险等，它可以增强组织成员的归属感和安全感，鼓励组织成员树立长远目标，关心组织的长远发展。在进行薪酬激励时，应注意设计的薪酬机制与体系要为实现工作目标服务，二者有机结合起来才能很好地起到激励的作用；要确定适当的刺激量，太多会为以后实现激励带来压力，太少则起不到激励的作用；薪酬要同思想政治工作有机结合，人们对薪酬的追求是无限的，如果不辅之以必要的道德激励，再好的薪酬激励也会有局限性。通过薪酬激励可以使被激励者产生一定程度的安全感和归属感，而且对自身的能力和责任有更清醒的认识，有利于其在工作过程中激发自身的潜能。

2. 奖励

能够起到有效激励效果的必须是公开的授奖，如果只是将授奖情况局限在狭小的范围内，则会削弱激励的效果。最好的奖励方式是具有较高的名誉价值和较低的金钱价值。对员工个人的公开的奖励往往会产生很强的激励效果。许多研究表明，欧美国家更看重个体激励，而中国与日本则更强调群体激励。

3. 处罚

在经济上对员工进行处罚是一种管理上的负强化，属于一种特殊形式的激励，不但对受到处罚的个人有一定的作用，而且可以起到警示其他人的作用。运用这种方法时应注意：必须有可靠的事实根据和政策依据；处罚的方式与刺激量要适当；要同深入细致的思想工作相结合。处罚应当是化消极为积极、化被动为主动、化问题为机遇、化约束为激励。

在目前的社会经济条件下，物质激励是激励不可或缺的重要手段，它对强化按劳取酬的分配原则和调动员工的工作热情有很大的作用。但是，在运用物质激励时要注意：一是只对成绩突出者予以奖赏，如果人人有份，既助长了落后者的懒惰，又伤害了先进者的努力动机，从而失去了激励意义；二是重奖重罚，对于克服重重困难才取得成功者，应给予重奖，而对于玩忽职守，造成重大责任损失者，要给予重罚。

（二）社会心理激励

社会心理激励，是指管理者运用各种社会心理学方法，刺激被激励者的社会心理需要，以激发其动机的方式与手段。这类激励方式以人的社会心理因素作为激励的诱因。社会心理激励的具体方法有很多种。

1. 目标激励

目标激励即以目标为诱因，通过把组织的需求转化为组织成员个人的需求，设置适当的目标，进而激发组织成员的工作动机，调动其积极性。在组织成员取得阶段性成果的时候，管理者还应当把成果反馈给组织成员，这可以使其知道自己的努力水平是否足够，是否需要更加努力。

可用以激励的目标主要有三类：工作目标、个人成长目标和个人生活目标。设定的目标必须符合激励对象的需要，即要把激励对象的工作成就同其正当的获得期望挂起钩来，使激励对象表现出积极的目的性行为。同时，设置的目标既要切实可行，又要具有挑战性，目标难度太大，让人可望不可即，目标过低，影响人们的期望值，难以催人奋进。此外，提出的目标要明确具体，使得激励对象有所依据。

2. 情感激励

情感激励，既不是以物质利益为诱导，也不是以精神理想为刺激，而是指领导者与被领导者之间的以感情联系为手段的激励方式。情感激励主要包括上下级之间建立融洽和谐的关系；促进下级之间关系的协调与融合；营造健康、愉悦的团体氛围，满足组织成员的归属感。

在运用情感激励时要注意到情感具有两重性，即积极的情感可以增强人的活力；消极的情感可以削弱人的活力。情感激励主要是培养激励对象的积极的情感，其方式有沟通思想、排忧解难、慰问家访、交往娱乐、批评帮助、共同劳动、民主协商等。

3. 尊重激励

尊重激励法就是通过尊重下级的意见、需要及尊重有功之臣的做法来使组织成员感到自己对于组织的重要性，并促使它们向先进者学习的一种激励方法。管理者应利用各种机会信任、鼓励、支持下级、努力满足其尊重的需要，以激发其工作积极性。管理者要懂得尊重下级的人格；要尽力满足下级的成就感；支持下级进行自我管理，自我控制。

4. 榜样激励

榜样激励是通过满足组织成员模仿和学习的需要，引导其行为向组织所期望的目标靠拢的一种激励方式。在进行榜样激励时，可以通过树立先进典型或是管理者自身的模范作用使组织成员找到一个参照并自我鞭策，增强克服困难，取得成功决心和信心。

5. 参与激励

参与激励是以让下级参与管理为诱因，调动下级的积极性和创造性。让组织成员参与管理，可以使组织成员感到上级的信任、重视和赏识，能够满足其归属感和受人赏识的需要。参与管理会使多数人受到激励，从而为组织目标的实现提供保证。参与激励要增强民主管理意识，建立参与机制；真正授权与下级，使下级实实在在地参与决策和管理过程；有效利用多种参与形式，鼓励全员参与。参与激励是与授权激励相结合的。

6. 荣誉激励

荣誉是人们较高层次的需要，是众人或组织对个体或群体的崇高评价，是满足人们需要，激发人们奋力进取的重要手段。应对组织成员的劳动态度和贡献予以奖励，如开表彰大会、颁发荣誉证书、刊登光荣榜、在媒体上宣传报道、组织外出培训进修、推荐获取社会荣誉等。

7. 竞争激励

竞争激励提倡组织内部各组织成员之间、部门之间的有序的、平等的竞争以及优胜劣汰。在鼓励组织竞赛、竞争的过程中，应注意以下几点；要有明确的目标和要求，并加以正确的引导；同时，保证竞争必须是公平的；竞赛与竞争的结果要有明确的评价、相应的奖励，并尽可能增加竞争结果评价或奖励的效价，以加大激励效果。

各种社会心理激励的具体方式是相互联系的，并不能截然分开，多种方式结合在一起使用，在一定程度上会增加激励的效果。

（三）工作激励

按照赫茨伯格的双因素理论，对人最有效的激励因素来自于工作本身，因此，管理者必须善于调整和调动各种工作因素，搞好工作设计，千方百计地使下级满意自己的工作，以实现最有效地激励。

1. 工作扩大化

工作扩大化是指工作的横向扩大，即增加每个人工作任务的种类，从而使其能够完成一项完整工作的大部分程序，进而提高其工作积极性。工作扩大化的具体形式有：兼职作业、工作延伸和工作轮换。所谓工作轮换是指允许组织成员定期轮换所做的工作，借以为其提供更丰富、更多样化的工作。工作扩大化对提高组织成员钻研业务的积极性，使其获得精神上的满足有极大帮助。

2. 工作丰富化

工作丰富化是指工作的纵向扩大，即给予组织成员更多的责任，更多参与决策和管理的机会，具体包括四种形式；将部分管理工作交给员工，使员工也成为管理者；吸收员工参与决策和计划，提升其工作层次；对员工进行业务培训，全面提高其技能；让员工承担一些较高技术的工作，提高其工作的技术含量。

3. 弹性工作制

弹性工作制主要体现在两个方面：一是缩短每周的工作天数，但是每天的工作时间可以延长，这可以使组织成员有更多的休闲、娱乐的时间，能提高组织成员的工作热情和对组织的认同感，从而减少了加班和旷工率；二是弹性工作时间，即组织规定每天的工作时间总数，具体的上下班时间可由自己掌控，给予员工更多的自主权和责任感。

4. 任务激励法

任务激励法是指把单调、乏味的工作或训练同个人的切身利益相结合，使下属能够从保护自己的利益出发去做内心愿意做的事。

此外，工作激励还强调工作的适应性和挑战性，明确工作的意义，完善工作的完整性，提高工作的自主性，及时反馈工作成果等方面内容。在对组织成员进行激励时，要认清个体特征，因人制宜进行激励；同时，要因事不同，掌握好激励的方式、时间和力度；要综合利用各种激励手段和方法。

第四节　控制职能

一、控制职能概述

在管理活动中，控制职能是一项重要的管理职能，它是指由管理人员对当前的实际工作是否符合计划进行测定，并促使组织目标实现的过程。控制主要体现在计划的执行过程中，是一种不断地对照计划来检查现有的作业状况的活动。控制的目的是要保证实际工作与计划相一致，管理活动的控制过程也就是管理人员对下属部门或个人的工作进展、实际结果进行统辖，找出偏差并加以纠正的过程。控制贯穿于其他各项管理职能之中，存在于管理活动的全过程。

二、控制的类型

控制的类型是多种多样的，从不同的角度可以对控制作出不同的分类。例如，按照业务范围，可以分为生产控制、质量控制、成本控制和资金控制等；按照控制对象的全面性，可以分为局部控制和全面控制；按照主管人员与控制对象的关系，可以分为间接控制、直接控制；按照管理者的控制方式，可以分为集中控制、分散控制、分层控制；按照控制的客观形式，可以分为复合控制、动态控制；按照控制的内容和效果，可以分为程序控制、稳定控制和最优控制；按照控制发生在一个完整的管理过程中的阶段性，可以分为前馈控制、现场控制和反馈控制等。下面主要介绍前馈控制、现场控制和反馈控制。

（一）前馈控制

前馈控制，即在系统运行的输入阶段就进行控制，也叫预先控制，由于控制早于行动，又称面向未来的控制。它是指在工作正式开始前对工作中可能产生的偏差进行预测和估计并采取防范措施，将可能的偏差消除于产生之前的一种控制类型。例如，各单位都会制定一些生产规章制度，这就是前馈控制。前馈控制通过充分利用信息，预测可能出现的问题，采取了一系列的预防措施，从而把可能的损失降到最低，它控制了产生偏差的原因，而不是系统运行的结果。因此，它是最理想的控制类型。前馈控制的优点在于，它克服了时滞现象。

（二）现场控制

现场控制也叫实时控制，是指企业经营过程开始以后，对活动中的人和事进行指导和监督。主管人员愈早知道业务活动与计划的不一致，就可以愈快地采取纠偏措施，可以在发生重大问题之前及时纠正。

在实施实时控制时，首先应采取统一的测量和评价标准，遵循计划规定的规范制度，避免凭主观意志行事。其次，在控制对象上要有所选择。比如，对单一、机械的简单生产，标准易于统一，采取实时控制可以取得良好的效果；而对于创造性的劳动，则不宜采取统一的标准去衡量，实时控制只能作为一种辅助控制手段。再次，管理者要不断提高自身素质、业务能力，改善指导方式。因为在实时控制中，管理者是直接面向生产者的，有很多时候是要管理者言传身教的。综上所述，实时控制因种种局限，不可能成为日常性的控制方法，而只能是其他方法的补充。

（三）反馈控制

反馈有不同的类型和作用，如果返回的信息与输入的信息之间的差异是发散的，即干扰着系统正在进行的运动，使系统趋于不稳定状态，直至破坏稳定状态，这种情况称为正反馈；反之，如果返回的信息与输入的信息之间的差异是收敛的，即倾向于反抗系统正在进行的偏离目标的运动，使系统趋于稳定状态，这种情况称为负反馈。反馈控制的优点在于为管理者提供执行结果的真实信息，总结规律，为计划的进一步实施创造条件。

三、控制过程

控制是一个过程，它贯穿于整个管理活动的始末。在组织目标的实施中，不断地在计划与实施结果之间进行比较，发现两者之间的差距，并找出这种差距的原因和制定新的改进措施，这就是控制过程。也就是说，控制过程是由三个步骤或三个交叉重叠的要素构成的，即确立标准、对照标准检查实际成效，以及采取措施纠正偏差，如图 6 - 11 所示。

（一）确定控制标准

标准来自计划，计划先于控制。计划是管理者设计或进行控制工作的最初设想，是整个控制工作的起点。标准应是衡量实际工作绩效或事物的尺度，是衡量计划各环节工作成果的规范。标准是管理者从计划中进行筛选而制定出来的，是给管理者可信的反馈信号和控制过程的进展标志。

控制的对象不同，为它们建立标志正常水平的标准的方法也不一样。一般来说，企业可以使用的建立标准的方法有下列三种：

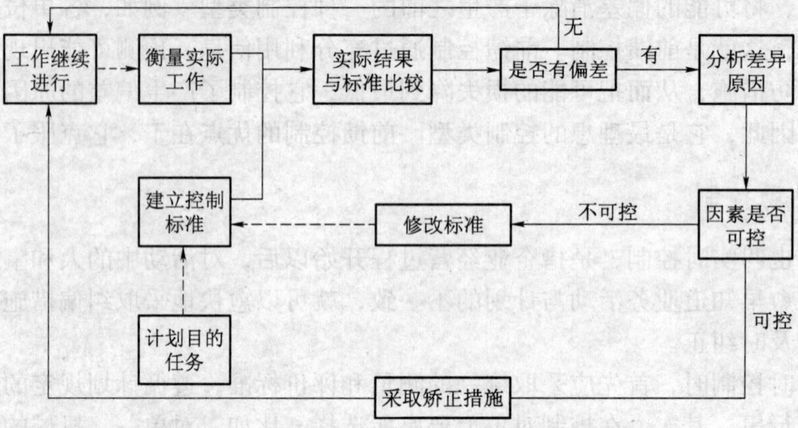

图6－11　控制过程图

1. 统计性标准

统计性标准也叫历史性标准，是以分析反映企业经营在各个历史时期状况的数据为基础为未来活动建立的标准。这些数据可能来自本企业的历史统计，也可能来自企业的经验，据此建立的标准，可能是历史数据的平均数，也可能是高于或低于中位数的某个数。

2. 根据评估建立标准

实际上，并不是所有工作的质量和成果都能用统计数据来表示，也不是所有的企业活动都保存着历史统计数据。对于新从事的工作，或对于统计资料缺乏的工作，可以根据管理人员的经验、判断和评估来建立标准。利用这种方法建立工作标准时，要注意利用各方面管理人员的知识和经验，综合大家的判断，给出一个相对先进合理的标准。

3. 工程标准

严格地说，工程标准也是一种用统计方法制定的控制标准，不过它不是对历史性统计资料的分析，而是通过对工作情况进行客观的定量分析来进行的。比如，机器的产出标准是其设计者计算的正常情况下被使用的最大产出量；工人操作标准是劳动研究人员在对构成作业的各项动作和要素的客观描述与分析的基础上，经过消除、改进和合并而确定的标准作业方法；劳动时间定额是利用秒表测定的受过训练的普通工人以正常速度按照标准操作方法对产品或零部件进行某个（些）工序的加工所需的平均必要时间。

（二）衡量实际成效

该步骤的主要内容是将实际工作成绩和控制标准相比较，对工作作出客观的评价，从中发现二者的偏差，为进一步采取控制措施提供全面、准确的信息。衡量实际成效时，我们要知道衡量什么和怎样衡量。

1. 衡量什么

并不是计划实施的所有步骤都要进行控制，而是选择一些关键点作为控制点，控制了关键点，就控制了全局。确定关键点的过程是一个分析决策的过程，它需要丰富的经验和敏锐的观察力，准确地确定关键点是有效控制的保证。关键点一般是计划实施过程中起决定作用的点，或者是容易出现偏差的点、起转折作用的点、变化大不易掌握的点、有示范作用的点等，应根据具体情况进行具体分析。

2. 怎样衡量

用什么方法衡量应根据具体情况具体分析。计划的执行情况和问题处理的信息一般都是通过听取口头汇报、书面汇报、进行直接观察等方式取得的，管理者通过这些渠道了解所需要的信息，以此来衡量实际工作业绩。这些方法各有优缺点，人们往往结合起来使用。当然，使用哪种方法，不同的管理者有不同的偏好。口头汇报分正式汇报和非正式汇报，正式汇报往往在某些公众场合上，如会议等；非正式汇报往往是一对一的，情况汇报和信息沟通式的，如电话交谈、个别交谈等。口头汇报方便、快捷，还可以通过语气、用词和身体动作来表达某些信息，但不易保存，容易误传。书面汇报往往在计划结束或告一个段落后形成，如工作总结、会计报表、有关统计报表等。书面汇报比较全面和准确，易于保存，但在时间上显得有些滞后了。直接观察是管理者亲临现场得来的第一手信息，如调查访问，现场观察等。直接观察真实、快捷，但每个管理者根据自己喜好的角度去观察，因此所得信息需要去伪存真，分析判断。随着计算机使用的普及，信息还可以通过计算机获得，从中可得到相关数据和统计报表，信息量丰富全面，易于查询，便于分析，及时快捷，但其效率取决于信息系统的完善程度和数据分析功能，有时过多无序的数据反而会让人无所适从。

（三）分析偏差，并予以纠正

衡量比较后，如果没有偏差，或偏差在允许范围内，则不需要做什么；但如果有偏差，且超出范围，则要采取措施纠正偏差。这时管理者要决定是仅仅现场改正就行，还是分析产生偏差的原因，彻底纠正，也就是说是治标还是治本。一般来说，当情况紧急时，只能采取应急措施，仅治标就行，但事后还要寻找原因，根除隐患。

一般造成偏差的原因有计划操作原因、外部环境发生重大变化原因和计划不合理原因三大类。

1. 计划操作原因

由于计划执行者的自身原因使工作发生偏差，如工作不认真、没有责任心，能力不够，不能胜任工作等，这时可采取以下措施：重申规章制度，明确责任，明确激励措施，按规定处罚有关人员；调整工作人员，加强员工培训，改组领导班子等。

2. 外部环境发生重大变化原因

因外部环境发生重大变化而产生偏差，如国家政策法规发生变化，国际政治风云突变，某个大客户或大供应商突然破产，自然界不可抗拒灾害等。由于这些因素往往是不可控的，故只能在仔细分析的基础上采取一些补救措施，以尽量消除不良影响，然后改变策略，避开锋芒，或变换目标，另辟蹊径。

3. 计划不合理原因

有时制订计划时不切实际，好高骛远，盲目乐观，把目标定得过高，根本无法达到，这时应根据具体情况，及时调整目标，使之处于合理的水平；也有在制订目标时，过于保守，低估自己的实力，把目标定得太低，无法起到激励作用，这时也应进行调整。当然，不能凭一时冲动，随意更改计划，否则，计划将失去存在的意义，也就谈不上有效控制了。

四、控制方法

（一）预算控制

企业的所有活动都可以利用预算进行控制。所谓预算，就是用数字，特别是用财务数字的形式来描述企业未来的活动计划。它估计了企业在未来时期的经营收入和现金流量，同时也为各部门或各项活动规定了在资金、劳动、材料、能源等方面的支出额度。预算控制就是根据预算规定的收入与支出标准来检查和监督各个部门的生产经营活动，以保证各种活动或各个部门在完成既定目标、实现利润的过程中对经营资源的充分利用，从而使费用支出受到严格有效的约束。

任何预算都需要用数字形式来表述。全面预算必须用统一的货币单位来衡量，而分预算则不一定用货币单位计量。比如，原材料预算可能用千克或吨等单位来表述。这是因为对一些具体的项目来说，用时间、长度或重量等单位来表述能提供更多、更准确的信息。比如，用货币金额来表达原材料预算，我们就只知道原材料消耗的总费用标准，而不能知道原材料使用的确切种类和数量，也难以判断价格变动会产生何种影响。当然，不论以何种方式表述的分预算，在将它们综合平衡以编制企业的全面预算之前，必须转换成用统一的货币单位来表达的方式。

由于不同企业生产活动的特点不同，预算表中的项目会有所不同，但一般来说，预算内容要涉及以下几个方面：

1. 收入预算

收入预算提供了关于企业未来某段时期经营状况的一般说明，即从财务角度计划和预测了未来活动的成果。

2. 支出预算

企业需要借助一定的劳动力，利用和消耗一定的物质资源才能生产出产品。因此与收入预算相对应，企业必须编制能够保证生产活动得以进行的预算。关于生产活动的预算，不仅要确定为取得一定销售收入所需要的产品数量，而且更重要的是要预计为得到这些产品、实现销售收入需要付出的费用，即编制各种支出预算。

3. 现金预算

现金预算是对企业未来生产与销售活动中现金的流入与流出进行预测，通常由财务部门编制。现金预算只能包括那些实际包含在现金流程中的项目：赊销所得的应收款在用户实际支付以前不能列作现金收入；赊购所得的原材料在未向供应商付款以前也不能列入现金支出；而需要今后逐年分摊的投资费用却需要当年实际支出现金。因此，现金预算并不需要反映企业的资产负债情况，而是要反映企业在未来活动中的实际现金流量和流程。企业的销售收入很大，即使利润相当可观，但大部分尚未收回，或收回后被大量的库存材料或在制品所占用，那么它也不可能在目前给企业带来现金上的方便。通过现金预算，可以帮助企业发现资金的闲置或不足，从而指导企业及时利用暂时过剩的现金，或及早筹齐维持营运所短缺的资金。

4. 资金支出预算

上述各种预算通常只涉及某个经营阶段，是短期预算，而资金支出预算则涉及好几个阶段，是长期预算。如果企业的收支预算被很好地执行，企业有效地组织了资源的利用，那么利用这些资源得到的收入就会超出资源消耗的支出，从而给企业带来盈余。企业可以利用赢利的一大部分来进行生产能力的恢复和扩大。这些支出由于具有投资的性质，因此对其计划安排通常被称为投资预算或资金支出预算。资金支出预算的项目包括用于更新改造或扩充包括厂房、设备在内的生产设施的支出，用于增加品种、完善产品性能或改进工艺的研究与开发支出，用于提高职工和管理队伍素质的人事培训与发展支出，用于广告宣传、寻找顾客的市场发展支出等。

5. 资产负债预算

资产负债预算是对企业会计年度末的财务状况进行的预测。它通过将各部门和各项目的分预算汇总在一起，表明如果企业的各种业务活动达到预先规定的标准，在财务期末企业资产与负债会呈现何种状况。作为各分预算的汇总，管理人员在编制资产负债预算时虽然不需作出新的计划或决策，但通过对预算表的分析，可以发现某些分预算的问题，从而有助于采取及时的调整措施。比如，通过分析流动资产与流动债务的比率，可能发现企业未来的财务安全性不高，偿债能力不强，可能要求企业在资金的筹措方式、来源及其使用计划上作相应的调整。另外，通过将本期预算与上期实际发生的资产负债情况进行对比，还可发现企业财务状况可能会发生哪些不利变化，从而指导事前控制。

（二）生产控制

我们可以把企业看成这样一个动态过程：企业首先获得原材料、零部件、劳动力等投入，经过企业系统的转换和运营，生产出有形的产品或无形的劳务。在这个过程中，为了达到企业预定的目标，就必须对企业的经营管理活动进行控制。事实上，控制活动贯穿于上述整个过程之中，即管理人员需要对原材料、零部件、劳动力等投入进行控制，需要对企业系统的转换和运营进行控制，也需要对有形的产品或无形的劳务进行控制。

1. 对供应商的控制

毫无疑问，供应商既为本企业提供了所需的原材料或零部件，根据波特的竞争模型，他们又是本企业的竞争力量之一。供应商供货及时与否、质量的好坏、价格的高低，都会对本企业最终产品产生重大影响。因此，对供应商的控制可以说是从企业运营的源头抓起，能够起到防微杜渐的作用。

目前比较流行的做法是在全球范围内选择供应商，其原因是为了能够有保障地获得高质量低价格的原材料，同时也可避免只选择少数几个供应商可能构成的风险。大型公司多采用这种方法。

2. 库存控制

对库存的控制主要是为了减少库存，降低各种占用，提高经济效益。管理人员使用经济订购批量模型计算最优订购批量，使所有费用达到最小。这个模型考虑三种成本：一是订购成本，即每次订货所需的费用（包括通讯、文件处理、差旅、行政管理等费用）；二是保管成本，即储存原材料或零部件所需的费用（包括库存、利息、保险、折旧等费用）；三是总成本，即订购成本和保管成本之和。

3. 质量控制

所谓的质量有广义和狭义之分。狭义的质量指产品的质量；而广义质量除了涵盖产品质量外，还包括工作质量。产品质量主要指产品的使用价值，即满足消费者需要的功能和性质。这些功能和性质可以具体化为下列五个方面：性能、寿命、安全性、可靠性和经济性。工作质量主要指在生产过程中，围绕保障产品质量而进行的质量管理工作的水平。

（三）比率分析

单个地去考虑反映经营成果的某个数据，往往不能说明任何问题。企业本年度赢利100万元，某部门本期生产了5 000个单位产品，或本期人工支出费用为85万元，这些数据本身没有任何意义。只有根据它们之间的内在关系，相互对照分析才能说明某个问题。比率分析就是将企业资产负债表和收益表上的相关项目进行对比，形成一个比率，从中分析和评价企业的经营成果和财务状况。

（四）经营审计

审计是对反映企业资金运动过程及其结果的会计记录及财务报表进行审核、鉴定，以判断其真实性和可靠性，从而为控制和决策提供依据。根据审查主体和内容的不同，可将审计划分为三种主要类型。

1. 外部审计

外部审计是由外部机构（如会计师事务所）选派的审计人员对企业财务报表及其反映的财务状况进行独立的评估。

2. 内部审计

内部审计提供了检查现有控制程序和方法能否有效地保证达成既定目标和执行既定政策的手段。例如，制造质量完善、性能全面的产品是企业孜孜以求的目标，这不仅要求利用先进的生产工艺、工人提供高质量的工作，而且对构成产品的基础——原材料提出了相应的质量要求。这样，内部审计人员在检查物资采购时，就不仅限于分析采购部门的账目是否齐全、准确，而且还应测定材料质量是否达到要求。

3. 管理审计

外部审计主要核对企业财务记录的可靠性和真实性，内部审计在此基础上对企业政策、工作程序与计划的遵循程度进行测定，并提出必要的改进企业控制系统的对策建议。管理审计的对象和范围则更广，它是一种对企业所有管理工作及其绩效进行全面系统的评价和鉴定的方法。管理审计虽然也可由组织内部的有关部门进行，但为了保证某些敏感领域得到客观的评价，企业通常聘请外部的专家来进行。

【个案分析】

林肯电器公司

哈佛商学院向全世界出版了近4万个案例。被购买频率最高的案例是位于克利夫兰的林肯电器公司。该公司年销售额为44亿美元，拥有2 400名员工，并且形成了一套独特的激励员工的方法。该公司90%的销售额来自于生产的弧焊设备和辅助材料。

林肯电器公司的生产工人按件计酬，他们没有最低小时工资。员工为公司工作两年后，便可以分年终奖金。该公司的奖金制度有一整套计算公式，全面考虑了公司的毛利润及员工的生产率与业绩，可以说是美国制造业中对工人最有利的奖金制度。在过去的56年中，平均奖金额是基本工资的95.9%，该公司中相当一部分员工的年收入超过10万美元。近几年经济发展迅速，员工年平均收入为44 000美元，远远超出制造业员工年收入17 000美元的平均水平，在经济不景气的年头里，如1982年的经济萧条时期，林肯公司员工收入降为27 000美元，这虽然相比其他公司还不算太坏，可与经济发展时期相比就差了一大截。

公司自1958年开始一直推行职业保障政策，从那时起，他们没有辞退过一名员工。当然，作为对政策的回报，员工也相应要做到几点：在经济萧条时期，他们必须接受减少工作时间的决定；而且接受工作调换的决定；有时甚至为了维持每周30小时的最低工作量，而不得不调整到一个报酬更低的岗位上。林肯公司极具成本和生产率意识，如果工人生产出一个不合标准的部件，那么除非这个部件修改至符合标准，否则这件产品就不能计入该工人的工资中。严格的计件工资制度和高度竞争的绩效评估系统，形成了一种很有压力的氛围，有些工人还因此产生了一定的焦虑感，但这种压力有利于生产率的提高。据该公司一位管理者估计，与国内竞争对手相比，林肯公司的总体生产率是他们的两倍。自20世纪30年代经济大萧条以后，公司年年获利丰厚，没有缺过一次分红。该公司还是美国工业界中工人流动率最低的公司之一。前不久，该公司的两个分厂被《幸福》杂志评为全美十佳管理企业。

资料来源：http：//zhidao. baidu. com/question/80257745. html.

问题：

1. 你认为林肯公司使用了何种激励理论来激励员工的工作积极性？
2. 为什么林肯公司的方法能够有效地激励员工工作？
3. 你认为这种激励系统可能会给管理层带来什么问题？

【关键名词】

计划　目标管理　组织职能　领导　激励　沟通　控制职能

【讨论思考】

1. 制订计划需要哪几个步骤？
2. 目标管理有哪些特点？
3. 决策的方法有哪些？
4. 组织结构有哪些类型？各有什么特点？
5. 沟通中存在着哪些障碍？如何解决？
6. 控制的方法有哪些？

第七章

管理方法

课前准备

【学习目标】

通过本章学习，使学生了解管理方法的含义、种类、特点，掌握各种管理方法的应用技巧，学会综合运用各种管理方法，推动管理活动按照预定的目标发展。

【重点难点】

1. 各种管理方法的含义、特点；
2. 各种管理方法的内容；
3. 各种管理方法的应用。

学习内容

第一节　法律方法

一、法律方法的含义

法律方法是指运用法律和具有“法”的属性的某些规定，执行管理职能的一种方法。

法律方法有两层含义。第一层含义是由国家制定和颁布的法律、法规，并建立相应的司法机构和制度，以保护管理的各项经济政策、经济制度、经济方法的实施，并用以调整企业之间以及企业内部的经济关系。它包括依照国家制定和颁布的有关经济法律、法规来治理企业，也包括依照各级国家机关、各级管理部门依法制定的有关经济的规范性文件来治理企业。

法律方法的第二层含义是由企业自身制定的具有“法”的属性的规章制度。规章制度是企业对生产经营、技术经济等项活动制定的各种规则、章程、程序和办法，是企业全体职工共同遵守的规范和准则。规章制度是在坚持领导和群众相结合的基础上制定、执行和修改的。规章制度是企业的“法”，人人都要自觉严格遵守。

二、法律方法的特点

（一）权威性

经济法律是由国家制定的，国家的任何经济机关、社会的任何经济组织和每个公民都要遵守。经济法规是由国家机关、经济管理部门颁布实行的，具体规定了人们在社会和企业经济活动中所享有的法律权利、应履行的法律义务和应承担的法律责任。法律法规体现了国家的意志和不容侵犯的权威。企业规章制度是企业成员共同遵守的规范和准则，是实现科学管理、促进企业生产经营活动顺利进行的必要保证，同样具有权威性特点。

（二）强制性

法律、法规以及企业规章制度都具有某种强制性，但其强制的性质、范围、实现程度和方式各不相同。法律、法规是由国家强制实施的，具有特殊强制性和普遍约束力。企业规章制度是由企业领导运用行政手段保证实施的，在企业权力管辖范围内对企业职工具有普遍约束力。

（三）平等性

法律是一种特殊的社会规范。经济法律、法规是国家调整人们经济关系的比较定型的、基本的行为规范。我国宪法明文规定，公民在法律面前一律平等。必须坚决反对和清除那些依言不依法、依人不依法、依权不依法的特权恶习。企业规章制度是企业经济活动的行为规范，企业成员必须遵守，企业全体职工在企业规章制度面前一律平等。

（四）稳定性

经济法律、法规的制定是严格按照法律规定的程序进行的，一经制定，不能轻易修改。如果要修改或废止，仍按法律规定的原则和程序处理。在新的法律规范没有颁布实施以前，原有的法律规范应继续有效。法律的稳定性为社会经济活动的连续性管理提供了保证。企业的规章制度也具有稳定性，不能朝令夕改，但也不是固定不变的。修改与废除原规章制度、制定新规章制度，必须提请企业职工代表大会讨论通过，由单位法定代表人批准发布执行。

三、法律方法的内容

法律方法的内容主要包括经济法律、法规，企业规章制度和经济司法。

（一）经济法律、法规

经济法律、法规包括国家权力机关——全国人民代表大会及其常务委员会和国家行政机关——国务院及其主管经济的各部委制定与颁布的各种经济法律和法规。主要包括以下内容：

（1）国民经济管理方面有国家计划法、基本建设法、统计法、计量法等。

（2）工农业、商业管理方面有全民所有制工业企业法、个人独资企业法、合伙企业法、公司法、中外合资经营企业法、中外合作经营企业法、企业破产法、工商企业登记法、合同法、专利法、商标法、建筑法等。

（3）交通运输管理方面有运输法、航空法、海商法等。

（4）财政金融方面有会计法、审计法、财政法、税法、预算法、金融法、外汇管理法、企业所得税法、中外合资经营企业所得税法、外国企业所得税法等。

（5）劳动保护及集体经济权利方面有劳动法、社会福利法、版权法等。

（6）自然资源及环境保护方面有自然资源法、森林法、能源法、环境保护法等。

此外，还有地方经济法规、自然法规以及国家和地方经济领导机关依法制定的规范性文件等。

（二）规章制度

规章制度主要有以下三方面内容：

（1）生产经营技术规程有产品设计规程、工艺规程、操作规程、设备维护和修理规程、安全技术规程、产品质量检验规程等。

（2）管理工作制度主要有计划管理、生产经营管理、技术管理、劳动人事管理、销售管理、财务管理、生活福利事业管理以及治安保卫、消防安全、基本建设、文书档案等管理制度。

（3）各种形式责任制度包括岗位责任制、企业经济责任制、企业内部经济责任制、企业经营承包责任制等。

（三）经济司法

制定经济法律、法规，只能解决经济行为有法可依的问题，要使经济法律、法规发挥作用，还必须建立相应的经济司法机构和制度，以维护经济法律和法规的权威。

1. 经济仲裁

经济仲裁是指用仲裁的方式解决双方当事人的经济争议的一种活动。在我国，经济仲裁可分为国内经济仲裁和涉外经济仲裁。涉外经济仲裁的主要内容包括对外经济贸易仲裁和海事仲裁。

2. 经济审判

经济审判是人民法院对经济纠纷案件行使审判的司法活动。经济案件的范围广泛，种类繁多。从有无涉外因素看，可分为国内经济纠纷案件和涉外经济纠纷案件；从性质上看，可分为合同纠纷案件、经济侵权纠纷案件、企业破产案件等。经济审判庭是人民法院审理经济纠纷案件的职能机构，它依法行使国家经济审判权。

有些经济案件牵涉到贪污受贿、走私贩私、偷税抗税、玩忽职守、诈骗以及由于生产销售假冒伪劣商品而造成严重后果的，则由人民法院依法制裁。

各种经济立法和经济司法，是管理中运用法律方法的不可分割的两个方面。经济立法只有通过司法机关的处理，才能显示法的威力。而司法机关处理经济案件的法律依据，又要由经济立法来提供。立法与司法相辅相成，缺一不可，保证了管理的法律方法的正确运用。

四、法律方法的运用

运用法律方法管理企业，有利于维护社会主义经济制度和经济秩序，有利于企业依法治企，有利于及时调整企业内外部之间的经济关系。法律作用的范围十分有限，而在法律作用的范围之外，还有大量的经济关系和经济活动的管理工作要做。正确运用法律方法管理企业，必须做到以下几点：

第一，强化法律意识。“依法经商，依法治商”要成为企业和职工信守的准则。既要守法，合法经营；又要知法，维护企业的合法权益不受侵犯。管理者要带头学法、知法、守法、用法，依法办事，并带动全体职工加强法律观念，摒弃人治，发扬法治精神。

第二，设置法律机构。企业经营活动越发展，则企业内外经济关系越繁多，法律关系的情况就越复杂。目前，企业职工法律知识普遍欠缺，法律人才不足，很有必要设置法律机构，为职工提供法律咨询，进行法制宣传教育，并聘请社会上的律师担任企业的法律顾问，为维护企业利益提供法律服务。

由于法律方法只能在“行为”领域里发挥作用，而不能在“意识”领域里产生影响，它只适用于处理法律规范范围内的共性问题，而不能处理法律规范外的其他问题。所以，法律方法必须与其他方法综合运用，才能达到较好的管理效果。

第二节　经济方法

一、经济方法的含义

经济方法是指管理者根据客观经济规律，运用经济杠杆，调整各种不同的经济利益关系，刺激并引导企业职工行为，执行管理职能的一种方法。经济杠杆包括价格、税收、信贷、利润、工资、奖金、津贴、罚款、定额、合同和经济核算等。作为宏观经济调控主要运用价格、税收、信贷三大经济杠杆，而作为微观的企业管理主要运用工资、奖金、津贴、罚款以及某些定额管理等手段。

二、经济方法的特点

（一）平等性

经济方法强调各个企业或单位在获取自身经济利益方面的权利是平等的。社会按照统一的价值尺度来计算和分配经济成果，各种经济杠杆的运用对相同情况的企业或单位起同样的作用，签订合同的各方都处于平等的地位，共同遵守合同中规定的权利和义务。

（二）利益性

经济方法要求按照社会主义物质利益原则，把企业各部门与职工个人的物质利益和劳动经营成果、工作绩效相联系。各个企业和单位之间的所有经济往来，根据等价交换原则，互相计价、互相补偿。

（三）间接性

经济方法不直接干预和控制企业、部门和职工的行为，而是通过运用经济杠杆调节人们的经济利益，促使管理对象采取与管理目标相一致的行动，实现管理企业和职工的具体经济活动的目标。

（四）广泛性

经济方法的作用范围很广，就宏观调控来说最为明显。一种经济杠杆的运用，会引起社会多方面的经济变化，也必然会引起企业的经济变化，影响企业与职工的分配关系。

三、经济方法的内容

经济方法的内容是与商品经济的范畴相联系的，在社会主义条件下，它既反映了生产力发展的要求，也反映了生产关系性质的要求。随着社会主义市场经济体制的建立和完善，其内容也在相应变化、充实和完善。

（一）国家对企业的宏观调控

1. 价格

价格是国家调节各种经济利益关系的主要杠杆。价格是价值规律发挥作用的表现形式，可以运用价格杠杆调节生产和流通，调节供求关系等。价格改革是发展市场和深化经济体制改革的关键。除极少数重要商品和劳务价格外，绝大多数商品和劳务的价格都是由企业根据市场供求决定的。随着市场经济的充分发展，国家对价格宏观调控的范围和作用将有所缩小和减弱。但是，目前仍有一定的作用。

2. 税收

税收是又一重要的经济杠杆。税收取之于民，用之于民，参与国民收入的分配与再分配，对国民经济产生重要影响。税收杠杆的调节功能是通过税种、税目、税率、加成以及减免税来实现的。税收的具体调节过程，体现了国家对企业及其相应经济活动的鼓励或限制政策。

3. 信贷

信贷是银行存款、贷款等信用活动的总称，是社会主义银行根据国家信贷政策、国家经济计划和经济生活的实际情况，调节存款和贷款利率，确定不同的贷款方向、贷款条件和贷款数量，通过控制资金的运动，调节和控制整个国民经济发展的重要经济杠杆。从宏观调控上看，银行信贷控制着货币投资方向，从而控制着有基本建设的投资总量和投资方向，对于保持和调节产品结构、协调积累和消费比例，以及市场商品供求平衡有十分重要的作用；从微观上看，银行与每一个企业和单位都建立起信贷关系，企业的一切经济活动都要通过银行进行，从而使银行可以通过信贷关系对企业的经济活动进行监督和施加影响。

（二）企业对群体及个人的微观调控

1. 工资

工资是劳动报酬的基本形式，直接涉及企业和职工个人的物质利益，对调动企业和职工的积极性具有直接的促进作用。企业的工资总额应依照政府规定的工资总额及与经济效益挂钩的办法确定，将职工工资与其劳动定额、工作定额的考核联系起来，建立起符合各自企业特点的工资制度与正常的工资增长机制，坚持按劳分配。

2. 奖金

奖金是企业对职工超额劳动的报酬。奖金不仅对直接超额劳动进行鼓励，更要鼓励间接超额劳动，间接的超额劳动往往给企业带来巨大的经济效益。如对一项有效的合理化建议或一项对企业十分有益的科技成果，企业应打破常规给予重奖。

3. 罚款

罚款是企业对违反规章制度，影响企业经济秩序的正常运行，以及对未完成劳动定额、工作定额的人进行经济制裁的手段，以约束某些人的不当行为，迫使人们努力完成劳动定额或工作定额。

四、经济方法的运用

经济方法是一种强调物质利益的方法，运用经济方法管理企业，有利于激发、调动企业和职工的积极性，有利于促使企业加强经济核算，有利于促进企业适应市场变化的需求。但它不是唯一的管理方法，也有其局限性，应正确认识和运用。

第一，经济方法主要是运用经济杠杆来调节人们的经济利益关系，而不直接干预和控制人们的经营行为。所以，不能依靠它来解决企业管理中许多需要严格规定或需要立刻采取措施的问题。

第二，人们对物质利益的追求，是人们生存本能的自然表现。但是，人们的需要是多层次的，当基本的物质需要得到适当满足时，更高层次的精神等方面的需要就会上升，致使经济方法的效用递减。由此可见，经济方法有其局限性，运用经济方法要视具体情况而定。

第三，经济方法强调物质利益，但完全依赖经济方法，易产生唯利是图、一切向钱看的错误倾向。当少利或无利时，就会对调动积极性产生负面影响，也会影响企业目标的实现。因此，要加强思想政治工作，并将经济方法与其他管理方法配合运用。

第三节 行政方法

一、行政方法的含义

行政方法是指依靠管理机构和管理者的职权，通过下达指示、命令、任务等形式，直接控制管理对象、执行管理职能的一种方法。行政方法的实质是通过企业管理机构中管理者的职务和职位来进行管理。任何一个组织为了管理需要，总要建立起若干个行政组织，其主要职能是接受上级领导的授权和命令，向下级授权和命令。它实行的是严格的等级制度，每一级的职责和范围都有严格的规定，要做到对上级的命令负责和对下级的行动后果负责。

二、行政方法的特点

行政方法实际上是依靠行政权威，直接指挥和控制下级的经济活动。

（一）强制性

行政方法依靠权力推动工作。管理机构和管理者在管理过程中，可以对下级的行动进行强制性干预，被管理者必须执行管理者的指令。强制性要求人们在思想上、行动上、纪律上服从统一的意志，原则上高度统一，允许方法上有适当的灵活性。

（二）垂直性

行政方法是通过管理机构和管理层次进行垂直性的直接管理，是一种定向的管理方法。上级组织和领导者只向归属于自己直接领导的下级组织和人员下达指令，下级组织和人员只接受一个上级组织和领导者的领导指挥，而横向的指令对其没有约束力。

（三）明确性

采用行政方法所下达的指令，必须使下级能正确理解1作方法、完成期限、权责范围，不能同时提出几个行动方案，由下级自由选择。不能词句含糊，模棱两可，作多种理解。

（四）指向性

行政指令往往是在某一特定时间内，对某一特定对象起作用，具有明确的指向性和时效性。

三、行政方法的内容

（一）行政命令

命令是上级对下级发出的带有强制性并有明确要求的决定。命令对下级能做什么、不能做什么、如何做、何时做、何时完成、不做或不按要求做的惩罚等都有明确规定。命令一旦下达，必须执行，没有松动的余地，做到有令必行，有禁必止。

（二）指示

指示是上级对下级工作的指导性意见。下级对指示中规定的任务必须执行，但在具体执行的方式方法上有一定的松动，可以根据情况选择有利于完成任务的方式和方法。

（三）建议

建议是上级组织和领导对下级组织和人员提出的工作要求，下级组织和人员可视具体情况在管理工作中予以体现和参照执行。

四、行政方法的运用

运用行政方法管理企业，有利于企业经营活动协调一致，有利于企业提高管理效率，有利于保证经济方法的贯彻实施。但行政方法也有其局限性，行政方法如果运用不当，就会违背客观规律，表现为主观主义，不当地扩大行政方法的应用范围。单纯地依靠行政方法去管理企业，危害更大。

（一）行政方法强调的是职责、职权和职位

行政方法能否正确运用，取决于管理者的知识水平和能力以及符合客观规律要求的程度。由于人们认识上的局限性，管理者很难及时准确地把握经济活动变化的各种信息，在决策上难免有失误之处。因此，必须提高管理者的素质，加强职工群众的监督，防止行政方法的滥用。

（二）行政方法强调集中统一，忽视分工授权

这就造成企业下级组织和人员主要受命于企业高层领导，影响下级组织和人员积极性的发挥。因此，要实行集中领导，分级管理，并把责、权、利三者有机结合起来，以利于调动各层次、各方面的主动性和创造性。

（三）行政方法强调垂直性

按照管理层次下达命令和反馈信息，给相关的系统和部门之间造成隔阂，影响横向的沟通和联系，不符合企业科学管理的社会化要求。因此，必须加强信息沟通，虽然横向指令不具有约束力，但其借鉴参考价值仍不可忽视。

第四节　社会心理学方法

一、社会心理学方法的含义

社会心理学方法是指运用社会心理学的科学知识，通过了解劳动群体和个人的社会心理活动特点，依据人们在经济生活中的社会心理活动规律，加以正确诱导，激发积极因素，以实现经营目标的方法。人们在经济活动中，不仅有物质上、工作上、业务上的交往，而且也有思想上、情感上的交流，这种交流形成了人们社会心理上的相互联系，从而对群体和个人产生重要影响。这种影响往往比物质性的刺激影响更大。马克思说过：“在大多数生产劳动

中，单是社会接触就会引起竞争心和特有的精神振奋，从而提高每个人工作效率。”《马克思恩格斯全集》，1972：362～363. 可见，运用社会心理学方法，对研究群体和个人的社会心理活动和行为具有重要意义。

二、社会心理学方法的特点

（一）复杂性

人们的社会心理活动非常复杂，千差万别。一个人随着年龄、阅历、体质、社会环境等因素的变化，其社会心理活动也会随之发生变化。

（二）针对性

人与人之间存在着性格差异、气质差异、兴趣差异、能力差异等个性差异。这些差异都会在工作上、人际关系上得到反映。不同的人对同一事物的看法和行为并不相同，采用同样的方式作用于不同的人，收效也不一样。因此，社会心理学方法具有很强的针对性，要求管理者了解个性差异，针对个性差异采用因人而异的做法。

（三）启发性

社会心理学方法是一种通过社会因素、心理特点，诱导、启发人们自觉地为实现管理目标而努力工作的方法。因此，它不是强制的，而是启发人们自觉自愿地行动。

（四）灵活性

社会心理学方法具有较强的灵活性和弹性，不是千篇一律的，不是僵死不变的。在不违背企业管理目标的前提下，对不同的群体、不同的个人可以采取灵活多样的方法调动其积极性。这正是社会心理学方法的灵活性特点。

三、社会心理学方法的内容

社会心理学方法的内容很丰富，按管理工作的内容来分，可以分为人事管理的社会心理学方法、组织管理的社会心理学方法、现场管理的社会心理学方法、商品销售管理的社会心理学方法等。

（一）人事管理的社会心理学方法

企业在职工的招聘、选拔、评价及培训中应善于运用社会心理学方法。在招聘和录用职工时，除常规的笔试、面试外，还应运用心理测量手段，鉴定应试者的心理特点和个性特征，然后将其放在适当的岗位上，使其能力、思想和心理特点相一致。在对职工进行评价和选拔时，应运用社会心理学知识，评价应符合心理状态，客观、公正，使职工心悦诚服，以利于选拔、奖惩工作的展开。在对职工的培训上，运用社会心理学理论和方法，选择有效方式，使职工掌握新知识、新技能，学以致用。

（二）组织管理的社会心理学方法

组织管理的社会心理学方法，其主要内容是运用社会心理学知识研究个体行为、群体行为、领导行为和组织行为。在职工个体行为上，研究职工的行为、需要和动机，创造必要的环境和条件，满足其合理需要，调动其积极性。在群体行为上，研究群体中的正式组织和非正式组织，充分发挥其积极作用。在领导行为上，研究领导者的工作方式和领导作风的心理特点，及其给职工带来的影响，进而研究如何改进和选择领导方式。在组织行为上，研究如何使组织设计更灵活、更分权化，允许职工参与管理和决策，使组织行为更好地适应社会、经济和科学技术发展的需要。

（三）经营管理的社会心理学方法

经营管理的社会心理学方法，其主要内容是研究企业在生产经营过程中如何符合职工心理的要求，设计舒适、安全的工作场所，在照明、气温、色彩上，使职工有舒适感、安全感，处于工作的最佳状态。设计作息时间，考虑到生理因素，工作时应紧张饱满，休息时应尽量消除疲劳。研究工伤事故的原因和造成工伤事故的各种思想和心理因素，从主客观因素进行了解和分析，尽量避免工伤事故的发生。

（四）销售管理的社会心理学方法

销售管理的社会心理学方法，其主要内容是研究消费心理特点、购买行为特点及市场供求变化。产品的质量及产品的更新换代是企业的生命，作为面向消费者的商业企业，更应杜绝假冒伪劣产品，维护企业声誉。研究商品购销的适销对路，研究顾客购买心理，研究企业的服务质量，满足顾客心理需要，这是企业取得经济效益的关键。

社会心理学方法的具体操作，可分为三种方法。① 自然观察法，主要是对企业经营活动中职工的各种行为进行客观的观察和记录，并加以分析；② 实验法，主要是通过对环境条件进行控制和实验，了解由于某些技术上和经济上的因素对被实验职工行为的影响；③ 调查法，主要是通过民意测验以及各种形式的询问，了解某些职工对企业经营条件、组织领导方式以及商品或服务等方面的意见和建议。

四、社会心理学方法的运用

社会心理学方法的实质是以满足职工工作和生活中的社会心理需要，达到调动职工劳动积极性、促进企业经济活动发展的目的。运用社会心理学方法的关键是掌握职工社会心理活动的特点，按照职工社会心理活动的规律办事。按照需要—动机—行为规律和期望规律，满足职工社会心理需要；按照组织一致性原则实行劳动组合时，采取领导安排和自愿选择相结合的方法；运用领导理论，完善领导行为。

社会心理学方法的运用有利于排除个人心理障碍，激发职工的积极性；有利于群体相互沟通，化解内部矛盾，创造一个团结和睦的企业环境；有利于焕发健康的精神面貌，形成企业强大的凝聚力和向心力。但这种方法仍有其局限性，主要表现在它的作用范围和作用效果上。

从作用范围看，社会心理学方法不能运用经济杠杆调节职工经济利益，所以不能代替经济方法；不能对职工的经济行为进行直接控制和干预，所以不能代替行政方法；不能对违法违规和经济纠纷等问题进行制裁、强制和调节，所以不能代替法律方法；社会心理学方法只是通过诱导、启发职工社会心理活动，使其努力工作，完成企业目标，因而不能代替企业思想政治教育方法。从它的作用效果看，由于人们社会心理活动非常复杂，容易变化，是一个难以把握的领域，所以，社会心理学方法的每一种具体手段的作用效果都比较有限。因此，应善于综合运用各种管理方法，求得最佳组合和最佳效果。

第五节　咨询诊断方法

一、咨询诊断的含义

咨询诊断是指为了提高委托人的素质，由委托人或其主管单位进行委托或提出要求，由具有一定科学管理知识和能力的被委托人（即诊断人员、咨询人员、经营顾问、管理专家等）深入现场，进行调查研究，通过掌握第一手资料，用定性和定量的方法进行综合分析，指出委托人在生产技术、经营管理上存在的问题，有针对性地提出改进建议，或接受受诊组织的要求，在计划、决策及实施过程中进行指导和帮助的过程。

咨询含有诊断、就诊之意，诊断的结果是为受诊断者提供建议或意见，因此，我们有时称之为咨询，有时又称之为诊断。从对委托者经营管理进行评价和提出改进意见和建议的角度来说，咨询和诊断没有什么区别，但从各自的资料来源及其具体目的而言，它们还是存在一些细微的区别的。诊断多是诊断者在现场搜集第一手材料，经过分析判断后提出结论和改进的办法；而咨询多是顾问或专家根据委托人提供的材料，提出存在的问题，以及根据经营者的意愿，提供建议和意见。诊断不同于调查和检查。调查只要求认识实际情况，检查在认识实际情况的基础上还可进行评价，而诊断是在认识实际情况的基础上进一步提出改进的意见。

二、咨询诊断方法的特点

（一）目的性

企业经营管理中存在的问题，往往具有挖掘的潜力，问题一旦解决，就能使企业的经营管理水平和经济效益得到提高。企业的诊断和咨询，就是针对问题，对症下药，解决问题，提高效益。

（二）综合性

诊断或咨询小组集中多种学科、多种专业的行家，既可以分不同课题进行专门诊断，各展其长，发挥各自的优势；又可集中优势会诊，互相启发，体现多学科、多专业的横向组合，从而取得较好的综合效果。

（三）灵活性

咨询诊断可以是专题性的，也可以是综合性的。形式多样，方式灵活，能适应大、中、小各类企业的不同需要。它是提高企业素质、经营管理水平和经济效益的有效途径。

开展咨询诊断工作，能够使企业存在的问题得到及时有效地解决，有利于企业推行科学管理。

三、咨询诊断的步骤

咨询诊断的基本工作程序一般可分为准备阶段、预备阶段、正式咨询诊断阶段和实施指导阶段。

（一）准备阶段

诊断者在接到委托人要求诊断的申请书之后，应指定人员到委托单位进行初步接触，了解要求解决的问题和目标，以决定是否接受委托。具体程序包括委托单位提出咨询诊断申请；委托方与被委托方当面商谈，确定工作目的、目标及具体要求；现场参观，确定诊断的可能性及解决问题的方向；申请接受后，与企业商谈条件，协调行动；进行预备阶段的准备，包括委托单位的资料准备、组织准备、思想准备、人员集训等。

（二）预备阶段

预备阶段的工作目的在于了解委托单位的环境、问题、素质等情况，确定工作的重点，制定工作计划及人员分工。具体程序包括组织咨询诊断小组，确定工作日程安排；提出调查提纲，请委托单位介绍情况，小组成员参观委托单位；召开各种座谈会，分别向各组各类人员了解委托单位的内外部情况及存在的问题；整理资料，归纳情况，进行分析，确定问题的关键点，并对委托单位的素质进行初步判断；针对委托单位提出的要求，确定诊断课题，进行课题分工；修正调查计划，确定工作目标、技术分析方法及日程安排。

（三）正式咨询诊断阶段

正式咨询诊断又称主体咨询诊断，是整个咨询诊断的关键及中心环节，主要内容如下：

1. 专题调查与专题分析

各课题小组按照专题分工深入现场，通过观察、询问、测定，取得第一手具有说服力的资料；同时把调查得来的资料进行分类、整理归纳，应用各种定量和定性分析方法，如系统分析法、ABC 分析法等进行流程分析、价值功能分析、盈亏分析等专题分析，从中找出企业存在问题的原因，以及与先进水平的差距。

2. 全面调查与综合分析

结合目前我国企业普遍开展的抓管理、上等级、全面提高管理水平的要求，通过综合治理，实现系统建设。这就要求对委托单位的经营管理全过程进行全面调查、综合分析，在此基础上提出切实可行的方案。

分析的内容一般有商品流转的流程分析，营业布局的分析，商品组合及定位分析，市场细分与目标市场分析，企业的竞争能力与竞争策略分析，市场占有率分析，商品周期分析，商品适销状态分析，职工队伍素质分析，企业技术经济指标分析，经济活动分析，以及企业的经营管理水平和素质分析等。

3. 研究和确定改善方案

根据促进提高经济效益、改善素质、降低消耗、增加利润的要求，采取集合意见法、畅想法、优点列举法、缺点列举法等方法，遵循排除、结合、交换、简化的原则，提出改善方案，并选出最佳方案，使方案逐一具体化，搞好潜在问题分析和决策分析。

4. 编写咨询诊断报告书

改进方案确定后，就要编写咨询诊断报告书。报告书的内容一般包括：① 前言，包括咨询诊断性质、参加人、重点课题、综合经济效益等；② 企业概况，包括诊断概要、诊断机构、人员及日程安排、诊断目标、要求原则、课题及范围、诊断结果；③ 各课题诊断结果，包括课题的内容、分析方法、主要问题及问题点、解决问题的改进意见；④ 预测方案实现的经济效益，包括所需费用、时间、说明方案的可行性；⑤ 结束语。

编写咨询诊断报告书，内容要简明扼要，报告书的顺序、条款号码、图表编号应统一规定；要按逻辑分析说明问题，用定性与定量分析相结合的方法，做到数据准确、有说服力、层次清楚、逻辑性强、措施具体。报告书初稿完成后，还应与委托单位的领导充分交换意见。

（四）实施指导阶段

咨询诊断的目的在于发现问题，找出根源，加以改进。实施改进方案，并加强对实施过程的指导，对实现咨询诊断目标、提高企业素质和经济效益具有重要意义。

实施改进方案，要看委托单位领导层的态度。如果委托单位领导层的思想与现代化企业经营管理思想相一致，则改进方案的实施就有了坚实的思想基础。否则，改进方案再好，也难以实施。因此，首先，要统一领导层的认识；其次，要做好实施前的准备工作；再次，要抓好检查落实。改进方案实施后，如果放松督促，有头无尾，往往有恢复原状的可能。所以，必须加强检查，及时进行信息反馈，如有问题，及时修改方案。

第六节　经济数学方法

经济数学方法是在经济领域中运用数学而形成的一套方法。有人把数学在管理领域中的运用而形成的一套方法，称为管理数学方法。经济数学方法包括很多内容，其中尤以运筹学方法与企业经营管理有最直接的联系。在运筹学中，规划论、图论、排队论、存贮论等都对企业经营管理有直接的实用价值。

一、规划论方法

规划论是运筹学的一个重要分支。在要求最佳资源分配方案的情况下，线性规划的方法最为有用。它用于解决如何以最少的人力、物力完成确定的任务，或在一定的人力、物力条件下，最大限度地发挥作用。规划论的实质是组织和计划的科学方法论。在商业企业经营管理活动中，它可用于运输问题（如何在若干产地和销地之间合理地组织商品流通，以使运费最低或运输量最小，又能完成商品流转任务）、布局问题（如何合理设置商业网点，使同样的商业设施和人力发挥最大的效益）、购销进度问题（如在一定仓库容量条件下，在买进和售出价格变动情况下，如何安排各月、季的进货、售货而使营业额更多），以及设备更新问题、可靠性问题、存贮问题等。

二、图论方法

图论方法，可以用来解决工程技术和管理工作中的许多问题。在管理工作中，除了可以应用网络技术分析方法制定决策外，还可以广泛地应用网络技术编制计划。网络计划能使计划工作统筹兼顾，全面安排并抓住关键。常用的网络技术方法有关键线路法、计划评审法、最低成本法和估计计划法、人力资源分配法、物资分配和多种项目计划制定法等。

三、排队论方法

排队论是专门研究排队现象的理论，又称随机服务系统理论。排队是一种随机的日常现象，如购买商品、看病、打电话、坐车等都需要排队。在商业经营管理中，如果商业网点过多、购置设备过多，就会闲置浪费；如果过少，又排队严重。管理人员必须在顾客利益与服务机构利益之间尽力取得平衡，这就需要应用排队理论。又如管理系统有各类请示、报告、建议、申诉等在管理人员的桌子上排队，要及时有效地进行处理，也需要运用排队理论。

四、存贮论方法

存贮论是专门研究有关存贮问题的科学。存贮论认为，存贮量必须适度，贮量过多，则费用增加；贮量过少，则影响经营。存贮量因输出而减少，因输入而增加。输出、输入方式可分为确定型和随机型，又可分为间断式的和均匀式的。存贮论解决的中心问题是多少时间补充一次，每一次补充多少数量，这被称为存贮策略。一个合理的存贮策略，既能使费用最小，又避免缺货损失。

五、数学方法运用中应注意的问题

经济数学方法的种类很多，除了运筹学之外，还有数理统计、微积分等。我们必须看到，数学方法虽然是强有力的辅助分析工具，但并不是万能的，它只能把客观事物的某些方面的数量变化关系用数学特性和计算程序表达出来。在管理中正确使用经济数学方法，需要考虑以下几个问题：首先，必须以正确的经济理论为指导，以质的分析为基础。只有深刻分析企业经营管理的基本特征，才能正确制定经济数学模型。其次，必须以准确、完备的数据资料为基础。如果原始资料不准确，方法再先进，所得的结果也毫无用处。再次，由于经营管理活动千变万化，影响经营管理的因素错综复杂，所以，建立数学模型时，不可能将全部经济因素都包括进去，特别是一些社会因素、政治因素、心理因素所起的作用，就很难用数量表示出来。因此，必须走定量研究和定性研究相结合的道路。

【个案分析】

ABC 管理法在物资管理中的应用

ABC 管理法是把管理中遇到的众多因素按其对企业目标影响程度的大小进行分类，分清主次，从而有区别地确定管理方式和有针对性地进行重点管理的方法。ABC 分类的方法最早是由意大利经济学家帕累托提出来的。在进行 ABC 分类时，首先要找出影响目标的因素，并按各因素对目标的影响由大到小的顺序对因素进行排队，然后综合考虑因素对目标影响值的累积百分数和因素数目的百分数进行分类。分类的界限因具体问题的性质不同而各有差异，把数目百分数较小而对目标影响值累积百分数较大的那些因素定为 A 类，这是需要进行重点管理的因素；把数目百分数较大而对目标影响值累积百分数较小的那些因素定为 C 类，对这部分因素，可以进行较为粗放的管理；其余的那些因素，作为 B 类，可进行一般的管理。

ABC 管理法在企业管理中的应用范围很广，下面仅介绍其在物资管理中的应用。

企业生产经营中所需的物资种类繁多，倘若不分主次，以同样的方式进行管理，一方面某些重要物资可能因管理不够而经常出现短缺或积压；另一方面，对一些不甚重要的物资又会因不必要的管理过细而使管理费用增加。所以有必要使用 ABC 管理法进行分类，以便分清主次，区别对待。

例：某厂一仓库有库存物资 11 个品种，试进行 ABC 分类。在本问题中，目前是在物资需求不发生短缺的前提下使采购和储备总费用尽量地减少。影响这一目标的因素是各种库存物资，其对目标影响的重要程度可用每种物资年需求量的价值来衡量，按此搜集必需的数据，并进行整理，见表 7－1。

表 7－1

品　种	年需要量（件）	单价（元）	物资价值（元）
A—10	500	30.0	15 000
A—15	400	10.0	4 000
B—4	60	5 000.0	300 000
B—10	2 600	5.0	13 000
B—12	1 000	4.0	4 000
C—5	600	15.0	9 000
C—20	30	1 000.0	30 000
C—25	1 000	1.0	1 000
C—50	80	40.0	3 200
E—8	1 000	40.0	40 000
E—10	2 000	0.4	800
		总 计	420 000

根据上表的数据可以作 ABC 分析表，见表 7－2。

表 7－2

一	二	三	四	五	六	七	八
品种	物资价值（元）	价值百分数	价值累积百分数	品种累积百分数	价值分类百分数	品种分类百分数	类别
B－4	300 000	71.4	71.4	9.1	71.4	9.1	A
E－8	40 000	9.5	80.9	18.2			B
C－20	30 000	7.1	88.0	27.3	16.6	18.2	
A－10	15 000	3.5	91.5	36.4			
B－10	13 000	3.1	94.6	45.5			
C－5	9 000	2.4	97.0	54.5			
A－15	4 000	0.95	97.95	63.6			
B－12	4 000	0.95	98.9	72.7			C
D－50	3 200	0.76	99.66	81.8			
C－25	1 000	0.2	99.86	90.9			
E－10	800	0.14	100.00	100.0	12.0	72.7	
总计	420 000	100.00			100	100	

（1）按各种物资所占资金的大小，由高到低进行排队，重新列于表 7－2 的第一栏中，并将相应物资价值填入第二栏内。

（2）计算各种物资价值占库存总价值的百分数及累积百分数，计算结果见表 7－2 的第三、四两栏。

（3）计算各种物资品种总数的累积百分数。本例中有 11 种物资，累积百分数依次为 9.0%、18.2%……见表 7－2 的第五栏。

（4）进行分类。物资管理中分类的一般标准是：价值累积在 0～70% 左右而品种累积在 10% 左右的为 A 类；价值累积在 70%～90% 之间而品种累积在 10%～30% 之间的为 B 类；价值累积在 90%～100% 之间而品种累积在 30%～100% 之间的为 C 类。结果见表 7－2 的第四至八栏。由第六、七两栏可以看出这两方面的比例是可以兼顾的，如果不能兼顾，或者需要改变分类标准、分类因素，或者说明使用 ABC 分类法的意义不大。

为更直观地表示分类，可作 ABC 分析图。以各种物资价值占库存物资总价值的累积百分数为纵坐标，以各种物资占库存物资的品种总数的累积百分数为横坐标，根据表 7－2 中第四、五栏的数据在坐标图上打点，然后连接起来即成，见图 7－1。

对 A 类物资而言，种类少、价值高，所以应列入重点管理的范围。对 C 类物资而言，由于品种多、价值低，可适当增加订购量，减少订购次数，进行粗放式管理。B 类物资的管理介于 A、C 类之间。

问题：

1. ABC 管理法的原理是什么？
2. 你对经济数学方法有何认识？

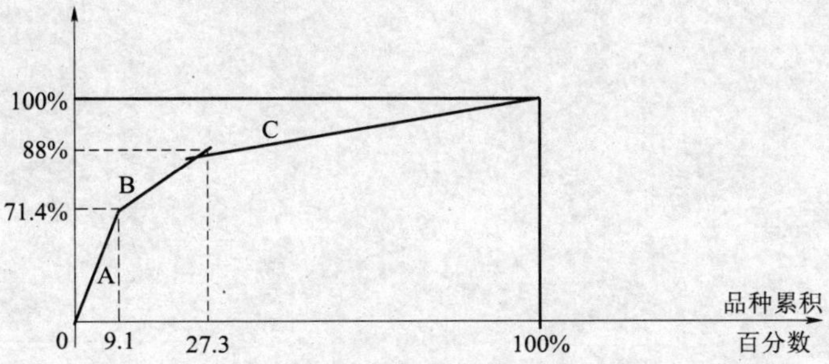

图 7－1

【关键名词】

管理方法　法律方法　经济方法　行政方法　社会心理学方法　咨询诊断方法经济数学方法

【讨论思考】

1. 简述法律方法及其应用。
2. 简述经济方法及其应用。
3. 简述行政方法及其应用。
4. 简述社会心理学方法及其应用。
5. 什么是咨询诊断方法？它有哪些特点？
6. 简述经济数学方法。
7. 调查一个企业，分析说明其对相应的各种管理方法的综合运用。

第八章

技能训练

第一节　管理原理技能训练

一、填　空　题

1. 系统从组成要素的性质来看，可以划分为____________和____________，管理系统属于____________。

2. 系统的本质特征是____________。

3. 系统都是由组成系统的子系统构成的，这些子系统又由比它更下一层的子系统构成，最下层的子系统是由组成该系统的基础单位的各个部分组成。这句话说明了系统具有____________性。

4. 按照市场经济的要求，企业要谋取利润最大化，不断提高竞争能力，就必须以获得____________为目的。

5. ____________认为，管理的一切活动都要紧紧围绕提高效益这个中心，合理地使用企业的人力、财力、物力资源，力求以尽可能少的耗费，取得尽可能多的成效。

6. 评价经济效益的指标有____________、____________和____________。

7. 管理工作的实质是____________________的管理。

8. 人本管理原理认为，管理的核心对象是____________。

9. 动态原理认为，现代企业管理是一个运动变化的过程，经过____________、____________、____________和____________四个阶段，在动态中进行。

10. “计划赶不上变化”，反映了企业管理必须____________的动态本质。

二、单项选择题

1. (　　) 原理认为，管理的各要素之间不是孤立的。

A. 系统　　B. 人本　　C. 动态　　D. 效益

2. 根据（　　）原理，企业应该遵循价值原则。

A. 系统　B. 效益　C. 人本　D. 动态

3. 系统的（　　）说明现代企业无论大小都必须紧紧围绕目标展开工作。

A. 整体性　B. 目的性　C. 层次性　D. 环境适应性

4. 如果要用公式概括价值原则，可以是（　　）。

A. 价值 = 效用/耗费　B. 价值 = 耗费/效用

C. 效益 = 投入/产出　D. 效益 = 产出/投入

5. 按照公式，如果效用大于耗费，则说明（　　）。

A. 企业处于良好的经营状态　B. 企业处于长期亏损状态

C. 企业盈亏平衡状态　D. 无法判断

6. 保持管理职能的适度弹性及保持经营管理策略的高度灵活性是（　　）在管理中的运用。

A. 系统原理　B. 人本原理　C. 效益原理　D. 动态原理

7.（　　）的思想基础是认为人是具有多种需要的复杂的“社会人”。

A. 系统原理　B. 人本原理　C. 效益原理　D. 动态原理

8. 人本管理原理在管理中的应用要求企业将“命令—服从”的单向管理模式转向“（　　）”的双向管理模式。

A. 目标—参与　B. 命令—参与　C. 参与—目标　D. 参与—命令

三、多项选择题

1. 系统原理的要点包括（　　）。

A. 整体性　B. 目的性　C. 层次性

D. 综合性　E. 环境适应性

2. 效益原理在管理中的运用，要注意抓好（　　）几个方面的工作。

A. 建立经济效益保证体系

B. 加强企业管理的基础工作

C. 注意企业整体素质的提高

D. 推行各种现代管理方法

3. 动态管理原理主要包括（　　）。

A. 自然原则　B. 创新原则　C. 弹性原则

D. 保护原则

4. 符合人本原理的原则有（　　）。

A. 利益协调原则　B. 行为激励原则　C. 控制适度原则

D. 权责对等原则　E. 参与管理原则

5. 人本原理在企业管理中的应用，应把握好（　　）。

A. 以服务为宗旨

B. 建立以人为中心的双向管理模式

C. 建立严爱结合的管理哲学

D. 重视人力资源的开发

6. 消极弹性的特点是（　）。

A. 积压人才

B. 事先准备好可选择的多种方案

C. 资金要得多一些

D. 计划指标压得低一些

四、案例分析

案例（一）

玛丽·凯的奇迹

在国际化妆品界，有一位颇具传奇色彩的人物，那就是中年方才起步，后来冠有“祖母级女企业家”之称的玛丽·凯。在二十多年的时间里，她把一个只有9名雇员的小公司，发展为拥有5 000多名雇员、年销售额超过3亿美元的国际性大企业。

玛丽·凯的秘诀是什么？

还是让事实来回答吧。

玛丽·凯化妆品公司的总部设在达拉斯。一走进总部大楼，跃入眼帘的是那赫然醒目、比真人还要大的该公司全国销售主任的照片。这样的设计，充分体现了玛丽·凯视人才为公司最宝贵财产的思想。

许多公司的经理常常炫耀的是自己雄厚的资金、先进的生产线以及所拥有的设备与建筑物。而玛丽·凯则认为她的最宝贵的财富是公司里的人才，并为拥有这样一支有知识、有能力、有胆量、善于领会公司经营思想、长于经营管理、勇于接受挑战的人才队伍而骄傲。她深知，任何一家大型企业，之所以能够发展、兴盛，完全是靠公司里的人才，首屈一指的公司必有首屈一指的人才。

有鉴于此，玛丽·凯特别重视那些在业务上“挑大梁”的人才。在当时，推销化妆品并不是一件容易的事，一个公司只有把商品卖出去，才能实现其经济效益，才能奠定事业成功的基础。为此，玛丽·凯对这些几乎决定企业前途和命运的“关键人物”给予特别关注，为他们创造和谐、舒畅的工作环境。她时常提醒办公室职员，无论如何也不能得罪美容师和推销指导员，并发给办公室工作人员每人一张4×6英寸的粉红色卡片，上面写着：

“我们提供服务，并不是施惠于人。

美容师和推销指导员不是一串冷冷的统计数字——而是一个有血有肉、和我们一样有感情的人。

他们不是我们争强斗智的对象，而是我们这个行业中的生命与鲜血。”

玛丽·凯不仅仅视美容师和推销指导员为“掌上明珠”，实际上，她把公司里的每一位员工都看作是重要人物，是值得尊敬和倍加爱护的对象。玛丽·凯公司员工过生日，都会收到一份生日贺卡和两份免费午餐的招待券；在“秘书周”，所有秘书都会获得一束鲜花和一个咖啡杯；新的员工进入公司，第一个月内会获得玛丽·凯亲切的接见，并被询问是否适应所担任的工作；公司的员工有什么委屈、困难，都可以直接找玛丽·凯申诉、反应，平易近人的玛丽·凯会设身处地地为员工着想，帮助他们解决问题。1983年，玛丽·凯得知公司一名机器操作员的兄弟患了癌症，虽然他不是公司的员工，但玛丽·凯还是给他写了一封信，并附上一首诗……

玛丽·凯如此关怀备至和细心安排，使员工们从感情上依赖于玛丽·凯化妆品公司，从行动上努力地服务于玛丽·凯化妆品公司，使其向前发展。这大概就是玛丽·凯重视人才、视每一位员工为重要人物所取得的精神效益吧。

资料来源：何云峰，姚小远，张良，方胜春．智者的管理．上海：上海交通大学出版社，2001.

评析：

可以这么说，玛丽·凯创业之时没有任何值得炫耀的资本，但她却能在短短20年的时间内把一个只有9名雇员的小作坊发展为国际性大企业，堪称奇迹。

这一奇迹的出现靠什么？靠人才，靠充分调动、发挥人的积极性与创造性。在有些老板的眼睛里，雇员只是依附于自己的人，靠自己吃饭的人。于是，自己高高在上，对雇员吆五喝六。玛丽·凯则与之相反，她视雇员如掌上明珠，对雇员生活上关心、人格上尊重、设身处地地为雇员着想。根据人际关系投桃报李的原则，玛丽·凯得到了应有的回报。“士为知己者死”，玛丽·凯化妆品公司由于上下一致、同心协力，成为一个特别能战斗的集体，故而能够在激烈的竞争中脱颖而出，成为同行业中的佼佼者。

不知那些视员工如草芥的老板们，读罢这一案例后有何感想。

问题：

1. 玛丽·凯靠什么创造的这一奇迹？
2. 以上案例充分体现了哪一种或哪几种管理原理？

案例（二）

盖天力：在创新中求利润

追求利润，这无疑是企业经营者天经地义的任务。然而，如何追求利润，方法却各有不同。江苏省启东盖天力制药股份有限公司亮出的旗帜是：摆脱传统，追求“创新利润”！

何谓“创新利润”？盖天力人用自己的行动给这个新名词作了最好的注释。传统的创造利润的方法，应该是千方百计降低物耗、能耗，把生产成本降到最低，最大限度地创造利润。而盖天力公司总经理徐无为却换了一种思维方法。他认为，要创造产品的高附加值，必须突破传统的思维模式，对过去的经营思想、经营方针、经营行为进行重新思考，重新定位。

盖天力公司的前身是一个医药行业的“小弟弟”，年产值总是在一二百万元的水平上徘徊，生产的也都是各家都在生产的大路货，苦心经营了十几年，却始终还在原地踏步。

一个偶然的机会，徐无为得到了一条来自世界卫生组织的信息：中国人缺钙！儿童缺钙！老年人也缺钙！于是，一系列全新的决策方案顺利地出台了！钙制剂，全国生产厂家很多，而盖天力人却捷足先登，将商品名和商标名巧妙地合二为一，成为药品中第一个商品名和商标名两者合一的品牌。紧接着，他们以万元重金征集广告语，一句“添钙添力盖天力”的广告语很快唱响全国。600万元的资金投入了中央电视台等各大媒介，开始了地毯式的广告轰炸。

在不到两年的时间内，盖天力成功地树立起了全国钙制剂第一品牌的形象。1993 年，年产值一举突破一亿元，利税 1 400 万元，占全公司总利税的 70% 以上。从 1992 年 5 月投放市场到现在，盖天力创造的总产值已突破 1.8 亿元，利税 5 000 多万元。盖天力人的新思维之树，结出了“创新利润”的累累硕果。

用全新思维开发新产品，创造新产品市场，形成了盖天力人的共识。去年，盖天力推出一种治感冒新药，许多人为此捏着一把汗：治感冒药市场已经饱和，再上此类产品，这风险担得起吗？

盖天力人推出了第一个创意性治感冒药品。这套独特的产品创意方案以“白加黑”命名，它以黑白两色为基础，进行全方位的延伸和辐射，在国内第一次采用日夜分开的给药方法，白天黑夜各服用成分不同的制剂。白天服用白色片剂，能迅速消除一切感冒症状，但没有一般药物所具有的嗜睡副作用；晚上服用黑色片制，抗过敏作用更强，能使患者很好地休息。“白加黑”的创意，极大地提高了这一品牌的文化含量，为名牌效应的发挥打下了良好的基础。

在此基础上，他们首期投入 1 600 万元，导入了“CI”系统，在中央电视台、各省电视台展开了强有力的广告攻势。短短三个多月的实践已经证明，盖天力人又一次获得了成功。“白加黑”自 1994 年 10 月中旬投放市场以来，仅三个多月时间，销售额已达 7 000 多万元，实现利税 1 000 多万元。

资料来源：在创新中求利润．育龙网 www. china-b. com.

问题：

1. 盖天力的创新思维具体体现了什么管理原理？
2. 请结合案例，谈谈这种管理原理在现代企业管理中的应用。

第二节　管理职能技能训练

一、单项选择题

1. 计划工作的核心是（　　）。

A. 决策　B. 实施　C. 收集信息　D. 预测

2. 派生计划是主计划的（　　）。

A. 补充　B. 基础　C. 概括　D. 专项内容

3. 按计划的明确性可以将计划分为指导性计划和（　　）。

A. 劳资计划　B. 战略计划　C. 长期计划　D. 具体性计划

4. （　　）是管理最基本的职能。

A. 组织　B. 控制　C. 领导　D. 计划

5. 目标管理特别适合管理（　　）。

A. 工作　B. 组织　C. 管理者　D. 工人

6. 在计划工作的各项步骤中，在实际的计划工作开始之前就着手进行的工作是

（　　）。

A. 预测　B. 估量机会　C. 考虑计划的前提　D. 制定目标

7. 预测，是对（　　）环境所作出的估计。

A. 未来　B. 过去　C. 目前　D. 外部

8. 为了避免一些人在组织中逃避责任或滥用职权，必须坚持（　　）。

A. 责权对等原则　B. 集权与分权相结合的原则

C. 分工与协作相结合　D. 统一指挥原则

9. 管理幅度小而管理层次多的组织结构是（　　）。

A. 扁平式结构　B. 高耸结构（锥型式结构）

C. 直线型组织结构　D. 直线—职能型组织结构

10. （　　）是管理的基础。

A. 实施　B. 预算　C. 控制　D. 计划

11. 德尔菲法主要用于预测（　　）。

A. 关键性问题　B. 定量问题　C. 难以定量的问题　D. 以上均可

12. 下列哪种组织结构类型适用于大型的跨国公司（　　）。

A. 直线型　B. 职能型　C. 参谋型　D. 事业部制

13. 决策方法可分成（　　）。

A. 确定型决策法和风险型决策法　B. 主观决策法和计量决策法

C. 主观决策法和客观决策法　D. 定性决策法和定量决策法

14. 主管人员要激励下属，调动其积极性和创造性，就要了解和掌握（　　）。

A. 科学管理理论　B. 管理过程理论　C. 决策理论　D. 激励理论

15. 组织中主管人员监督管辖直接下属的人数越适当，就越能保证组织的有效运行，组织工作中的这一原理是（　　）。

A. 监督管理　B. 目标统一原理　C. 控制幅度原理　D. 组织效率原理

16. 主管人员根据组织的内外环境，将组织中各要素有机地联系在一起，利用这些要素以最少的消耗去获得最大的利益，从这个意义来说，主管人员是一个（　　）。

A. 建筑师　B. 集合者　C. 执行者　D. 领导者

17. 猎人为了纠正子弹与飞行的野鸭之间的时间延迟，常常把瞄准点定在野鸭飞行的前方，这种作法属于（　　）。

A. 反馈控制　B. 前馈控制　C. 现场控制　D. 间接控制

18. 未经计划的活动，是（　　）控制的。

A. 可以　B. 较难　C. 很难　D. 无法

19. 最早和最简单的组织结构的类型是（　　）。

A. 直线型　B. 职能型　C. 参谋型　D. 矩阵型

20. 激励原则属于（　　）。

A. 领导工作原理　B. 人员配备原理

C. 主管人员考评原理　D. 主管人员培养原理

21. 通过预算，特别是现金和流动资金预算来控制财政资金的控制方式为（　　）。

A. 反馈控制　B. 间接控制　C. 直接控制　D. 前馈控制

22. 由管理人员对当前的实际工作是否符合计划进行测定，并促使组织目标实现的过程，这一职能是（　　）。

A. 计划　B. 组织　C. 控制　D. 领导

23. 直线型组织结构适用于（　　）。

A. 大型企业组织　B. 国有企业　C. 小型企业组织　D. 跨国企业集团

24. 我们通常所说的“小道消息”属于（　　）。

A. 下行沟通　B. 非正式沟通

C. 双向沟通　D. 用含蓄形式进行沟通

25. 质量处李处长在生产过程中发现一个工人没有按照作业规范操作，他立即上前去制止。这种控制方式属于（　　）。

A. 现场控制　B. 直接控制　C. 预先控制　D. 间接控制

26. 控制工作按（　　）分类，可分为现场控制、反馈控制、前馈控制。

A. 原因　B. 纠正措施的环节　C. 结果　D. 阶段性

27. “第十个五年计划”是（　　）计划。

A. 专项　B. 长期　C. 中期　D. 短期

二、多项选择题

1. 按计划工作的表现形式可以将计划分为（　　）。

A. 使命　B. 战略　C. 规划

D. 财务计划　E. 预算

2. 广义的计划工作是指（　　）。

A. 制订计划　B. 拟订方案　C. 执行计划

D. 检查计划的执行情况　E. 选择方案

3. 目标管理是（　　）。

A. 管理中的管理　B. 管理管理者　C. 强调服从管理

D. 强调自我控制　E. 分权制的结果

4. 下面属于定量的预测方法的有（　　）。

A. 德尔菲法　B. 多元线性回归分析法

C. 移动平均法　D. 主观概率法　E. 外推法

5. 社会的、政治的、经济的等因素，是计划工作中的（　　）前提条件。

A. 一般　B. 外部　C. 可控

D. 不可控　E. 部分可控

6. 决策的程序一般包括（　　）。

A. 确定决策目标　B. 确定前提　C. 拟定备选方案

D. 评价备选方案　E. 选择方案

7. 组织工作的原则包括（　　）。

A. 责权对等原则　B. 目标一致原则　C. 柔性经济的原则

D. 控制幅度的原则　E. 精干高效原则

8. 直线型组织结构适用于（　　）。

A. 劳动密集的企业　　B. 机械化程度比较低的企业

C. 跨国公司或跨地区大公司　　D. 连续生产的大型企业

E. 小型组织

9. 完整的沟通联络过程包括的环节有（　　）。

A. 主体与编码　　B. 媒体　　C. 客体与译码

D. 沟通效果　　E. 反馈

10. 马斯洛提出，人类的需求以层次的形式出现，由低级向高级逐渐发展，包括（　　）。

A. 生理需求　　B. 安全需求　　C. 社交需求

D. 自尊需求　　E. 自我实现需求

11. 纠正偏差是（　　）。

A. 控制的关键

B. 整个管理系统中的部分工作内容

C. 控制过程的一个重要步骤，决定组织日常活动的急性问题

D. 使系统的活动趋向稳定，实现组织的既定目标

E. 使系统的维护在一个平衡点上

12. 任何组织、任何活动都需要进行控制，这是因为（　　）。

A. 环境条件是变化的

B. 主管人员自身能力的限制

C. 预测不可能完全准确

D. 计划在执行中会产生偏差

E. 会发生未曾预料到的情况

13. 按照控制发生在一个完整的管理过程中的阶段性分类，可将控制分为（　　）。

A. 现场控制　　B. 直接控制　　C. 间接控制

D. 前馈控制　　E. 反馈控制

14. 常用的综合控制方法包括（　　）。

A. 预算　　B. 生产控制　　C. 投资回收率

D. 专题报告和分析　　E. 经营审计

三、案例分析

案例（一）

A公司的经理李棋最近听了关于目标管理的讲座，当时就激发了他的热情。他决定在本公司实施目标管理。在有公司副总及各职能部门中层领导参加的会议上，李棋宣布了他的重大决定："我希望明年我们的销售额达到3 000万元，税前利润率达到8%，投资收益率为15%，一项正在进行的项目6月30号前投产。我以后还会列出一些明确的指标，选拔我们未来的管理人员，今年年底前完成我们的XZ型开发工作，雇员流动率稳定在5%。下个月，

我要求你们每个人把这些目标转换成你们自己职能的可考核目标。不管你们如何把这些目标列出来，我希望它们加起来就实现了分公司的目标。”

资料来源：赵洪宾．管理学原理（自学考试同步训练．同步过关）．北京：人民日报出版社．

问题：

1. 什么是目标管理？
2. 这位李棋经理设置目标的方法是否正确？
3. 他在实施目标管理的过程中出现了哪些失误？
4. 如果是你会怎样做？

案例（二）

根据调令，A前往B公司担任经理。在交接班时，前任经理特意对领导班子中的一位副手的情况作了详细介绍，说这位副手个性强，不好合作，凡事都要听他的，有时经理决定了的事，如果他不同意，经理的决策就很有可能得不到有效实施。前任经理还对A说，要不是他知道自己要调离，他一定会建议上级想办法把这位副手撤掉。前任经理的介绍在A的心理上造成了很大的阴影。后来，A正式接任工作，在与这位副手的接触中发现，这位副手确实很有个性，如自尊性很强、人很正直、对工作很有主见、也敢于负责、好胜心强、总希望自己分管的工作做得比别人好。

问题：

对于这位副手，应该怎样做才能既调动其积极性，又能实现有效的领导，保证组织整体目标的实现？

案例（三）

王雷担任某厂厂长已一年多了，他刚看到今年实现目标情况的统计资料。厂里各方面工作的进展都出乎他的意料。记得他任厂长后的第一件事就是亲自制定了工厂一系列工作的目标，例如，为了减少浪费、降低成本，他规定在一年内要把原材料成本降低10%~15%，把运输费用降低3%。他把这些具体目标都告诉了下属的有关方面的负责人。现在年终统计资料表明，原材料的浪费比去年更加严重，浪费率竟占总额的16%；运输费用则根本没有降低。他找来了有关方面的负责人询问原因。负责生产的副厂长说：“我曾对下面的人强调过要注意减少浪费，我原以为下面的人会按我的要求去做的。”而运输方面的负责人则说：“运输费用降不下来很正常，我已经想了很多办法，但汽油费等还在涨，我想，明年的运输费可能要上升3%~4%。王雷了解了原因，在进行了进一步的分析以后，又把这两个负责人召集起来布置第二年的目标：生产部门一定要把原材料成本降低10%，运输部门即使是运输费用要提高，也绝不能超过今年的标准。

资料来源：四川民族大学精品课程网 http：//jpkc. scun. edu. cn.

问题：

1. 王雷的控制有什么问题？
2. 怎样才能实现他所提出的目标？

案例（四）

某设备制造公司的组织结构如下图所示。

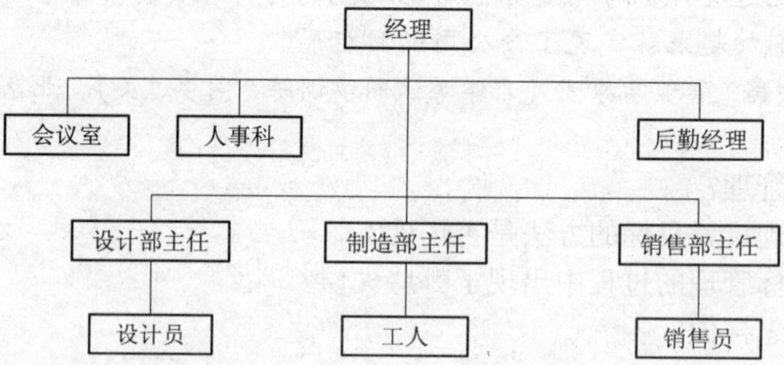

资料来源：赵洪宾．管理学原理（自学考试同步训练．同步过关）．北京：人民日报出版社．

问题：

试分析其组织结构类型及特点。

案例（五）

江西明鑫企业集团公司的前身是江西省农业厅下属的国营明鑫生物制药厂。集团现有职工1 200余人，产品涉及饲料、兽药、化肥、绿色食品等六个产业，在省内外共有生产经营企业、科研机构20余个，是一个集科、工、贸为一体的大型集团公司。集团自1987年开始效益一直很好，但进入2003年以来产品效益出现了滑坡，于是聘请了一些知名专家为企业作诊断。专家经过深入调查研究认为，明鑫企业集团的管理体制不能适应其发展，必须进行大的改革。

客观地说，明鑫集团所采取的管理组织结构确实仍是一种比较简单的直线职能制形式。在这种组织结构下，集团实行的是两级管理。上面是集团总部，下面就是各个工厂、公司、科研所等。工厂、公司、科研所之间的关系是并列的，它们均直属集团总部领导。

经过三天的思索，明鑫集团总经理最后认为，明鑫集团的管理组织结构必须进行调整。

资料来源：赵洪宾．管理学原理（自学考试同步训练．同步过关）．北京：人民日报出版社．

问题：

1. 你认为明鑫企业集团现在采用的直线职能式结构具有哪些优点？又存在哪些不足？
2. 你认为作为一个企业集团一般应采取什么样的管理组织结构形式？为什么？

案例（六）

张正在几天前被任命为一家国有化妆品公司的总经理。他很快就发现这家公司存在着很多问题，而且其中的大多数问题都与公司不适当的控制管理有关。例如，他发现公司各部门的预算是由各部门自行制定的，前任总经理对各部门上报的预算一般不加修改就签字批准；公司内部也没有专门的财务审核人员，因此对各部门的预算和预算的实施情况根本就没有严格的审核；在人事方面，生产一线人员流动率大，常有人不辞而别，行政工作人员迟到早退现象严重，而且常有人在工作时间利用公司电话炒股票。公司对这些问题都没有采取有效的控制措施，更没有对这方面的问题进行及时调整或解决。不少中层管理者还认为，公司业务不景气，生产人员想走是很正常的，行政工作人员在没什么工作可做的情况下，迟到早退、自己想办法赚点钱也是可以理解的，对此没必要大惊小怪。

张正认为，要改变公司的面貌，就一定要加强资金、人员等方面的控制，为此，就需要制定出一个综合控制计划。

问题：

1. 为了改变公司的面貌，这个综合控制计划应包括哪几方面内容？
2. 综合控制计划在实施过程中又会遇到什么样的问题？

案例（七）

某管理学教授在介绍管理控制职能时，列举出以下工作内容：

(1)《中华工商时报》聘请读者开展每月一次的评报活动；(2) 燕园学校制定了一系列严格的规章制度要求教工遵守；(3) 质检人员在仓库内检查产品质量；(4) 某桥梁厂为生产出高质量的产品而对原材料进行检验；(5) 三威洗衣粉厂厂长发现产品销路不畅，作出加强促销的决定；(6) 某大学内监考老师在考场巡视；(7) 安乐居餐厅老板每周查看顾客意见本；(8) 干旱地区的农民在春天播种耐旱作物的种子。

请问以下哪一类不属于反馈控制（　　）？

A. (1)、(3)、(5)、(7)　　B. (2)、(4)、(6)、(8)

C. (2)、(4)、(6)、(7)、(8)　　D. (1)、(2)、(3)、(5)

四、计　算　题

非确定型决策分析计算

1. 甲企业的商品经营可能出现三种情况，一是畅销，二是平销，三是滞销。在事先不能确定销路信息时，是采取大批量进货，中批量进货，还是小批量进货？请按小中取大法进行决策并完成表格。

对于上述三种进货方案，在不同销路状态下的损益值，列决策表表示如下：

市场状况 / 进货方案	收益值（千元）			最小收益
	畅销	平销	滞销	
小批量	100	80	40	
中批量	120	100	20	
大批量	150	110	-10	
最小收益值中的最大收益值				
采取的决策方案				

2. 甲企业经过市场分析，认为该商品畅销的可能性为50%，滞销的可能性为15%，平销的可能性为35%，那么按照乐观系数法是采取大批量进货，中批量进货，还是小批量进货？

3. 甲企业利用最小最大后悔值法是采取大批量进货，中批量进货，还是小批量进货？请完成表格并进行决策。

进货方案＼市场情况	后悔值（千元）			最大后悔值
	畅销	平销	滞销	
小批量				
中批量				
大批量				
最大后悔值中的最小值				
采取的决策方案				

第三节　管理方法技能训练

一、填　空　题

1. 法律方法是指运用＿＿＿＿＿＿和具有法的属性的某些规定，执行＿＿＿＿＿＿职能的一种方法。

2. 规章制度不得与法律相＿＿＿＿＿＿。

3. 行政方法的内容有行政命令、＿＿＿＿＿＿、＿＿＿＿＿＿、＿＿＿＿＿＿。

4. 社会心理学方法的具体运用可分为三种方法：自然观察法、＿＿＿＿＿＿、＿＿＿＿＿＿。

5. 咨询诊断的步骤包括准备阶段、＿＿＿＿＿＿、＿＿＿＿＿＿正式咨询诊断阶段和四个阶段。

二、多项选择题

1. 法律方法的特点有（　　）。
   A. 权威性　B. 平等性　C. 利益性
   D. 强制性　E. 稳定性

2. 宏观经济调控手段主要有（　　）。
   A. 价格　B. 奖金　C. 税收
   D. 信贷　E. 工资

3. 经济方法的特点有（　　）。
   A. 平等性　B. 利益性　C. 权威性
   D. 间接性　E. 广泛性

4. 咨询诊断的作用有（　　）。
   A. 医生的作用　B. 顾问的作用　C. 仲裁的作用
   D. 专家的作用　E. 预算的作用

5. 社会心理学方法的特点有（　　）。

A. 复杂性　　B. 针对性　　C. 启发性

D. 宏观性　　E. 灵活性

三、常见计算举例

案例一：

经济进货批量和进货间隔期的计算

商品流通企业要经营一批商品，需支付进货费用和储存费用。一方面进货费用与进货次数成正比，即进货次数越多，进货费用就越多，反之，费用就越低；另一方面，在进货总量不变的情况下，进货费用、进货次数与进货批量成反比。即进货次数越少，进货费用就越低，但进货批量却要增大。批量大，就会导致储存费用的增加。因此，应该用定量分析的方法，求出最合理、费用最节省的进货批量和进货次数，这个批量就是经济进货批量。进货批量、进货费用、储存费用三者之间的关系可用下图表示：

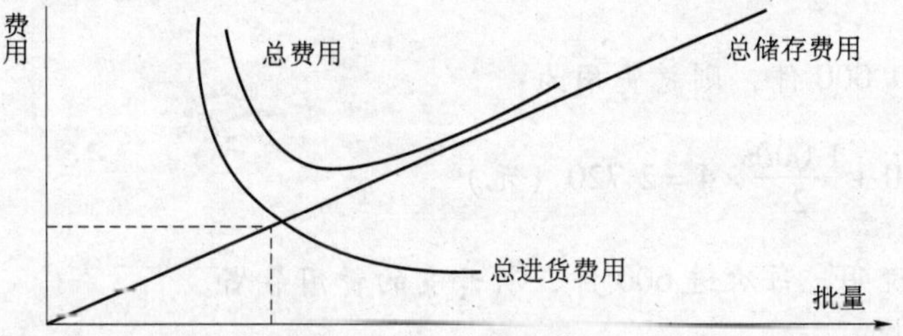

从上图可以看出，批量大，储存费用就大，但进货费用却小；批量小，储存费用就小，但进货费用大。因此，在一定时期内在商品采购总量不变的情况下，进货批量与进货费用成反比关系，而与储存费用成正比关系。我们用“D”表示进货总量，“Q”表示经济进货批量，“C1”表示每次进货费用，“C2”表示单位商品每年储存费用，则：

$$总进货费用=进货次数\times每次进货费用=\frac{D}{Q}\cdot C_1$$

$$总储存费用=平均储存量\times单位商品每年储存费用=\frac{Q}{2}\cdot C_2$$

根据高等数学的证明，当总进货费用与总储存费用相等时，两者的和最小，即：

$$\frac{Q}{2}\cdot C_2=\frac{D}{Q}Q\cdot C_1$$

$$Q^2C_2=2DC_1$$

$$Q^2=\frac{2DC_1}{C_2}$$

$$Q=\sqrt{\frac{2DC_1}{C_2}}$$

即：$经济进货批量=\sqrt{\dfrac{2\times 进货总量\times 每次进货费用}{单位商品每年储存费用}}$

$$总费用=\frac{进货总量}{经济进货批量}\times 每次进货费用+\frac{经济进货批量}{2}\times 单位商品每年储存费用$$

［例］某商品在计划期（一年）内需进12 000件，每次进货费用60元，每件储存费用4元，其合理的进货批量计算如下：

$$Q=\sqrt{\frac{2\times 12\,000\times 60}{4}}=600（件）$$

进货次数为：12 000 ÷ 600 = 20（次）

进货间隔期为：360 ÷ 20 = 18（天）

$$总费用=\frac{12\,000}{600}\times 60+\frac{600}{2}\times 4=2\,400（元）$$

假设每次进货300件，则总费用为：

$$\frac{12\,000}{300}\times 60+\frac{300}{2}\times 4=3\,000（元）$$

假设每次进货1 000件，则总费用为：

$$\frac{12\,000}{1\,000}\times 60+\frac{1\,000}{2}\times 4=2\,720（元）$$

通过以上计算说明，每次进600件，所开支的费用最省。

问题：

1. 影响经济进货批量的因素有哪些？它们相互之间的关系是怎样的？
2. 确定经济进货批量与进货间隔期对企业经营管理有何现实意义？

案例二：

预测目标利润的计算

商品流通企业在决定购进一批商品的时候，为了提高经济效益，必须考虑它的经营成果。流通企业的利润是从生产部门的利润转移过来的社会平均利润。它用进销差价的形式来反映，叫做商业毛利。商品进价和商品销价之间所形成的进销差价，包括商品流通费用、税金和利润三部分。其中，除了税率是按国家税法规定的以外，在一定的毛利范围内，流通费用增加，经营利润就减少。相反，流通费用减少，经营利润就增加。同时，毛利额同销售额成正比关系。因此，商品销售额、毛利（率）、流通费用（率）、税金（率）、经营利润（率）等各个指标之间存在着十分密切的关系。利用它们之间的关系来测算企业的盈亏转折情况，叫做企业盈亏分界点法，下面将商品流通企业盈亏转折关系，用图示表示如下：

图中“C”点为销售收入线与总费用线的交叉点，也就是商品流通企业在一定时期内所

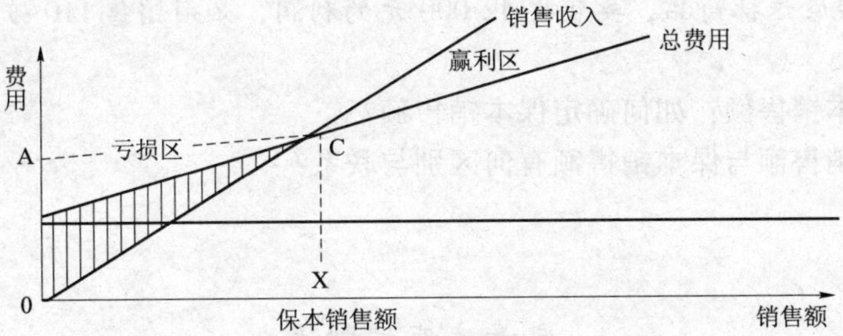

获毛利额与企业同期发生的不变费用和可变费用相等时的交叉点，即分界点。它是企业为了补偿营业耗费所必需的最低限度的销售额，又叫保本销售额。如果销售额高于这个分界点，企业就赢利，反之，企业就要发生亏损。如果销售额正好等于分界点，企业既不亏损，也不赢利。它反映了销售额、费用与盈亏之间的关系。它是企业管理的主要指标之一，也是重要的管理手段之一。

保本销售额的计算公式如下：

保本毛利额 = 总费用 + 税金

保本毛利额 = 保本销售额 × 毛利率

总费用 = 不变费用 + 可变费用

可变费用 = 保本销售额 × 可变费用率

税金 = 保本销售额 × 税

整理上式得：

保本销售额 ×（毛利率 − 可变费用率 − 税率）= 不变费用

所以：

$$保本销售额 = \frac{不变费用}{毛利率 - 可变费用率 - 税金率}$$

［例］某企业购进一批商品，计划毛利率为 15%，可变费用率为 3%，营业税率为 5%，不变费用额为 35 000 元，则经营这批商品的保本销售额为

$$保本销售额 = \frac{35\ 000}{15\% - 3\% - 5\%} = 50（万元）$$

企业经营商品并不是为了保住本，更重要的是要获得一定的利润，这就需要销售比保本销售额更大的销售额，以获取目标利润。我们把获得目标利润的销售额称之为目标利润销售额。则目标利润销售额为：

$$目标利润销售额 = \frac{不变费用 + 目标利润}{毛利率 - 可变费用率 - 税金率}$$

仍按上例，假如该企业要实现目标利润为 42 000 元，则必须销售：

$$目标利润销售额 = \frac{35\ 000 + 42\ 000}{15\% - 3\% - 5\%} = 110（万元）$$

即，该企业经营这批商品，要获得42 000元的利润，必须销售110万元的该商品。

问题：

1. 什么是保本销售额？如何确定保本销售额？
2. 目标利润销售额与保本销售额有何区别与联系？

案例三：

定量库存控制法

定量库存控制，又称订购点法。这是以固定的订购点和订购批量为基础的一种库存量控制方法。订购点是提出订购的库存量标准，当实际库存降至订购点时即提出订购。每次订购的数量相同，而订购的时间不固定，由商品销售量的变化决定。订购点的计算方法如下：

订购点＝平均备运天数×平均每日销售量＋保险储备量

备运时间是指自提出订购到收到商品能投放销售所需要的时间，一般可按过去各次订购实际需要的备运时间平均求得。在备运时间不变、销售速度正常时，进货时的库存量就处于最低储备量状态，进货后的库存量为最高储备量。当销售速度减慢或加快时，两次订购的时间就相应地延长或缩短。

定量库存控制法库存量的变动如下图：

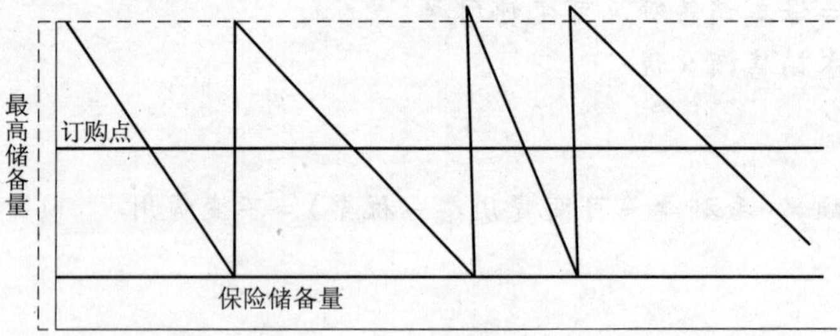

库存量变动的可能情况大致如下：

（1）备运时间不变，销售情况正常。

（2）备运时间不变，销售速度减慢。

（3）备运时间不变，销售速度加快。

例如，某企业的某种商品平均每日销售量为200个，平均备运天数为50天，保险储备量400个，则该种商品的订购点为：

$$订购点=50\times200+400=10\ 400（个）$$

问题：

定量库存控制法所能解决的主要问题是什么？

第三篇　管理创新与变革

管理创新职能即不断调整系统活动的内容和目标，以适应环境变化的要求。对于任何在动态环境中生存的社会经济系统而言，创新都将是其在运营过程中形成自己核心竞争力的重要方式。本篇对创新的概念和含义进行了阐述，概括了创新的意义；阐述了创新的来源——创新性思维的含义以及创新思维的表现形式、创新的原则；介绍了管理创新的基本内容，描述了创新的过程。根据近年来管理学理论与实践的最新进展，分别介绍了企业文化、学习型组织、柔性管理、知识管理、企业资源计划、顾客关系管理、供应链管理和比较管理。

第九章

管理创新

课前准备

【学习目标】

通过本章学习，使学生了解创新性思维的含义、创新的原则；理解管理创新的概念及含义、管理创新的意义；熟知创新性思维的表现形式、创新阻力的克服、创新的过程；能够分析特定组织的创新现状，分析组织内外创新的机会在于何处。

【重点难点】

1. 创新性思维的含义、创新的原则；
2. 管理创新的概念及含义、管理创新的意义；
3. 创新性思维的表现形式、创新的过程；
4. 管理创新的基本内容。

学习内容

第一节　管理创新概述

管理创新是组织发展和管理水平提高的经常性工作。当组织所处的外部环境和组织的内部条件发生变化时，组织的管理模式、管理方法就必须进行调整，这种调整从本质上说，就是创新。管理创新事例发生得最多的地方是企业，企业在市场竞争中输赢的关键在于其核心竞争力的强弱，而实现核心竞争力更新的唯一途径就是创新。

一、创新的概念及含义

（一）创新的概念

创新的概念是由美籍奥地利经济学家约瑟夫·熊彼特在1912年出版的《经济发展理

论》一书中首次提出的，他认为经济增长最重要的动力和最根本的源泉在于企业的创新活动。按照熊彼特的理论，创新是生产要素的重新组合，包括五个方面内容：① 引进一种新产品；② 采用新的生产方式；③ 开辟新的市场；④ 开辟和利用新的原材料；⑤ 采用新的组织形式。

我们认为，创新指的是创造一种新型的、有更高效率的资源整合的范式，它既可以是有效整合资源以达到组织目标的全过程管理，也可以是某个具体方面的细节管理。创新以价值增加为目标，以培育和增强核心能力、提高核心竞争力为中心，以战略为导向，以各创新要素（如技术、组织、市场、战略、管理、文化、制度等）的协同创新为手段，通过有效的创新管理机制、方法和工具，力求做到人人创新，事事创新，时时创新，处处创新。

（二）创新的含义

依据我国在现实生活中对创新一词的理解和使用，创新就是创新主体产出比自己以前所具有的东西好的东西的活动。其中“比自己以前所具有的东西好”有三重含义：一是指与自己以前所具有的东西不同；二是指比原有的东西更能给创新主体带来更多的物质的或精神的收益；三是指有利于社会的进步。

由此可见，创新的“新”不要求“首次”（指“首次”使用，或“首次”产生），只要求其结果不同于前，并且好于前；创新是一个相对于创新主体自身的概念，不强调横向的比较；创新的主体不只是企业，也可以是个人。

二、管理创新的意义

组织作为一个有机体，和所有的有机体一样，都是处于不断进化和演变过程之中的，任何组织管理仅有维持工作显然是不够的，都必须通过创新工作来实现组织的可持续发展。创新是一种理念，更是组织生存发展的内在要求。只有通过管理创新才能使组织的管理体制和运行机制更加规范合理化，实现人、财、物等资源的有效配置。一项权威的调查显示：与缺乏创作的企业相比，成功创新的企业能获得20%，甚至更高的成长率；如果企业80%的收入来自新产品开发并坚持下去，五年内市值就能增加一倍；全球83%的高级经理人深信，自己企业今后的发展将更依赖创新。创新对组织发展的意义可以归纳为以下几点：

（一）创新是组织生存和发展的基础

组织首先考虑的问题就是生存问题。在知识经济时代，随着市场竞争日趋激烈，组织的生存能力与活力是一个根本问题。研究表明，一个时期内新建立的企业5年后可能只剩一半，10年后剩10%，20年后就所剩无几了，50年后就更少了。福特汽车公司创始人亨利·福特说过：“不创新，就灭亡。”组织只有不断进行创新才能够有实力面对竞争，才能跟上时代发展的步伐，如果不进行创新就很可能遭到淘汰。现代社会，人们普遍认为，技术与管理是推动社会发展的“两个车轮”，缺一不可。倘若管理是如此的话，那么管理创新自然更是如此，因为管理创新的结果是为组织提供更有效的管理方式、方法和手段。管理创新为组织不断注入新的活力，使组织不断焕发勃勃的生机。总之，管理创新是组织生存与发展的基础。

（二）创新是组织谋取竞争优势的利器

随着世界经济一体化进程的加快以及知识经济的发展，组织之间的竞争已成为普遍现象，尤其是工商企业的竞争更加激烈。竞争的范围也从国内市场扩展到了全球市场。要想在竞争中谋取有利地位，就必须将创新放在突出的地位。竞争的压力使得企业家们不得不改进已有的制度，变革企业文化，采用新的技术，推出新的产品，增加新的服务。创新可形成企业的核心竞争力，所以，企业必须创建自己的创新体系。

（三）创新是组织摆脱发展危机的途径

组织在发展过程中可能会面临很多危机。这里我们所说的发展危机是指组织明显难以维持现状，如果不进行改革组织就难以为继的状况。发展危机对于组织来说是周期性的，组织每一步的发展都有其工作重心的转变的新的发展障碍。在创业期间，组织的管理目标更主要是对需求快速、准确的反应，资金的充裕和安全问题；进入青春期，组织的管理目标更多在对于对增加利润和销售额，扩大市场份额的追求；而发展到成熟期，组织的管理目标转向维持已有的市场地位。相应的，在各个阶段组织会出现领导危机、自主性危机、控制危机和官僚危机。组织只有通过不断的、适时的创新才能度过各种危机，持续健康地发展。

以上几个方面只是管理创新对组织发展的诸多具体作用的一部分，但足以证明管理创新对组织的生存与发展具有重大意义。

三、创新性思维的表现形式

培养创新性思维的关键在于掌握其诀窍，而创新性思维的重要诀窍在于多角度、多侧面、多方向地看待和处理事物、问题和过程。具体表现在以下几个方面：

（一）理论思维

理论思维是一种基本的思维形式。恩格斯曾经说过：“一个民族要想站在科学的最高峰，就一刻也不能没有理论思维。”理论一般可理解为原理的体系，是系统化地理性认识。理性思维是指使理性认识系统化地思维形式。这种思维形式在实践中应用很多，如系统工程就是运用系统理论思维来处理一个系统内各个有关问题的一种管理方法。又如，“相似论”也是科学理论思维的范畴，即人见到鸟有翅膀能飞，就根据鸟的翅膀，鸟体几何结构与空气动力和飞行功能等相似原理发明了飞机，也有人称“仿生学”。在企业组织生产的过程中，也有很多地方要用到理论思维。因此，要想把握创新规律，就要认真研究理论思维活动的规律，特别是创新性理论思维的规律。

（二）多向思维

多向思维也叫发散思维、福特思维或扩散思维，是指在对某一问题或事物的思考过程中，不拘泥于一点或一条线索，而是从仅有的信息出发尽可能向多方面扩展，而不受已经确定的方式、方法、规则和范围等的约束，并且从这种扩散的思考中求得常规的和非常规的多种设想的思维。多向思维的概念，最早是由武德沃斯于 1918 年提出的，此后斯皮尔曼、卡推尔将其作为一种“流畅性”因素也使用过。美国心理学家吉尔福特在“智力结构的三维模式”中，明确地提出了发散性思维，也即是多向思维。他认为，发散性是从给定的信息中产生信息，其着重点是从同一的来源中产生许多联想，获得各式各样的结论；二是“灵活”，对一个问题能根据客观情况变化而变化；三是“精细”，能全面细致地考虑问题；四是“新颖”，答案可以有个体差异，各不相同，新颖不俗。在20世纪50年代后，通过对发散性思维的研究，进一步提出了发散性思维的流畅度（指发散的量）、变通度（指发散的灵活性）和独创度（指发散的新奇成分）三个维度，而这些特征是创新性思维的重要内容。

人的多向性思维能力是可以通过锻炼而提高的，其要点是：首先，遇事要大胆地敞开思路，不要仅仅考虑实际不实际，可行不可行，这正如一位著名的科学家所说：“你考虑的可能性越多，也就越容易找到真正的诀窍。”其次，要努力提高多向思维的质量，单项发散只能说是低水平的发散。最后，坚持思维的独特性是提高多向思维质量的前提，重复自己脑子里传统的或定型的东西是不会发散出独特的思维的。只有在思维时尽可能多地为自己提出一些“假如……”、“假设……”、“假定……”等，才能从新的角度想自己或他人从未想到过的东西。

（三）侧向思维

有句成语叫做“他山之石，可以攻玉”。当在一定的条件下解决不了问题或虽能解决但只是循规蹈矩、照搬旧例时，可以用侧向思维产生创新性的突破。侧向思维是在正向思维、单向思维受阻时变换一下角度，从侧面来达到目的的一种创新思维方法。侧向思维的优点是在思维受阻、达不到预先目标的情况下，及时转移思路，变换角度，继续思维下去。侧向思维要求彻底打破“自我本位”的思考方式，经常问一问自己一下一些问题：“别人正在干的我能不能不干?”，“别人不干或没有想到干的我能不能干?”，“其他行业、专业、企业的做法、思路、产品特点、发明创造能否为我所用?”，“能否改变现在的产品、思路、方法原来设想的路径，转换方向将其用到更能发挥作用的其他地方?”

侧向思维具体的运用方式有以下三种：

1. 侧向移入

侧向移入是指跳出本专业、本行业的范围，摆脱习惯性思维，侧视其他方向，将注意力引向更广阔的领域；或者将其他领域已经成熟的、较好的技术方法、原理等直接移植过来加以利用；或者从其他领域事物的特征、属性、机理中得到启发，引发对原来思考问题的创新设想。侧向移入是技术发明或解决技术难题的最基本的思维方式，其应用实例不胜枚举。例如，鲁班由毛草的细齿拉破手指而发明了锯；威尔逊根据大雾中抛石子的现象，设计了探测基本粒子运动的云雾器；格拉塞观察啤酒冒泡的现象，提出了气泡室的设想。大量的实例说明，从其他领域借鉴或受启发是创新发明的一条途径。

2. 侧向转换

侧向转换是指不按最初设想或常规方法直接解决问题，而是将问题转换成它的侧面的其他问题或将解决问题的手段转为侧面的其他手段等。这种思维方式在创新发明中常常被使用。例如，日本人发明了微型冰箱，把冰箱的使用方向由家居转换到了办公室、汽车、旅游等其他侧翼方向，有意识地改变了产品的使用环境，引导和开发了人们的潜在消费需求，从而达到了创造需求、开发新市场的目的。微型冰箱改变了一些人的生活方式，也改变了它进入市场初期默默无闻的命运。

3. 侧向移出

与侧向移入相反，侧向移出是指将现有的设想、已取得的发明、已有的感兴趣的技术和本厂产品，从现有的使用领域、使用对象中摆脱出来，将其外推到其他意想不到的领域或对象上。这也是立足于跳出本领域、克服线性思维的思考方式。例如，拉链的发明曾被誉为影响现代生活的十项最重大的发明之一。它的发明最初是为了解除系鞋带的麻烦，结果发现很少人愿意用拉链来代替鞋带。后来，一个服装店老板将思路引向了鞋带以外，生产出带拉链的钱包，赚了一大笔钱。从那以后，半个世纪以来，拉链几乎渗透到人类社会生产、日常生活的每一个角落。

总之，不论是利用侧向移入、侧向转换还是侧向移出，关键是要善于观察，特别是留心那些表面上似乎与问题无关的事物与现象。这就需要在研究对象的同时，要间接注意其他一些偶然看到的或是先预料不到的现象。也许这种偶然并非偶然，可能是侧向移入，移出或转化的重要对象或线索。

（四）逆向思维

所谓逆向思维发法，就是人们为达到一定目标，从相反的角度来思考问题，从中得到启发的思维方法，例如，管理中的“鲶鱼效应”。哲学研究表明，任何事物都包含着对立的两个方面，这两个方面又相互依存与一个统一体中。人们在认识事物的过程中，实际上是同时与其正反两个方面打交道，只不过由于日常生活中人们往往养成一种习惯性思维方式，即只看其中的一方面，而忽视另一方面。实践证明，多进行逆向思维能使人们更加灵活地找到更多解决问题的途径。逆向思维也是企业经营创新中重要的思维方式。

晶体管被认为是现代历史中最伟大的发明之一，在重要性方面可以与印刷术、汽车和电话等发明相提并论。这其中逆向思维起了很大的作用。20 世纪 50 年代，世界各国都在研究制造晶体管的原料——锗。其中的关键问题是要将锗提炼很纯。日本的专家江崎与助手在长期的探索中发现，不管怎样小心操作，总免不了混入一些杂质。每次测量其参数，都会显示不同的数据。有一次，他想：如果采用相反的操作法，有意地添加进少许的杂质，结果会怎样呢？经试验，当将锗的纯度降到原来的一半时，一种极为优异的半导体就产生了。

四、创新的原则

管理创新是一项相当困难的工作，不仅需要有创新的意识、创新的动力，还需要遵循管理创新的基本规律和原则，把握管理创新的方向。为保证创新活动的顺利进行，创新活动应遵循以下原则。

（一）创新与维持相协调的原则

创新与维持是组织生存发展的两把利刃，两者相互依存、相辅相成。然而创新与维持有时也互相矛盾、相互冲突。正确处理二者的关系，寻求创新和维持的动态平衡和最优组合，是管理者的职责，也是创新应遵循的原则。

（二）开拓与稳健相结合的原则

开拓是创新的本质要求。所谓开拓就是要不断地向新的领域、新的高度进发。没有进取，就没有创新。与此同时，企业的创新总是在现实基础上的创新，任何成功的创新都是科学的，不得有半点虚假。开拓精神还必须同求实态度相结合。求实稳健并非安于现状、墨守成规，而是面向社会、面向市场，从实际出发，量力而行，这是成功创新和稳步发展的重要保证。脱离实际的变革，不可避免地会出现盲目性、随意性和反复性。

（三）统一性和灵活性相结合的原则

企业的创新活动要有统一、明确地目标，相互协调的行动，优势集中的资源保证。没有统一、明确地目标，创新活动将失去方向，成为盲目乱干；没有相互协调的行动，创新人员就不能团结合作，容易形成各自为政、相互封锁的局面；没有优势资源的集中，创新力量分散，则不仅会延缓时间，痛失良机，甚至会导致失败。但是，创新本身又具有偶然性或机遇性，不可能都在可预料的计划之内。因此，创新活动应具有灵活性，要允许创新者自己确定题目，允许使用部分工作时间去探索新的设想，提供一定的创新尝试所需要的资金、物质条件和试验场所，允许创新者自己选择合作伙伴等，这样既有利于充分调动创新者的积极性，又有利于及时捕获创新机会。

（四）风险意识与奖励措施并行的原则

任何创新活动都不可避免地带有一定程度的风险性，然而“失败乃成功之母”，因此为了鼓励创新，确保创新活动的顺利进行，企业应对创新者的劳动及成果进行公正的评价和合理的奖励。对所有的创新建议，企业都要实施正向的激励政策，使创新者的所得与创新的风险相一致。要在创新的全过程中给予创新者更多地理解、尊重和支持，管理者对待失败要宽容，要热情主动地给予辅导和支持，帮助他们少走弯路，减少失误；鼓励他们坚持不懈，大胆尝试，让创新者都有实施抱负和才能的条件和权力。

第二节　管理创新的内容与过程

一、管理创新的内容

系统在运行中的创新要涉及许多方面，如思维创新、技术创新、制度创新、组织创新、产品创新、管理方式创新等，在此仅介绍创新的以下几个方面的职能：思维创新、技术创新、制度创新和组织创新。

（一）思维创新

思维创新是一切创新的前提，任何人都不能封闭自己的思维。若思维形成定势，就会严重阻碍创新。所以政府部门或国有企业才提出，不换脑筋就换人，就是因为要不断进行创新。公司不断招募新的人才，重要原因之一也是期望其带来新观念、新思维，不断创新。

思维创新是指通过思维主体的大脑的活动，运用各种思维的技能、技巧，对知识、信息进行加工处理，改变思维活动的模式或过程，获得新的思路、新的观念、新的方法、新的理论。

思维创新的特点主要包括：① 新颖性。思维创新贵在一个“新”字。创新性的思维活动一般都具有鲜明的开拓性和首创性。② 独立性。要实现思维的创新，就必须避免重复，具有鲜明的独立性。③ 艺术性。作为人类思维活动的高级过程，创新性思维已经超越于一般的思维形式，是对思维方法和技巧的最高层次的把握，成为一种富有艺术性的思维活动。④ 综合性。思维创新的综合性主要包含了两个方面的含义：一是任何思维创新都是在综合利用已有思维成果的基础上实现的新的进展与新的突破；二是思维创新是一项复杂的劳动，成功的思维创新取决于多种思维方法、思维技巧、思维品质的综合运用。

下面的案例对我们颇有启发。

董事长年事已高，想找人接班，可又拿不定是让位给大儿子还是二儿子。他突然有了主意，他告诉两个儿子：前边有两匹马，黑的是大儿子的，白的是二儿子的，谁的马最后到达终点，就由谁来接班。大儿子听后在考虑如何比慢，而二儿子却飞身跨上黑马，迅速赶往终点。结果二儿子最终接了班。这就是思维创新的结果，如果按照思维定势光考虑怎么比慢，可能永远也赛不出结果，或是要好几天才能赛完。如果进行思维创新，让对手的马跑得更快不是最好的办法吗?

（二）技术创新

技术创新，包括新发明、新创造的研究和取得成果的过程，也包括新发明、新创造的应用和实施过程，还包括这些新技术成果的商品化、产业化的扩散过程，即新技术成果从开发研究到市场推广的全过程。技术创新主要表现在要素创新、要素组合方法的创新以及产品创新三个方面。

1. 要素创新

企业运营过程的实质在于对资源要素进行合理配置，其资源要素包括材料、设备、人员等多类。故要素创新包括材料创新、设备创新、人力资源创新。材料创新是指开辟新的材料来源；开发和利用成本更低的替代性材料；提高材料的质量；改进材料的性能。设备创新是指将先进的科学技术成果用于革新设备；采用全新的装备，代替原来的设备。人力资源管理的创新是指不断从外部吸纳高素质的人力资源，对企业现有的人员进行培训提高。

2. 要素组合方法的创新

要素组合方法包括了生产工艺与生产过程的组合。生产工艺创新主要指创造出新的加工方法和工艺条件。生产过程的组合创新是指企业研究和采用更合理的空间布局与时间组合，以提高劳动生产率，缩短生产周期。

3. 产品创新

产品创新包括新产品的开发和老产品的改造。这种改造和开发是指对产品的结构、性能、材质、技术特征等一方面或几方面进行改进、提高或独创。它既可以是利用新原理、新技术、新结构开发出一种全新型的产品，也可以是在原有产品的基础上，部分采用新技术而制造出适合新用途、满足新需要的换代型新产品，还可以是对原有产品的性能、规格、款式、品种进行完善，但在原理、技术水平和结构上并无突破性的改变。例如，企业根据市场需求的变化及时调整生产方案，开发受市场欢迎的、适销对路的产品，或是通过改进工艺使产品结构更合理、性能更提高、使用更安全、操作更方便、更具有市场竞争力。

（三）制度创新

制度创新是指引入新的制度（组织的结构与运行规范）安排，大到整个国家的经济体制，小到具体企业的组织形态、运行机制。

我国的经济体制改革的目标就是舍弃传统的计划经济体制，逐步建立起社会主义市场经济体制。这种新体制包括了以下几个方面：① 微观基础——转换企业经营机制，建立适应市场经济要求的产权清晰、权责明确、政企分开、管理科学的现代企业制度；② 市场体系——建立全国统一开放的市场体系，实现城乡市场紧密结合，国内市场与国际市场相互衔接，促进资源通过市场优化配置；③ 宏观管理——彻底转变政府管理经济的职能，建立以间接手段为主，完善的宏观调控体系；④ 收入分配——建立按劳分配与按要素分配相结合，效率优先，兼顾公平的分配制度，鼓励一部分地区、一部分人先富起来，走共同富裕的道路；⑤ 社会保障——建立多层次的社会保障体制，促进经济发展与社会稳定。

（四）组织创新

任何组织机构，经过合理的设计并实施后，都不是一成不变的。它们像生物的机体一样，必须随着外部环境和内部条件的变化而不断地进行调整和变革，才能顺利地成长、发展，避免老化和死亡。应用行为科学的知识和方法，把人的成长和发展希望与组织目标结合起来，通过调整和变革组织结构及管理方式，使其能够适应外部环境及组织内部条件的变化，从而提高组织活动效益的过程，就是所谓的组织创新。

组织创新是不以人的意志为转移的客观过程。引起组织结构变革的因素通常包括外部环境的改变、组织自身成长的需要以及组织内部生产、技术、管理条件的变化等。实行组织变革，就是根据变化了的条件，对整个组织结构进行创新性设计与调整。

组织创新的内容随着环境的变动和组织管理需求发展方向的不同而各不相同。一般可涉及以下一些方面：① 功能体系的变动。即根据新的任务目标来划分组织的功能，对所有管理活动进行重新设计。② 管理结构的变动。对职位和部门设置进行调整，改进工作流程与内部信息联系。③ 管理体制的变动。包括管理人员的重新安排、职责权限的重新划分等。④ 管理行为的变动。包括各种规章制度的变革等。

（五）环境创新

环境是企业经营的土壤，同时也制约着企业的经营。环境创新不是指企业为适应外界变化而调整内部结构或活动，而是指企业通过积极的创新活动去改造环境，去引导环境朝着有利于企业经营的方向变化。例如，通过企业的公关活动，影响社区政府的制定；通过企业的技术创新，影响社会进步的加速和方向等。

就企业来说，环境创新的主要内容是市场创新，即通过企业的活动去引导消费，开发和满足消费者自己可能还没有意识到的需求。新产品开发活动往往会被认为是企业创造市场需求的主要途径。此外，企业的营销活动也是市场创新常用的方式。

（六）观念创新

管理观念又称管理理念，它是指管理者或管理组织在一定的哲学思想支配下，由现实条件决定的经营管理的感性知识和理性知识构成的综合体。一定的管理观念必定受到政治、经济、文化的影响，是企业战略目标的导向、价值原则，同时管理的观念又必定折射在管理的各项活动中。

从总体来看，管理观念的创新要适应国内外环境，就需要立足于现代企业制度要求的管理科学的高度，摒弃不适宜的经营管理思想，实现从小生产意识向社会化大生产管理理念的革命性转变。管理理念的创新重在用新的策划、新的技巧、

新的形式打破陈旧平衡，围绕社会效益、眼前利益和长远发展，形成管理特色。

二、创新的过程

要有效地组织企业的创新工作，就必须研究和揭示创新的规律。创新在本质上是杂乱无章的，正如美国3M公司的一位常务副总裁在一次演讲中所说："大家必须以一个坚定不移的信念作为出发点，这就是创新，是一个杂乱无章的过程。

应该说，杂乱无章是创新的本质的说法可以被人们接受。因为创新是对旧事物的否定，是对新事物的探索。对旧事物的否定，必定要突破原先的制度，破坏原先的秩序，必须不遵守原先的章法；对新事物的探索，意味着要在不断尝试中去寻找新的秩序、新的方法，在取得最终成果之前要经历无数次的反复、无数次的失败。因此，它看上去必然是杂乱的。但这种杂乱是相对于旧制度、就秩序而言的，就创新的总体来说，它必然遵循一定的步骤、程序和规律。

归纳起来，完整的创新过程一般包括：寻找机会、提出构想、迅速行动、坚持不懈这四个阶段。

（一）寻找机会

创新是对原有秩序的破坏。原有秩序之所以要被打破，是因为其内部存在或出现了某种不协调的现象，这些不协调对组织的发展提供了有利的机会或造成了某种不利的影响。创新活动正是从发现和利用旧秩序内部的这些不协调现象开始的，可以说不协调为创新提供了契机。

1. 企业外部的机会

旧秩序中的不协调既可能存在于企业的内部，又可能产生于企业的外部。就企业外部而言，有可能造就创新契机的变化主要有四个方面。

（1）技术的变化。这可能影响企业相关资源的获取、生产设备及产品的技术水平。

（2）人口的变化。这可能影响劳动市场的供给和产品销售市场的需求。

（3）宏观经济环境的变化。迅速增长的经济背景可能给企业带来不断扩大的市场、而整个国民经济的萧条则可能降低企业产品需求者的购买能力。

（4）文化与价值观念的转变。这可能改变消费者的消费偏好或劳动者对工作及报酬的

态度。

2. 企业内部机会

就企业内部来说，引发创新的不协调现象主要有两个方面。

（1）生产经营中的瓶颈。这可能影响劳动生产率的提高或劳动积极性的发挥。这种不协调环节的产生，既可能是因为某种材质的质地不够理想且始终找不到替代品，也可能是因为某种工艺、加工方法不完善或某种分配政策不合理。

（2）企业意外的成功和失败。如派生产品的利润贡献出人意料地超过了企业的主营产品；老产品经过精心整顿改进后，结构更加合理、性能更加完善、质量更加优异，但并未得到预期数量的订单等。这些出乎意料的成功和失败，往往可以把企业从原先的思维模式中解放出来，从而成为企业创新的一个重要源泉。

企业的创新往往是从密切地注视、系统地分析社会经济组织在运行过程中出现的不协调现象开始的。

（二）提出构思

观察到了不协调的现象，就要分析其原因，并据此分析和预测不协调的未来变化趋势，估计它们可能给组织带来的积极或消极后果。在此基础上，努力利用机会或将威胁转换成为机会，采用头脑风暴法、德尔菲法等方法提出创新构想、解决问题、消除不协调，使系统在更高层次上实现平衡。

（三）迅速行动

创新成功的关键在于行动。最初提出的创新构想可能还不完善，甚至可能很不完善，尽管如此，也不能一味追求完美，应该立即付诸实施才有意义。“没有行动的思想会自生自灭”，这句话对于创新思想的实践尤为重要。过分的犹豫徘徊就可能坐失良机，把创新的机会白白送给自己的竞争对手。这方面的教训在企业界数不胜数。

（四）坚持不懈

任何创新活动都隐含着风险和失败，美好的构想只有经过尝试才能成为现实。创新过程本身就是不断尝试、不断失败、不断提高的过程。因此，创新者在开始行动以后，为取得最终的成功，必须坚定不移地继续下去，决不能半途而废，否则便会前功尽弃。当今环境的快速变化，要求人们敢于在凶吉莫测的情况下行事——这就意味着有时要跌跟头。要在创新中坚持下去，创新者必须有足够的自信心，有较强的忍耐力，不把一次的失败看成总体上的失败，因为创新的成功可能要归因于最后几分钟的坚持。

第三节　管理创新的实施与控制

创新是企业发展动力的源泉，企业创新意味着企业拥有某种垄断资源，如制度创新可以节省交易成本，技术创新可以促进产品更新换代，组织创新可以增强组织与外界的适应性，产品创新则可以开辟新市场、创造新利润源等。企业要想在市场中保持竞争优势，不断增强创新能力是很重要的，它是企业最重要的竞争力。

从企业的发展史来考察，成功的企业皆为创新的典范，而失败的企业往往缺乏创新能力或创新管理不当。如3M公司依靠小小的便条站，每年给公司带来数十亿美元的利润；通用电气公司采用事业部制的组织结构，每个事业部独立经营，自负盈亏，并设立单独的利润中心，从而提高了企业整体对市场反应的灵敏性，避免了大企业惯有的臃肿病。Intel公司着力于技术创新，不断推出更新、更快、更高的芯片，始终主导着信息产业，为其获取超额利润奠定了基础。所有这些企业的成功，都应归功于它们强大的创新能力。

创新无疑是企业成功的一大要素，但创新并不总能导致成功。对创新的管理不当极易导致企业的失败，如秦池、巨人等。对这些失败的个案进行分析不难看出，凡在创新中失败的企业，都有一个共同的特点，就是忽略了对企业创新的有效控制。为了提高创新的成功率应从以下几个方面对创新进行控制。

一、风险控制

创新的过程，是对原有秩序、观念否定的过程。在新秩序、新观念未被接受之前，企业将面临一定的风险，要实现平稳过渡，必须进行有效的过程控制。

风险是创新中不可避免的副产品，没有风险的求新求异也称不上是创新。因此，必须正确认识风险，分析风险。把风险由大到小，由粗到细，根据其相关关系进行层层分解，以便及时采取对策。风险控制主要包括管理风险、财务风险与市场风险。

管理风险主要指两种情况：一是指企业的规模扩大后，企业经营者原有的管理水平不能够胜任管理的需要，导致企业管理混乱，经营效益低下，竞争效力减弱，从而面临被市场淘汰的风险。现在很多民营企业有一种现象叫“富不过三代”，就是管理风险的结果。在企业的最初发展时，他们通常依靠经验、魄力、勇气、胆量就能经营企业，但是当企业发展壮大时，那种作坊式的管理就不再适应现代化的大规模生产了。不走规范化、科学化、精细化的管理之路，企业只有失败。

财务风险是指由于企业的过度扩张和过度膨胀而导致企业自身资金无法支持快速发展而致使企业经营失败，这种现象在中国并不少见。巨人和亚细亚的失败在一定程度上就是没有处理好财务风险而导致的。史玉柱的巨人集团就是在建巨人大厦时资金紧张、无法融资而导致连锁效应引起巨人集团全面溃败。王遂舟的郑州亚细亚最后也是资金短缺、无力进展而引发亚细亚败走麦城。所有这些，都显示出了对财务风险控制的重要性。

针对这两种风险，我们必须清楚地加以分析并进行防范。企业创新发展并不是某一天突然到来的，而是一个过程，是一个从量变到质变的过程。企业要创新，总是在传统企业的基础上，逐步发展为知识型企业，经营者在企业发展过程中也是逐步提高自身管理水平，逐步调整产品的知识含量，改变人员的知识结构，优选适合市场和自身条件的产品和项目而逐渐发展的，任何企业不可能一蹴而就，也不可能是全能的。

市场风险指企业的市场创新能力，如产品创新、技术创新是否为市场接受。新产品能给企业带来新的利润源，新技术可以使企业获得超过市场平均利润的利润率，但所有这些的前提都是创新能被市场所接受。企业的新产品只有更好地满足消费者的需要，能为顾客创造更多的价值，才能实现市场创新的目的，否则就是多余与浪费的。例如宝丽来公司发明的一次成像照相机，快速、便捷、节省相片的冲选过程，一投入市场就广受欢迎。而另一冰箱厂家，号称其冰箱异常坚固，能久摔不坏，这种创新对消费者显然没有任何意义，当然也不能为市场所接受。

针对市场风险的存在，创新从设计、实施到投放都应进行一定的控制。首先是立项设计阶段，必须对创新的市场前景进行周密的研究，考察消费者是否有对于创新的需要，如果有，消费者愿意以何种代价接受这种创新，这种代价对于企业来说是否有利可图，市场上有无同类产品的竞争者，自己的创新与它们的产品相比优势何在，如果发生竞争，自己的产品应该采用何种竞争策略，等等。在实施创新阶段，更要密切观察市场变化，及时调整创新的过程，使创新始终以市场为导向。在投放阶段，首先在某个小规模的典型市场进行试销，考察市场的反应以及自己的创新产品是否还存在不足，还需要哪些改进，营销策略应该如何组合，进入市场的战略是什么，等等。如果在企业市场创新过程中，对以上几个方面进行控制，那么市场的风险显然会低得多，创新的成功率也会大大提高。

二、潜能控制

创新的过程往往蕴涵着巨大的能量，就像核反应堆一样，放松控制，将导致灾难。目前，企业界中的“爱多病”能够充分说明这一点，过多的能量导致企业过快长大，但其体内的免疫系统尚未成熟，一旦遭到病毒，即迅速发病或死亡。

在潜能控制阶段，按企业创新的过程，大体可划分为四个连续性的时期：启动期、调整期、发展期与衰退期。因此，必须充分注意潜能控制各个时期的特殊性，总体关照其共性，这样才能真正有效地做到潜能控制，实施创新的巨大潜在能量。

在启动期，表象与本质是共生的。此时所应注意的是不要混淆表象与本质，更不要将表象误以为本质。否则，创新不但不能使企业发展前进，反而会使之在瞬间崩坍。秦池集团曾用6 000万元在中央电视台作广告而取得短时期的飞速发展与效益猛涨，但这只是市场运作中的表象，要实现持续性发展，重中之重是产品因素与企业自身的整体素质也应同步提高，但秦池却没有注意到这一点，并在下一年的“标王”中投入2个多亿，做了一件不符合企业实际的事情，从而使企业无法正常运转而转归败势。

在调整期，企业决策层必须对创新所带来的系列效应作整体分析，必须时刻保持冷静的思维，力求抓住本质，力求从整体上发现企业状况与发展趋势。

在发展期，要充分调动企业内部各种因素，充分发挥企业所存在的机制、人才、管理等各个方面的潜在能量，充分利用灵活多样的制度管理、岗位培训、企业文化理念，不断强化企业与员工的素质，从而确保创新的发展有后备力量与潜在能量。

衰退期是不可避免的，企业领导者与决策者应最大限度地拉长发展期，力求用不断创新的方式来减缓衰退期或使之不断实现良性转化。

在潜能控制阶段，企业一定要把握好启动、调整、发展、衰退四个时期的进程，切忌由启动期直接进入发展期，使潜能过早地被大量诱发而破坏创新。同时，又要避免调整期过长，使潜能不断泄漏而污染创新，要用市场和效益这两把尺子来衡量各个时期的进程，顺时造势，使创新所带来的潜能得到最佳的控制。

三、结构控制

组织结构是影响企业经营业绩和企业创新的重要因素，企业在进行结构控制时应避免采用传统的管理体制。传统的管理体制对市场的灵敏反应和企业创新都是相当不利的。

在传统的管理体制下，同级之间不能直接进行沟通，而必须通过其上级中转运行。在这样的体制下，信息传递缓慢且易失真扭曲，在市场瞬息万变、要求企业以快制胜、以奇制胜、以新制胜的时代，显然是不适合的。例如，分公司要针对竞争对手的挑战而准备采取相应的行动，如果仍要逐级上报批准行动方案，那么显然会耽误战机。

传统的管理体制的另一弊端是压抑、扼杀人的创造性、积极性、主动性。这种体制下通常决策权很大程度上集中在高层，采取高度的集权化，企业的中低层员工只是被动的接受者和执行者，当然无法激起他们的创造欲望。而且在这种体制下，规章制度森严，工人往往是围着制度运行，围着机器转，是制度和机器的附属物，这当然也大大挫伤人的积极性。

为了避免上述弊端，必须改变传统的管理体制，采取非结构化的、灵活的、机动的组织结构，如组织结构平面化、网络化，增加管理宽度，减少流转环节，适当分权，纵向层次减少，横向联系增加，更多采取并行的方式，加强协调和决策透明化，使管理结构趋于扁平化。

现在，我国企业正处于前所未有的大变革时期，要使之与经济体制的变迁相适应，跟上国际现代企业管理的步伐，创新是必要的，也是必须的。因此，一个成功的企业必须克服一系列极为艰难的挑战，控制创新中的一系列关键环节，这样才能达到企业创新的要求。企业要进行创新，首先，应树立全方位创新理念，建立创新激励机制。其次，企业应具备鼓励创新的开放系统，倡导学习和提升个人工作技能，营造集思广益的氛围，中高层以上管理人员鼓励并善于采纳下属意见，员工普遍习惯于采纳同事的意见。再次，公司在资源配置上要倾斜。创造本身需要投入，产品创新和技术创新更需要大投入，国外公司的产品研发费用每年动辄数亿、数十亿美金。为了开发 Unit-Link，平安专门成立了项目小组，先后花巨资聘请国外精算师和咨询公司参与。巨人集团的脑黄金生物制品的失败在很大程度上是由于其投入不足。建立创新激励机制也需要投入，如为训练员工创造力所花的费用。最后，加强创新方面的训练，提升创新技能。创新能力并不是天生的，在很大程度上取决于后天的学习和训练。

【个案分析】

松下公司：为创新而组

当 2003 年 3 月中村邦夫被任命为松下电子工业公司的董事长兼 CEO 时，他有一个重要的要求：继续做他一直做得事。作为世界最大的消费电子产品集团的高级执行官，中村几乎改造了他接手的每件事——包括美国的业务运作。所以当 6 月 29 日他担任新的职务时，这个高大的、茶色皮肤的 61 岁老人被给予完全的自由改组这个正在扩张的公司。“除非能够执行我自己的政策，否则我不想当一个 CEO”他说，“我的工作就是鼓励变革。”

是时候了。中村必须把一个拥有分布在 46 个国家 290 000 名员工的笨重的巨人变成一个信息技术时代健步如飞的运动员。他还必须使各分部在下一代的电子工业中保持优势。在公司82年的历史中，这场预期的最大变革没有什么是神圣的——不是松下高达680亿美元的销售额，也不是在职业生涯中保障工作的光荣传统。“人们调整其技能以适应IT时代是很必要的。”中村有许多工作要做。的确，松下品牌依然广泛流行而且公司在日本的可上网电话、汽车导航系统和DVD产品市场上都掌握有领先的市场份额。但是它从未生产过像索尼的随身听那样的重磅产品。而且它已经被在像电视和录像机这样的传统产品上不断下滑的利润打垮了。到2001年3月31日，这年消费品的营业利润下降了60%，集团营业利润下降了18%，降至18亿美元。

在管理方面，中村集成了一架破旧的机器。松下在改组方面落后于索尼、NEC和其他公司。它的官僚机构是巨大的，有太多的业务部门——仅在日本就有140个。难怪投资者对其股票并不感兴趣。2000年，其股票无论是在整个市场还是电子工业行业表现都不佳。

所以中村正快速前进。上任后的一天，他在录像演讲中保证向雇员授权时依据的是其有价值的已证实的才干，而不是年龄或资历。中村还分发了500部预备联网的电话给高层主管人员。“这样他们就能随时联系。”中村说。他计划下一年投入10亿美元推进松下信息技术方面的能力。

中村的长处似乎只是闪电般快速地翻新。在松下美国的运作现代化并更有效率之后，他在不到两年的时间里将松下在中国的35个赔钱的子公司全部变成了盈利的单位。“他在美国和中国都实行了激烈的变革，”日本有限公司的消费电子产品分析师指出，“他在这里也应该能做到。”

谨慎的分析员认为，在中村的领导下，松下将会向电子商务大步迈进。2001年10月，它将通过新的入口站点LifeVit. com在线销售松下的产品。进行中的计划还有将日本20 000个零售商店中的7 000个转变为电子商务的网络中心，从而提供并维修在线订购的商品。如果成功了，在美国和欧洲将复制这个模式。

对于10月的重组计划，分析员们遵循中村的思路。他们希望他将子公司的一个视听设备制造厂JVC合并到消费电子设备部门。对于一个照明设备和建筑材料的制造厂——松下电子器件有限公司，他们也有类似的提议。中村不排斥这种做法。他还打算通过增强五个关键领域的势力，蜂窝式电话、高端芯片、数码电视、显示器、DVD及其他光具盘，达到每年提高5%的销售额的目标。这些领域已经给集团带来20%的收入。

虽然投资者在对指定中村为CEO持谨慎乐观的态度，但是如果突然出现挫折，这种新的情况将很快消失。中村没有一刻余暇。

资料来源：王爱民，张素罗．管理学原理．成都：西南财经大学出版社，2010.

问题：

1. 你怎样看松下的技术策略？
2. 中村相信有必要变革的主要原因是什么？
3. 在改革一个公司的时候中村应该考虑哪些方面的事情？

【关键名词】

创新　制度创新　技术创新　组织创新　环境创新　观念创新　逆向思维

【讨论思考】

1. 创新的含义是什么?
2. 何为创新性思维?创新性思维有哪些表现形式?
3. 创新要遵循哪些原则?
5. 管理创新的基本内容是什么?
6. 创新过程包含哪些阶段的任务?

第十章 管理变革

课前准备

【学习目标】

本章着重介绍了企业文化、学习型组织、柔性管理、知识管理、供应链管理、比较管理等内容，通过本章的学习，学生应深入地了解和掌握新时期管理的新趋势、新特点、新观念和新方法，深入思考如何在以人为本的知识经济社会，在复杂多变的经营管理环境中让企业更好地生存和发展。

【重点难点】

1. 企业文化的内涵及其构建；
2. 学习型组织的内涵、特征及其构建；
3. 彼得·圣吉关于学习型组织的五项修炼；
4. 柔性管理的内涵、本质特征及实施；
5. 企业流程再造理论产生的背景；
6. 知识管理的具体形式；
7. 比较管理的意义。

学习内容

第一节　企业文化

一、企业文化的含义与内容

（一）企业文化的概念

企业文化产生于美国，却源于日本成功的管理经验，真正兴起于20世纪80年代。然而，关于企业文化的概念，至今仍众说纷纭，莫衷一是。

西方学者对企业文化较为一致的看法是，企业文化的主要内涵是价值观，价值观是企业成功的原动力，它远远高于技术的或经济的资源及组织结构等因素所起的作用。他们认为，企业文化是指在一个组织内形成的独特的文化观念、价值观、历史传统、习惯、作风、信念、理想、道德规范和行为准则等，并依赖于这些文化使组织内部各种力量统一于共同的指导思想和经营哲学之下。

我国学者对企业文化的看法可以归结为三种主要观点：一是认为企业文化是企业中物质文化和精神文化的总和，是企业管理中的硬件和软件的结合；二是认为企业文化包括物质文化、精神文化和制度文化三个同心圆，物质文化在外层，指机器设备和产品等；制度文化在中层，指企业的人际关系、管理制度等；精神文化在内层，指企业内在的行为规范、价值观念等。三是认为企业文化是指一个企业以物质为载体的各种精神现象。

无论是西方学者还是我国学者，对企业文化的内涵分析和界定都从某个角度进行了透视，揭示了企业文化内在的若干特性。

我们认为，企业文化是处于一定经济社会文化背景下的企业，在长期的经营实践中形成的独特的、为企业全体员工共同遵守的企业精神、价值观念和行为准则。

企业文化是一种亚文化，通常指的是以价值观为核心的企业的内在素质及其外在表现。从内涵的角度看，企业文化包括企业精神、企业文化行为、企业文化素质和企业文化外壳等四方面的内容。从其内部结构看，企业文化包括物质文化、行为文化、精神文化、制度文化四个层面。

1. 物质文化

它是企业文化的最外层，包括企业制造的产品和企业的各种物质设施，是一种以物质形态为主要对象的表层企业文化，是企业精神文化的物质体现和外在表现。

2. 行为文化

它是企业文化的第二层，是指企业员工在生产经营、学习娱乐中产生的活动文化。它包括在企业经营、教育宣传、人际关系活动、文娱体育活动中产生的文化现象等，是企业经营作风、精神风貌、人际关系的体现，也是企业精神和价值观的动态反应。

3. 精神文化

它是企业文化的第三层，也是核心层，是指企业在生产经营过程中，受一定的社会文化背景、意识形态影响而形成的一种精神成果和文化观念。它包括企业精神、企业经营哲学、企业道德、企业价值观、企业风貌等，是企业意识形态的总和。它是企业物质文化、行为文化的升华，是企业的上层建筑。

4. 制度文化

制度文化主要包括企业领导体制、企业组织机构和企业管理制度三个方面。企业领导体制的产生、发展、变化，是企业发展的必然结果；企业组织结构是企业文化的载体，包括正式组织和非正式组织；企业管理制度是企业在进行生产经营管理时所制定的、起规范保证作用的各项规定或条例。

上述四个层次的企业文化既相互独立又紧密相连，它们互为影响、相互作用，共同构成企业文化的完整体系。

（二）企业文化的内容

企业文化的要素就是企业文化的内容，主要包括如下五个方面：

1. 价值观

企业文化的价值观指的是为企业全体成员所共同拥有的价值观念，它反映了企业的基本信念和最高目标，是企业文化的核心。企业文化价值观的形成过程，实际上就是全体成员对企业所倡导的价值标准的认同过程，价值观能否为广大员工所接受并成为个人价值观体系的有机组成部分，主要取决于价值观的有效性。

2. 榜样

榜样是指完美地内化了企业的价值观，并在工作中卓有成效的人物。如果说价值观是企业文化的核心，那么榜样就是价值观的化身和企业文化的灵魂。企业树立一个榜样，实际上就是向广大职工发出暗示："如果像他那样努力，你也能获得成功。"这就可以引导职工在个人期望和企业目标之间选择最佳的结合点，实现个人和企业两种价值观的一体化。

3. 信息网络

有效的信息沟通和健全的信息网络是一个组织或群体存在的基础。企业文化的信息沟通主要指企业内部成员之间在思想、感情和价值观念等方面的交流，这种交流的渠道形成了信息网络。企业文化的内部传播主要是通过这种信息网络实现的。

4. 企业精神

企业精神是指企业群体的共同心理定势和价值取向，它是企业哲学、价值观念、道德规范的综合体现和概括，反映了全体职工的共同追求和共同意识。企业精神是企业职工在长期的生产经营活动中形成的，它一方面使职工更加明确企业的追求，建立与企业一致的目标；另一方面它又成为职工的精神支柱，激发和鼓舞职工的工作热情。

5. 文化载体

每个企业的企业文化都具体体现于物质形式、行为方式和精神风貌之中，这种企业文化的直接显现者就是文化载体。企业通过它的文化载体向外界传播自己的文化，外界则通过文化载体来认识一个企业的文化。因此，文化载体是企业文化的重要内容，它可以体现为企业的标识、环境、企业制度、道德规范等等。

二、企业文化的特征

企业文化是一种经济亚文化，从属于民族文化，但不同于其他类型的亚文化，其特征包括如下六个方面：

（一）人本性

企业文化最本质的内容就是强调人的价值观、道德、行为规范等在企业管理中的核心作用，强调和突出人的地位及作用。企业是人的企业，企业文化是以人为主体的文化。作为企业，重视职工身体素质的提高、智力素质的开发是其重要内容，但最重要、最关键的工作还在于对职工道德情操、价值观、行为准则、敬业精神、责任心、纪律性等人本素质的开发、培育和塑造。从某种程度上说，离开了人，一切机器设备等都只是一堆废物。从这个角度说，企业文化是以人为中心、以文化引导为手段的管理思想。

（二）独特性

企业的生产方式不同、发展历史不同、行业性质不同、经营者和员工的素质不同，必然会形成具有本企业特色的价值观、经营准则、道德规范等。越是成功的企业，企业文化的独特性越明显。在一定条件下，这种独特性越明显，其内聚力就越强。所以在建设企业文化的过程中，一定要结合自己企业的特点，形成自己独特的企业文化。

（三）客观性

企业文化是一种文化的积淀，它的产生和存在不以人的意志为转移。只要是一个企业，在其生存和发展的过程中就必然会形成企业文化，只不过有的企业文化比较强，员工能意识到，而有的企业文化比较弱，员工没有意识到。但不论人们是否意识到，企业文化总是客观存在着的，并发挥着或正或负、或大或小的作用。

（四）稳定性

企业文化不是一成不变的，要随着时代的发展而发展，但是它又具有相对的稳定性，即在一个时期内，它能够保持一个稳定的面貌，这是企业文化发挥其功能的基础。如果企业文化不具有相对的稳定性，天天变换，那么员工的思想和行为就会失去标准和导向。

（五）民族性

每一个地区都有其独特的民族文化，任何企业都存在于某一区域内，它必然要受到所在地区民族文化的影响。相应地，企业文化也就必然带有地域性、民族性和时代性。例如，在中、日、美三国的企业文化中，各自体现出了崇尚"集体主义"、"家族主义"、"个人英雄主义"的鲜明特征。

（六）时代性

任何企业都存在于一定的时代和空间中，因此企业文化的形成和发展就必然带有时代的特点。一个时代的政治体制、经济体制、社会结构、文化时尚等都会对企业文化产生影响。如20世纪50年代形成的"鞍钢文化"和20世纪60年代形成的"大庆文化"都深刻地反映了当时时代的特点和风貌。当前，随着社会经济体制的不断完善和建立，改革开放、开拓进取、竞争、效益等观念必然成为当今企业文化的核心内容。

三、企业文化的功能

企业文化是企业的无形资产，具有潜在的生产力，是企业发展的力量源泉。企业文化的功能是指企业文化在企业生存和发展中所起的作用，主要包括以下四个方面：

（一）导向功能

企业文化的导向功能，是指企业文化对企业行为和成员个人行为的引导作用。企业行为主要表现为企业战略决策的制定和实施，它直接决定企业经营的成败。企业正确的战略决策应该建立在对自身企业文化全面认识的基础上。如果我们在设计战略决策之前能正确地认识和考虑企业的整体文化，那么它们就会转变成实施战略的力量源泉。对企业成员的个人行为而言，企业文化对企业成员个体的心理、性格、行为起导向作用，每个企业成员都能从企业文化中体会到企业对自己的要求和期望，从而选择自己的行为方式。

（二）凝聚功能

凝聚功能是指企业文化能产生整合作用，使职工形成对企业目标、准则、观念的认同感，产生对本职工作的自豪感和对企业的归属感。企业文化有利于增强企业成员的同质性，即共同目标与共同利益的一致性，促使全体成员把实现企业目标作为自己应尽的职责，使员工产生很强的归属感，从而形成强大的凝聚力。企业文化还具有很强的排外性，而这种对外的排他性在某种意义上增强了对内的聚合力。

（三）激励功能

企业文化是一种精神激励，与物质激励相比，其适应性更强、作用更持久。企业文化的激励功能主要是通过满足员工的需要来发挥作用的。在以人为本的企业文化氛围中，领导与职工、职工与职工之间互相关心，互相支持。特别是领导对职工的关心，职工会感到受人尊重，自然会振奋精神，努力工作。另外，企业精神和企业形象对企业职工有着极大的鼓舞作用，特别是当企业文化建设取得成功，在社会上产生影响时，企业职工会产生强烈的荣誉感和自豪感，他们会加倍努力，用自己的实际行动去维护企业的荣誉和形象。

（四）自控功能

企业文化是通过成员接受企业倡导的价值观念，进而转化为个人价值观体系的有机组成部分，形成稳定的心理状态，从而使企业的期望转化为个人的内在要求，使企业的目标转化为个人自觉的、主动的行为。这种行为的自控功能主要有三个特点，一是现实性，它可以随时随地自觉纠正行为偏差，始终保持个人行为与群体行为的一致性；二是持久性，企业价值观内化为个人价值观体系的有机组成部分以后，形成心理定势，具有很强的稳定性；三是自主性，这种控制不是外部强加的，而是通过个体的自觉意识表现为自动、自发的行为。

四、企业文化建设

企业文化是企业管理的创新，具有持久的生命力。对于现代企业而言，企业文化建设是一项需要长时间、大投入的系统工程。在企业文化建设过程中，必须建立建设企业文化的优先地位，发挥企业文化的导向功能，引导生产经营活动快速发展。具体实施起来应注意以下问题：

（一）企业文化建设的一般原则

1. 强化以人为中心

文化以人为载体，人是文化生成的第一要素。企业文化建设中要强调关心人、尊重人、理解人和信任人。企业团体意识的形成，首先是企业的全体成员有共同的价值观念，有一致的奋斗目标，这样才能形成向心力，才能成为一个具有战斗力的整体。

2. 表里一致，切忌形式主义

企业文化属于意识形态的范畴，但它又要通过企业或职工的行为和外部形态表现出来，这就容易形成表里不一致的现象。建设企业文化必须首先从职工的思想观念入手，树立正确的价值观念和哲学思想，在此基础上形成企业精神和企业形象，防止搞形式主义，言行不一。

3. 注重独特性

独特性是企业文化的一个重要特征。文化本来就是在组织发展的历史过程中形成的，每个企业都有自己的历史传统和经营特点，企业文化建设要充分利用这一点，建设具有自己特色的文化。企业有了自己的特色，而且被顾客所公认，才能具有竞争的优势。

4. 不能忽视经济性

企业是一个经济组织，企业文化是一个微观经济组织文化，应具有经济性。所谓经济性，是指企业文化必须为企业的经济活动服务，要有利于提高企业生产力和经济效益，有利于企业的生存和发展。

（二）培育共同的价值观念

价值观念的培养是企业文化建设的一项基础工作。企业的价值观念是通过教育、倡导和榜样的宣传感召等方式培育起来的，它促使企业职工扬弃传统落后的价值观念，树立正确的、有利于企业生存发展的价值观念，并形成共识，成为全体职工思想和行为的准则。

企业价值观念的培育是一个由服从，经过认同，最后达到内化的过程，是一个长期的过程。在这个过程中，企业组织中个体成员价值观念的转变还可能由于环境因素的影响而出现反复，这更增加了价值观念培育的复杂性。

（三）构塑企业精神

企业精神的构塑，首先要根据企业所处行业的特点，确定和强化企业的个性与经营优势，从而唤起职工的认同感，增强职工奋发向上的信心和决心，形成企业的向心力、凝聚力和发展动力；二是以营销服务为中心，引导和培育企业职工创名牌、争一流、上水平的意识和顾客第一、服务至上的经营风尚，使企业在市场竞争中立于不败之地；三是大力提倡团结协作精神，使企业形成一个精诚合作的群体，建立和谐的人际关系；四是发扬民主，贯彻以人为本，造就尊重人、关心人、理解人的文化氛围，激励职工参与意识，使他们把自己与企业视为一体，积极为企业的兴旺发达献计献策；五是提炼升华，将企业精神归纳为简练明确、富有感召力的文字表达，便于职工理解和铭记在心，对外形成特色，加强印象。

（四）确立正确的经营哲学

企业经营哲学是企业一切行为的逻辑起点。因此，确立正确的经营哲学，是企业文化建设的一项重要任务。确立企业经营哲学，需要经营者对本企业的经营状况和特点进行全面调查，运用一些哲学观念分析研究企业的发展目标和实现途径，在此基础上形成自己的经营理念，并将其渗透到员工的思想深处，变成员工处理经营问题的共同思维方式。经营哲学的确立，关键是要有创新意识，创建有个异性的经营思想和方法。

（五）企业形象设计

企业形象设计一般经过形象调查、形象定位和形象传播三个阶段。形象调查是了解公众对本企业的认识、态度与印象等方面的情况，为企业形象设计提供信息。形象定位是在形象调查的基础上，根据企业的实际状况，用知名度和美誉度的高低程度对企业形象进行定位。形象传播是以广告或公关方式，将企业形象的有关信息向社会传播，让更多的顾客认识和接受，从而提高企业形象。企业形象设计具体包括提供货真价实的商品，提供优质服务，设计优美舒适的购物环境等方面。

第二节 学习型组织

一、学习型组织内涵

从20世纪80年代开始，出现了推广和研究学习型组织的热潮。美国的杜邦、英特尔、苹果电脑、联邦快递等许多世界一流企业，纷纷建立学习型组织。据初步统计，美国排名前25位的企业，已有20家按照学习型组织的模式改造自己，如著名的微软公司，其成功的秘诀就是倾心建立学习型组织。

所谓学习型组织，是指通过培养弥漫于整个组织的学习气氛，充分发挥员工的创造性思维能力而建立起来的一种有机的、高度柔性的、扁平的、符合人性的、能持续发展的组织。组织学习是一个组织成为学习型组织的必要条件。

学习型组织是现代企业理想的管理模式，是一种新型的管理理论。它最大的特点就是将组织视为可以持续进行自主学习、创新学习、共享学习的生命体。随着社会发展的不断加快和世界经济体系的全球化，学习型组织理论被越来越多的人所接受。面对日益加剧的变化和竞争，学习和研究学习型组织理论对于现代企业而言显得非常重要。在现今形势下，创建学习型组织是现代企业应对竞争的必然选择。

第一，学习观念的转变，致使组织不得不对学习有全新的认识。

传统的学习观念往往指个体的学习，而学习型组织实现了个人与组织在概念上的整合，将学习的概念扩大化，提升到团队学习、组织学习、企业学习、社区学习、城市学习、社会学习等范畴。学习型组织的理论认为，企业的每一项进步都是通过学习实现的，例如新产品的开发、销售市场的拓展、技术的创新、管理的改革等。随着社会的发展进步，人们对知识的重要性的认识几乎成为共识，进而使学习成为人的生存方式。高度信息化的组织是一个学习机构，工作和学习变得密不可分，这是促使人们向学习型组织迈进的深层次的社会动力。学习型组织的一个基本目的就是拓展知识，学习不再是在教室里或者上岗前的孤立的活动，人们不必撇开工作专门抽出时间来学习，相反，学习就是工作的核心，学习将是劳动的新形式。

第二，组织是有生命的，只有不断学习才能保持企业的生机和活力。

在市场竞争中，企业组织不再是一个靠指令而生存的生产“机器”。面对外界环境的变化，企业可以像人一样为了生存和发展，不断进行自我调整、自我学习，了解顾客的需求，开发出新产品。企业是有生命的东西，该生命体所作出的行为决定来自一个学习的过程，企业的寿命应该可以很长，大多企业在幼年的夭折只能说明一个问题，即这些企业没有真正成为一个生命体，缺乏对学习的敏锐感和紧迫感。真正有生命力的企业组织是那些善于学习的企业。

第三，经济全球化带来的挑战，迫使企业在竞争中学会学习。

2001 年我国加入 WTO 后，我国企业面临传统经济模式的大转变，企业一贯的做法将面临前所未有的激烈挑战。曾经有人说过：比竞争对手学得更快的能力是唯一持久的竞争优势。这迫使中国企业面对竞争，学会学习，学会在文化的交融中调整自我。联想集团在与国际知名企业的合作中，加强学习交流，以我为主，积极消化、吸收国际最先进的技术，学习国际性大公司在技术、产品开发、生产管理、组织管理以及市场运作等方面的管理经验和科学方法，并能创造性地加以运用，因而带动了自身管理水平的不断提高。在当前或者更长远的未来，那些忽略组织学习的企业都将在竞争的大潮中遭到淘汰。

第四，来自外部环境的冲击，要求企业不断学习。

“世界唯一不变的就是变化。”随着世界经济一体化进程的加快和科学技术的迅猛发展，企业面临的环境正在发生翻天覆地的变化。企业组织作为一个系统，要想生存下来，其学习的速度必须等于或大于其环境变化的速度。全球经济一体化改变了一个国家关门发展经济的局面，全球经济出现相互依赖、互利合作的经济格局。现在世界各行各业一两家大企业“一枝独秀’的局面已不复存在了，整个世界正成为一个相互学习的社会。欧美企业效法日本，而日本企业又在效法欧美，甚至从中国古代兵法思想中汲取营养。因此，了解别人、善于从别人处学习，将对企业增强竞争力、顺应多变的外部环境具有特殊和深远的意义。

二、学习型组织的五项修炼

麻省理工学院教授彼得·圣吉从另一个角度论述学习型组织，他认为：学习型组织不在于描述组织如何获得和利用知识，而是告诉人们如何才能塑造一个学习型组织。他说：“学习型组织的战略目标是提高学习的速度、能力和才能，通过建立愿景并能够发现、尝试和改进组织的思维模式并因此而改变他们的行为，这才是最成功的学习型组织。”圣吉提出了建立学习型组织的“五项修炼”模型。

（一）系统思考（Systems Thinking）

系统思考有两个关键点：一是系统的观点与动态的观点；二是相互联系的观点。

彼得·圣吉认为系统思考是一种“见树又见林”的艺术，因此，强调要把企业看成一个系统，并把它融入社会这个大系统中，考虑问题既要看到局部又要看到整体，既要看到当前又要看到长远。

（二）自我超越（Personal Mastery）

自我超越是胜过自己的意思，是指自我极度实现，达到自我高峰。一个事业心很强的人，一个希望事业成功的人，其目标不是满足现状，而是壮志凌云，志在千里，不达目标决不罢休。惰性与畏惧是自我超越的大敌。应利用人的“创造性张力”，即改造现实与变革现实的雄心与行动。这是自我超越修炼成功的关键。

（三）改善心智模式（Improving Mental Models）

心智模式是指根深蒂固于每个人或组织之中的思想方式和行为模式，它影响人或组织如何了解这个世界，以及如何采取行动的许多假设。改善心智模式就是发掘我们内心世界的图像，使这些图像浮上表面，并严加审视，及时修正，使其能反映事物的真相。

不同的人，对相同的问题有不同的看法，因为他们的心智模式不同。相同的人，对相同的问题，在不同时期也许看法不同，因为他改变了心智模式。心智模式之所以不同，在于其思维和逻辑推理时隐藏在人们内心世界那种先入为主的假设，往往与事实相距甚远。它严重影响了人们对客观事物的认识和判断，特别是当企业管理者出现这种现象时，少则使企业经营出现困难，大则将给企业带来灾难。心智模式中假设的错误并不是很直观的，甚至有些人深陷而不能自拔。所以必须通过学习，从组织制度上来帮助管理者改善心智模式。

（四）建立共同愿景（Building Shared Vision）

共同愿景是一个期望的未来景象和意象，是一种召唤及驱使人向前的使命，能不断扩展他们创造生命上真正内心所向往的能力。作为以个人为单元的组织，建立一个组织成员的共同愿景，以这个共同的愿景感召全体组织成员，使之为这一愿景而奋斗，则是第四项修炼。

个人愿景的力量来源于个人对愿景的深度关切和认同，而共同愿景的力量来源于组织成员对这个愿景的共同关切和认同。它是组织成员所共同持有的意象，它创造出了众人一体的感觉，使员工内心有一种归属感，有一种任务感、事业的使命感，并以这种感觉深植于组织中的全部活动之中，使不同的活动融汇起来。

那么，如何建立共同愿景呢？组织由个人集合而成，个人的愿景可以激发个人的勇气，组织的规划也只能通过个人规划和共同规划的尽量一致来激发群体的激情。所以建立共同规划的组织，必须持续不断地鼓励员工发展个人规划。而且建立的共同规划应与大部分员工的个人愿望方向一致，不应与之相冲突。使共同规划成为员工自己的规划，将其包容在一个伟大的事业之中，这就是从个人愿望建立共同规划的修炼原则。

共同愿景要求全体员工为之而奋斗，为之而奉献，而不是简单地服从。奉献的人将做一切为实现愿望所必须做的事情。要使员工能奉献于共同愿景，必须使愿景深植于每一个员工的心中，必须和每个人信守的价值观相一致，否则不可能激发这种热情。所以，共同愿景又是一个企业的基本理念，包容了企业的目的、使命和价值观，必须使员工清楚地认识到他们在追求什么，弄清为何追求，知道如何追求。这种价值观反映出组织在向愿景迈进时，全体员工日常的行动准则。管理者在组织内推广共同愿景时，除应真实、简单地描绘共同愿景外，还应身先士卒，自己先奉献于这个愿景，并不刻意要求下属的认同，留给下属一定的空间，让其自由选择。这样，反而容易使全体员工认同这个共同愿景，忠诚于这种修炼原则。

（五）团队学习（Team Learning）

团队学习的修炼要求组织学习的基本单位是团体而非个人。

团队学习是发展团体成员整体合作与实现共同目标能力的过程，是通过开放型的交流，发现问题，互相学习，取长补短，达到共同目的的过程。开放型的交流是深度汇谈。深度汇谈是创造性地研究复杂的议题，彼此用心聆听、互相交流，其目的是揭露我们思维的不一致性。

深度汇谈有三个基本条件：① 悬挂假设。假设的目的在于接受询问和观察，让团体来检验假设，同时使自己更清楚地看见自己的假设，与他人的假设相对照。通过反思和探询发现“跳跃式的推理”，这是深度汇谈的前提。② 视彼此为工作伙伴。视彼此为工作伙伴旨在消除阶梯差距所带来的障碍，及正确对待相同意见和不同意见的组织成员。这是创造平等关系环境的基础，也是深度汇谈的第二前提。深度汇谈的团体，成员之间会逐步形成一种独特的关系，一种彼此之间深度信任的关系。③ 深度汇谈精义与架构的制定。因为深度汇谈是一个学习的过程。这个过程要达到什么目标，精义必须指明，并且要通过辅导达到目标。特别是在团队修炼早期，辅导者作为一个过程顾问，作用在于提醒、示范、引导，帮助团队学习深度汇谈，则是十分必要的。

总之，修炼是一种过程，是一种学习的过程。五项修炼是一个组织的学习过程，所以进行五项修炼的组织被称为“学习型组织”。但能否真正成为“学习型组织”，并不仅仅看企业是否进行了五项修炼，关键的是五项修炼是否能互相搭配，从而解决实际工作中所面临的问题。

三、学习型组织的特征

以彼得·圣吉的五项修炼技术为基础，学习型组织具有以下特征：有一个人人赞同的共同构想；在学习和工作中，抛弃旧的思维方式和常规程序；作为相互关系系统的一部分，成员对所有的组织过程、活动、功能和环境的相互作用进行思考；人们之间坦率地相互沟通；人们抛弃个人利益和部门利益，为实现组织的共同构想一起工作。具体来说主要有以下八个方面的特征：

（一）组织成员拥有一个共同的愿景

组织的共同愿景（Shared Vision），来源于员工个人的愿景而又高于个人的愿景。它是组织中所有员工共同愿望的景象，是他们的共同理想。它能使不同个性的人凝聚在一起，朝着组织共同的目标前进。

（二）组织由多个创造性个体组成

在学习型组织中，团体是最基本的学习单位，团体本身应被理解为彼此需要他人配合的一群人。组织的所有目标都是直接或间接地通过团体的努力来达到的。

（三）善于不断学习

这是学习型组织的本质特征。所谓“善于不断学习”，主要有四点含义：一是强调“终身学习”；二是强调“全员学习”；三是强调“全过程学习”；四是强调“团体学习”。

终身学习即组织中的成员均应养成终身学习的习惯，这样才能形成组织良好的学习气氛，促使其成员在工作中不断学习。

全员学习即企业组织的决策层、管理层、操作层都要全心投入学习，尤其是经营管理决策层，他们是决定企业发展方向和命运的重要阶层，因而更需要学习。

全过程学习即学习必须贯彻于组织系统运行的整个过程之中。约翰·瑞定（J. Redding）提出了一种被称为“第四种模型”的学习型组织理论。他认为，任何企业的运行都包括准备、计划、推行三个阶段，而学习型组织不应该是先学习然后进行准备、计划、推行，不要把学习与工作分割开，应强调边学习边准备、边学习边计划、边学习边推行。

团体学习即不但重视个人学习和个人智力的开发，更强调组织成员的合作学习和群体智力（组织智力）的开发。学习型组织通过保持学习的能力，及时铲除发展道路上的障碍，不断突破组织成长的极限，从而保持持续发展的态势。

（四）“地方为主”的扁平式结构

传统的企业组织通常是金字塔式的，学习型组织的组织结构则是扁平的，即从最上面的决策层到最下面的操作层，中间相隔层次极少。它尽最大可能将决策权向组织结构的下层移动，让最下层单位拥有充分的自决权，并对产生的结果负责，从而形成以“地方为主”的扁平化组织结构。例如，美国通用电器公司目前的管理层次已由9层减少为4层。只有这样的体制，才能保证上下级的不断沟通，下层才能直接体会到上层的决策思想和智慧光辉，上层也能亲自了解到下层的动态，汲取第一线的营养。只有这样，企业内部才能形成互相理解、互相学习、整体互动思考、协调合作的状态才能产生巨大的、持久的创造力。

（五）自主管理

学习型组织理论认为，“自主管理”是使组织成员能边工作边学习，并使工作和学习紧密结合的方法。通过自主管理，可由组织成员自己发现工作中的问题，自己选择伙伴组成团队，自己选定改革进取的目标，自己进行现状调查，自己分析原因，自己制定对策，自己组织实施，自己检查效果，自己评定总结。团队成员在“自主管理”的过程中，能形成共同愿景，能以开放求实的心态互相切磋，不断学习新知识，不断进行创新，从而增加组织快速应变、创造未来的能量。

（六）组织的边界将被重新界定

学习型组织的边界的界定，建立在组织要素与外部环境要素互动关系的基础上，超越了传统的根据职能或部门划分的“法定”边界。例如，把销售商的反馈信息作为市场营销决策的固定组成部分，而不是像以前那样只是作为参考。

（七）员工家庭与事业的平衡

学习型组织努力使员工丰富的家庭生活与充实的工作生活相得益彰。学习型组织对员工承诺支持每位员工充分的自我发展，而员工也以承诺对组织的发展尽心尽力作为回报。这样，个人与组织的界限将变得模糊，工作与家庭之间的界限也将逐渐消失，两者之间的冲突也必将大为减少，从而提高员工家庭生活的质量（满意的家庭关系、良好的子女教育和健全的天伦之乐），达到家庭与事业之间的平衡。

（八）领导者的新角色

在学习型组织中，领导者是设计师、仆人和教师。领导者的设计工作是一个对组织要素进行整合的过程，他不只是设计组织的结构和组织政策、策略，更重要的是设计组织发展的基本理念；领导者的仆人角色表现在他对实现愿景的使命感，他自觉地接受愿景的召唤；领导者作为教师的首要任务是界定真实情况，协助人们对真实情况进行正确、深刻的把握，提高他们对组织系统的了解能力，促进每个人的学习。学习型组织有着它不同凡响的作用和意义，它的真谛在于：一方面，学习是为了保证企业的生存，使企业组织具备不断改进的能力，提高企业组织的竞争力；另一方面，学习更是为了实现个人与工作的真正融合，使人们在工作中活出生命的意义。

四、学习型组织的构建

学习型组织的创建对一个企业而言，要致力于企业综合竞争力的提高和员工自我发展愿望的增强。这是一个渐进过程，并且要与企业的实际工作紧密结合。

（一）在企业内倡导和树立终身学习的理念

部分企业学习动力不强的原因是职工囿于自己工作或职责范围内，他们不了解组织目标，不了解当代科技发展的新趋势及市场竞争的新特点，更不可能去思考经济发展对自己工作的影响，认为只要勤勤恳恳地把自己的本职工作做好了，就是一个合格的员工。针对这种思想，管理者要善于营造气氛、创造条件，引导员工着眼于未来，使员工认识到，仅仅胜任工作是不够的，在当今世界中生存和发展的企业需要速度和灵活性，要能满足顾客在质量、品种、方便、省时等方面的需要，企业不仅要有一支接受过培训的员工队伍，而且要求员工们能够分析和解决与工作有关的问题，卓有成效地在团队中工作，灵活善变。在企业内形成“大学习观念”，即工作学习化和学习工作化。工作学习化使员工强化使命意义，重在激发人的潜能，提升人生价值；学习工作化使企业不断创新发展，重在提升应变能力。

当然，终身学习观念的树立，也需要“外脑”的不断启发。在这个方面，企业可经常邀请有关经济、营销及管理方面的专家，甚至企业经营成功人士作专题演讲，以开阔员工视野，强化危机意识，增强其学习动机。

（二）构建适合员工需求的学习体系

学习型组织必须有一套行之有效的学习体系，这一学习体系不应该有什么固定的统一模式，而应从自身实际出发来建立。例如，日本欧姆龙电器设备公司的终身培训制度在日本很出色，它开展职工“人生设计活动”。公司规定，职工在35岁、45岁、53岁生日过后或担任管理干部5年之后有3个月的“人生调整假”，职工可以在这段时间里重新审视一下走过的工作历程，进行自我身心调整；可以学一门技术，进行自我充实；可以重新规划自己的“第二人生”。即使在欧姆龙公司进行技术调整，一些职工离开欧姆龙后，他们也能够继续对社会作出贡献。这是学习型组织具有代表性的一个新颖模式，显示了这种新型组织良好的社会功能。

对于一个学习型组织来讲，学习体系的建立应抓好以下几个方面的工作：

第一，根据不同员工层次制定各有侧重、相互配套的学习体系。在企业中，除价值观、团队精神等培训需求相同外，其他需求则因员工处于不同层次、所从事工作岗位不同而有所不同，对此企业应根据不同需求制定相应的培训体系。一般来看，企业培训体系主要包括四个方面：① 公司企业文化与发展战略；② 管理技能培训；③ 职业技能培训；④ 专业技能培训。员工可以根据自己发展的需要，有选择地参加公司提供的丰富多彩的培训内容。管理者根据企业实际情况创建的学习体系，首先应为员工创建不断学习的机会。

第二，在企业内鼓励倡导组成各种非正式的学习型团队。非正式的学习型团队组织多种多样，员工可结合自身的需求及特长自由选择，如“企业文化研究小组”、“QC 小组”、“新产品研发课题小组”、“财务研究小组”、“读书交流会”、“企业管理研究小组”等。这些自发性组织有利于员工自我开发，在企业内形成良好的学习氛围。实践证明，在企业内有利于员工参与型的组织越多，就越能为员工提供学习和相互启发的余地。

第三，结合形势适当举行面向全体员工的“专题”讲座。专题讲座时代感强，有利于员工正确认清形势。如“WTO 知识专题讲座”、“知识经济对现代企业的机遇及挑战”、“企业参与国际竞争还缺什么”等，以使广大干部员工增加危机感、责任感和使命感，使企业干部员工认识到，在知识经济时代，只有学习才能有适应力，只有学习才能有承重力，只有学习才能有创新力。

第四，学习方法应丰富多彩。除传统的授课方式外，针对成人的培训应结合其需要采用多种多样的教学方法，如集体讨论、角色扮演、案例分析、管理游戏、自修、辅导或拜师等。

（三）推动自我超越，提高员工学习的自觉性

学习型团队的建设，既需要企业管理层高度重视并采取相应的策略，又需要现实社会中每个成员有清醒的自我意识，增强危机感，从而激发学习的激情，提升学习的主动性。只有那些能够不断自我超越的人才能够在学习中体现生命的价值和人生意义。自我超越的培养，一般可以通过四个步骤进行：一是建立个人愿望，即建立个人价值的理想目标；二是保持创造性张力，即保持信心去面对理想与现实的差距；三是正确认识人生道路上发展的障碍性因素，寻找其克服的突破口；四是运用潜意识，即运用自己真正想得到的价值，来排除表面现象的干扰。只有不断实现自我超越的人，才能不断发现自己的不足，了解自己的不足，进而通过不断学习和进步克服自己的不足，最终突破极限，实现新的价值。只有不断实现自我超越的员工，才能在思想上真正由领导要我学习变成我要学习。

第三节　柔性管理

一、柔性管理概述

（一）柔性管理的兴起

20 世纪初，“科学管理之父”泰罗通过对企业运作组织的考察与研究，把工作分解成许多简单要素，系统地改进了每个要素的操作方法，以科学方法分析和确定“最好的方

式”高效率地去完成任务。这种以科学管理思想为指导、以“刚性管理”为基本内容的泰罗制，适应了当时大规模批量生产的经济发展要求，促成了由传统的经验管理向科学管理的转化。但是，在20世纪80和90年代，西方国家的经济进入成熟饱和期，供过于求成为市场的主要特点，从而企业的竞争方式已不仅仅表现为价格、质量和数量的竞争，而且企业的经营模式也面临着严峻挑战。于是，企业的大规模生产程度开始降低，根据实际情况，实行多品种批量生产。然而多品种批量生产又面临着规模成本和多样化成本的难题。为了解决这些问题，日本丰田汽车公司创造了柔性管理模式，建立弹性生产系统，如采用柔性制造系统的生产方式。由于这种方式打破了近百年来在制造业上占统治地位的大规模流水生产方式，使生产能较好地适应外部条件的变化，使日本制造业在国际市场上占据有利的竞争地位。

柔性管理是相对于刚性管理提出来的。刚性管理指“以规章制度为中心”，凭借制度约束、纪律监督、奖惩规则等手段对企业员工进行管理。这是20世纪通行的管理模式，如著名的泰罗管理模式。泰罗管理理论将人看作“经济人”、“机器的附件”，强调组织权威和专业分工。柔性管理则是指“以人为中心”，依据企业的共同价值观和文化、精神氛围进行的人格化管理，它是在研究人的心理和行为规律的基础上，采用非强制性方式，在员工心目中产生一种潜在的说服力，从而把组织意志变为个人的自觉行动。

柔性管理，从本质上说是一种对“稳定和变化”同时进行管理的新模式。柔性管理以“人性化”为标志，强调跳跃和变化、速度和反应、灵敏与弹性，它注重平等和尊重、个人价值和企业精神，它依据信息共享、虚拟整合、竞争性合作、差异性互补、虚拟实践社团等实现知识由隐性到显性的转化，创造竞争优势。

从实际效果来看，刚性管理和柔性管理各有所长。刚性管理易于维持企业正常的工作秩序，易于对员工进行量化管理。柔性管理则能满足员工的高层次需要，深层次地激发员工的工作动力，发挥其潜能。同时柔性管理有利于在企业内部形成集体主义和相互协作的精神。在实际工作中，刚性管理是管理工作的前提和基础，柔性管理是管理工作的升华。

（二）柔性管理的内涵

柔性管理主要是以人为中心，整合情感要素、组织要素、战略要素、营销要素、生产要素、技术要素、服务要素、心理要素为一体，追求全方位优质的系统化管理。它以对人的管理为核心，注重感情投资、塑造企业文化、推行民主管理、重视人才培训、人力资源开发；强调组织的柔性化，如由集权向分权的过渡、由金字塔形向大森林形组织过渡、组织机构的弹性权变设置等；强调战略决策的柔性化，如增强战略的灵活性、实行弹性预算、推行滚动计划法；强调营销组合来吸引消费者，刺激购买，实现销售；强调生产的柔性化，如制造业采用柔性生产线来组织灵活生产，突出多品种、小批量、适应市场变化的产品；强调利用高新技术进行管理，如利用信息技术带来的管理信息系统、办公自动化等，使管理具有更灵敏、更快速的特点；强调服务柔性，大力推行管理者为员工服务，员工为公司服务，公司为社会服务、为客户服务的理念，建立起企业内部、社会、客户的“情感链”；强调心理柔性，科学运用心理学的原理和方法，激发员工的工作热情，及时调整员工心态。

柔性管理的内涵主要有以下几个方面：

1. 以人性为前提

所谓人性，即人的共同属性，即人的自然（生物）本性、社会性和精神自主性。日本有人曾做了个比喻，他把工人比作“布谷鸟”，资本家把“布谷鸟”买来是要它鸣叫（唱歌）即干活的。如果“布谷鸟不想鸣叫”（不干活），资本主义社会初期的做法是“宰了它”；中期的做法是“硬要它鸣叫”，即采用泰罗的科学管理方法；现在的做法是“诱导它鸣叫”，即采用教育、诱导、激励等管理方法。这个比喻反映了西方管理中对人的基本看法的变化，即经济人—社会人—自动人—复杂人，对人的看法表现出由刚性到柔性的变化。

从人性表现看，任何人都想摆脱约束力，向往自由的境界。可是，规章制度是必不可少的。因此，在这种情况下，应该在规定的范围内尽量采取柔性管理手段，给人们提供创造自由的空间，以此表达尊重与民主、沟通与对话、和谐与舒畅。柔性管理正是反映了人性的这种深刻层面并因此引起管理学界的普遍关注。社会应当按照人的本性来使用人。为此，第一，社会要通过各种教育手段在人的心目中培植善意、良心、义务、尊严、价值；第二，要鼓励人遵循自己的最高价值目标的导引去追求、创造和竞争；第三，要努力创造条件让更多的人能最大限度地去发展体现在他身上的种种可能性；第四，要以道德、纪律和政策、法律这三道防线来防范人性中的恶对他人和社会的损害。

2. 以感情为纽带

感情是一种心理现象，是人们对客观好恶倾向的内在反映。人，有感情就有亲切感，有亲切感，人与人之间相互吸引力就大。感情可以是关心、温暖，也可以是尊重、赞誉；可以是信任、理解，也可以是支持、帮助。感情把人看成是非理性的感情人，认为人的行为有感性的一面，倾向于根据自己的感情体验和感情态度行事，而感性会使人通过感性人际关系通道分配资源。例如，旅客对列车员恭维一番，尊重他、感谢他，给他在意见本上写些表扬的话，他的服务就可能变得好一些、热情一些，甚至可能提供服务职责中没有规定的服务。因为这些恭维激发了他的正面感情，旅客与他发生了个人间的感情关系，两个人之间的关系再不是纯理性的了。相反，如果旅客指责列车员的服务不符合职责规定，与他发生了感情冲突，那么他所产生的否定、消极情绪也会支配他的行为。他可能不提供职责规定的理性服务，有可能刁难这位旅客。

感情作为一种中介把人与人、人与物连接起来。人倘若把自己的感情投入一定的物中，这一定的物就会“动”起来，由静态变成了动态，要么是真善美，要么是假恶丑。人与物之间尚且如此，人与人之间通过感情作为“中介”而产生的义务、义气、窘迫也就顺理成章了。而义务、义气、窘迫所表明的是人与人之间的远近、亲疏、离合，表明了人与人之间感情的张与弛、密与疏、多与少。可见，感情的“柔性”特征非常明显。

3. 以精神为寄托

在文化的三层次（行为、制度、精神）中，精神处于核心的地位。文化是人类对世界的把握方式，精神则是人类把握世界的价值取向。把世界作为“人的世界”来把握，便发展出人文精神，把世界作为“物的世界”来研究，便发展出科学精神。不同文化，有“人文精神”或“科学精神”的侧重；同一文化内部，也有“科学精神”与“人文精神”的分野。实际上，“人文精神”与“科学精神”不是截然对立，而是相辅相成的。在管理中，“人文管理”主张以人为本，把一切对象加以“人化”，注重满足人的情感需求，突出情感的逻辑；“科学管理”则主张以物为本，把一切对象加以“物化”，强调人的理性特征，突出效率的逻辑。实现“人文管理”和“科学管理”的互补，把“人”与“物”、感性与理性、情感逻辑与效率逻辑紧密结合起来，人类管理就会得到全面健康的发展。

二、柔性管理的本质特征及意义

（一）柔性管理的本质特征

柔性管理，从本质上说是一种对“稳定和变化”同时进行管理的新战略。柔性管理就是在表面上混乱的纷杂现象中，看出事物发展和演化的自然秩序，洞悉到下一步前进的方向，识别出潜在的未知需要和未开拓的市场，进而预见到变化并自如地应付变化。柔性管理的最大特点表现在其内在的驱动性、影响的持久性以及激励的高效性。其主要表现在不是依靠外在的权力影响力（如上级的发号施令），而是依靠人性解放、权力平等、民主管理，依赖于员工内在的心理过程，从内心深处来激发每个员工的内在潜力、主动性和创造精神，因此，具有明显的内在驱动性。不过，只有当把“要我这样干”的外在命令转变为“我要这样干”的内在欲望，把企业规范转化为员工的自觉意识，把企业目标转变为员工的自发行动，才能形成内在的驱动力，自我约束力才会产生。

柔性管理的特征可具体表述为：内在重于外在，心理重于物理，身教重于言教，肯定重于否定，激励重于控制，务实重于务虚。柔性管理要求员工把外在的规定转变为内心的承诺，并最终转变为自觉的行动，这一转化过程是需要时间的，因为受员工个体差异、企业的文化传统及周围环境等多种因素的影响，企业目标与个人目标之间往往难以协调。然而一旦协调一致，便可获得相对独立性，对员工将具有强大而持久的影响力。因此，在知识型企业管理柔性化之后，管理者更加看重的应该是职工的积极性和创造性，是职工的主动精神和自我约束。

（二）柔性管理的意义

传统的管理思想建立在规模经济基础之上，以大批量、少品种，尽可能地降低平均成本和减少投资实践来提高经济效益。而今天市场发生了变化，需要追求范围经济和集约经济的经营战略，柔性管理正是适应了这种经营战略。柔性管理在企业管理中的作用表现在如下三个方面：

1. 激发人的创造性

在工业社会中，主要财富来源于资产，而知识经济时代的主要财富来源于知识。知识根据其存在形式，可分为显性知识和隐性知识，前者主要是指以专利、科学发明和特殊技术等形式存在的知识，后者则指员工的创造性知识和思想的体现。显性知识是人所共知的，而隐性知识只存在于员工的头脑中，难以掌握和控制。要让员工自觉、自愿地将自己的知识、思想奉献给企业，实现“知识共享”，单靠“刚性管理”不行，只能通过“柔性管理”来实现。

2. 适应瞬息万变的外部经营环境

知识经济时代是信息爆炸的时代，外部环境的易变性与复杂性一方面要求战略决策者必须整合各类专业人员的智慧；另一方面又要求战略决策的出台必须快速。这意味着必须打破传统的严格的部门分工的界限，实行职能的重新组合，让每个员工或每个团队获得独立处理问题的能力和独立履行职责的权利，而不必层层请示。因而仅仅靠规章制度难以有效地管理该类组织，而只有通过“柔性管理”，才能提供“人尽其才”的机制和环境，才能迅速准确地作出决策，才能在激烈的竞争中立于不败之地。

3. 满足柔性生产的需要

在知识经济时代，人们的消费观念、消费习惯和审美情趣也处在不断的变化之中，满足“个性消费者”的需要，对内赋予每个员工以责任，这可以看作是当代生产经营的必然趋势。知识型企业生产组织上的这种巨大变化必然要反映到管理模式上来，导致管理模式的转化，使“柔性管理”成为必然。

三、柔性管理的实施

柔性管理是企业在已有先进生产技术和规范管理的基础上，经过系统思考，改变心智模型，提高学习能力，实现自我超越，主动地适应外部环境的变化来实现经营管理状态的变化，为用户提供质优、价格适中的产品和服务。企业必须打破原有的分工边界，充分利用各方面信息，采用柔性的生产技术和动态的组织结构，充分发挥全体员工的创新积极性。

具体地说，企业要实施柔性管理，必须从以下几个方面着手：

（一）以满足顾客的需求和偏好为经营导向

新经济时代，市场要求企业不仅要为顾客提供商品，而且要丰富顾客的价值，尽量使顾客在消费商品时能够获得更多的超值享受。柔性管理就是将顾客的需求与偏好放在首位，因此，柔性管理的关键在于确定如何创造丰富顾客价值的方案，如何解决顾客所关注的问题的方案，以及如何将顾客感知到的但并没有完全清楚地表达出来的愿望或需求转化为顾客可明确说出“这正是我想要的”产品的方案。这种以顾客需求和偏好为导向的管理，表现出较大的灵活性和适应性，是柔性管理的本质功能。

（二）以促进学习、激励创新作为管理的最基本职能

柔性管理是以 Y 理论为基础的一种科学管理。Y 理论认为人的发展潜力、肩负责任的能力、朝向组织目标以及引导其行为的能力，都是其本性所固有的。管理的责任，就是使员工认识其固有的特性，从而自行发展这些特性。科学管理时代管理的最基本职能是决策，而网络时代管理的最基本职能是寻求知识转化的路径与结点。网络时代不确定的市场变化已经把管理的核心作用转变为促进学习和激励创新。识别、发现市场的潜在需求与偏好，把握需求与偏好的动态过程，不仅需要大量的信息，更需要敏锐的洞察力。激励、综合、协调各线员工的努力，发挥各个方面的创新力量，努力为企业的发展提供创新性的建议与方案，增强企业的适时学习能力，使企业成为一个真正的学习化企业，才能造就一个智能化的企业，才

能不断获得新的竞争优势。

（三）以网络式组织为依托

质量是20世纪80年代企业成败的关键，而把客户真正当做合作伙伴的团队销售是当今时代企业成败的关键。但科学管理时代的组织是一种金字塔型结构的层级组织，它层次过多、传递信息的渠道单一而且过长，反应迟缓；各职能部门间相互隔离，信息流动受边界的限制，上下级之间的信息传递常常扭曲、失真。按照旧的组织架构，在某一组织机构中有固定位置的人只能在该位置上执行固定的职能，无论这种职能是否对满足客户需求有利，旧的层级管理体制显然不能适应以满足客户为中心的企业战略的需要。但是，网络式组织的各个部分相对独立，各部分之间是一种融合共生的关系，不存在分别划定的边界。以网络式的扁平化组织结构代替金字塔型的组织结构，提高了信息传递的效率和工作效率，加强了部门之间的相互沟通，在新的组织机构里，当一个市场机会出现时，在某一组织机构中有固定位置的人便会以其专长进入项目工作小组，并在其中扮演团队成员的新角色，与其他小组成员形成虚拟团队协同工作，直至小组任务完成为止。

（四）以企业再造为手段

企业再造是一项系统工程，包括企业战略再造、企业人力资源系统再造，企业文化再造、市场营销再造、企业组织再造、企业生产流程和质量控制系统再造。企业再造关注的是企业经营模式的调整，这为企业实现柔性管理提供了机会。因为，企业再造是在更高层次上确定企业如何对市场作出反应，如何识别潜在市场与创造新市场，并在这种识别与创造中重新定位企业在市场中的角色。企业再造重视培养人的学习能力，目的是把企业变成一个学习型组织，增强企业从员工个人到整个组织对瞬息万变的环境的适应能力。企业“柔性管理”是针对知识经济和全球化经营实际提出的新的管理思维与管理方式，它与传统的泰罗管理强调步调一致不同，是通过讲求管理软化，以管理的柔性化激发人的主观能动作用，以适应知识经济“刚性竞争”的需要。实践证明，“柔性管理”以柔克刚，是强化企业市场“刚性竞争”的良策，值得提倡。

（五）以刚柔相济为实施的原则

企业管理的柔性和刚性是一对矛盾的统一体，柔性管理并不排斥管理中的刚性成分，是对传统管理重物轻人、手段强硬、缺乏弹性的辩证否定。柔性管理实质上是在保持适度刚性的同时，尽可能地提高管理的柔性，使企业管理刚柔相济，更灵活、更高效。从内容来看，柔性管理是一个功能齐全的系统，在这个系统中企业的价值系统是“刚”，组织系统、员工管理、技术管理、营销管理则是“柔”。从表面上看，这里，一切都是柔性的，实际上，比起企业制度约束和纪律监督来，企业的价值观更富有“刚”性。向用户提供一流的产品和服务，满足顾客需求是刚性的。柔性化管理是在企业价值观下的自我约束、自我改善，同时是以“刚性管理”的一些内容为前提和基础的，可以想象，没有规章制度约束的企业必然是无序的、混乱的，柔性管理也必然丧失其立足点。

第四节　知识管理

一、知识管理的内涵

自20世纪90年代以来，美国企业的发展出现了一些新的现象：信息技术广泛地应用与企业的生产经营全过程；网络化成为企业组织结构调整的突出原因；全球化成为影响和制约企业发展的重要环境变量。这一切表明，知识经济已经出现端倪，知识正在成为企业管理的主要资源。对于知识经济和知识管理的研究，最早始于当时的美国。目前，对于知识管理的研究已经不再仅仅局限于理论方面的探讨，而是开始步入了实用化阶段。

国内外的学者知识管理的研究和界定，可谓是仁者见仁、智者见智。在国内，一般认为：知识管理就是对一个企业集体的知识与技能的捕获，然后将这些知识与技能分布到能够帮助企业实现最大产出的任何地方的过程。具体而言，知识管理就是通过对组织知识资源的开发和有效利用，提高组织的创新能力，从而提高组织创造价值能力的管理活动。

二、知识管理的特点

（一）知识管理重视对组织成员进行精神激励

组织是组织知识创新的主体，他们的成员拥有不断创新和创造新的有用知识的能力。因此，采取恰当的激励机制就显得尤其重要。知识管理不仅注重物质激励，更注重精神激励，强调赋予组织成员更大的权力和责任，使其能更好地发挥自觉性、能动性和创造性。

（二）知识管理注重知识的共享和创新

未来组织之间的竞争取决于其整体创新的能力。因此，有效的知识管理要求把整体知识共享和创新视为赢得竞争优势的支柱。创造一种组织知识资源能够得到共享和创新的换进，其目的就是通过知识的有效利用来提高个人或组织创造价值的能力。

（三）知识管理强调运用知识进行管理

与传统管理相比，知识管理的特点源自于其本质。知识经济是以网络为信息，高科技和智力资本为基础的经济。由于高科技、智力资本和网络信息的开发与利用就是信息流和智力流的转换与集成的过程，因此，知识管理是一种符号转换的管理，是管理规范的根本转变。

三、知识管理的内容

知识管理可分为人力资源管理和信息管理两个方面：

（一）人力资源管理

人力资源管理是知识管理的核心内容。人力资源管理是一种以人为本的管理，是将人看作最重要资源的现代管理思想。在人类社会发展的过程中，人力资源已经经历了从工具、要素、资源到主体的转变过程。

在知识经济时代，人力资源中的智力资本已经成为促进生产力发展的最重要内容。管理者应该充分认识到，人作为智力资本的拥有者将逐渐发展成为管理的主体。管理者的角色应从管理控制逐渐转向引导和帮助，包括对企业人力资源个体、团队甚至整个企业组织的知识、技能、智商以及情商的管理。

（二）信息管理

良好的信息管理是实现有效知识管理的基础。信息管理分为三个层面：最底层的是通信网络，用来支持信息的传播；第二层是高性能的计算机服务器，是存取信息、数据的关键环节；第三层是信息库、数据库系统层，是整个信息管理系统的关键层。对于组织而言，实施知识管理的关键在于建立激励员工参与知识共享的机制，培养组织创新和集体创造力。

在知识经济时代，决定企业成败的不再仅仅是企业掌握的显性知识和物化了的知识，更重要的是集中储存在员工头脑中的个人的经验和技能等隐性知识。知识管理就是借助信息管理，有效地实现不同性状知识之间的转换和创新。

四、知识管理的实施

（一）设立知识总监或主管

设立知识总监或主管的目的是要在没有先例可循的情况下能够熟练的丰富、支配和管理不断发展的知识体系，以便有效地运用集体的智慧来提高组织的应变和创新能力。一般而言，只是主观的主要职责包括：了解企业的环境和状况，理解企业内的信息需求，建立和造就一个信息共享的环境，促进每位成员为企业的知识库作出贡献并从中认识到知识共享的益处，保证知识库的质量、深度、风格以及设备的正常运行并使其保持与企业的发展相一致。

（二）从市场获得信息和知识

在市场中，特别是通过顾客获得信息和知识，是实施知识管理的重要途径，因为，企业对未来的预测是建立在时下隐约可见的种种迹象之上的，而这些迹象则体现在顾客的需求和愿望之中。此外，通过为顾客提供超越业务范围的相关知识的服务也是企业获得信息和知识的重要手段和途径。

（三）建立知识与信息的共享网络和知识联盟

知识与信息共享网络主要有两种：一种是内部网；另一种是虚拟网。通过网络，把企业内部和企业外部相互连接起来，既有助于内部资源的配置，又有利于企业与外部环境之间的及时沟通，这能够帮助企业扩展和改善自身的基本能力，从战略上创造新的能力。

第五节　企业资源计划

一、企业资源计划的提出

伴随着现代计算机网络技术的迅猛发展，20 世纪 90 年代以来，统一的国际市场逐渐形成，面临国际化的市场环境，企业的供应链管理成为其生产经营管理的重要组成部分，这就要求企业扩大对其所利用的资源进行全面管理的范围，而不是仅仅局限于企业自身的资源。因此，企业资源的概念不再局限于企业内部，而是在市场环境的要求下发展成为企业资源计划系统进行统一的配置和管理，从更大的时空范围进行优化。

二、企业资源计划的结构

企业资源计划以制造为中心，向内主张以精益生产方式改造企业的生产管理系统，向外则增加了战略决策功能和供应链管理功能。这样，企业资源计划系统下不仅具有计划和控制的功能，还包括以下的功能子系统：

（一）支持企业整体发展战略的战略经营系统

该系统的目标是实现基于网络环境的战略信息系统管理，完善决策支持服务体系，为决策者提供全方位的信息支持。

（二）全面成本管理系统

该系统的目标是建立和保持企业的成本优势，并由企业成本领先战略体系予以保障。

（三）敏捷后勤管理系统

很多企业存在着供应链影响企业生产柔性的状况，企业资源计划的一个重要目标就是在对企业内部资源管理的基础上建立敏捷后勤管理系统，以解决诸如供应柔性差、生产准备周期长等制约柔性生产的瓶颈问题，增加与外部协作单位在技术和生产信息方面的即时交互，缩短关键物料供应周期。

三、企业资源计划的经营理念

企业资源计划不仅是对企业内部资源管理系统的扩张，而且是在新的市场环境下的全新的经营理念，它体现了一系列管理思想和方法的变革。

（一）采用精益生产方式

企业资源计划将精益生产方式的概念引入企业的生产管理系统，其目标是通过精益生产方式的实施使管理体系的运行更加顺畅。

（二）实现全球大市场营销战略与集成化市场营销

这是对市场营销战略的一种扩张。企业资源计划的目标是在市场规划、广告策略、价格策略、服务、销售、分销、预测等方面实现信息集成和管理集成，推行以“顾客服务”为中心的经营方针；建立和完善企业商业风险预警机制和风险管理系统；进行经常性的市场营销与产品开发及生产集成性评价工作；优化企业的物流系统等。

（三）新的技术开发和工程设计管理模式

企业资源计划的一个重要目标就是通过系统各部门持续不断的改进，最终提供令顾客满意的产品和服务。从这个角度出发，企业资源计划致力于构筑企业核心技术体系；实现从上向下和从下向上的技术协调机制；利用网络实现企业与外界的良好信息沟通。

第六节　顾客关系管理

企业的生产经营经历了四个阶段：第一个阶段是制造阶段，特点是生产相对于需求落后，市场处于卖方的状态，大量生产是企业盈利的来源；第二个阶段是销售阶段，特点是企业拥有一个一流的销售公司来销售其产品，大量的推销员就是该阶段的产物；第三个阶段是营销导向阶段，特点是企业根据销售状况来确定生产计划；第四个阶段是消费者导向阶段，企业通过研究消费者的需要，来安排生产。

当前，大多数的企业正处于第四个阶段。虽然企业与消费者（顾客）的关系非常重要，但是二者的关系却并不和谐，经常可以听到消费者对产品或生产企业的抱怨。那么，在当前买方市场状态下，企业将如何调整与消费者之间的关系呢?

一、消费者运动

消费者运动起源于20世纪60年代。到现在，除了最初关注的产品的安全性问题，消费者关注的问题还有产品的价格、产品的质量、产品的可靠性、产品有没有兑现广告宣传中的承诺、产品的服务质量等问题。

虽然企业已经制造出了许多种产品，为消费者提供了大量的服务，但是在现实中企业在生产和服务中存在的问题依然不少。企业与消费者之间，是服务于问题并存，问题是永远也不会完全消失的。因此，消费者对企业的不满也就不会消失，消费者保护自己的运动也是如此。当然，正是由于消费者的不满和抱怨促进了企业之间的竞争。

二、产品信息问题

产品信息问题是企业传递给消费者的信息，包括广告、包装、有关产品使用的说明书等。企业有责任对其产品和服务提供公正和准确的信息。随着企业生产产品的种类、品种的不断增加和日益复杂，消费者确实需要了解清晰、准确、充分的信息。但是，有些企业在提供产品信息时，违背了有关道德约束和诚信原则，诸如夸大其词的广告，甚至是虚假性的广告。

广告是企业向消费者提供信息的主要途径。广告有两个基本作用：一是提供信息；二是规劝消费者。这两个作用是相互关联的，当企业在规劝消费者的时候，若是过于心切，则很有可能出现故意向消费者提供虚假信息的情况。其主要的情况有以下几种：

第一种，提供模棱两可的信息。这种情况是指广告用语不准确，信息表述不清楚，存在多种理解，在广告中使用含糊性的语句，可使观众或听众产生多种联想，会起到误导消费者的作用。

第二种，提供隐瞒事实的信息。隐瞒事实的信息就是故意不把消费者应该知道的事实告诉消费者，从而误导消费者的选择。

第三种，提供夸张性信息。夸大产品的功能，作出的承诺过于宽泛，就是向消费者提供了夸张性信息。夸张性信息虽然能够达到使消费者购买其产品或服务的目的，但是由于消费者是最终能够清晰地识别，势必最终将失去消费者的信任与青睐。

第四种，提供诱导性信息。该种信息是在规劝消费者购买其产品时，不依赖消费者的理性分析，而是对其进行感性的诱导，目前，该类别的广告愈来愈普遍，但是并未给消费者提供真实有效的信息。

三、产品问题

与消费者相关的产品问题主要是两类：一类是产品质量问题；另一类是产品安全问题。

对于消费者而言，产品质量设计功能、特色、可靠性、规范性、耐用性、服务性、外观、感知等多方面的内容。功能是指产品的基本用途；特色是指与类似产品的区别；可靠性是指出现产品损坏的可能性；规范性是指产品或服务达到的国家或行业标准的程度；耐用性是指产品的寿命；服务性是指产品得到维修的快捷和便利的程度；外观是指产品外形的美观程度；感知是指消费者通过产品信息和产品有形、无形的特征对产品品质的主观推断。

对于企业而言，产品安全问题是一项具有重大责任的事物。第一，产品在设计中应该考虑安全性问题，力图避免设计缺陷；第二，产品在生产过程中应该符合设计要求；第三，企业应该向消费者提供可以避免危险的说明书；第四，企业应该预见到可能出现的消费者对产品使用不当的情形，对此应提出警告。企业应设置专门的产品安全管理机构，专门负责产品的安全管理工作。

四、消费者意见的处理

企业对消费者的意见可以有多种方式进行处理。例如可以任命一名消费者事务主管或成立一个专门的消费者事务特别工作小组，但是较好的方式则是设置常设的消费者事务办公室或事务部。

消费者事务办的基本任务就是加强企业管理机构对消费者要求的反应。其作用是：一方面代表消费者对企业提意见，作为消费者的代言人；另一方面代表企业向消费者说明企业在生产产品的过程中是怎样为消费者考虑的。这两种角色有一定的矛盾和冲突。关键在于要能得到管理层的理解和支持，特别是得到企业最高层的理解和支持。

消费者事务办应恪守自身的职责，建立产品反馈意见档案或者数据库，有计划地对企业的产品进行定期的审查，尽量在企业内部解决问题，促进企业产品市场竞争力的提高。

第七节　供应链管理

传统的企业供给关系是基于市场分工的，而新型的企业供给关系则是给予企业间的合作。新型的供应关系是基于知识、信息、能力分布不均匀基础上的合作。这种合作关系使得企业之间的传统界限越来越模糊这些相互联系的上下游企业组成了一个更加庞大的虚拟企业，因此这也称为一体化供应链。

一、供给合作伙伴的选择

在供应关系的管理中，供给企业应该相对稳定。为了形成稳定的合作关系，核心企业与外围企业要保持相对稳定。因此，仔细地选择供应商就显得非常必要。选择供应商时，不仅要考虑价格，更要考虑发展前景、技术潜力、信任程度等其他方面。

供应商需要具备一定的创新能力、设计能力、生产能力和管理水准，以此保障和满足交货的可靠性和时间的准确性。

企业与供应商建立稳定的合作关系要从相互理解开始。要让供应商了解企业的生产程序和生产能力，使供应商清楚地知道企业需要什么。此外，也要向供应商提供自己的经营计划、经营策略以及具体措施，使供应商明白企业的发展方向。

在互相理解的基础上，双方应该达成相互信任和共识。供应商向企业提供保障供应的措施，双方共同讨论可能性、存在的问题以及补救的方案。企业与供应商先达成底层的共识，即以短期的合作为基础，以满足顾客目前的要求为目标的共识。该层次的合作属于一般合作关系。

在低层共识顺利实施的基础上，合作企业可以进一步达成高层的共识，即以长期的合作关系为基础，双方资源共享，共同开发相关配件或产品。这种合作则属于接近或达到战略合作的关系。

二、信息共享

信息共享是企业与供应企业合作关系的一个重要方面。供应关系的协调进行是建立在企业间高质量的信息传递与共享的基础之上的。如果过于注意企业商业秘密的保密性，就可能丧失合作带来的效益。企业必须在信息保姆与信息共享两者之间作出适度的平衡。

信息技术为企业间的信息共享提供了技术支持，可以减少信息传递的时间，提高交换信息的准确性，降低信息处理工作的复杂性。

在企业之间传输数据主要有人工操作传输、计算机自动传输、网络技术传输等三种方式。人工操作传输的效率比较低，但是保密性好，适用于传输数据少的低级合作阶段。计算机自动传输的效率较高，保密性也较好，适用于企业的高级合作阶段，但是费用较高。在网络迅速发展的今天，利用网络特别是公用的数据网络进行数据传输，费用较低，灵活性大，可以适用于企业间信息合作的不同阶段，但是其缺点是保密性较差。但是随着通信加密技术的进一步发展与完善，这一问题将会逐步地得到解决。

三、共同实施物流战略

在信息共享的基础上，供给企业不仅可以得到核心企业的订货数量，还可以进行需求预测，确定相应的库存量和库存策略。更进一步说，核心企业还可以为供给企业提供更多的信息、技术，甚至计划和组织。

核心企业和供应企业可以相互支持、共同发展。核心企业可以在进行产品设计时允许供给企业派出工作人员参与产品的整体设计以及相应部件的设计制造。这样，双方的联合设计使产品的配套关系更加合理，从而使供应企业和需求企业的生产服务过程被作为一个整体来考虑和分析，节约的费用通过某种方式由双方共享。核心企业甚至可以通过长期在供给企业派驻工作人员来帮助解决问题、优化工艺、监督质量。

四、横向联盟关系管理

产品类似的同业企业相互之间既具有竞争的一面，也具有优势互补的另一面。同业企业利用优势互补形成的横向联盟关系被称为战略联盟。这种联盟的关系是很自然的。战略联盟是指某个企业为了实现自己的战略目标，而与其他竞争对手的同业企业结成联盟关系。

第八节　比较管理

比较法是通过辨认、鉴别，揭示事物之间的共同点和差异以正确认识事物的一种认识方法。作为一种研究方法，在古今中外众多学科的研究过程中，比较法是人们常用的基本方法。在管理学的研究领域，近年来比较管理学研究称为一个引人注目的新分支。

一、比较管理概述

（一）比较管理学的发展状况

在美国，比较管理学被称为国际比较企业管理学或多文化混交组织学；在日本，比较管理学被称为国际比较经营学。无论如何称呼，它是通过比较分析的方法来研究不同国家企业管理的一门新兴学科。

比较管理学产生于20世纪50年代末。一般认为，美国普林斯顿大学经济学教授弗雷德里克·哈比森和麻省理工学院工业关系学教授查尔斯·迈尔斯在1959年出版的《工业世界中的管理：国际分析》一书是比较管理学的奠基著作。两位作者通过对美、日、英、法、德以及前苏联等 12 个国家不同类型的企业管理进行考察、总结，最终写成了该书。从那时开始到 20 世纪 70 年代，在 西方各国逐渐引起了对比较管理的广泛关注和后续研究，各国相继成立了专门的研究机构。在我国，直到 20 世纪 80 年代，有关的专家学者才引进比较管理的分析方法。逐渐地引起了人们的广泛关注和较为深入的研究。

（二）比较管理学的研究内容

在比较管理学的学术著作中，勇于比较对象的国家既有资本主义国家，也有社会主义国家，既有发达国家，也有发展中国家，在数量上从两个到十几个不等。研究的内容主要包括不同国家企业管理的异同点、主要特点、彼此间的相互影响等。研究的体系也各不相同，有的分专题对几个国家的企业管理理论和时间进行比较；有的分国别对几个国家的企业管理从历史、现状、发展特点进行论述，然后加以比较；有的从建立比较模式入手，分析外部环境、管理哲学等因素对管理过程诸要素的影响。

二、比较管理意义

（一）比较的目的

人们进行比较，总有一定的目的性。一般而言，比较的目的性可分为两类：一类是追求科学的目标，即通过事物之间异同的比较，来正确认识事物的真相以及规律性；另一类则是追求功利的目标，即通过比较认清事物之间的异同，确定其利弊，达到趋利避害的目的。

通过比较，可以使人们摆脱在狭隘的范围内寻求本质联系的局限性与片面性，而转向更广阔的范围寻求事物的普遍关系，从而把握事物间本质的、必然的联系。这正是研究规律性所要求的。借助比较研究，可以更好地解释管理的规律性。但是，管理学同时又是一门实践性很强的学科。因此，从比较管理学的产生和发展来看，它不可避免地带有很强的功利实践性。通过借鉴其他国家企业管理的成功经验来改进我国的企业管理，这有助于加快我国现代化建设。

（二）管理的可比性

比较管理学研究的对象一般是跨国度的。因此，也就产生了可比性问题，即在不同的政治、经济、历史、文化、民族的环境下，跨国度比较是否可能。

比较管理的发展时间已经证明，进行跨国管理比较是可行的。许多管理学者认为，基本的管理概念、管理理论和管理原理是普遍适用的，这就是进行跨国管理比较的基础。同时，应用这些理论和原理的方式随着文化地域的不同而存在差异性。因此，比较管理学研究的正确方法是把管理学的基本原理和实务仔细地区别开来。

当然，要进行比较，必须建立一定的比较依据和比较标准。一定的生产力发展水平，一定的生产关系，一定的范围，一定的内容，一定的社会经济形态等。，都可以称为某一特定目标的比较依据。

【个案分析】

得利斯总裁的批语

得利斯集团总裁郑和平酷爱读书，每每看到精彩的文章，总要推荐给员工。一次，某杂志“名牌列传”专栏刊载的一篇文章《“同仁”最是真》引起他的共鸣，郑总一连在十五处文字下划了着重号。这些内容集中反映在：做精品要严格规范，精益求精；做事要兢兢业业，埋头苦干；做人要认认真真，实实在在……郑总认为同仁堂造药，得利斯造食品都是吃的东西，是关系到人的身体健康的东西，两者具有很多相似之处。对这篇文章郑总不仅自己阅读研究，而且向全体员工推荐，他希望这篇文章对全体员工都有所启示。

下面是郑总对此文章划重点号的部分内容以及他的批示。

《“同仁”最是真》成药配方独具特色，考料炮制可谓一丝不苟，紫血丹的配方需用金锅银铲，乐家老太收集了各房的金首饰100两，放在锅里煮，日夜守候着。一次，老板服用本堂生产的银翘解毒丸时，口感有渣滓，便一追到底，发现是箩底的细绢并丝，造成箩目过大，他当场用水果刀划破所有的箩底，令工人更换……

俗话说：字要习，马要骑，拳脚要踢打，算盘要拨拉，久练即熟，熟能生巧……同仁堂选料是非上乘不买，非地道不购。……火候不济，功效难求，火小了，香出不来，香入脾；如果火大，炒焦了，焦气入心经，所以又有火候太过，气味反失一说。一颗牛黄上清丸就有100多道工序，药真工细，同仁堂一等品出场达标率达100%。

“炮制虽繁必不敢省人工，品味虽贵必不敢减物力。”……同仁堂人也琢磨同仁堂老而不衰的谜，说法不一，却有一点共识：传统也罢，现代也罢，兢兢业业，一丝不苟的敬业精神，啥时都重要。一位女工出远门回来后写道：“我深深懂得，踏踏实实工作，认认真真做人，才是最根本的，因为我的根基在同仁堂！”

批语：同仁堂造药，得利斯造食品，都是入口的东西，但愿《“同仁”最是真》这篇文章能给我们的员工一点启示！

资料来源：王爱民，张素罗．管理学原理．成都：西南财经大学出版社，2010.

问题：

1. 你对总裁推荐这篇文章的做法是否赞成？
2. 构建学习型组织对企业的管理者提出了什么要求？
3. 学习型组织中员工的角色发生了什么样的变化？

【关键名词】

企业文化　学习型组织　五项修炼　柔性管理　知识管理　供应链管理　比较管理

【讨论思考】

1. 联系实际谈谈如何构建企业文化？
2. 企业流程再造理论是在什么背景下产生的？
3. 什么是学习型组织？它有哪些特征？

4. 如何理解彼得·圣吉提出的学习型组织的五项修炼技能？
5. 你认为企业应如何实施柔性管理？
6. 简述知识管理的具体形式。
7. 进行比较管理有何意义？

第十一章

技能训练

第一节 管理创新技能训练

一、填空题

1. ________是企业技术创新的核心内容，它既受制于技术创新的其他方面，又影响其他技术创新效果的发挥。

2. 从生产的物质条件这个角度来考察，要素创新主要包括________和________。

3. 对企业而言，环境创新的主要内容是________。

4. ________活动往往被认为是企业创造市场需求的主要途径。

5. 完整的创新过程一般包括________、________、________和________四个阶段。

二、单项选择题

1. 下列不属于管理的“维持职能”的是（　　）。
   A. 组织　　B. 领导　　C. 控制　　D. 创新

2. 最先给出创新的定义的人是（　　）。
   A. 约瑟夫·熊彼特　　B. 罗纳德·科斯
   C. 哈罗德·孔茨　　D. 彼得·德鲁克

3. 下列选项中，不属于创新活动的是（　　）。
   A. 设备的更新改造　　B. 产品的开发
   C. 质量的检验　　D. 工艺的改进

4. “有心栽花花不开，无心插柳柳成荫”，说明（　　）是创新的源泉之一。
   A. 不懈的努力和奋斗　　B. 意外的成功或失败
   C. 随机应变的才能　　D. 对未来的预见能力

5. 下列关于产品创新的说法错误的是（　　）。

A. 必须在原理、技术水平和结构上有突破性的改变
B. 可以是利用新原理、新技术、新结构开发出一种全新型产品
C. 可以是在原有产品的基础上，部分采用新技术而制造出来适合新用途、满足新需要的换代型新产品
D. 可以是对原有产品的性能、规格、款式、品种进行完善

三、多项选择题

1. 创新对于组织来说是至关重要的，这是因为（　　）。
A. 创新是组织生存和发展的基础　B. 创新是组织谋取竞争优势的利器
C. 创新是组织摆脱发展危机的途径　D. 没有创新就没有绩效
2. 关于创新与维持的关系，下列说法正确的是（　　）。
A. 维持是创新基础上的发展　B. 创新是维持的逻辑延续
C. 维持是为了实现创新的成果　D. 创新是为更高层次的维持提供依托和框架
3. 思维创新的特点主要有（　　）。
A. 新颖性　B. 独立性　C. 艺术性　D. 综合性
4. 产品创新包括（　　）。
A. 新产品的开发　B. 老产品的改造　C. 客户需求预测　D. 市场调研
5. 下列属于创新产生的动因的是（　　）。
A. 人的心理活动特征　B. 经济的发展
C. 自然条件约束　D. 实现自我价值的愿望
6. 技术创新主要包括（　　）。
A. 要素创新　B. 制度创新
C. 要素组合方法的创新　D. 产品创新
7. 下列属于环境创新的是（　　）。
A. 通过企业的公关活动，影响社区政府政策的制定
B. 通过企业的技术创新，影响社会技术进步的方向
C. 通过组织创新，提高管理劳动的效率
D. 通过市场创新去引导消费。创造需求
8. 就企业外部而言，有可能成为创新契机的变化主要有（　　）。
A. 文化与价值观念的转变　B. 人口的变化
C. 宏观经济环境的变化　D. 技术的变化

四、案例分析

案例（一）

小天鹅的“末日管理”

无锡小天鹅公司是一个以国有资本为主体的股份制企业。几年来，在企业内部推行

“末日管理”，以建立全球性“横向比较”的信息体系为手段，以全员化、立体化、规范化的营销管理体系为支柱，以强有力的人才开发机制为保证，从追求卓越到追求完善，小天鹅人的危机意识已成为全体员工的共同意识。

1. 竞争就是争取消费者

小天鹅运用特殊的比较法参与竞争，将传统的“纵比”改为“横比”，比出了“危机”：其一，与国际名牌比，找出与世界水平的差距，争创国际品牌；其二，与国内同行比，学习兄弟企业的长处，保持国内领先；其三，与市场的需求比，目光紧紧瞄准用户，把握市场命脉；其四，以己之短比人之长，努力做到警钟长鸣。

2. 参与竞争就是提高市场占有率

市场占有率既是企业成功的条件，又是企业成功的标志。占有了市场就是争取了消费者。小天鹅认为，企业提供的不仅仅是产品，更是质量和信誉，而且是广大消费者给我们发了工资和奖金。今天的小天鹅不仅完成了这个观念上的转变，而且已经实现按订单生产，成了“无仓库企业”。小天鹅又提出“24 小时，365 天运行才是正真经营”的经营理念。实行双班制生产，推行24 小时热线服务，进一步提高小天鹅的市场应变能力和效率，确保了市场占有率。

3. 建立面对市场的全员化、立体化、规范化的营销管理体系

全员化就是多让职工参与营销；立体化就是企业内部在生产、科技、营销、人事等方面面对市场发扬团队精神，参与市场竞争；规范化就是把行之有效的营销方式制度化，这包括：① 小天鹅的企业精神：“为国贡献，团结拼搏，进取敬业，全心服务，文明礼貌。” ② 小天鹅的规范管理：人事管理推行《职工就业规则》，对职工的权利和义务都作了详尽而明确的规定；财务管理实行《裁决顺序和签字原则》，明确总经理、副总经理和部长的权限，对公司日常事项的决定作了详细的规定。③ 实行成品零库存的制度，如果产品三天卖不掉，宁可停产。

4. 注重服务

小天鹅在服务上推出了“金奖产品信誉卡”的承诺，将服务监督权交给用户，把服务公约公布于众，坚持做到“1，2，3，4，5”的特色服务，即“上门服务带一双鞋，进门二句话，带好三块布（一块修机布，一块垫机布，一块擦机布），做到四不准（不准抽用户一根因，不准喝水，不准乱收费，不拿用户礼品），五年保修，随叫随到，如有逾期甘愿受罚”，并为用户办理了责任保险。并坚持“名品进名店”，与全国经联会、贸联会、新联会、华联和交电系统的一百多家商界台柱子商场建立正常友好的业务往来。

5. 实施名牌战略，扩大经济规模，提高竞争力

经营只是今天，创新才是明天，随着市场经济的深入，末日管理又有了新的拓展，推行战略联盟，壮大销售同盟军，也壮大了小天鹅自己。为实现自己的“旭日目标”，小天鹅的做法是：① 与同行联盟。小天鹅只有波轮全自动，没有滚筒，也没有双缸，从这点看，小天鹅要抢占市场份额，确有难度，偏偏上海惠而浦、长春罗兰、宁波新乐有设备，有产品也乐于接受定牌，扩大批量，小天鹅紧紧抓住这个机遇，与他们成功地进行战略联盟，达到了双赢。② 与相关产品联盟。洗衣机和洗衣粉休戚相关，小天鹅与广州宝洁公司建立了伙伴式的营销联盟。宝洁公司在他们生产的“碧浪”洗衣粉包装袋上印上了“一流产品推荐”的字样，并标明了小天鹅的商标。小天鹅洗衣机在他们的产品为宝洁公司分发碧浪洗衣粉试

用样品。③ 与国外大公司联盟。小天鹅公司与德国西门子公司双方投资，组建了博西威家电有限公司生产滚筒洗衣机，又与松下公司合资生产绿色冰箱，与 MOTOROIA、NEC 分别结盟成立实验室，使小天鹅的产品始终与世界先进技术保持同步。

资料来源：http：//doc. mbalib. com/view/3d287ed407bd7d492a4e6e3c38314fb9. html.

问题：

1. 管理的创新职能在这个案例中体现在什么地方？
2. 小天鹅的末日管理的最大特点是什么？

案例（二）

美特斯邦威：温州的虚拟企业

在肯尼思·普瑞斯、罗杰·内格尔等美国学者于 1991 年最早提出“虚拟企业”概念仅仅 7 年后，美特斯邦威就运用“虚拟经营”之道，成功地打破了温州家族式民营企业通常发展至 5 亿元左右年营业规模就徘徊不前的“温州宿命”。

2002 年 8 月 23 日，一个专家组来到美特斯邦威集团，考察其电子商务的应用情况。在这里已经看不到一台缝纫机，初步具备了虚拟品牌运营商概念的美特斯邦威集团，竟然自行研究开发了包括 ERP 在内的全部信息系统！专家组认为，在目前的国内企业中，美特斯邦威在信息技术运用上已处于领先地位，真正把信息技术成功运用到了生产、管理、流通、销售等各个环节。

这其中，从零开始创建美特斯邦威 IT 部门的集团副总经理王泉庚起到了重要作用。十几年前，王泉庚利用自己业余时间学习的计算机知识不声不响地编起了条码，这一做法让美特斯邦威不断推陈出新、数量急剧增加的产品品种在财务、仓储、运输和销售等各种报表上重新回归简单和规范。最终，“没有什么额外投资，除了本身耗材成本”的条码，不仅让美特斯邦威购买了第一台电脑，而且从 1996 年开始，公司就要求出库、入库全部使用条码技术。

“我们的信息化绝不是在赶热潮，一般都是在管理上遇到了问题，用传统办法解决不了才去实施的。服装这种在我国发育得比较完善的传统行业，竞争的主要焦点第一在于成本，信息化无疑触发了对降低运营成本的追逐；第二就是速度，服装行业的预测往往不准，结果往往造成不是积压，就是缺货，信息化对这一问题也有很好的解决能力。”小试牛刀即大获成功的王泉庚仍然不敢忘了“用最少的钱做更多的事”这一在民营企业里做事的天条，然而条码的应用把他的目光引向了整个供应链。

“服装只是信息的一种行业属性，我相信来自 IT 行业的这些新的管理思想是可以重新塑造服装行业新的竞争模式的。”今天的王泉庚已经深谙周成建总裁的以 IT 为基础架构的“虚拟经营”之道。时尚变化和组织变革迅速，生产和贸易结合紧密，这是全球纺织服装产业的两大主要特征，这要求提高预测、备货、生产等各个环节的效率，特别是减少库存量，降低库存成本。

在今天的美特斯邦威 IT 系统里面，每个特许加盟的专卖店都投射在这一包括电子商务系统、门店管理系统、销售时点系统在内的系统内，加上打通各 OEM 厂商的 ERP，仅有 300 余人的美特斯邦威总部在 40 余人的计算机中心的支持下，从容地控制着 1 000 余家专卖店和100余家远在江苏和广东的OEM生产工厂。对于整个供应链来讲，专卖店可以从网上查看新货品的实物照片来快速订货，美特斯邦威总部可实时考核每个专卖店的销售业绩（甚至可以细到每一件服装卖出时的天气情况及消费者情况），对于整条供应链的进、销、存数据进行经营分析，以便及时作出促销、配货、调货的经营决策。

年生产能力高达70亿件的国内服装行业传统的运作方式仍然占据着主流，通常工厂生产出来的服装发送到公司物流中心，然后再向全国各个配送中心或分公司配发，周转库存很大，往往存在巨大的库存积压风险。但现在的美特斯邦威不仅利用“虚拟库存”帮助供应链的上下游化解库存风险，而且开始通过提高整条供应链的资金利用效率来放大自有资金的杠杆效应。

资料来源：http：//www. docin. com/p－239067859. html.

问题：

1. 结合该案例谈谈信息化对企业管理职能的影响。
2. 虚拟企业的管理与传统工业企业有何不同？

第二节 管理变革技能训练

一、单项选择题

1. 将企业培养成为一个学习型组织，现在已经成为许多企业领导者的共识。为此，一些企业的领导者投入大量的人力、物力、财力开展企业内部培训工作，鼓励员工读书，为个人学习创造各种便利条件。这样是否意味着企业已经变成了学习型组织？（　　）

   A. 不是，因为个人学习并不等同于组织学习

   B. 是，因为组织是由个体组成的，个人学习就相当于组织学习

   C. 不是，因为学习型组织更强调创新和对环境的适应能力，需要从实践中摸索

   D. 是，因为学习型组织的本质是挖掘和利用知识生产力，培养是非常重要的手段

2. （　　）引起管理界的轰动，从此建立学习型组织、进行修炼成为管理理论与实践的热点。

   A. 迈克尔·海默的《企业再造工程》

   B. 孔茨的《管理学》

   C. 德鲁克的《管理的实践》

   D. 彼得·圣吉的《第五项修炼——学习型组织与实务》

3. 企业文化的内涵是（　　）。

   A. 价值观　　B. 经济观　　C. 利益观　　D. 是非观

4. 以下不属于企业文化特征的是（　　）。

   A. 人本性　　B. 独特性　　C. 时代性　　D. 全球性

5. （　　）是一个期望的未来景象和意象，是一种召唤及驱使人向前的使命，能不断扩展他们创造生命上真正内心所向往的能力。

A. 系统思考　　B. 自我超越　　C. 共同愿景　　D. 心智模式

6. 一般来说，组织中的老员工比新员工更加抵制变革，这主要是因为（　　）。

A. 他们认为变革不是为了组织的最佳利益

B. 变革使已知的东西变得模糊不清和不确定

C. 变革会威胁到他们为取得现状所做的较多的投资

D. 一旦变革失败，会给企业带来很大的损失

7. 知识管理的核心内容是（　　）。

A. 人力资源管理　B. 信息管理　　C. 成本管理　　D. 顾客关系管理

8. 当前，大多数企业的生产经营处于下列哪个阶段？（　　）

A. 制造阶段　　B. 销售阶段　　C. 营销导向阶段　　D. 消费者导向阶段

二、多项选择题

1. 企业文化的功能主要包括（　　）。

A. 导向功能　　B. 凝聚功能　　C. 激励功能　　D. 自控功能

2. 在跨国合作中，人们常提到"文化冲突"这个术语。下列选项中属于文化冲突的是（　　）。

A. 交往双方由于经济利益要求不同而产生的矛盾。

B. 交往双方因价值观与信念的不同而引起的冲突。

C. 交往双方因语言、生活与工作习惯不同而导致的误解与摩擦。

D. 交往双方因宗教信仰不同而引起的冲突。

3. 柔性管理的内涵主要包括（　　）。

A. 以人性为前提　　B. 以企业再造为手段

C. 以感情为纽带　　D. 以精神为寄托

4. 柔性管理的特点是（　　）。

A. 驱动性　　B. 影响的持久性　　C. 激励的高效性　　D. 依靠强制力

5. 知识管理的实施手段主要有（　　）。

A. 设立知识总监或主管

B. 从市场获得信息和知识

C. 建立知识与信息的共享网络和知识联盟

D. 实行横向联盟关系管理

三、案例分析

案例（一）

美国科尔盖特牙膏进入中国市场案例

美国科尔盖特公司生产的科尔盖特牙膏是深受美国消费者欢迎的畅销产品，当它进入日

本市场时，却出乎意料地滞销，市场占有率仅达1%，调查显示，问题出在产品的包装上。

科尔盖特牙膏与雄踞行业榜首的日本狮王牙膏的包装同属红、白两色的单纯设计，所不同的是，前者是以红为主，红底白字；后者以白色为主，白底红字。这是因为美国人不论男女老幼都偏爱红色，认为红色象征着活力、生命力。而日本人喜欢白色，很多商标名称都冠有“白”字，如白鹤、白雪等。他们认为像国旗那样，大片的白底下一个鲜红的太阳才是最美的色彩，而红色被认为是带有婴儿和女性气息的色彩。科尔盖特牙膏大块地使用红色的包装显然漠视了日本消费者与美国消费者的色彩感觉差异和购买心理差异，也就难逃失败的厄运了。

与进入日本市场惨遭冷落相对比，科尔盖特在中国市场上“融入中国文化”的营销策略相当成功。

首先，为了迎合中国消费者的心理，他们巧妙地把英文名称“Colgate”汉译为“高露洁”这一主题清晰同时又大吉大利的名称，使中国消费者以为这是一家地道的中国公司。

接着，高露洁公司在市场调研的基础上对1996年中国牙膏产业的状况进行了系统分析，得到了如下结论：① 牙膏品牌众多，竞争激烈；② 牙膏基本都集中在低价位；③ 几个老品牌市场份额相对稳固，不容易轻易夺走；④ 牙膏的广告趋于白热化，广告诉求重点很突出，即面对中老年消费者。

通过市场调研、市场细分、产品试用等几个阶段后，高露洁已经清楚地认识到中国牙膏市场高档产品所存在的巨大商机，于是接连打出了一套组合拳，即把高价位的“高露洁”品牌推向市场。在几乎占领了这一部分市场绝大份额后，利用品牌延伸效应推出“高露洁”品牌中档牙膏。这一系列衔接紧密的市场动作把中国的一些牙膏厂商打得措手不及。

问题：

科尔盖特产品为何在日本市场遭遇冷落而在中国市场却取得成功？

案例（二）

TCL的企业文化

TCL集团股份有限公司创办于1981年。经过20年的发展，TCL集团已形成了以王牌彩电为代表的家电、通信、信息、电工四大产品系列。特别是进入1990年以来，连续12年以年均50%的速度增长，是全国增长最快的工业制造企业之一。2001年，TCL集团销售总额为211亿元，利润为7.15亿元，税金为10..8亿元，出口创汇7.16亿美元。2001年TCL品牌价值144亿元，在全国知名品牌中名列第5位。

TCL的企业宗旨是“为顾客创造价值，为员工创造机会，为社会创造效益”。

“为顾客创造价值”。这是TCL文化生生不息的价值根本，明确企业最重要的工作目标就是用高质量的产品、全方位的服务满足社会广大顾客的需求，通过卓有成效的工作，让更多的顾客认同TCL的产品和服务的价值。这就要求TCL人在生产经营的每一个环节，都必须把顾客的需求放在第一位。

“为员工创造机会”。这是TCL文化生生不息的动力源。明确员工既为手段，又为目的。TCL要建立一个科学、公平的员工考核和价值评价体系，建立员工教育和培训制度，建立合理的薪酬和福利制度，使员工能获得更好的成长和发展机会，实现自己的事业追求，同时也获得合理的回报和生活福利保障。

“为社会创造效益”。这是 TCL 文化生生不息的生态链。TCL 是国有控股企业，企业所创造的效益，在更大程度上是为社会创造效益，是为国家经济的振兴、为民族工业的发展尽力尽责，这是所有 TCL 人的使命。

TCL 倡导的企业精神是“敬业、团队、创新”。

“敬业”是鼓励为事业而献身的精神，这种敬业实质上是 TCL 过去“艰苦拼搏”精神的延续；追求更高的工作目标，勇于承担工作责任，掌握更好的工作技能，培养踏踏实实和精益求精的工作作风。

“团队”是要求企业内部要有协作和配合的精神，营造企业和谐、健康的工作环境，员工不但要对自己的工作负责，同时也对集体的工作负责，对整个企业负责，提倡员工互相鼓励、互相关心和帮助。

“创新”精神一直是 TCL 高速发展的重要动力。创新包含了“开拓”的内涵。

TCL 提出的企业经营目标、宗旨、精神，构成了一个相互支撑的企业文化体系。

资料来源：http：//doc. mbalib. com/view/1fbb42eccba4ae70b8f348084ad83779. html.

问题：

1. 结合案例谈谈你对企业文化在企业管理中的作用和看法。
2. TCL 的文化是如何体现组织文化的基本特征的？

案例（三）

企业文化建设的形式化问题

L 公司是一家投资近 3 亿美元的中外合资企业，坐落于上海浦东高新技术开发区，整个厂区宽敞、漂亮，整片的绿地与现代化的厂房交相辉映。令人感觉不到这是一个年销售收入高达 10 亿人民币的企业。

L 公司的张总经理是中方选派的。张总经理对企业的发展与管理颇有自己的想法：

“我们 L 公司技术设备先进，产品先进。作为一个高科技的企业，作为一个新成立的企业，我们并不担心技术与市场的问题，而担心文化的冲突，担心新员工进入企业后能否迅速整合的问题。

中外合资企业中通常拥有不同投资方所在国文化的背景，来自不同国家的员工具有不太一致的价值观、思维方式、行为习惯。这些不一致可能导致一个企业内存在文化冲突。我以为解决这个问题的关键在于迅速建立本公司的特定文化。

我设想的是本公司的企业文化要有一个核心理念，要有一整套将核心理念层层演化于各部门、各员工的具体表述。但是我反对形式化、千篇一律、没有变化。企业文化活动应丰富多彩，应以员工为中心。”

张总经理不久便在公司成立了企业文化建设委员会，希望在不久的将来可建立 L 公司自己的文化。企业文化建设委员会经过研究开始了工作。

1. 员工座右铭活动

员工座右铭活动是这样展开的：每个新入公司的员工应自己掏钱买一棵公司指定范围内的树，然后亲手种在公司的地域之内。这棵树上挂上种植人的姓名，并由种植人负责照看，意即“十年树木，百年树人”，员工与公司一起成长。与此同时，每个员工在经过公司的新员工培训后，提出自己的人生座右铭。公司希望每个员工的人生座右铭能够成为他们各自生活、工作的准则。当员工的座右铭确定后，也可以修改，但公司要组织评选，看一看哪一位员工的座右铭最好、最有意义。

2. 集思广益活动

集思广益活动是指全体员工为了把生产、经营、管理等诸方面的工作做得更好而出主意、想办法、提建议。员工有建议、有设想，就可把这些写出来贴在公司各处安放的集思广益招贴板上，如果其他人对这些意见有不同看法或更进一步的想法，可以把自己的意见贴在旁边，以期讨论。每周五，部门、车间等安排一个小时的时间讨论本周内，尤其是本部门内的各项建议，以期取得一致意见，安排具体改进的人员和任务；如果本周没有建议，则可研究下周的工作安排等事项。

3. 文化活动

公司开展了一系列文化活动，如摄影比赛、体育比赛、书画活动等，让每个员工都参与活动，充分展示他们各自的才能，同时让每个员工参加这些活动并比赛评奖。如摄影比赛可评出一等奖、二等奖，但评选方法并不是去找几位领导和专家来打分决定，而是把选票放在展品旁边，每个人都可以去投一票，选出你认为的最佳或最差的作品。

更有意思的是，公司将食堂的桌椅都设计得富有变化，如桌子的形状有三角形、六角形、长方形、正方形、圆形等，椅子的色彩也富有变化。

一段时间后，上述这些活动变得难以深入展开了，因为老是这些活动，搞几次便成了形式化，员工们也开始厌倦。怎么办？是公司的理念未定，还是企业文化本身就很难从变化中建立？张总经理也陷入深思，他希望从更高层次上来看待企业文化的问题，但从何处着手呢？

资料来源：http：//zhidao. baidu. com/question/214610458. html.

问题：

1. 员工座右铭活动的实质是什么？与以人为本的管理相关吗？
2. 集思广益活动是否可能一直进行下去？它与以人为本的管理又有什么关系？
3. 企业文化建设如何摆脱形式化，从而真正具有丰富多彩的个性化特点？
4. 中外合资企业的文化冲突有哪些解决的思路与方法？

第四篇　管理实务

理论知识运用于实践并指导实践才是最有价值的知识。本篇主要是管理学在现实中的应用——管理实务篇。本篇从战略、人力资源、质量三个方面阐述了管理学的实际运用，并介绍了近年来管理发展的一些新趋势。通过本篇的学习，学生应能灵活运用所学知识开展工作。

第十二章

战略管理

课前准备

【学习目标】

通过本章的学习，使学生了解战略管理的概念和特征；理解企业战略环境分析；掌握企业战略选择的类型。

【重点难点】

1. 企业战略环境分析；
2. 企业战略选择。

学习内容

第一节　战略管理概述

一、战略与战略管理

（一）战略的概念

“战略”一词，源于希腊语“Stragos”，意为军事将领、地方行政长官。在军事学中与“战术”一词相对应。从中国文字的字面意思来看，战是战争，略是大略，战略即对一件事情的总体谋划和部署。根据明茨伯格提出的“战略的SP”模型，我们可以从以下五个方面来理解战略的概念。

1. 战略是计划

即战略是将企业的主要目标、政策和各项活动按一定的顺序结合成一个有机的整体。

2. 战略是谋划

即谋划出公司发展的未来之路。战略为公司的经营方向描绘了一幅蓝图，用于指导公司的业务经营。战略具有很强的策略性，它的目的在于建立消费者对公司的忠诚度，在于赢得相对于竞争对手的持续竞争优势。

3. 战略是模式

即战略既是企业有意识、有计划的管理过程，也是企业无预先计划的对环境变化的反应行为方式。所以，企业战略是企业与外部环境保持适应的一种模式，它不是僵死不变的预先计划。在战略框架下，公司内跨部门分散的行动将形成一个以统一的目标和策略为中心的整体模式。个人的努力也将被凝练成方向一致的团队力量。

4. 战略是定位

即企业战略要决定企业在环境中的位置，包括企业的业务类型、竞争方式、战略实施的方式、组织与步骤等，使组织处于恰当的环境与地位，保证企业的可持续发展。

5. 战略是观念

首先，战略是企业战略者的创造性和想象力。其次，战略的观念被组织成员共享，构成企业文化的一部分，成为组织成员行为模式的指导与约束。因此，作为企业长期行为模式的企业战略，反映了企业决策层的整体个性，并深刻地影响、决定着组织的特性。

（二）企业战略

所谓企业战略，就是企业为了求得长远的发展，在对企业内部条件和外部环境进行有效分析的基础上，根据企业的总体目标所确定的企业在一定时间内发展的总体设想和谋划，包括战略指导思想、战略目标、战略重点、战略步骤和战略策略等。

企业战略这一概念产生于20世纪60年代的西方国家，其代表人物是美国的管理学者安德鲁、钱德勒和安索夫等人。20世纪70年代是企业战略研究的鼎盛发展时期，企业战略理论趋向成熟。

（三）战略的特征

识别企业战略，一个很好的方法是理解其特征。战略具有如下特征：

1. 指导性

企业战略界定了企业的经营方向和远景目标，明确了企业的经营方针和行动指南，并筹划了实现目标的发展轨迹及指导性的措施、对策，在企业经营管理活动中起着导向的作用。

2. 全局性

企业战略立足于未来，通过对国内外政治、经济、文化及行业等经营环境的深入分析，结合自身资源，对企业的远景发展轨迹进行了全面的规划。

3. 长远性

“今天的努力是为了明天的收获”、“人无远虑，必有近忧”。企业战略兼顾短期利益，着眼于对长期生存和长远发展的考虑，确立了远景目标，并谋划了实现远景目标的发展轨迹及宏观管理的措施、对策。

4. 竞争性

竞争是市场经济不可回避的现实，面对竞争，企业需要进行内外环境分析，明确自身的资源优势，通过设计适体的经营模式，形成特色经营，增强企业的对抗性和战斗力，推动企业持续健康的发展。

5. 系统性

企业战略确立了远景目标，并围绕远景目标设立阶段目标及实现各阶段目标的经营策略，构成一个环环相扣的战略目标体系。同时，企业战略又由决策层战略、事业部战略、职能部门战略三个层次构成。决策层战略是企业总体的指导性战略，决定企业经营方针、投资规模、经营方向和远景目标等战略要素，是战略的核心。

6. 风险性

企业作出任何一项决策都存在风险，战略决策也不例外。当企业市场研究深入，行业发展趋势预测准确，设立的远景目标客观，各战略阶段人、财、物等资源调配得当，战略形态选择科学时，制定的战略风险性就小；反之，仅凭个人主观判断，设立目标过于理想或对行业的发展趋势预测有偏差，制定的战略风险性就大。

（四）企业战略管理

自1965年美国著名管理学家安索夫（H. I. Ansoff）的《企业战略论》一书问世以后，欧洲、美国、日本等一些国家的企业开始时兴制定经营战略，以解决那些对企业成败有长期的、决定性影响的和带方向性的重大问题。

安索夫认为，战略管理是指将企业日常业务决策同长期计划决策相结合而形成的一种经营管理业务。美国学者斯坦纳在其编写的《管理政策与战略》一书中认为，企业战略管理是确立企业使命，根据企业外部环境和内部经营要素设定企业组织目标，保证目标的正确落实并使企业目标得以实现的一个动态过程。总的来说，企业战略管理不仅包括企业根据内外环境所确立的长期发展方向、目标以及选择达到目标的途径，而且还包括组织企业战略的实施、对实施过程进行检查评价和调整。

二、战略管理的层次

企业战略分为三个层次，如图12－1所示。

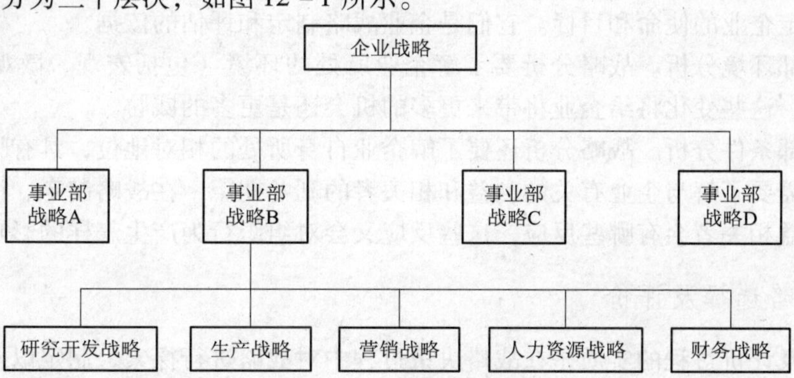

图12－1　企业战略层次

（一）企业战略

企业战略实际上是一家业务多元化的企业整体上的策略规划，包括企业为其所涉足的各个业务单元在各自不同的行业中确立相应的地位所采取的各种策略和行动，以及企业用以管理多元化业务相互关系及协调发展的策略和方法。

（二）事业部战略

事业部战略是在企业总体战略的指导下，某一特定战略经营单位的战略计划，是企业总体战略的子战略。在实行事业部制的企业里，通常由各事业部在企业总体战略的指导下制定。单项经营或没有实行事业部制的企业里，事业部战略往往与总体战略合二为一。

（三）职能部门战略

职能部门战略是职能部门为支撑事业部战略而制定的本职能部门的战略，又称为职能战略。它要回答的问题是，为支持和配合事业部战略，本部门应该采取什么行动？如果说企业战略和事业部战略强调“做正确的事”，那么职能部门战略则强调“将事情做好”。与前两者相比，职能部门战略更为具体，更具有可操作性。综上所述，三个战略层次之间相互作用，构成一个企业战略的完整体系。它们之间的互动关系如图 12 –2 所示。

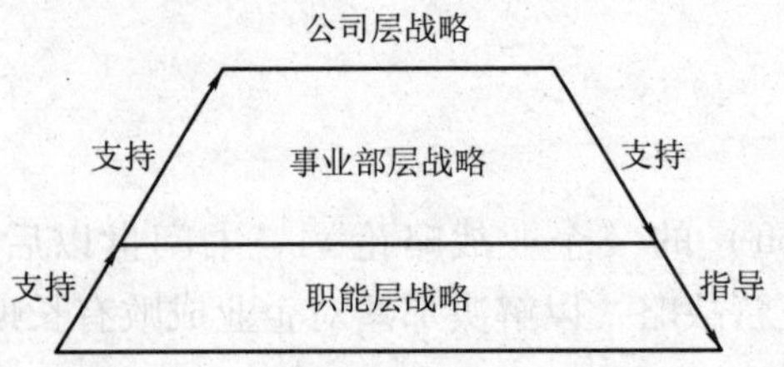

图 12 –2　战略层次的互动关系图

三、战略管理过程

战略管理过程主要是指战略制定和战略实施的过程。一般说来，战略管理包含战略分析、战略选择、战略实施和战略控制四个关键要素。

（一）战略分析

战略分析的主要目的是评价影响企业目前和今后发展的关键因素，并确定在战略选择步骤中的具体影响因素。战略分析包括三个主要方面：

第一，确定企业的使命和目标。它们是企业战略制定和评估的依据。

第二，外部环境分析。战略分析要了解企业所处的环境（包括宏观、微观环境）正在发生哪些变化，这些变化将给企业将带来更多的机会还是更多的威胁。

第三，内部条件分析。战略分析还要了解企业自身所处的相对地位，具有哪些资源以及战略能力；还需要了解与企业有关的利益和相关者的利益期望，在战略制定、评价和实施过程中，这些利益相关者会有哪些反应，这些反应又会对组织行为产生怎样的影响和制约。

（二）战略选择及评价

战略选择及评价过程的实质是在战略决策过程中对战略进行探索、制定以及选择。一个跨行业经营的企业的战略选择应当解决两个基本的战略问题：

第一，企业的经营范围或战略经营领域。即规定企业从事生产经营活动的行业，明确企业的性质和所从事的事业，确定企业以什么样的产品或服务来满足哪一类顾客的需求。

第二，企业在某一特定经营领域的竞争优势。即要确定企业提供的产品或服务，要在什么基础上取得超过竞争对手的优势。

（三）战略实施

战略实施是指将公司的战略计划变成实际的行动，然后转变成有效的结果，完成战略目标。战略实施是战略管理中最复杂、最耗时，也是最艰巨的工作。与战略制定不同，战略实施完全是以行动为导向的，它的全部工作就是要让事情正确地发生。主要涉及以下一些问题：如何在企业内部各部门和各层次间分配及使用现有的资源；为了实现企业目标，还需要获得哪些外部资源以及如何使用；为了实现既定的战略目标，需要对组织结构作哪些调整；如何处理可能出现的利益再分配与企业文化相适应问题；如何进行企业文化管理，以保证企业战略的成功实施等。

（四）战略控制

战略控制即在战略实施的过程中实施过程控制。如将经过信息反馈回来的实际成效与预定的战略目标进行比较，当二者有显著的偏差时，就应采取有效的措施进行纠正。如果原来分析不周、判断有误，或是环境发生了预想不到的变化而引起偏差时，要重新审视环境，制定新的战略方案，进行新一轮的战略管理过程。这个阶段的主要工作包括制定效益标准、衡量实际效益、评价实际效益、制定纠正措施和权变计划。

第二节 战略环境分析

一、内部因素分析

企业为了在竞争中取胜，首先必须要了解自己的具体情况：企业与竞争对手相比有哪些优势和劣势？自己的长处在哪里？薄弱环节在哪里？外部环境中哪些机会应该而且能够抓住？哪些威胁可以避免？只有这样，才能使企业的经营战略建立在客观真实的基础上，才能真正实现外部环境、内部条件和经营目标三者之间的动态平衡。企业内部因素，主要是指企业所拥有的客观物质条件和工作情况，是企业开展生产经营活动的重要基础，是企业进行经营决策和战略决策的重要依据，分析的目的是搞清企业自身的优势和劣势，查清造成劣势的原因，为企业正确地制定经营战略，编制经营计划提供科学的依据。内部因素分析主要包括内部物质环境分析和内部文化环境分析。

（一）内部物质环境分析

组织的活动需要借助一定的资源来进行，这些资源的拥有和利用情况影响甚至决定组织活动的效率和规模。

人力资源分析，即分析各种不同类型的人员的数量、素质和使用状况。

物力资源分析，即分析在组织活动过程中需要运用的物质条件的拥有数量和利用程度。

财力资源分析，即分析组织的资金拥有情况（各类资金的数量）、构成情况（自有资金与债务资金的比重）、筹措渠道（金融市场或商业银行）、利用情况（组织是否把有限的资金使用在最需要的地方），分析组织是否有足够的财力资源去组织新业务的拓展、原有活动条件和手段的改造，在资金利用上是否还有潜力可挖等。

（二）内部文化环境分析

内部文化环境分析是指分析组织文化的特点及其对组织活动的影响。每一个企业都有自己特定的文化。所谓企业文化，就是企业在长期的生产经营实践中逐步形成的共同价值观、信念、行为准则及具有相应特色的行为方式、物质表现的总称。企业文化对企业经营起着支持和制约作用。

1. 组织文化

组织文化影响或决定组织及其成员行为方式和行为倾向的价值观念和行为准则的总和，是随着组织的存在和发展而逐渐形成的。组织文化必然受到外部社会文化的影响。

2. 组织文化的构成要素

有人认为，组织文化由组织的器物文化、制度文化以及观念文化三个层次构成。

也有人认为组织文化是由四个亚文化构成的一个群，其核心是“精神文化”，精神文化表现为一系列明确的价值取向和行为规范、道德准则以及清晰的信念。精神文化与物质条件结合，形成了物质文化；精神文化和管理领域的各要素结合，形成了组织的管理文化；第四个亚文化是形象文化，即内部将组织视为一个整体。

组织内部文化分析就是要识别特定组织文化的特点，分析组织倡导的某种价值观和行为准则是否已被组织成员广泛接受，比较组织宣传的价值取向和行为标准与组织在日常活动中对成员的实际奖惩是否吻合，判断以这种价值观为核心的组织成员的行为是否充分起到了优化、激励和约束的作用。

二、外部环境分析

外部环境是组织存在的土壤，它既为组织活动提供条件，同时也对组织活动起制约的作用。外部环境的不断变化，可能会给组织带来不同程度的影响，一方面为组织发展提供新的机会，另一方面为组织的生存造成某种威胁。企业要利用机会并避开威胁，就要认识环境，分析环境，研究环境。

（一）行业环境分析

行业环境是对企业战略在竞争原则和战略方案选择方面具有直接、强烈影响的外部环境因素，主要集中于五种基本的竞争力量。如图 12－3 所示，根据行业结构原理，一个企业的竞争战略目标应该定位在行业里。通过界定，企业可以较好地防御这五种竞争力量，或者能够对这些竞争力量施加影响，使它们有利于本企业的发展。

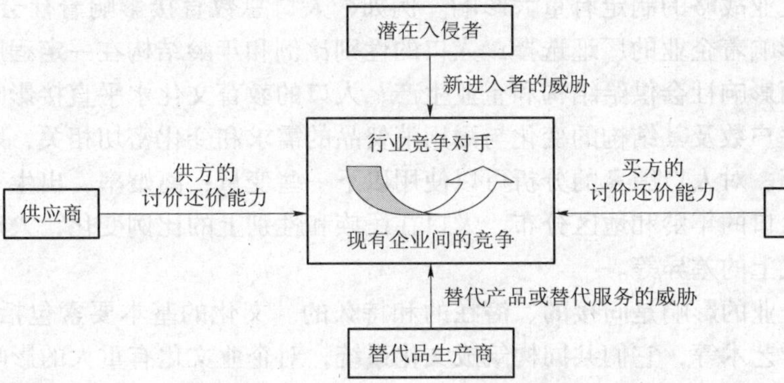

图 12－3　驱动行业竞争的五种力量

（二）宏观环境分析

宏观环境是指在一定时空内存在于社会中的各类组织均会面对的环境，其内容大致包括以下四个方面：

1. 政治法律环境

政治法律环境是指一个国家或地区的政治制度、体制、方针政策、法律法规等方面。

政治环境分析主要是分析国内政治环境和国际政治环境。国内政治环境包括政治制度，政党和政党制度，政治性团体，党和国家的方针政策，政治气氛。国际政治环境主要包括国际政治局势，国际关系，目标国的国内政治环境。

法律环境分析主要是分析如下内容：① 法律规范，特别是和企业经营密切相关的经济法律法规，如《公司法》、《中外合资经营企业法》、《合同法》、《专利法》、《商标法》、《税法》、《企业破产法》等。② 国家司法、执法机关。在我国主要有法院、检察院、公安机关以及各种行政执法机关。与企业关系较为密切的行政执法机关有工商行政管理机关、税务机关、物价机关、计量管理机关、技术质量管理机关、专利机关、环境保护管理机关、政府审计机关。③ 企业的法律意识。企业的法律意识是法律观、法律感和法律思想的总称，是企业对法律制度的认识和评价。企业的法律意识最终都会物化为一定性质的法律行为，并造成一定的行为后果，从而构成每个企业不得不面对的法律环境。④ 国际法所规定的国际法律环境和目标国的国内法律环境。

2. 经济环境

经济环境是指构成企业生存和发展的社会经济状况和国家经济政策。社会经济状况包括经济要素的性质、水平、结构、变动趋势等多方面内容，涉及国家、社会、市场及自然等多个领域。国家经济政策是国家履行经济管理职能，调控国家宏观经济结构，实施国家经济发展战略的指导方针，对企业经济环境有着重要的影响。企业的经济环境主要由社会经济结构、经济发展水平、经济体制和宏观经济政策等四个要素构成。

3. 社会文化环境

社会文化环境包括一个国家或地区的社会性质、人们共享的价值观、人口状况、教育程度、风俗习惯、宗教信仰等各个方面。从影响企业战略制定的角度看，社会文化环境包括文化和人口两个方面。

人口因素对企业战略的制定有重大影响。例如，人口总数直接影响着社会生产总规模；人口的地理分布影响着企业的厂址选择；人口的性别比例和年龄结构在一定程度上决定了社会需求结构，进而影响社会供给结构和企业生产；人口的教育文化水平直接影响着企业的人力资源状况；家庭户数及其结构的变化与耐用消费品的需求和变化密切相关，影响到耐用消费品的生产规模等。对人口因素的分析可以使用以下一些变量：离婚率，出生和死亡率，人口的平均寿命，人口的年龄和地区分布，人口在民族和性别上的比例变化，人口和地区在教育水平和生活方式上的差异等。

文化环境对企业的影响是间接的、潜在的和持久的。文化的基本要素包括哲学、宗教、语言与文字、文学艺术等，它们共同构筑成文化系统，对企业文化有重大的影响。

三、战略环境综合分析

战略环境综合分析是指将企业外部环境和企业内部条件的各种因素结合起来进行分析。

企业战略综合分析的内容包括两方面，一是企业外部环境存在的机会（有利因素）和风险分析（不利因素）；二是企业内部的优势和劣势分析。企业战略综合分析的目的是通过综合分析为企业制定各种经营方案、进行经营战略决策提供科学的依据。战略综合分析方法主要有以下几种：

（一）SWOT 分析法

SWOT 分析法是由美国哈佛商学院率先采用的一种经典的分析方法。它是一种对企业的优势、劣势、机会和威胁的分析。在分析时，应把所有的内部因素（包括公司的优势和劣势）都集中在一起，然后用外部的力量来对这些因素进行评估。这些外部力量包括机会和威胁，它们是由于竞争力量或企业环境中的趋势所造成的。这些因素的平衡决定了公司应做什么，以及什么时候去做。可按以下步骤完成 SWOT 分析：

（1）把识别出的所有优势分成两组，看看它们是与行业中潜在的机会有关，还是与潜在的威胁有关。

（2）用同样的方法把所有劣势分成两组。一组与机会有关，另一组与威胁有关。

（3）建构一个表格，每格占 1/4。

（4）把公司的优势或劣势与机会或威胁配对，分别放在每个格子中。SWOT 表格表明公司内部的优势和劣势与外部的机会和威胁的平衡。

在你的企业计划中，一定要把以下步骤都写出来：① 在某些领域内，你可能面临的来自竞争者的威胁，或者在变化的环境中，有一种不利的趋势。在这些领域或趋势中，公司会有些劣势，那么要把这些劣势消除掉。② 利用那些机会，这是公司真正的优势。③ 某些领域中可能有潜在的机会，把这些领域中的劣势加以改进。④ 对目前有优势的领域进行监控，以便在潜在的威胁可能出现的时候不感到吃惊。如图 12－4 所示。

在为将来作计划时，确定企业的能力和资源代表的是可利用的优势还是劣势，这一点是很重要的。成功的决定因素指的是那些公司成功所必须具备的能力和资源。把这些与成功的决定因素放在一起，就可以形成一个表格，它反过来可以让你作一下比较：你的能力和资源与行业中重要的能力和资源的比较，这将有助于让你识别出公司目前的优势与劣势。如图 12－5 所示。

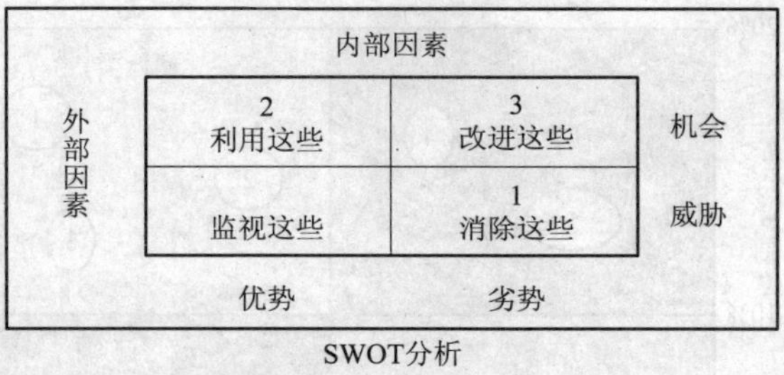

图 12－4　SWOT 分析

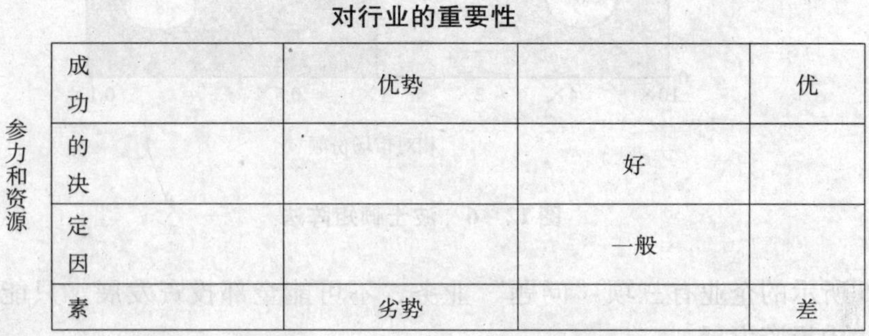

图 12－5　公司优势与劣势比较图

即把企业内外环境所形成的机会、风险、优势、劣势等四个方面结合起来分析，有利于拓宽思路，正确制定经营战略。SWOT 分析法具有简便、实用、有效的优点。

（二）波士顿矩阵法

波士顿矩阵法是波士顿咨询公司（BCG）于 1970 年提出的一种规划企业产品组合的方法。因其评估的有效性，逐渐被引入情报分析领域，扩大了评估对象的范围。

1. 波士顿矩阵法的基本概念

波士顿矩阵法可以用下面的模型来说明：

在图 12－6 中，纵坐标市场增长率表示该业务的销售量或销售额的年增长率，用数字 0～20% 表示，并认为市场增长率超过 10% 就是高速增长。横坐标相对市场份额表示该业务相对于最大竞争对手的市场份额，用于衡量企业在相关市场上的实力。用数字 0.1（该企业销售量是最大竞争对手销售量的 10%）～10（该企业销售量是最大竞争对手销售量的 10 倍）表示，并以相对市场份额为 1.0 为分界线。需要注意的是，这些数字范围可以在运用中根据实际情况的不同进行修改。八个圆圈代表公司的八个业务单位，它们的位置表示这个业务的市场增长和相对市场份额的高低；面积的大小表示各业务的销售额大小。

波士顿矩阵法将一个公司的业务分成四种类型：问题、明星、现金牛和瘦狗。

问题业务是指高市场增长率、低相对市场份额的业务。这往往是一个企业的新业务。为发展问题业务，企业必须建立工厂，增加设备和人员，以便跟上迅速发展的市场，并超过竞争对手，这些意味着大量的资金投入。“问题”非常贴切地描述了企业对待这类业务的态度，因为这时企业必须慎重回答“是否继续投资发展该业务？”这个问题。只有那些符合企业发展长远目标、企业具有资源优势、能够增强企业核心竞争能力的业务才能得到肯定的回

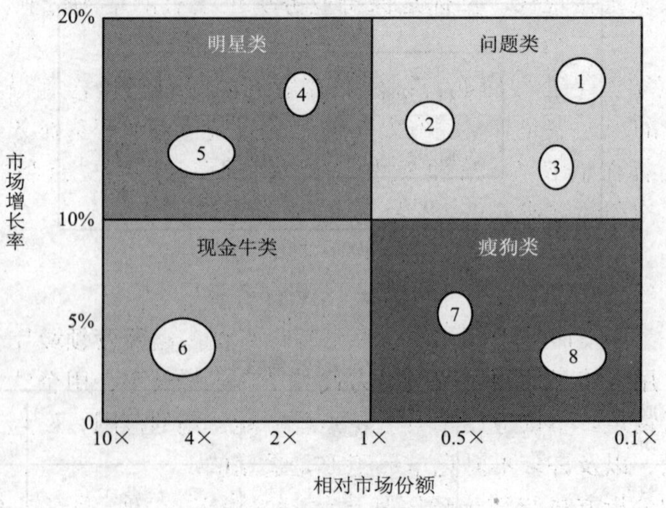

图 12－6　波士顿矩阵法

答。图 12－6 所示的企业有三项“问题”业务，不可能全部投资发展，只能选择其中的一项或两项，集中投资发展。

明星业务是指高市场增长率、高相对市场份额的业务。这是由问题业务继续投资发展起来的，可以视为高速成长市场中的领导者，它将成为企业未来的现金牛业务。但这并不意味着明星业务一定可以给企业带来滚滚财源。因为市场还在高速成长，企业必须继续投资，以保持与市场同步增长，并击退竞争对手。企业没有明星业务，就失去了希望，但群星闪烁也可能会耀花了企业高层管理者的眼睛，导致作出错误的决策。这时必须具备识别行星和恒星的能力，将企业有限的资源投入在能够发展成为现金牛的恒星上。

现金牛业务指低市场增长率、高相对市场份额的业务。这是成熟市场中的领导者，是企业现金的来源。由于市场已经成熟，企业不必大量投资来扩展市场规模，同时作为市场中的领导者，该业务享有规模经济和高边际利润的优势，因而给企业带来大量财源。企业往往用现金牛业务来支付账款并支持其他三种需大量现金的业务。图中所示的企业只有一个现金牛业务，说明它的财务状况是很脆弱的。因为如果市场环境一旦变化导致这项业务的市场份额下降，公司就不得不从其他业务单位中抽回现金来维持现金牛的领导地位，否则这个强壮的现金牛就可能会变弱，甚至成为瘦狗。

瘦狗业务是指低市场增长率、低相对市场份额的业务。一般情况下，这类业务常常是微利甚至是亏损的。瘦狗业务的存在更多是由于感情上的因素，虽然一直微利经营，但像人对养了多年的狗一样恋恋不舍而不忍放弃。其实，瘦狗业务通常要占用很多资源，如资金、管理部门的时间等，多数时候是得不偿失的。图中的企业有两项瘦狗业务，可以说，这是沉重的负担。

2. 波士顿矩阵法的应用

在明确了各项业务单位在公司中的不同地位后，就需要进一步明确其战略目标。通常有四种战略目标分别适用于不同的业务。

（1）发展。继续大量投资，目的是扩大战略业务单位的市场份额。主要针对有发展前途的问题业务和明星中的恒星业务。

（2）维持。投资维持现状，目标是保持业务单位现有的市场份额。主要针对强大、稳定的现金牛业务。

（3）收获。实质上是一种榨取，目标是在短期内尽可能地得到最大限度的现金收入。主要针对处境不佳的现金牛业务及没有发展前途的问题业务和瘦狗业务。

（4）放弃。目标在于出售和清理某些业务，将资源转移到更有利的领域。这种目标适用于无利可图的瘦狗和问题业务。

（三）麦肯锡矩阵

麦肯锡矩阵是为了克服波士顿的不足而产生的新的战略经营领域比较方法，它与波士顿矩阵根本区别是：用战略经营领域的吸引力代替了需求增长率，用企业竞争地位代替了相对市场占有率。麦肯锡矩阵不仅适用于波士顿矩阵所能适用的范围，而且对需求、技术寿命周期曲线的各个阶段，以及许多不同竞争环境都是适用的。

麦肯锡矩阵的分析方法与波士顿矩阵相似，如图 12－7 所示，在不同的区域企业应采取不同的经营战略。

在Ⅰ区域，企业战略经营领域的吸引力强、企业处于优势竞争地位，是企业产生大量现金流的区域，前景乐观。

在Ⅱ区域，虽然企业战略经营领域的吸引力强，但是企业处于劣势竞争地位，企业的产品处在成长期，如果产品市场前景广阔，就应该加大投资。

在Ⅲ区域，企业处于优势竞争地位，但企业战略经营领域的吸引力较弱，产品市场前景不好，应该压缩企业规模、加强内部管理。

在Ⅳ区域，企业战略经营领域的吸引力弱并处于劣势竞争地位，应该考虑关、停、并、转，清理业务或退出经营。

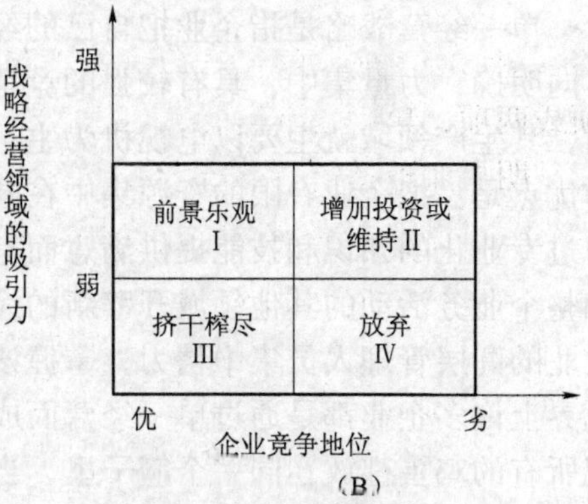

图 12－7 麦肯锡矩阵

（四）产品/市场演变矩阵

美国学者霍费针对麦肯锡矩阵的局限性设计出一个具有 15 个方格的矩阵，用以评价企业的经营状况。从图 12－8 中可以看出，企业各项经营业务在矩阵中所处的不同地位。A 项业务类似明星业务，有很大的市场占有率，但需要企业投入大量的资源进行支持，以加强其竞争地位。B 项经营业务与 A 项业务有着同样的前景，但该业务在具有很强的竞争地位的条件下却没有取得较大的市场占有率。企业只有找到真正的原因，制定出完善的修正计划以后，才能进一步分配资源给 B 项业务。F 项业务和 E 项业务都是现金牛业务，可以为企业提供资金。G 项业务则变成瘦狗业务，企业应考虑采取措施，甚至为最终撤出该经营领域作准备。

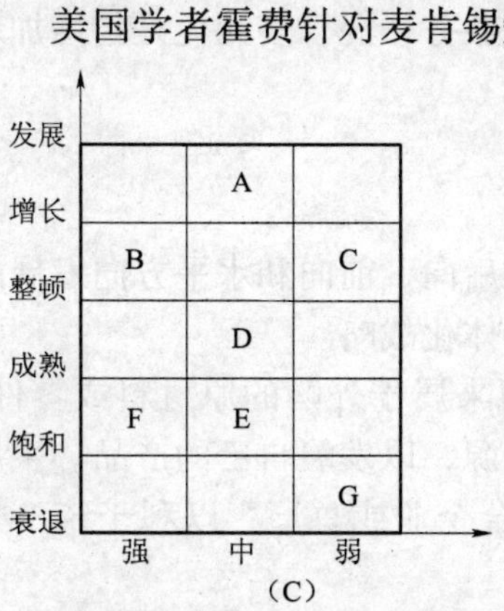

图 12－8 产品/市场演变矩阵

第三节　战略类型与选择

西方战略管理文献一般将企业战略分为企业总体战略和企业经营战略两大类。企业总体战略考虑的是企业应该选择进入哪种类型的经营业务，企业经营战略考虑的则是企业选定某种类型的经营业务。

一、企业总体战略选择

企业总体战略是设计企业经营发展全局的战略，是企业制定经营战略的基础，一般有以下几种类型：

（一）单一经营战略

单一经营战略是指企业把自己的经营范围限定在某一种产品上。这种战略使企业的经营方向明确，力量集中，具有较强的竞争能力和优势。比如，我国四川的长虹电器股份有限公司，其生产领域就主要以电视机为主，从而成为我国最大的电视机生产基地。单一经营战略的优点是：把企业有限的资源集中在同一经营方向上，形成较强的核心竞争力；有助于企业通过专业化的知识和技能提供满意而有效的产品和服务，在产品技术、客户服务、产品创新和整个业务活动的其他领域开辟新的途径；有利于各部门制定简明精髓的发展目标；可以使企业的高层管理人员集中精力，掌握该领域的经营知识和有效经验，提高企业的经营能力。世界上许多企业都是通过单一经营而成为某一领域的主导者。但单一经营战略的风险是企业把所有的鸡蛋都放在同一个篮子里，当行业出现衰退或停滞时，难以维持企业的长远发展。

（二）多元化战略

多元化战略是指企业通过开发新产品、开拓新市场而扩大经营范围的战略。这种战略一般适用于那些规模大、资金雄厚，但市场开拓能力差的企业。其作用主要是分散风险，有效地利用企业的经营资源。同心多元化是指增加新的，但与原有业务相关的产品或服务；横向多元化是指向现有顾客提供新的、与原有业务不相关的产品或服务；混合多元化是指增加新的、与原有业务不相关的产品或服务。

（三）一体化战略

一体化经营战略是企业根据自身技术上的优势，不断地从后向、前向和水平方向发展的总体性谋划，包括后向一体化战略、前向一体化战略和水平一体化战略。

后向一体化战略是指企业利用自己在产品上的优势，把原来属于外购的原材料或零件，改为自行生产的战略。采用这种战略是为了保证物资的供应来源，以发展自己的产品。采用这种战略，一般是把原来属于后向的企业合并起来，组成联合企业或总厂，以利于统一规划，保证企业顺利发展。

前向一体化战略是指企业根据市场的需要和生产技术的可能条件，利用自己的优势，对成品进行深加工的战略。采用这种战略是为获得原有成品深加工的高附加价值。一般是把相关的前向企业合并起来，组成统一的经济联合体。

水平一体化战略是指把性质相同或生产同类型产品的企业合并起来，发展成为专业化企业的战略。

（四）国际化战略

国际化战略是指实力雄厚的大企业把生产经营方向指向国际市场，从而推动企业进一步发展的战略。实施国际化战略常用的方式有商品输出和建立跨国公司两种。从国际上看，商品输出往往是企业国际化的起点。由于实施跨国经营会面临各种关税和非关税壁垒，因此，一些资金雄厚、生产技术和经营能力强的企业，在开拓并比较牢固地占领了国外市场后，常常会在海外国际市场建立独资或合资企业，以充分利用当地政府的各种优惠政策，绕过所在国的贸易壁垒，降低生产和营销成本，强化竞争能力。

（五）稳定型战略

稳定型战略是指在内外环境的约束下，企业准备在战略规划期使企业的资源分配和经营状况基本保持在目前状态和水平上的战略。按照稳定型战略，企业目前所遵循的经营方向及其正在经营的产品和面向的市场领域，企业在其经营领域内所达到的产销规模和市场地位都大致不变。

稳定型战略的特点是：企业对过去的经营业绩表示满意，决定追求既定的或与过去相似的经营目标；企业战略规划期内所追求的绩效按大体的比例递增；企业准备以基本相同的产品或劳务服务于社会。

（六）紧缩型战略

紧缩型战略是指企业从目前的战略经营领域和基础水平中收缩或撤出，制定偏离起点战略较大的一种经营战略。紧缩型战略的特点是：对企业现有产品和市场领域实施收缩、调整和撤出；严格控制企业资源运用，尽量削减各项费用支出；具有明显的短期性。

（七）进攻型战略

进攻型战略是指在一个竞争性的市场上主动挑战市场竞争对手的战略。采取进攻型战略的既可以是行业的新进入者，也可以是那些试图改善现有地位的既有公司。进攻性行动的中心可以是一项新技术、一项新开发出来的核心能力、一种具有革新意义的产品、新推出的某些具有吸引力的产品以及在产品生产或营销中获得的某种竞争优势，也可以是某种差别化的优势。

进攻型战略主要有六种形式：一是直接赶超竞争对手；二是打击竞争对手的弱势；三是从多条战线出击；四是避免直接冲突，寻找对手顾及不到的地方迅速攻击；五是出其不意地对竞争对手进行游击行动；六是力图一招占先的先买性行动。

二、一般经营战略选择

现代企业的发展战略，归根到底是竞争的战略。从企业的一般竞争角度看，选择的战略主要包括成本领先战略、追求产品差异的战略、集中重点或专业化战略。

（一）成本领先战略

这是通过使自己成为本行业成本最低的生产者而进行竞争的战略。其降低成本的主要途径是建立最佳规模经济的工厂；采用能降低成本的先进技术；采用先进的管理方法确保企业、组织间的协调并降低管理费用；确保研究开发、广告、服务和分销等领域的有效性，同时降低其费用。

较低成本虽然不是每个企业都热心追求的竞争战略，但却是企业整个战略的主题。低成本生产者在行业中具有明显的优势：

（1）对于竞争者。低成本生产者可以低价为基础在竞争中处于较佳地位，采用扩大销售、打击对手的竞争战略，获得超额利润。

（2）对于供应商。低成本生产者能比其竞争对手更独立于强大的供应商，更能承受原材料采购价格的上涨。

（3）对于潜在的进入者。低成本生产者将处于有利的竞争地位，作为进入障碍，保持已有的市场。

（4）对于替代商品。低成本生产者可以通过削价提高防卫能力。

总之，低成本可以使企业承受较低的价格，同时获得较高的利润，可以争取较多的客户，尤其可使企业在决定行业价格水平中具有较大的左右能力。

（二）追求产品差异的战略

实行产品差异可采取许多形式，如不同的风格、独特的性能、卓越的服务、便捷的配件、可靠的产品、非凡的质量、良好的企业形象等。

成功的产品差异可以使客户对企业的品牌或形式产生偏好或忠诚，甚至使客户愿意为之支付较高的价格。但是许多产品的差异都很容易被竞争对手消除，若想产生持久的吸引力和竞争优势，必须建立在技术优势、质量及给客户较多的支持服务基础之上。

（三）集中重点或专业化战略

集中重点或专业化战略，是力图通过抓住特定群体的特殊需要，通过集中力量于有限地区的市场或者通过集中力量于产品的某种用途，来建立竞争优势和市场地位的战略。它的思想基础是，企业在有限目标市场更具效率，或者比普通的竞争对手更有效率。这是非常适用于小型企业的发展战略，可以使小企业与规模庞大的企业展开成本竞争。

集中重点战略使企业在有限目标市场中获得优势，使企业足可应付其他竞争力量。在其目标市场上，竞争对手不可能具有相同的能力，进入者将受其竞争优势的阻碍，替代产品也难于立足，客户将因不愿意把其他业务转移到不能提供同等服务的其他企业而削弱谈判力，供应商则很可能面临买方市场。

【个案分析】

“老牌”企业的竞争

海清啤酒成功地在中国西部一个拥有300万人口的C市收购了一家啤酒厂，不仅在该市取得了95%以上市场占有率的绝对垄断，而且在全省的市场占有率也达到了60%以上，成了该省啤酒业界名副其实的龙头老大。

C市100公里内有一金杯啤酒公司，3年前也是该省的老大。然而，最近金杯啤酒因经营不善全资卖给了一家境外公司。

金杯啤酒在被收购后，立刻花近亿元的资金进行技术改进，还请了世界第四大啤酒厂的专家坐镇狠抓质量。但是新老板清楚得很，金杯啤酒公司最短的那块板就是营销。为一举获得C市的市场，金杯不惜代价从外企挖了3个营销精英，高薪招聘20多名大学生，花大力气进行培训。

省内啤酒市场的特点是季节性强，主要集中在春末和夏季及初秋的半年多时间。一年的大战在4、5、6三个月基本决定胜负。作为快速消费品，啤酒的分销网络相对稳定，主要被大的一级批发商控制。金杯啤酒没有选择正面强攻，主要依靠直销作为市场导入的手段，由销售队伍去遍布C市的数以万计的零售终端虎口夺食。

金杯啤酒的攻势在春节前的元月份开始了，并且成功地推出了1月18日C市要下雪的悬念广告，还有礼品附送。产品覆盖率和重复购买率都大大超出预期目标。但是，金杯在取得第一轮胜利的同时，也遇到了内部的管理问题。该公司过度强调销售，以致把结算流程、财务制度和监控机制都甩在一边。销售团队产生了骄傲轻敌的浮躁，甚至上行下效不捞白不捞。公司让部分城区经理自任经销商，白用公司的运货车，赊公司的货，又做生意赚钱，又当经理拿工资。库房出现了无头账，查无所查，连去哪儿了都不知道。

面对竞争，海清啤酒在检讨失利的同时，依然对前景充满信心。他们认为对手在淡季争得的市场份额，如果没有充足的产量作保障，肯定要跌下来；而且海清的分销渠道并没有受到冲击，金杯公司强入零售网点不过是地面阵地的穿插。

如今是啤酒销售的旺季，决胜的时候快到了，您认为海清啤酒应该怎样把对手击退，巩固自己的市场领导地位呢？

资料来源：http：//www. ceconlinebbs. com/topic-introduce. jsp？topicID＝360040.

问题：

1. 运用SWOT分析法，分析海清啤酒面临的环境。
2. 如何评价金杯啤酒的竞争战略？
3. 海清啤酒应采用什么样的战略（公司战略、竞争战略、职能战略）？

【关键名词】

战略　战略管理　SWOT分析法　波士顿矩阵法　稳定性战略　成本战略

【讨论思考】

1. 什么是企业战略？它有何特点？
2. 战略包括哪些层次？
3. 有人说，企业战略管理已经成为企业管理的重点和核心，你如何理解？
4. 企业战略分析的内容有哪些？
5. 企业战略环境分析的内容和任务是什么？

第十三章

人力资源管理

课前准备

【学习目标】

通过本章的学习，让学生了解人力资源管理的特征及原理；熟悉工作分析与工作设计程序；掌握员工招聘以及员工选拔程序与方法；熟悉企业绩效管理及薪酬管理的相关内容。

【重点难点】

1. 工作分析的内容、程序；工作设计的模式；
2. 员工招聘的程序与方法；
3. 员工选拔的程序与方法；
4. 绩效管理的程序与方法；
5. 薪酬制度的构成。

学习内容

第一节　人力资源管理概述

一、人力资源及其特征

（一）人力资源的概念

“人力资源”一词是由彼得·德鲁克于1954年在《管理的实践》中讨论管理员工及其工作时首次提出的。

人力资源指一个国家或地区一切能够为社会创造物质财富和精神文化财富，并推动经济发展的具有智力劳动和体力劳动能力的人们的总称。它包括数量和质量两个指标。给“人力资源”下定义至少应包括以下几个基本要点：

第一，人力资源是社会财富创造过程中一项重要要素，离开了人力资源，也就无所谓社会生产和社会财富的创造。

第二，人力是指劳动者创造财富的能力，也可能被看作是推动生产进步的各种具体能力，包括体质、智力、知识和技能四部分。

体质是指力量、速度、耐力、柔韧度等人体运动的功能状态，以及对一定劳动负荷的承受能力和消除疲劳的能力。

智力是人们认识事物、运用知识改造客观世界的能力，包括思维力、记忆力、观察力、想象力、判断力等。

知识是人们在学习和实践活动中所掌握的各种经验和理论。

技能是人们运用知识经验并由练习而习惯化了的动作体系，或者说是人们合理化、规范化、系列化、熟练化的一种动作能力。

这四者的不同组合，形成了内容丰富的人力资源。

第三，人力的体质和智力是人力资源的基础性内容。

第四，人力资源所具有的劳动能力存在于劳动者身上，劳动时才能发挥出来。

第五，人力资源是一个国家一定范围的人口总体，也是该国在一定时期内人力资源的存量，表示该国该时期内人力资源的多少。

第六，人和人口既有自然性，也有社会性；既有经济性，也有政治性。

可见，人力资源的涵盖面很广。它的提出开拓了社会学，特别是经济学对人和劳动力研究的崭新领域。

（二）人力资源的基本特征

人力资源作为国民经济资源中一种有生命和高级思维能力的特殊资源，既有质、量、时、空的属性，也有自然的生理特征。通常，人力资源具有以下几个基本特征：

1. 能动性

这是人力资源区别于其他资源的最根本的特点。人力资源具有思想、情感和思维，具有主观能动性，能主动利用其他资源去推动社会和经济的发展，其他资源则处于被动使用的地位。另外，由于人具有创造性思维的潜能，人力资源还是唯一能发挥创造作用的因素。人力资源的能动性体现在：一是自我强化，即通过接受教育和主动学习，使自己的素质得到提高；二是选择职业，即个人均可按自己的爱好与特长自由地选择职业；三是积极劳动，人在劳动过程中能够积极主动地利用自己的知识和能力，有效地利用其他资源为社会和经济发展创造性地工作。

2. 两重性

人力资源既是投资的结果，同时又能创造财富。根据舒尔茨的人力资本理论，对人力资源教育的投资、卫生健康的投资和对人力资源迁移的投资等因素决定了人力资源质量的高低。从生产和消费的角度看，人力资本投资是一种消费行为，并且这种消费行为是必需的，没有这种先期的投资，就不可能有后期的收益。另一方面，人力资本与一般资本一样具有投入产出的规律，并具有高增值性。对人力资源的投资无论是对社会还是对个人所带来的收益都要远远大于对其他资源投资所产生的收益。

3. 时效性

人力资源是一种具有生命的资源，它的形成、开发和利用都要受到时间的限制。人在生命周期不同阶段的体能和智慧是不同的，因而这种资源在各个时期可利用程度也不相同。与物质资源相似，人力资源在使用过程中也会出现有形磨损和无形磨损。有形磨损是指人自身的疲劳和衰老，这是一个不可避免的、无法抗拒的损耗；无形磨损是指个人的知识技能与科学技术发展相比的相对老化。因此，人力资源在使用过程中，有一个可持续开发、丰富再生的独特过程。人在工作的同时，确立终身学习的观念，不断地更新知识，提高技能，积累经验，增强素质，可以在一定程度上减少人力资源的无形磨损。

4. 智力性

人是科学文化的载体，通过自己的智力，使自身能力无限扩大。而人的智力具有继承性，人的劳动能力随着时间的推移而得以积累、延续和增强。

5. 可持续性和可再生性

与许多其他自然资源的一次性消耗过程不同，人力资源可以连续开发利用。有些自然资源虽具有多种用途，可通过一定的方法回收和再生，但其价值相对于原始状态却有大幅度下降；而人力资源的应用范围具有相当的可塑性，它的价值可以保持相当长的时间。同时这种资源在使用过程中的有效性或价值不仅表现在体力的强弱和使用时间的长短上，而且更重要的是取决于他们的智力、技能、知识以及积极性。另外，人类可以繁殖下一代，具有可再生性。但是这种再生除了要受生物规律支配外，还要受到人类自身意识和意志的支配，受到人类文明发展活动的影响和新技术革命的制约。

6. 社会性

由于每一个民族都有其自身的文化特征，每一种文化都是一个民族共同的价值取向，但是这种文化特征是通过人这个载体而表现出来的。由于每个人受到自身民族文化和社会环境影响的不同，其个人的价值观也不相同，他们在生产经营活动、人与人交往的社会性活动中，其行为可能与民族文化所倡导的行为准则发生矛盾，可能与他人的行为准则发生矛盾，这就要求人力资源管理注重组织文化建设，重视人与人、个体与群体、人与社会的关系及利益的协调与整合。

二、人力资源管理及其特征

（一）人力资源管理

人力资源管理是指组织为了实现既定的目标，运用现代管理措施和手段，对人力资源的取得、开发、培训、使用和激励等方面进行管理的一系列活动的总称。人力资源管理的主体是人。人力资源管理的基本任务是组织好人力这种最重要的生产力，正确处理好组织内人与人之间、人与工作之间的关系，充分发挥组织内员工的积极性和创造性，不断改善员工队伍素质，保证本组织劳动生产率或工作效率的持续提高。因此，人力资源管理必须包括以下内容：

1. 组织人力

根据组织目标和发展计划的要求，对组织内的工作和岗位进行设计和安排，并具体拟订工作和岗位的能力要求、工资待遇和工作环境等，在此基础上，实施员工的更新、招聘和选拔。在组织工作运转的过程中，人力组织自始至终要根据组织工作的要求和员工使用的情况，不断地调整组织工作的目标以及工作和岗位的能力要求、工资待遇和工作环境等，并结合员工考评的结果，实施员工的重新更新、招聘和选拔等。

2. 实施员工的教育和培训

教育和培训对于提高员工及其队伍的素质是至关重要的。一个组织要提高劳动生产率或工作效率，员工及其队伍素质的提高是首要因素。员工的教育和培训不光表现在上岗前的教育和培训，更主要地表现在工作过程中的脱产或不脱产的教育和培训。因为工作过程中的教育和培训的针对性和适用性都比较强，对于提高员工的素质十分有效。

3. 对员工实施考核和激励

对员工实施考核和激励是一个组织人力资源管理必不可少的重要环节和内容。组织员工的考核主要集中在德、勤、能、绩四个方面。对于一个在这几方面都十分突出的员工，组织应该对其实施包括物质奖励和精神奖励在内的奖励措施；而对于在这几方面都表现平平或表现较差的员工，组织也要对其实施惩罚措施，甚至开除。组织对员工激励的目的在于褒扬先进，鞭策落后，有效地提高组织的劳动生产率和工作效率。

4. 设计员工的报酬和福利

一个组织在人力资源管理的过程中，除了实施对人力的合理组织以及实施对员工的教育和培训、考核和激励等这些手段以外，还要精心设计员工的报酬和福利等。一个组织对员工的报酬和福利结构设计得科学、合理，一方面可以激发员工生产或工作的积极性和创造性，从而为提高组织的劳动生产率或工作效率奠定基础；另一方面可以留住优秀的员工和吸引外部优秀的人才，从而为组织的进一步发展服务。

5. 人力资源管理的其他相关工作

一个组织在人力资源管理的过程中，还有其他一些相配套的工作，如员工雇佣与招聘计划、员工统计、员工考评工作、人力资源测评以及人力资源文化环境建设等。这些工作的正常有序开展对于一个组织人力资源管理的成功进行也是不可缺少的。

（二）人力资源管理的特征

人力资源管理作为一门学科，具有几个明显的特征：

1. 综合性

人力资源管理是一门相当复杂的综合性的科学，需要综合考虑种种因素，如政治因素、经济因素、文化因素、组织因素、心理因素、民族因素、地理因素等。它涉及经济学、社会学、人类学、心理学、人才学、管理学等多种学科，是一门综合科学。

2. 实践性

人力资源开发与管理的理论，来源于实际生活中对人力资源进行管理的经验，是对这些经验的概括和总结，并反过来指导实践，接受实践的检验。

3. 发展性

人们对客观规律的认识总要受一系列主客观条件的制约，不可能一次完成，总是需要一个漫长的认识过程。因此，各个学科都不是封闭的、停滞的体系，而是开放的、发展的认识体系。作为一个新兴学科，人力资源开发与管理更是如此。

4. 民族性

人毕竟不同于物，人的行为深受其思想观念和感情的影响，而人的思想感情无不受到民族文化传统的制约。因此，对人力资源的开发和管理带有鲜明的民族特色。不顾民族特点对他国的经验盲目搬用，在人力资源开发和管理领域最为有害。

5. 社会性

作为宏观文化环境的一部分，社会制度是民族文化之外的另一个重要因素。现代经济是社会化程度非常高的经济，在影响劳动者工作积极性和工作效率的诸因素中，生产关系和意识形态是两个重要因素，而它们都与社会制度密切相关。

三、人力资源管理的基本原理

（一）同素异构原理

同素异构原理一般是指事物的成分在空间关系（排列次序和结构形式）上的变化而引起不同的结果，甚至发生质的变化。它原是化学中的一个原理，最典型的例子是石墨与金刚石。将此原理引入到人力资源管理领域是指在群体成员的组合上，同样数量和素质的一群人，由于组织网络及其动能的差异，形成不同的权责结构和协作关系，产生不同的协同效应，在生产经营过程中，同样数量和素质的劳动力，因组合方式不同会产生不同的劳动效率。

（二）能位匹配原理

人力资源管理中的能位匹配原理指根据人的才能和特长，把人安排到相应的职位上，尽量保证工作岗位的要求与人的实际能力相对应、相一致，尽量做到人尽其才，才尽其用，用其所长，避其所短。"能"主要指人的才能、素质和特长，"位"主要指工作岗位、职位等。具有不同能力的人，应处于组织相应的职位上，给予不同的权利，承担不同的责任，实现能位对应。为使人力资源管理效率最大化，要求企业在进行组织设计时，应建立一定的层次结构，并制定相应的标准、规范，形成高效的组织网络；然后将各具特色、才能各异的人员配置到合适的岗位上，授予相应的职权，完成相应的组织目标。

（三）互补优化原理

互补优化原理是指充分发挥每个员工的特长，采用协调优化的方法，扬长避短，从而形成整体优势，完成组织目标。作为个体，每个人都各有所长；而作为群体，则可以通过相互取长补短组合成最佳的结构，更好地发挥团队力量，实现个人不能达到的目标。在实施互补优化原理时，应特别注意协调和优化。所谓协调就是要保证群体结构与工作目标协调，与组织总任务协调，与组织内外部条件协调，与一定时期的工作重点协调。所谓优化就是经过比较分析选择最优结合的方案，以最少的成本获得最大的效益。互补的内容主要包括知识互补、能力互补、年龄互补、性格互补、关系互补等。

（四）动态适应原理

动态适应原理是指在动态中使人的才能与其岗位相适应，以达到充分开发利用人力资源潜能，提高组织效能的目标。在人力资源管理中，人与事、人与岗位的适应是相对的，不适应是绝对的，从不适应到适应是在运动中实现的，是一个动态的适应过程。随着社会经济的迅猛发展，企业的内部条件和外部环境也在不断发生变化，这就要求人力资源管理应保持动态的适应性，要根据企业生产经营的需要，对岗位和人员进行动态调整，灵活调节人力资源；要做到合理用才，促进人员的合理流动；对人力资源的使用要留有余地，管理要有弹性，使人力资源能得到合理的使用和保护等。

（五）激励强化原理

激励强化原理是指通过奖励和惩罚，使员工明辨是非，对员工的劳动行为实现有效激励。激励是指激发人的动机，鼓励人充分发挥内在动力，朝着所期望的目标采取行动的过程。激励是管理的重要职能，是人力资源管理的重要内容。人的行为产生有一定的需要和动机，管理者要充分发掘人的潜力，调动人的积极性就必须明确员工的要求，进而采取有效的激励措施。通过外在激励，如合理的奖酬、工作保障、有效监督等，引导人们从事各种工作；通过内在激励，使工作本身具有吸引力，使员工努力谋求上进，并充分发挥自己的才能。

（六）公平竞争原理

公平竞争原理是指对竞争各方从同样的起点、用同样的规划，公正地进行考核、录用和奖惩的竞争方式。把竞争机制引入人力资源管理，是保证企业获得优秀人才的必要条件，也是激励员工提高自身素质，增强劳动积极性、主动性和创造性的重要手段。市场经济的本质是一种竞争机制，在人力资源市场上，公平竞争是起码的要求，在竞争中应贯彻“效率优先，公平竞争”的原则。要想使竞争机制产生积极的效果，就必须坚持公平竞争、适度竞争和良性竞争三项基本原则。

第二节　工作分析与工作设计

一、工作分析的含义与内容

工作分析是企业人力资源管理的基础，管理者只有在清楚地了解和把握工作流程的基础上，才能确保人员工作的高效率与高质量。

（一）工作分析的含义

组织活动是由众多的工作所组成的，工作是组织活动的基本要素。工作分析的目的就是对作为组织基本要素的工作作出规定。在人力资源管理过程中首先必须通过工作分析来对工作作出规定，只有这样才能为其他人力资源管理环节的决策确立客观依据。

工作分析的基本含义是指采用一定的技术方法全面地调查和分析组织中各种工作的任务、职责、责任等情况，并在这一基础上对工作的性质及特征作出描述，对担任不同工作所需具备的资格条件作出规定。

这一定义中包含了若干与工作分析相关的术语，如任务、职责、工作、工作描述、工作资格等。

（1）任务（Task）。任务是指工作中所承担的某一项具体的活动，如秘书打印一份文档。任务是构成工作的最基本的元素。

（2）职责（Duty）。职责是指工作中所承担的若干相关的任务，如秘书工作的职责之一是处理文档，包括起草文档、打印文档、收发文件等项任务。

（3）职位（Position）。职位是指一个组织中由特定人员所承担的多种职责的集合，如秘书、销售经理、办公室主任、工长等分别都是一个职位。就秘书来说，除了承担处理文件的职责之外，还承担文书管理、人事接待、会议记录等其他职责，秘书的这些职责的总和就构成了一个职位。一般地说，一个组织中的职位数与工作人员数相等。

（4）工作（Job）。工作指一个组织中，一组职责相似的职位的集合。例如，某企业有5名电工职位，这5个职位就构成一种电工工作。一个职位也可以成为一种工作，如某企业只有一名秘书，该秘书职位也就是一种工作。

（5）工作族（Job Family）。工作族指一个组织中两种或两种以上性质相近且相关的工作的集合，企业中的会计工作和审计工作可组成财务工作族。公务员的职位分类中把工作族称为职组。

（6）工作描述（Job Description）。工作描述指有关工作性质及特征的书面说明，描述的内容包括工作识别、工作概述、工作职责、工作条件等。

（7）工作资格（Job Specification）。工作资格也叫任职资格，指担任某一种工作的人员所需具备的最起码的资格条件，包括技艺、知识、能力、经历、学历、个性、体能等。

（8）工作分类（Job Classification）。工作分类是指按照一定的标准及程序对组织中的众多工作所作的归类。

（二）工作分析的内容

工作分析的内容取决于工作分析的目的与用途。一般来说，工作分析包括以下两方面的内容：确定工作的具体特征；找出工作对任职人员的各种要求。前者称为工作描述，后者称为工作任职资格说明。

1. 工作描述

工作描述具体说明了工作的基本特点和环境特点，主要解决工作内容与特征、工作责任与权力、工作目的与结果、工作标准与要求、工作时间与地点、工作岗位与条件、工作流程与规范等问题。工作描述无统一的标准，规范的工作描述一般包括工作名称、工作活动与工作程序、物理环境、社会环境、聘用条件等。

2. 工作任职资格

工作任职资格是对担任某种工作所需具备的资格条件的规定。担任不同层级的工作和不同类别的工作，需具备不同的资格条件。大体上可以将任职资格因素分为三类：一般要求，包括年龄、性别、学历、工作经历等；生理要求，包括健康状况、力量与体力、运动的灵活性、感觉器官的灵敏度等；心理要求，包括观察能力、逻辑思维能力、记忆能力、理解能力、学习能力、解决问题的能力、创造性、数学计算能力、语言表达能力、决策能力、交际能力、性格、气质、兴趣、爱好、态度、事业心、合作精神等。

情况概述

工作名称：公司贷款助理　　部门：公司信贷部
工作代号：　　科室：信贷一科
在职者：　　工作地点：公司总部
时间：1998 年 12 月
（注：本部分主要说明工作的主要任务与责任，不对该工作的内涵作详细说明）

工作关系

上级：公司会计主管 A 先生、B 女士；下属：无

内部联系：公司信贷部的 C、D、E、F 等其他员工

外部联系：银行客户

主要工作责任

帮助公司进行商务账单管理，保持与本公司有利益关系的公司合作关系

工作描述

工作内容

A. 信用分析（每周）：

在信贷主管的指导下，分析客户公司的历史、在行业中的地位、现在的状况、会计程序、贷款需求；考察信用报告；为潜在的贷款者推荐贷款方案；考察和总结现有贷款者的绩效；准备且跟踪信用往来与报表以及合法的贷款协议清单。

B. 业务（每周）：

帮助客户处理贷款问题与需求；出具客户有效需求的信用信息；根据公司资产负债情况分析账面利润，给各个客户贷款；指导公司贷款票据部门的现金收支、贷款签订过程；纠正内部偏差。

C. 贷款档（每周）：

起草所需的贷款档；帮助客户完成贷款档；在贷款工作结束后立即对照贷款档检查贷款的完成情况。

D. 报告/信息系统（每周）：

准备信用报表；描述和分析客户的关系和贷款协议的条款；为信息输入信息系统做准备；检查信用报表的准确性。

E. 客户/内部关系（每周）：

熟悉客户的产品、生产能力，与行业、客户建立深层次的关系；与客户及其他银行经常保持联系，以求获得与贷款相关的信息；解答客户的问题；准备关于客户及未来的与之沟通和合作的报告；对影响客户及未来的重大事件编写备忘录。

F. 辅助主管（每月）：

帮助特定的主管提供信用信息支持，密切客户关系；监督账目，检查和保管信用档；在贷款过程中协调票据在各部门中的流动；在主管不在时处理客户问题与需求。

G. 辅助科室（每月）：

总结银行在行业中的经济活动；跟踪行业与地区的发展；帮助科室经理规划科室近期和未来的经营活动；面试贷款助理的求职者；在主管不在时，代理主管行使职权。

续表

工作条件与环境
75% 以上的时间在室内工作，不受气候影响；工作场地温度与湿度适中，无噪声，无有害气体，无生命及其他伤害危险；一般无外出要求，只有在信贷调查时才外出；因工作需要配备一台计算机、一部电话及其他办公用具，个人无独立的办公室。
聘用条件
每周工作 35 小时，每天 7 小时。因工作需要而加班，一天加班时数一般不超过 2 小时，每周不超过 4 小时，非节假日加班其加班工资按加班时数×平均工资数×2 计算，节假日加班其加班工资按加班时数×平均小时工资数×4 计算。法定节日放假，每年有带薪休假（详见《员工手册》）。每月月薪 4 500 元。该工作的试用期为 3 个月，试用期间，若因个人业绩达不到规定标准或严重违反公司纪律等因素，公司有权在不提前通知的情况下予以解雇，个人也可以直接向公司提出辞职。试用合格即可与公司签订正式录用合同。员工在被正式录用后，公司因经营不善，或因员工个人因素需解雇员工时，公司必须提前 1 个月向个人宣布解雇决定，且公司需向个人补贴生活费用，补贴金额为：员工在公司工作的周年数×该员工解雇决定宣布当月的工资总额，员工工作不满一年者补贴员工解雇决定宣布当月的工资总额的两倍。员工被正式录用后，个人向公司提出辞职时，需提前 1 个月（重要岗位需 2 个月）向公司提出辞职申请，获得公司批准后，方可离开公司，此时员工可获得补贴金额为：员工在公司的周年数×该员工解雇决定宣布当月的工资总额，员工工作不满一年者补贴为该员工解雇决定宣布当月的工薪总额的两倍；若不提前向公司提出申请，或未获得公司批准而离开公司，则公司只按员工在公司工作的周年数×该员工解雇决定宣布当月的工资总额÷2 的标准支付补贴费用，员工工作不满一年者无补贴。员工在公司工作期间，每年按业绩实行奖励，按《员工手册》的规定享受公司一切福利（如各种保险、旅游、住房补贴等）。
晋升与培训机会 本职位为公司最低职位，可能晋升到贷款主管或会计主管；在公司内可获得信贷和会计等知识与技能培训。
工作任职资格
一般条件要求 年龄：25～35 岁 性别：男女不限 学历：大学本科以上 工作经验：在银行工作 3 年以上
体能要求 视力、听力良好；嗓音洪亮；有充沛的体力巡访客户；能用手流利书写；无严重的疾病和传染病。
知识与技能 良好的语言沟通能力，如倾听与提问能力；良好的口头表达能力；具有一般会计能力；具有良好的文书能力；有良好的综合分析能力，能对财务档进行研究分析；有能力代表公司的形象；具有销售技能；具有企业管理与财务知识，具有银行信用政策和服务的知识，熟悉和银行相关的法律知识与术语；能熟练运用计算机；有独立工作的能力，能适应高强度的工作；具有面试能力；对经济、政治事件有分析能力。

续表

其他特性 具有驾驶执照；愿意偶尔在下班后或周末加班，能每月跨省出差；愿意在下班后参加各种活动；平时衣着整洁。

资料来源：余凯成等．人力资源管理．1 版．大连：大连理工大学出版社，1999.

二、工作分析的程序

工作分析是对工作的一个全面的评价过程，这个过程可以分为四个阶段，如图 13－1 所示：

准备阶段——调查阶段——分析阶段——完成阶段

图 13－1

（一）准备阶段

准备阶段是工作分析的第一个阶段，主要任务是了解情况，确定工作分析对象样本，建立关系，组成工作小组。这一阶段的主要任务是：

（1）组成由工作分析专家、岗位在职人员、上级主管参加的工作小组。

（2）明确工作分析的意义和目的。

（3）对所分析的工作进行初步的了解。查阅已有文档，对此工作的主要任务、主要职责及工作流程有大致的了解。

（4）向有关人员宣传、解释，消除误解，建立友好合作关系。

（5）确定调查对象，选择样本，明确调查方法，设计调查方案。

（6）对分析者进行培训，使其掌握工作分析的内容、方法、具体的步骤及注意事项。

（二）调查阶段

调查阶段是工作分析的第二个阶段，要对整个工作过程、工作环境、工作内容和工作人员等方面作一个全面的调查。这一阶段的主要任务是：

（1）编制各种调查问卷和提纲。

（2）综合运用各种调查方法进行实地调查。

（3）根据工作分析的目的，有针对性地收集有关工作的特征及所需的各种资料。

（4）重点收集工作人员必需的特征信息。

（5）要求被调查的员工对各种工作特征和人员特征的重要性作出等级评定。

（三）分析阶段

分析阶段主要是对有关工作特征和工作人员特征的调查结果进行深入全面的总结分析。这一阶段的主要任务是：

（1）仔细审核已收到的各种信息。

（2）以创新精神分析现状，尽可能地发现有关人员在目标工作中存在的问题。

(3) 归纳总结出工作分析的要点，包括关键岗位的职责、任务、工作关系、职务范围等。

(4) 回顾最初列出的主要任务，针对工作分析提出的问题，提出改进建议，重新划分工作范围、内容、职责，确保所提出的问题都得到解决。

(四) 完成阶段

完成阶段是工作分析的最后阶段，这一阶段的任务是根据所搜集的信息和调查的结果，综合工作的要求编制工作分析档、职务描述书与任职资格说明书。

三、工作设计

对有关职务或工作进行分析并取得结果之后，企业就要进行工作设计活动。

(一) 工作设计的含义

工作设计是根据企业需要并兼顾个人需求，对某人职务或某项工作的任务、责任、权利以及与其他职务的关系进行周密、有目的的计划安排。这个过程应当包括工作本身结构的设计，还应考虑社会各方面及其对员工的影响。广义的工作设计既可以指工作的某个部分，也可以指工作各部分的总体。

工作分析的目的是明确所要完成的任务及完成这些任务所需的人的特点；工作设计的目的则是明确工作的内容和方法，明确能够满足技术上、组织上的要求及工作者的社会和个人要求的工作之间的关系。

(二) 工作设计的原则

(1) 符合企业的总目标。全部职务的集合应能顺利地完成企业的总目标、总任务，需完成的每一件事都落实到职务规范中去，使其提高企业运行效率。

(2) 应有助于发挥人的才能，提高企业运行效率。这就要求工作设计全面衡量经济原则及社会原则，找到一个最佳的结合点，并保证每个人满负荷工作。

(3) 职务与人相对应。每个工作规定的任务、责任可以由当时资源条件决定的足量人员担任。例如，企业需要一个高级财务主管，要求既能处理国际财务问题，又能作出高风险的投资决策，这就要考虑企业内有无合适人选，在社会上招聘要花多大代价，如果因资源约束一时找不到合适的人选，就应适当修改工作规范。

(4) 责任体系与目标相符。全部职务所构成的责任体系应能保证企业总目标的实现，即企业运行所要达到的每一项结果、企业内每一项资产的安全及有效运行都必须明确由哪个职位负责，不能出现责任空当。

(三) 工作设计的常见模式

1. 工作轮换模式

采用这种模式可以减轻员工对单一工作的厌烦感。它是指一段时间内，员工在不同任务间轮换。工作轮换模式与工作扩大化模式是密切关联的。二者的重点都在于使工作多样化，但如果所有的任务都是相似甚至均为机械的，这一模式就难以显示效果了。

2. 工作扩大化模式

这一模式使员工有更多的工作可做。工作扩大化是指扩大个体完成多种不同工作的数量。通常扩充的新工作同员工原来所从事的工作具有相当高的相似性或相关性。例如，如果A负责绕线，B负责焊接，C负责测试产品，这三个人通过允许他们从事所有这三项工作而扩大他们的工作范围。这种工作设计导致高效率，是由于不必把产品从一个人手里传给另一个人而节约了时间。此外，由于完成的是整件产品，而不是在一个大件上单单从事某一项工作，这样在心理上也得到安慰。因此，该方法是通过增加某一职务的工作内容，使员工的工作内容增加，要求员工掌握更多的知识和技能，从而提高了员工的工作兴趣。

3. 工作丰富化模式

工作丰富化模式指对工作任务的内涵进行丰富，使员工对企业计划、管理控制及个体评价承担更多的责任；或重新设计职务，将可以提高员工参与意识的任务或活动纳入工作内容。工作丰富化模式是一种比工作扩大化模式更为复杂的模式。这种工作设计模式通常包括重新安排工作任务和进程、加入新任务、增加任务的变化性以及增加与别人接触的机会。

第三节　员工招聘与选拔

一、员工招聘

（一）员工招聘程序

员工招聘是指企业为了发展的需要，向外招收具有劳动能力的个人的全过程。员工招聘是企业人力资源管理工作的重要环节，是人力资源管理的起点。能否招聘到适合企业发展所需的人才，在某种程度上决定企业最终的发展和命运。因此，人力资源管理部门要充分重视招聘工作，改进招聘技术，拓宽招聘渠道。员工招聘的基本程序包括以下几个步骤：

1. 招聘决策

招聘决策是指企业中的最高管理层关于重要工作岗位的招聘和大量工作岗位的招聘的决定过程。招聘决策可以被分成用人部门提出申请、人力资源开发管理部门复核和最高管理层决定三步来运作。招聘决策的主要内容有：确定招聘需求，制定招聘计划，进行招聘预算。

2. 发布招聘信息

作出招聘决策后，就应该迅速发布招聘信息。发布招聘信息的原则如下：① 面广原则。发布招聘信息的面越广，接受到该信息的人越多，应聘的人也越多，这样可能招聘到合适人选的概率越大。② 及时原则。在条件许可的情况下，招聘信息应该尽早地向人们发布，这样有利于缩短招聘进程，而且有利于使更多的人获取信息，使应聘人数增加。③ 层次原则。招聘的人员都处在社会的某一层次，要根据招聘岗位的特点，向特定层次的人员发布招聘信息。

3. 招聘测试

在企业员工招聘的过程中，招聘测试是最重要的一环，是运用各种科学方法和经验方法对应聘者加以客观鉴定的各种方法的总称。招聘测试在员工招聘中具有重要意义，主要表现在以下几个方面：① 挑选合格的员工。应聘者的各种条件，不一定符合招聘者的各种要求，挑选合格的员工对建立企业文化、提高生产率、发展企业均有重要的推动作用。② 让适当的人担任适当的工作。许多应聘者来应聘某个岗位时，有时会出现“某人适合从事甲岗位而不适合从事乙岗位”的现象，只有通过测试才能了解谁从事哪个岗位最合适。③ 体现公平竞争的原则。当应聘者多于招聘人数时，测试可以让最合适的人选脱颖而出，落选者也能了解自己的不足之处，相对比较心平气和地接受落选。

4. 人事决策

广义的人事决策可以指有关人力资源开发与管理各方面的决策，主要包括岗位定员决策、岗位定额决策、工资报酬决策、职务分类决策、员工培训决策、劳动保护决策、人事任免决策等。

狭义的人事决策就是指人事任免决策，即指决定让什么人从事哪一项工作。这里的人事决策是指狭义的含义。

人事决策是员工招聘中的最后一环，也是十分重要的一环。如果以前几个步骤都正确无误，但是最终人事决策错了，企业依然招聘不到理想的员工。人事决策的步骤如下：① 对照招聘决策；② 参考测试结果；③ 确定初步人选；④ 查阅档案数据；⑤ 进行体格检查；⑥ 确定最终人选。

（二）员工招聘的渠道和方法

1. 内部招聘

内部招聘是指从组织内部提拔那些能够胜任的人员来充实组织中的各种空缺职位。从内部提升可以由较低职位提升到较高职位，即提到主管人员的职位，然后逐级上升。实际上，企业中绝大多数工作岗位的空缺是由公司的现有员工填充的，因此，企业内部是最大的招聘来源。

内部招聘的优点：① 有利于鼓舞士气，提高工作热情，调动内部员工的积极性；② 有利于保证选聘工作的正确性；③ 有利于使被聘者迅速展开工作；④ 有利于内部资源的充分利用。

内部招聘的缺点：① 易引起同事的不满；② 容易造成“近亲繁殖”；③ 从内部招聘到的人可能只是组织中最合适的人，却并非一定是最适合职位的人。

内部招聘的主要方法有如下几种：

（1）内部媒体公开招聘。一般企业都有自己的宣传媒体，如广播台、厂报杂志、宣传栏、墙报、内部网、电子信箱等。企业可以充分利用这些媒体公开空缺职位，吸引人员前来应聘。这种途径既为有才能的员工提供成长、发展的机会，又体现公平竞争的原则。然后，人力资源部门通过科学而公正的考核和选拔，使员工意识到绩效与晋升、加薪之间的密切关系，从而得到较强的激励。使用这种途径需要注意以下几点：一是至少应在招聘前一周发布职位空缺、需要招聘人员的相关信息；二是应该清楚地列出空缺职位的工作描述和工作规范；三是应使所有申请人收到有关申请书的回馈情况。

（2）内部员工引荐。就企业组织而言，主要是公司员工引荐其亲友师长，也可以是上级引荐下级。推荐人对企业组织的情况比较了解，对空缺职位的职责要求也比较清楚。另一方面，引荐人对被引荐人的情况熟悉，对其能力和愿望等都作了综合分析考虑后才会引荐，而且成本较低，能节省大量的时间、金钱和精力。但这种方式的缺点也很明显，引荐人可能由于种种原因，引荐并不适合企业需要的人选。因此，人力资源部门要力求任人唯贤，克服上述弊端。

（3）职业生涯记录。人力资源部门一般都备有员工的职业生涯或人事档案。其中通常记录员工的教育状况、经历、技能、培训、绩效等有关情况。这些都能帮助企业了解并确定符合其空缺职位要求的人员，它对内部人员的晋升来说是非常重要的。但是，这种方法对档案信息要求较高，信息必须准确、可靠、全面。另外，由于档案对员工的透明度小、影响力小，员工参与较少。因此，这种方法通常与其他方法结合使用。

2. 外部招聘

内部招聘虽然有很多优点，但它明显的缺点是人员选择的范围比较小，往往不能满足组织的需要，尤其是当组织处于创业初期或快速发展的时期，或是需要特殊人才时，仅有内部招聘是不够的，必须借助于组织外的劳动力市场，采用外部招聘的方式来获得所需的人才。外部招聘的主要来源与方法包括如下几种：

（1）广告。招聘广告是外部招聘最常用的方法。它通过新闻媒介向社会传播招聘信息，其内容应包括以下方面：组织的基本情况；政府劳动部门的审批情况；招聘的职位、数量与基本条件；招聘的范围；薪资与待遇；报名的时间、地点、方式及所需的数据；其他有关注意事项等。广告的设计要求引人注目且必须符合有关法律法规。广告招聘的优点是信息面大、影响广、可吸引较多的应聘者。由于在广告中已简略介绍了企业的情况，可使应聘者事先有所了解，减少应聘的盲目性。缺点是广告费用昂贵，而且由于应聘者较多，招聘费用和时间都随之增加。

（2）学校。学校是人才资源的重要来源，每年学校有几百万的毕业生走出校门，进入社会。学校毕业生已成为各组织技术人才和管理人才的最主要来源。一些组织为了不断地从学校获得所需人才，在学校设立奖学金，与学校横向联合，资助优秀或贫困学生，借此吸引学生毕业后去该组织工作；有的还为学生提供实习机会和暑假雇用机会，以期日后确定长久的雇佣关系，并达到试用观察的目的，而对学生则提供了积累工作经验、评估在该组织中工作与发展的价值的机会；有的则在学校中建立“毕业生数据库”，对毕业生进行逐个筛选。

（3）就业媒体。随着人才流动的日益普遍，应运而生了人才交流中心、职业介绍所、劳动力就业服务中心等就业媒体。这些机构承担着双重角色：既为组织择人，也为求职者择业。借助于这些机构，组织与求职者均可获得大量的信息，同时也可传播各自的信息。这些机构通过定期或不定期地举行人才交流会，供需双方面对面地进行商谈，增进了彼此的了解，并缩短了招聘与应聘的时间。实践证明，这是一条行之有效的招聘与就业途径。

（4）信息网络招聘与求职。这是近年来随着计算机通讯技术的发展和劳动力市场发展的需要而产生的通过网络进行招聘、求职的方法。由于这种方法信息传播范围广、速度快、成本低、供需双方选择余地大，且不受时间、地域的限制而被广泛采用。

（5）猎头公司。“猎头”源于英文的“Head Hunting”，即寻人才之意。猎头公司的主要业务是受企业委托，搜寻中高级的管理或技术人才，为了能够快速猎取到公开人才市场上难以寻觅到的专业人才，每家猎头公司都建有自己的人才库，不同的猎头公司有着不同的

“狩猎”方法，但通常的猎头业务主要有这样几个步骤：分析客户需要，根据需要搜寻人才并进行考查、筛选，最后写出候选人报告供客户选择。随着经济的不断发展，我国公司将在更广阔的范围内面临竞争，猎头公司作为企业挖掘人才的一种媒介组织，开始受到我国企业的关注。

二、员工选拔

（一）员工选拔的程序

员工选拔是指从对应聘者的资格审查开始，经过用人部门与人力资源部门共同的初选、面试、考试、体检、个人资料核实到人选甄选的过程。员工选拔是一个复杂的过程，员工选拔的质量取决于该过程中每一步工作的质量。因此必须做好每一步工作，选择最恰当的方法使每一步工作都富有成效。员工选拔是从员工招聘开始，经过一系列考核、筛选、最终录用到最能满足岗位需要的员工为止的全过程。员工选拔的过程如图 13－2 所示：

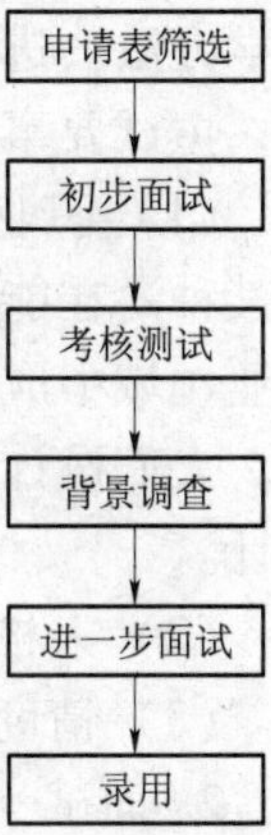

图 13－2

1. 资格审查与初选

简历或申请表的筛选是员工选拔的第一步，通过简历或申请表，招聘人员可以了解有关申请者最基本的信息：年龄、性别、受教育程度、专业、工作经历、求职意向等。符合岗位需要的申请者将进入下一步的选拔过程。资格审查是对求职者是否符合职位的基本要求的一种审查。最初的资格审查是人力资源部门通过审阅求职者的个人数据或应聘申请表进行的。人力资源部门将符合要求的求职人员名单与数据移交用人部门，由用人部门进行初选。初选工作的主要任务是从合格的应聘者中选出参加面试的人员。

2. 面试

面试是申请者和招聘人员面对面的交流过程，通常申请者在最终录用之前要经过若干次面试。在这一过程中，招聘人员有机会对申请者在简历或申请表中提供的信息进行进一步的探究，也有机会了解其他一些与岗位要求有关的信息。此外，通过面试，还可以对申请者的形象、语言表达能力、人际交往能力进行评估。此外，申请者也有机会对应聘单位和应聘岗位进行了解。

3. 专业测试

专业或技能测试是许多组织在员工选拔过程中常采用的方法，其目的在于考核申请者的专业知识、操作技能、心理素质等等。

4. 背景调查

目的在于核实申请者提供的有关信息。背景调查可以通过与求职者以前的雇主和有关证明人书面或口头沟通获取信息，也可以要求工作申请者提供有关推荐信或证明材料。背景调查主要是对求职者的教育和工作履历、个人素质等与工作有关的内容进行核实，不应该涉及个人隐私。但是有关证明人有时更愿意提供一些对被调查人有利的信息。

5. 进一步面试

与传统人事管理只注重知识掌握不同的是，现代人力资源管理更注重员工的实际能力与工作潜力。进一步的面试还可以帮助组织了解应聘者的语言表达能力、反应能力、个人修养、逻辑思维能力等；而应聘者则可以了解到自己在组织中的发展前途，能将个人期望与现实情况进行比较，了解组织提供的职位是否与个人兴趣相符合等。面试是员工招聘过程中非常重要的一步。

（二）员工选拔的主要方法

员工选拔的核心是从众多候选人中选拔出最适合组织岗位元需要的人员。在招聘中可以用测试的手段，对应聘人员进行全面的考核，以了解应聘者真正的潜力以及掌握的知识和技能，并全面了解应聘者的实际能力。这样企业可以通过测试招聘到符合要求的员工。

1. 心理测试

心理测试是指通过一系列的心理学方法来测量被试者的智力水平和个性方面差异的一种科学方法。进行心理测试时要对个人的隐私加以保护；进行心理测试以前要先做好预备工作；主试要事先做好充分的准备。心理测试的主要类型有以下三种：

（1）职业能力倾向性测试。职业能力倾向性测试是用于测定从事某项特殊工作所具备的某种潜在能力的心理测试。由于这种测试可以有效地测量人的某种潜能，从而预测他在某职业领域中成功和适合的可能性，或判断哪项工作适合他。由于不同职业的职业能力要求不同，人们设计了针对不同的职业领域的能力倾向性测试，用于人员的选拔、配置与职业设计。

（2）人格和兴趣测试。主要包括个性测试和气质测量。

（3）情商（EQ）测试。

2. 面试

面试是最常用的一种选拔手段，一般由招聘单位各部门负责人或相关人员组成的面试小组对经过筛选的候选人进行面对面的考核或交流。面试的主要内容包括专业技术能力，个人素质及特点，人际关系能力，求职意向。

3. 知识考试

知识考试主要指通过纸笔测验的形式对被试者进行测试，有的时候可能对被试者的知识广度作全面的了解，有的时候可能对知识的深度作深入的了解，但有的时候又可能对被试者的知识结构做必要的了解，以全面了解被试者掌握知识的水平。知识考试的种类，归纳起来主要有以下三种：

（1）百科知识考试，又称广度考试。考试内容很广泛，其目的主要是了解被试者对基本知识的了解程度，以及掌握知识的水平。

（2）专业知识考试，又称深度考试。主要内容是跟应聘岗位有直接关系的专业知识。

（3）相关知识考试，又称结构考试。主要是了解应聘者对应聘岗位有关知识掌握情况的考试。

知识考试的优点是公平、费用较低、迅速、简便。缺点是试题可能不科学、过分强调记忆能力、阅卷不统一、没有可比性。

4. 情景模拟

情景模拟是指根据被试者可能担任的职务，编制一套与职务实际情况相似的测试项目，将被试者安排在模拟的、逼真的工作环境中，要求被试者处理可能出现的各种问题，用多种方法来测评其心理素质、潜在能力的一系列方法。由于情景模拟设计复杂，准备时间长，费用比较高，正确度比较高，因此往往选拔高级管理人员或特殊人才时运用情景模拟。情景模拟的主要内容有公文处理，无领导小组讨论，系统仿真，角色扮演法，即席发言，案例分析。

第四节　员工培训

企业员工的培训是指企业为了使员工获得或改进与工作有关的知识、技能、动机、态度和行为，以利于提高员工的绩效以及员工对企业目标的贡献，企业所作的有计划、有系统的各种活动。企业员工培训是企业人力资源管理的重要组成部分和职能。

一、培训原则

(一) 理论联系实际、学用一致原则

培训应当有明确的针对性，从实际工作的需要出发，与职位特点紧密结合，与培训对象的年龄、知识结构、能力结构、思想状况紧密结合，这样才能收到实效，推动工作水平的提高。为了使培训与使用一致，应做到：

1. 要全面规划

培训工作是一项长期的、经常性的工作，所以培训工作切忌盲目性和随意性。应根据人员的实际情况，制订出短期、中期和长期的培训计划，使人员培训规划与各行业、各部门、各单位的工作规划妥善地接轨。

2. 要学用一致

培训内容切忌概念化、一般化，要从实际出发，根据各类人员的工作性质和素质现状，有针对性地决定培训内容。培训的方法也应学用结合，多采用案例教学、演示教学等，也可根据培训内容来选择对口的人员进行培训。

(二) 专业知识技能与组织文化培训兼顾的原则

人员培训的内容还应该与干部标准、职工标准相衔接。既然企业对员工的要求是德才兼备，而不仅仅是业务标准，那么培训内容也必须兼顾专业知识技能与政治思想品德两方面。

(三) 全员培训和重点提高的原则

全员培训就是有计划、有步骤地对在职的各级各类人员都要进行培训，这是提高全员素质的必由之路。但全面并不等于平均使用力量，仍然要有重点，即重点培训技术人员和管理骨干，特别是培训中上层管理人员。

（四）严格考核和择优奖励原则

培训工作与其他工作一样，严格考核和择优奖励是不可缺少的管理环节。严格考核是保证培训质量的必要措施，也是检验培训质量的重要手段。只有培训考核合格，才能择优录用或提拔。

二、培训形式

为了对不同层次的员工实施不同内容和不同方式的培训，可以选择采用以下几种方式：

（一）在职培训

在职培训是指通过工作过程学习技能和知识。也就是说上级主管和资深员工一方面要指导下属或新进员工完成业务工作，同时要作为培训者，在日常工作中对下属员工传授技能和知识，培养其思维判断能力，利用培训指导自己的下属成为每一个管理者的重要职责。

这类培训方式的特点是培训在真实的工作环境和工作条件下进行，贯穿于实际工作之中，并由经验丰富的训导者结合实际情况给以指导，因而能使受训者直接掌握工作技能和有效提高工作能力，而且培训与开发的成本也较低。

一般来说，在职培训方式适用于技术和能力培训。具体培训方式如下：

1. 学徒制培训

由工龄较长的技工或师傅带徒弟的方法传授技艺，这是一种比较传统的培训方式，比较适用于技术性较强的工种的任职前培训，如电工、仪表工、钳工、机修工、水管工、木工等，培训时间为1~3年。采用此种培训方式的重要前提条件是要对师傅进行资格认证，否则就不能有效地实现培训目的。

2. 工作指导培训

由指定的训导人员在工作中有计划地对受训者进行培训，训导人员可以是受训者的直接上级或其他人员，适用于技术工种的技能培训和普通岗位的操作技能培训。

3. 工作轮换

采用工作轮换法进行培训。职工有机会熟悉各种职务的特点及其相互关系；培训内容丰富多样，能够提高受训者的学习兴趣和动机；员工掌握多种技能，成为一职多能的多面手，扩展其工作视野，提高员工对工作任务的适应性。它适用于操作岗位、技术工种及管理人员的培训。

4. 挂职锻炼

让受训者担任非正式的助理等职务，使其在管理工作中进行实际锻炼，这是一种培训管理者的方式。

5. 自学

由员工本人根据工作需要、个人兴趣和现有条件，选择对口专业及学习方式进行业余自学。

在职培训的优缺点，如表13-1所示：

表 13－1　　在职培训的优缺点

优点	缺点
1. 培训能解决实际工作中出现的问题 2. 较脱产培训更容易实施 3. 员工因培训而进步，可激发其工作积极性 4. 可以促进上下级之间的沟通与协作 5. 员工可以一边培训一边工作 6. 培训费用较低 7. 可以根据员工的实际情况因材施教	1. 优秀的领导不一定是优秀的指导教师 2. 有时工作与培训难以兼顾 3. 领导管理幅度过大时，无法对所有员工进行指导 4. 专门、高层次的知识和技能无法教授 5. 培训指导的内容和程度无法统一

（二）脱产培训

脱产培训是指离开工作和工作现场，由企业内外的专家和教师，对企业内各类人员进行集中培训。脱产培训分为两大类，一类是分层次脱产培训，另一类是分专业脱产培训。

1. 分层次脱产培训

这是指对不同层次的员工进行脱产培训，包括对各类管理层次人员的培训，如对部长的脱产培训，对处长的脱产培训以及对科长、车间主任、班组长的脱产培训，还包括对新员工的岗前培训，对老员工的脱产培训等。分层次脱产培训的特点是：

（1）强调培训对象的职务地位、等级和层次。当某位员工即将进入某个层次、担当某种职务或取得某种更高地位时，必须经历一次脱产的培训，以便使其更好地担当新职务或扮演新角色。

（2）强调标准化、规范化培训。即按职务工作及担当职务工作所必备的知识、技能和态度的要求，按事先规定的且多年来行之有效的标准化教学方法，按规范的教学大纲来教学，按规定的授课时数和日程安排，按部就班地进行脱产培训。

（3）具有定期轮训的特性。企业中的每一位员工都有各自的工作，都处于不同的层次和地位，都有机会晋升到更高的职务工作等级地位。因此，分层次脱产培训往往是定期进行的，对每个员工来说，都有资格和机会参加不同层次的脱产培训，逐步实施员工职业发展规划。分层次脱产培训可以说是一种轮训，是员工终身培训的具体体现。

2. 分专业脱产培训

这是指按不同专业对各类员工进行脱产培训，包括对不同员工进行全面质量培训、安全生产培训、财务管理培训以及其他的专业培训和技术培训等等。分专业脱产培训的特点是：

（1）强调培训的专业性。即对专业部门、专业人员进行专业知识、技能培训。例如，对职能管理者进行专业管理培训，对生产人员进行操作技能训练，对销售人员进行销售技巧训练，对财会人员进行《会计法》培训等。

（2）强调专业知识和技能的层次。如会计初级、中级和高级培训，机械制造初级、中级和高级培训等，以适应各专业、各职务不同层次、不同水平专业人员的需要。

（3）强调培训的适应性和未来性。即根据变化了的外部环境和人员结构，以及预期竞争格局和状态，适时地开展某方面某专业的培训，以调整企业内人员素质结构，适应外部形势，或为未来储备必要的人才，以应付不测的发生。

脱产培训的优缺点，如表 13－2 所示：

表 13－2　　脱产培训的优缺点

优点	缺点
1. 可以对众多员工同时统一实施培训 2. 员工可在专家的指导下专心受训，并获得高度专门化的知识及技能 3. 培训者在培训中具有相互竞争心理，从而提高培训效果	1. 需要培训教师、场地设施及培训教材，培训成本较高 2. 会减少员工工作时间，有时与当前工作发生冲突 3. 如果培训内容与工作相脱节，培训成果将无法及时应用到工作中

三、培训方法

在各类员工培训中，企业应根据对象和内容的不同，综合采用多种方式方法，以期收到较好的培训效果。

（一）讲授法

讲授法是指培训者用语言表达传授给受训者培训内容的方式。这种学习的沟通是单向的——从培训者到听众。讲授法成本低，培训组织方便，能在短时间内向大批受训者有效传递大量信息。此外，讲授法还是其他多种培训方法应用时的重要辅助手段。无论新的培训技术如何发展，讲授法一直是受欢迎的培训方法。

讲授法最大的问题在于受训人员不能主动参与，只能从讲授者的演讲中，作被动的和有限度的吸收，因而影响了培训的效果。为了提高讲授法的效果，要求讲授者对讲授的问题有深刻的研究，对学员的知识背景和兴趣有比较多的了解，并在讲授时保持与学员的沟通，借助一些视听设备作为讲授的辅助手段，促进受训人员的学习积极性和主动性，改进培训效果。

一般而言，以下情况较适合使用讲授法：以书本知识为主的学习培训；介绍企业的新政策和新制度；引进新技术、新设备的普及讲座；培训对象面广人多，培训的时间有限。

（二）示范法

示范培训是企业职前训练中被广泛采用的一种培训方法。这种培训一般由部门经理或管理员主持，由技术能手担任培训员，现场向受训人员简单地讲授操作理论与技术规范，然后进行标准化的操作示范表演，学员则反复模仿学习，经过一段时间的训练，使操作逐渐熟练直至符合规范的程序与要求，达到运用自如的程度。培训员在现场指导，随时纠正操作中的错误表现。这种训练方法有时显得单调而枯燥，培训员可以结合其他培训方法与之交替进行，以增强培训效果。示范法较适合于操作技术型的工作。

（三）视听材料法

视听材料法是指运用电视机、录像机、幻灯机、投影仪、收录机、电影放映机、VCD

等视听教学设备为主要培训手段进行训练的方法。随着声像数据和多媒体技术的普及与应用，许多企业的培训已采用电化教学手段，并取得了较好的效果。

视听法可用来提高学员的沟通技能、谈话技能和顾客服务技能，并能详细阐明一道工作程序的要领。视听法的主要优点是：① 培训者可回放、慢放或快放课程内容，这使得培训者可以根据受训者的专业水平灵活调整培训内容与进度；② 可让受训者接触到不易解释说明的设备、难题和事件；③ 受训者可受到前后连贯的指导，使项目内容不会受到培训兴趣和偏好的影响；④ 通过现场摄像可让受训者亲眼目睹一些不良工作表现，而无须培训者过多的说明解释。

这种培训方法特别适合有关工作过程或生产流程方面的培训，对于各种装配作业线操作程序和技能的培训也有较好的效果。

（四）小组讨论法

小组讨论法是对某一专题进行深入探讨的培训方法，其目的是为了解决某些复杂的问题，或通过讨论的形式使众多受训人员就某个主题进行沟通，谋求观念认识上的统一。

讨论法培训的效果，取决于讨论的设计和组织。采用小组讨论时应注意：① 在培训前，培训员要花费充分的时间对讨论主题进行分析准备，设计方案时要征集学员的意见，受训员应事先对讨论的主题有充分的认识和准备；② 要由一名或数名有经验的指导训练人员担任讨论的主持人，参与讨论的全过程并作有效控制；③ 主持人要善于激发学员踊跃发言，引导学员自由发挥想象力，增加群体培训的参与性；还要控制好讨论会的气氛，不使讨论偏离主题，通过分析阶段对讨论意见的归纳小结，逐步引导学员对讨论结果产生有效统一的认识。在结束阶段，培训员对讨论进行归纳和总结；④ 参加讨论培训的学员人数一般以 10 人左右为宜，也可分为若干小组进行讨论。

（五）案例分析法

案例分析法也是一种以集体讨论方式进行培训的方法，与小组讨论法的不同之处在于：通过研讨不单是为了解决问题，而是侧重于培养受训人员对问题的分析判断及解决能力。在对特定案例的分析辩论中，受训人员集思广益，共享集体的经验与意见，有助于他们将受训的受益在未来的实际业务工作中思考与应用，建立一个有系统的思考模式，同时受训人员在研讨中还可以学到有关管理方面的新认识与新原则。在使用案例分析法时，应注意以下几个问题：① 培训员对案例的准备要充分，选择案例时，要针对培训的目标和培训的对象。一般情况，应选用企业管理的真实案例，案例可自己编写，也可选用现成的案例；② 分析案例前，先安排受训人员有足够的时间去研读案例，引导他们以案例中的人物身份去理解管理情景，使他们自己如同当事人一样去思考和解决问题；③ 案例讨论可按解决问题的步骤展开，首先，确定发生了什么问题；其次，弄清问题的产生原因是什么；再次，弄清解决问题有哪些方法；最后，了解这些方法各有什么利弊。案例分析法主要训练管理决策能力，适用于中层以上的管理人员培训。

（六）岗位在职培训法

岗位在职培训法又称“干中学”培训法。这是新员工或无岗位工作经验的员工通过跟班模仿性学习与练习，在实际工作的亲历实践中提高工作技能与专业知识的一种方法。在许多专项操作技能培训中，实践练习往往是最有效的。这一方法的缺点是培训活动过程随意性比较大，有时也会传授一些不良的工作习惯或方法。岗位在职培训的主要形式有师带徒法与工作轮换法等。

（七）模拟训练法

运用模拟训练法进行培训，具有很好的学习迁移与练习效果，现已在企业培训活动中获得广泛运用。早期的模拟训练主要用在操作工人的工具模拟方面，通过工具模型模拟实际的工具操作活动，可以有效促进受训人员掌握工作要领，减少工作联系过程中的危险性，避免贵重机器设备遭受无端的损害。在学会工具模型操作后，通过及时的学习迁移，就能很快学会掌握机器设备的实际操作。

随着模拟训练方法的进一步发展，现在已经广泛运用于高层次职务的人员培训工作之中。如典型化工作情景模拟训练，可以使受训者在较短时间内接触了解大量与工作有关的信息及处理方法，使之在今后的实际工作中遇到类似问题时能处变不惊，胸有成竹。

第五节　绩效管理与薪酬管理

一、绩效考核与管理

（一）工作绩效的含义及绩效的性质

任何组织的运行与发展都是以达到组织的绩效目标为根本目的的，人力资源管理活动的最终目的是提高员工的工作绩效。工作绩效是个体或群体在实现预定目标过程中所采取的有效行为以及实现的有效工作成果，也就是行为表现、工作成绩及其对组织的贡献。

绩效的性质表现在以下三个方面：

1. 多因性

绩效的多因性是指绩效的优劣不是取决于单一因素，而要受制于主客观多种因素的影响。下图所示的工作绩效模型列出了影响工作绩效的四种主要因素，即员工的激励、技能、环境与机会，其中前两者是属于员工自身的主观性影响因素，后两者则是客观影响因素。这一模型也可用如下公式表示：

$$P=F(SOME)$$

式中，P 为绩效，S 是技能，O 是机会，M 是激励，E 是环境。此式说明，绩效是技能、激励、机会与环境四个变量的函数。如图13－3所示。

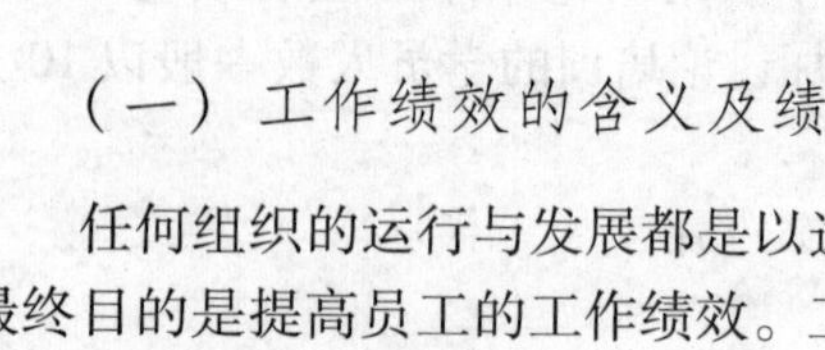

图13－3

2. 多维性

多维性需要从多种维度或方面去分析与考评。如一名职工的绩效除了产量指标完成情况外，质量、原材料消耗、出勤，甚至团结、纪律等硬、软指标，都需综合考虑，逐一评估，尽管各维度可能权重不等，考评侧重点会有所不同。

3. 动态性

员工的绩效是变化的，随着时间的推移，绩效差的可能改进转好，绩效好的也可能退步变差。因此管理者切不可凭一时印象，以僵化的观点看待下级的绩效。

（二）员工绩效考核的主要内容

对企业员工进行绩效考核的内容概括为德、能、勤、绩四个方面。

1. 德

“德”是评价考核员工的首要标准，具体包括政治质量、思想作风、个人质量和职业道德等。任何时代、任何社会、任何行业、任何人都有追求良好德行的需要。

2. 能

“能”主要指员工的能力，就是人的素质的外在表现，是一个人认识和改造世界的本领。能力是多方面的，是综合多种能力的合成，包括思维、创造、组织、协调、研究、创新、认知等方面的能力，不同岗位不同层次的人员在能力要求上会有很大的不同。

3. 勤

“勤”主要反映员工的工作态度，包括纪律性、协调性、积极性和创造性四个方面。勤是敬业精神，是一个人对工作的态度，是一个人工作的主动性、创造性。一个人出勤率高不代表真正的勤，只是外在表现，决定勤的因素是态度，一个人能兢兢业业、富有责任感、全身心投入工作才是真正的勤。

4. 绩

“绩”主要是指员工的工作业绩，是一个人为组织完成的工作数量、质量、经济效益和社会效益。绩是德、能、勤的综合反映。不同行业、不同岗位上的绩效表现形式各异，人员考核指标会有所不同，有所侧重。在实际工作中应该尽可能用量化的指标，用数据说话，少用定性的描述性的语言来做评价指标。

“德、能、勤、绩”四个方面，绩是考核的重点，但也不能只看成绩，不看工作态度。

（三）影响绩效考核的因素

1. 绩效考核系统本身的原因

（1）考核标准的信度问题。绩效考核标准信度是指对同一职位的工作绩效标准在不同时期、不同人任职都应一视同仁，不同考核人对同一职位上的人员考核标准要相同。考核标准应根据该职位的职位说明书和岗位规范来制定。如果对两个人在同一职位任职的考核标准不同，要求不同，奖罚不同，厚此薄彼，员工将会不相信组织的考核工作，从而失去考核的意义。在实际工作中，由于工作的改进，业务的发展，技术的进步而使某些岗位职责发生了变化，这时改变评价标准是可以的，但也要与被考核人及时沟通，以免误解。

（2）绩效考核中的效度问题。效度是指考核标准的合理、合法性。其中包括，考核项目设立与职位规范是否吻合，是否全面；权重系数与项目本身的主次性是否一致。

（3）考核方法的选择。考核方法的选择要受到多方面因素的影响。包括被测评人岗位特点、测评人的测评技能与习惯、测评方案的可操作性、考核项目的相对独立性和系统性。

（4）考核结果的回馈。考核结果最终确定后要及时与被测人沟通，希望被测人对结果态度端正，并能从结果中找出自身的不足，测评人也要为被测人提供改进意见和建议。

2. 考核人员的原因

考核人员在一定程度上将决定考核的最终结果。因此，考核人员自身的思想道德水平、业务技能、权威性、测评技能、人格等方面都要是值得信赖的。但是，考核人员也是人，有自己的价值观念、评判标准和感情因素，也会出现一些问题，主要有以下几点：

（1）以偏概全。也称为晕轮现象，即考核人对被测人的某一方面很喜欢，就很可能“爱屋及乌”全盘肯定这个人，而忽视了其弱点；反之，则会否定这个人的优点和成绩。

（2）评价尺度不统一。一些人要求严，打出的分数偏低，一些人则要求过松而打出偏高的分数，一些人则没有拉开档次，区分度差。

（3）近因效应。发生的事情越短，给人留下的印象就越深，这样就会给考核带来影响。有的人一开始不努力，到快考核时开始努力表现，可能会给自己带来好的测评结果。作为测评人要通过长期的观察考核，尽量避免近因影响。

（4）第一印象。一个人给陌生人留下的第一印象很重要，要想改变第一印象比当初形成时要多费十倍的精力。测评人应该清楚地认识到第一印象有对的，也有不对的，决不能仅凭第一印象来判定一个员工的优劣。

（5）情感和偏见。人与人之间必然存在情感交流，也就不可避免会出现亲近和疏远关系，甚至是偏见、成见。测评人应该抛开个人恩怨，本着公正、公平、公开的原则进行测评。在安排测评人时也要采用回避制度，有利害冲突的人和利益相关的人都要回避，以保证测评公正。实际工作中有父子回避、夫妻回避、其他亲属关系回避、特别深的个人积怨回避等方式。

3. 被考核人的原因

被考核人对考核要有正确的认识，如果认为考核是一种激励，而其又愿意被激励，他就会主动去接受考核；如果一个人安于现状，不思进取，他就会把考核当做负担，当做一种压力和约束，他也就不会主动配合考核。

被考核人自我评价的准确度直接影响测评效果。一个自视甚高的人决不会给自己打低分，而一个缺乏自信、保守或谦逊的人则往往会给自己偏低的分数。

为了克服不利的影响因素，清除误差，真正达到考核的目的，测评领导者应该从以下几个方面做好工作。一是确定合适的测评人员，让公正、高素质、廉洁、原则性强的人担任考核工作。二是确定考核方法、指标体系、权重系数、评价标准后，要对测评人进行必要的思想和技术培训。三是要对被测评人有充分的了解，并做好测评工作的宣传鼓动工作。四是制定严格的测评人员监控体系，一旦出现无法正确解释的严重偏差就要受到制裁。

（四）绩效考核的程序

绩效考核是系统性的收集、分析、评估和管理绩效信息的过程。可以从横向程序和纵向程序两个方面分析绩效考核过程。

1. 绩效考核的横向程序

绩效考核的横向程序是指绩效考核的各个组成部分的先后顺序，在许多组织中，绩效考核的横向程序是一个四步骤的循环过程，如图 13－4 所示。

（1）确定考核指标和考核标准。确定考核指标和标准是绩效考核的首要环节。绩效考核必须以组织的经营管理原则为前提，以工作分析中的岗位职责和要求为基础，围绕一定的考核目标，设计出客观科学的考核指标体系和考核标准。

图 13－4

例如，某公司为了通过绩效考核，及时掌握公司的绩效状况，了解公司、部门和员工在工作中存在的问题，使公司目标、部门目标和员工目标保持紧密结合，并增进公司、部门和员工之间的双向沟通，促进相互合作和支持，公司设计了各个部门的考核指标：部门职责履行情况；部门工作计划完成的效果和效率；客户部门和公司外部客户的满意度；重大责任事故考核。

（2）实施考核。实施考核是绩效考核最重要的环节。绩效考核小组根据绩效考核标准，用设计好的考核表，对组织和员工的绩效进行记录、核查和评估。在许多组织中，尽管有非常好的绩效考核系统，但是在具体实施时往往发生许多意想不到的事情。例如，考核时搞形式主义，人为扭曲绩效信息等。许多考核偏差往往也是在这个环节产生的。推动绩效管理首先要保证考核得到正确的实施。

（3）结果分析。结果分析主要包括对考核结果进行整理、统计和分析等步骤。首先，需要对考核信息进行整理，允许对错误或不正确的信息进行纠正，保证绩效信息的正确性；其次，对绩效信息进行分析统计，一般情况需要核算员工的个人绩效、部门绩效和组织绩效，从上到下反映出整个组织的绩效分布情况；最后，对绩效分布进行分析，反映出员工和组织绩效的不足之处，并提出应对措施。

（4）绩效管理。绩效管理的含义非常广泛，包括回馈绩效信息、核定奖励方案、指定改进计划、形成培训发展计划等。在许多组织中，绩效考核的目标不完全是为了公平的分配薪酬，而是为了持续的改进组织的整体绩效，由此带来的绩效管理内容就变得十分丰富。绩效回馈是绩效管理的最基本的内容，把绩效信息反馈给员工和组织，这样才可能使他们的工作得到不断的改进。

绩效考核的这四个步骤是最基本的，在实际管理过程中，可以增加其他的一些步骤。

2. 绩效考核的纵向程序

绩效考核的纵向程序是指绩效考核对象的层次性和顺序性，即先对基层进行考核，再对中层进行考核，最后对整个组织的绩效进行考核，形成自上而下的考核顺序，如图 13－5 所示。

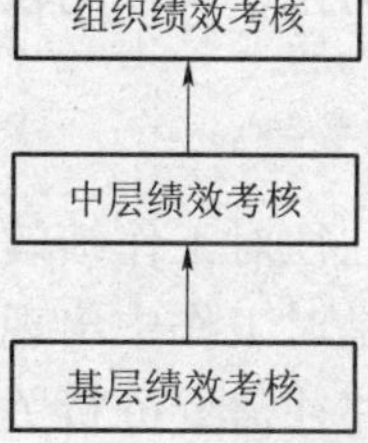

图 13－5

（1）基层绩效考核。组织的基层一般指组织的一线工作部门，通常由基层管理者对员工的绩效进行考核。包括员工的工作成绩，工作行为，工作纪律乃至工作能力等方面。

（2）中层绩效考核。完成基层考核之后，就对中层绩效进行考核，一般考核中层部门的整体绩效和管理者绩效。

（3）组织绩效考核。许多情况下，把组织绩效考核放在考核的最后一个环节，对组织绩效的考核更多侧重于定量的经营指标，作为基层绩效和中层绩效的一个补充。

（五）常见的绩效考核方法

1. 分级比较法

又称为排序法。把评估者的绩效，按照一定的标准，通过相互比较，确定绩效水平高低的顺序关系。

2. 行为评定法

这种方法的关键问题是找出工作中的关键和表现，把它们作为评估指标，评估时根据员工的实际行为状况，逐条核对关键行为和表现，也可以对每条行为作出等级评定。表 13－3 是一个常见的行为评定工具：

表 13－3　　行为评定表

行为项目	完全符合	比较符合	一般性	不太符合	完全不符
1. 善于尝试新的解决问题的方法	□	□	□	□	□
2. 喜欢尝试新的解决问题的方法	□	□	□	□	□
3. 一旦制定好计划就想方设法完成	□	□	□	□	□
4. 出现问题及时向上级反映	□	□	□	□	□
5. 为工作效率付出额外努力	□	□	□	□	□
6. 对任务能够及时、保质保量完成	□	□	□	□	□
7. 乐于帮助同事解决困难	□	□	□	□	□
8. 上级对该员工的工作十分了解	□	□	□	□	□
9. 尽力在部门中营造良好的氛围	□	□	□	□	□
10. 积极沟通，主动寻求绩效回馈	□	□	□	□	□
11. 与上级的工作关系融洽	□	□	□	□	□

计算评估分数时，一般采用直接求总分的办法，有时候也进行加权求总分，先对每个陈述句赋予一定的权重，然后进行加权求和。行为评定法看起来比较简单，但是要制定出工作中的关键行为和工作表现需要花费很多时间。

3. 量表评估法

根据绩效评估的指标体系，对每个指标划分等级，或制定量化标准，然后设计成评估表格，这是一种常见的绩效评估方法，它的形式灵活多变，可以根据评估的不同目的，设计相应的评估表。量表评估法本质上是行为评估法的某种变式，但是它更加结构化，设计比较严格、科学。

4. 关键事件法

在绩效评估中，关键事件是一组行为，或者一个事件过程，它的产生往往对工作绩效有显著的影响，包括能够提高绩效的事件和降低绩效的事件。关键事件法就是对工作中出现的关键事件进行评估，以此作为工作绩效的评估方法。在分析关键事件时，往往需要分析关键事件对工作绩效可能产生哪些影响结果，影响程度如何，在主观上是否可以控制等问题。

5. 强迫选择法

强迫选择法的目的是尽量消除评估过程中的心理偏差。这种方法首先为绩效指标设计4～6个陈述句，这些句子在反映绩效指标的程度上是有差异的，有的干脆就是干扰句，本身并不能反映绩效。例如，为了评估教师的上课效果，可以设计下列陈述句：① 在上课时非常投入，充满信心；② 给学生设计练习教材；③ 讲课生动，很有吸引力；④ 上课时经常要求学生讨论问题。

这些陈述句反映上课效果程度的顺序是：③－①－④－②。在评估时，要为教师强迫选择一种行为，并记上一定分数，作为上课效果分数。

在实施强迫选择法时，一般不把每组陈述句的评估内容告诉别人，评估者只是对陈述句进行核对。因此这种方法的评估信度就比较高，也比较有效。强迫选择法的设计要求比较高，它的记分方法好坏直接影响着评估分数，因此在设计时 一般需要对方法进行检验。

例如，在教师上课效果的评估中，可以这样评估和记分：请评估者根据某个教师的上课情况，从四个陈述句中选择最符合的一个行为（如陈述句③），再选择最不符合的一个行为（如陈述句②）。记分时，把反映绩效的程度③、①、④、②依次记为4分、3分、2分、1分。这个教师的上课效果评估分数是5分（4分＋1分）。

6. 评语法

这种方法在我国比较常用，主要是为被评估者写一份用语言描述的评估报告，描述被评估者的工作产出、工作表现、工作态度、优点和缺点等。因为完全是定性的描述，没有一定的规则，没有具体的维度结构，一般只作总体评估，加上评估者的个人态度、文字能力、判断能力等主观性因素，往往使评估结果带有很多偏差。

除了上面提到的几种方法以外，还有许多值得参考的评估方法。如行为锚定评估法、行为观察法、目标考核方法、评价中心技术等。

二、薪酬管理

（一）薪酬的构成

薪酬可理解为薪金报酬，是一个组织对成员支付的为组织目标努力的一种经济性回报，包括工资、奖金、津贴等直接经济报酬和不以现金形式支付的员工的福利和各种保险与公积金等间接经济报酬。薪酬是员工进行正常工作和生活的保障，也是对员工的一种激励手段，作好薪酬制度设计，保证薪酬及时、公正地发放是保证企业健康稳定发展和实现经济效益的重要措施。企业的薪酬一般由以下几方面构成：

1. 基本工资

基本工资是职工只要在企业工作就能定期拿到的固定数额的劳动报酬。职工的基本工资可以以月薪、年薪的形式支付，如企业中的白领职工一般采取这种形式；也可以采取小时工资的形式，这一般是用于蓝领职工。

企业通过基本工资的形式为职工提供一个稳定的收入来源，可以起到减少企业的工资总额，降低劳动成本的作用。但是，基本工资与职工工作的努力程度和劳动成果没有直接联系，职工只要按时上班，干好干坏都可以照拿。因此，企业在制定基本工资时，既要考虑到职工承担风险的能力和限度，不能把基本工资定得太低，又要考虑到基本工资不利于调动劳动积极性的一面，不要让基本工资定得过高或者成为职工工资的唯一形式。

2. 激励工资

激励工资是工资中随着职工工作努力程度和劳动成果变化而变化的部分。激励工资之所以能调动职工的劳动积极性，主要是运用了分成的思想。当职工领取固定工资时，职工增加努力程度和劳动投入而增加的产出全部归企业所有。而运用分成的思想，实行激励工资时，职工从通过自己努力而新增加的每一个单位产品中，都可以拿到相应的好处，因而劳动积极性比较高。

当工资随着职工工作努力程度的变化而变化时，可以称之为对投入的激励。当工资随着职工劳动产出的变化而变化时，可以称之为对产出的激励。企业采用投入还是产出激励工资，要看对职工投入和产出的观察和测度哪一个更容易。

3. 福利

《中华人民共和国劳动法》明确规定："国家发展社会福利事业。兴建公共福利设施，为劳动者休息、休养和疗养提供条件。""用人单位应当创造条件，改善集体福利，提高劳动者的福利待遇。"福利的构成有不同的分类，一般情况下可以分为：非工作时间报酬（包括工作日内的休息时间、每周休假、节假日、探亲假、年休假、事假等），津贴（包括交通津贴、节日津贴、住房津贴和其他津贴），服务（包括交通班车、餐饮、文化设施、娱乐设施、幼儿园等）。

4. 社会保险

社会保险是国家通过立法强制征集专门资金，用于保障劳动者在暂时或永久丧失劳动能力时，或在工作中断期间的基本生活需求的一种保险制度。《中华人民共和国劳动法》第70条规定："国家发展社会保险事业，建立社会保险制度，设立社会保险基金，使劳动者在年老、患病、工伤、失业、生育等情况下获得帮助和补偿。"我国社会保险项目主要有养老保险、医疗保险、工伤保险、失业保险、生育保险等。

养老保险是国家为保障劳动者离退休后的基本生活的一种社会保险制度，包括离休养老保险、退休养老保险和退职养老保险等。

医疗保险是指劳动者非因工患病、负伤、残废或死亡时获得经济帮助的一种社会保险制度。

工伤保险是国家对因公负伤、致残、死亡而暂时或永久丧失劳动能力的劳动者及其供养家属提供经济帮助的一种社会保险制度。职工工伤保险包括因工负伤保险、患职业病保险、因工致残保险和因工死亡保险等。职工工伤实行"无责任补偿"的原则，按照保障生活，补偿损失和康复身体的原则确定保险待遇。

失业保险是国家为保障失业劳动者的基本生活而给予经济帮助的社会保险制度。失业保险待遇包括失业救济金、困难补助金、患病医疗补助金、丧葬补助金、遗属抚恤金等。

生育保险。根据《中华人民共和国劳动法》、《女职工劳动保护规定》的规定，我国社会生育保险的享受对象有国有企业、国家机关和事业单位的女职工。

（二）建立合理薪酬制度的原则

1. 公平性

企业职工对薪酬分配的公平性，也就是对薪酬发放是否公平的判断与认同，是设计薪酬制度和进行薪酬管理时考虑的首要方面。薪酬的公平性可以分为三个层次：

（1）外部公平性。即是指同一行业或同一地区或同等规模的不同企业中，类似职务的基本薪酬应当大体相同，因为对他们的知识、技能与经验的要求相似，他们的各自贡献便应相似。

（2）内部公平性。即是指同一企业中不同层次职务所获薪酬应正比于各自的贡献。只要比值一致，便是公平。

（3）个人公平性。即是指同一企业中占据相同岗位的人所获薪酬的比较。

2. 竞争性

这是指在社会和人才市场中，企业的薪酬标准要有吸引力，才足以战胜其他企业，招到所需人才。究竟应将本企业定在市场价格范围的哪一水平，要视本企业的财力、所需人才可获得性的高低等具体条件而定；但要想有竞争力，开价就应不低于市场平均水平。

3. 激励性

这是指在企业内部各类、各级职务的薪酬水平上，适当拉开差距，真正体现按贡献分配的原则。平均主义的大锅饭、分配制度的落后性已从反面反复证明了这一点。

4. 经济性

提高企业的薪酬水平，固然可提高其竞争性与激励性，但同时不可避免地导致人力成本的上升，所以薪酬制度不能不受经济性的制约。不过企业领导在对人力成本考察时，不能仅看薪酬水平的高低，更要看职工绩效的质量水平；事实上，后者对企业产品的竞争力的影响远大于成本因素。此外，人力成本的影响还与行业的性质及成本构成相关。

5. 合法性

企业薪酬制度必须符合国家法律法规。我国法制建设过程仍在充实完善中，有关劳动工资的立法正在得到加强，但目前在其立法的正规性、完备性、成熟性及执行的严肃性上，与一些发达国家相比，还有不小差距，有待改进完备。

（三）薪酬制度的类型及构成

不同的企业有不同的目标取向，需要不同的薪酬制度与之相匹配。同样，不同的薪酬制度在不同的企业中激励的效果也存在差异。企业要根据自身的实际设计合理的薪酬制度。下面介绍几种常见的薪酬制度。

1. 绩效工资制

绩效工资制的前身是计件工资，但它不是简单意义上的工资与产品数量挂钩的工资形式，而是建立在科学的工资标准和管理程序基础上的工资体系。它的基本特征是将员工的薪酬收入与个人业绩挂钩。企业支付给员工的业绩工资虽然也包括基本工资、奖金和福利等几项主要内容，但各自之间不是独立的，而是有机地结合在一起。根据美国 1991 年《财富》杂志对 500 家公司的排名，35% 的企业实行了以绩效为基础的工资制度，而在 10 年以前，仅有 7% 的企业实行这种办法。

与传统工资制相比，绩效工资制的主要特点如下：一是有利于员工工资与可量化的业绩挂钩，将激励机制融于企业目标和个人业绩的联系之中；二是有利于工资向业绩优秀者倾斜，提高企业效率和节省工资成本；三是有利于突出团队精神和企业形象，增大激励力度和员工的凝聚力。

绩效工资体系的不完善之处和负面影响主要是：容易导致对绩优者的奖励有方，对绩劣者约束欠缺的现象，而且在对绩优者奖励幅度过大的情况下，容易造成一些员工瞒报业绩的行为。因此，对员工业绩的准确评估和有效监督是绩效工资实施的关键。

2. 职务工资制

职务工资制是首先对职务本身的价值作出客观的评估，然后根据这种评估的结果赋予担任该职务的从业人员与其职务价值相当的工资的一种工资制度。该工资体系建立在职务评价基础上，职工所执行职务的差别是决定基本工资差别的最主要因素。

在实施该制度时，应该设立一个5~20人的职务评估委员会。参加该委员会的人选，一般由人力资源部门的员工以及现场作业、行政、技术等部门的一些富有经验者参加。

（1）职务工资制的优点。一是实现了同种劳动、同种报酬，实际是按劳分配的一种具体实现方式；二是有利于按职务系列进行工资管理，同时使责、权、利有机地结合起来；三是有利于奖励从业人员提高业务能力和管理水平。

（2）职务工资制的不足之处。一是当采用职务工资制时，会抑制企业内部人员的配置和职务安排；二是由于职务与工资挂钩，因此当职工在企业内晋升无望时，这些职工就会丧失进取的动力，劳动积极性会受到很大挫折，从而使企业职工流动率过高，生产发展受阻。

3. 岗位技能工资制

岗位技能工资制是近几年我国国企改革中普遍采用的新的工资制度，它是一种以劳动技能、劳动责任、劳动强度、劳动条件等基本劳动要素为评价依据，以岗位或职务工资和技能工资为主要内容，根据劳动者的实际劳动质量和数量确定报酬的多元组合的工资类型。

岗位技能工资制的特点主要有：① 体现了按劳取酬的原则，使劳酬挂钩；② 是对传统的等级工资制的一种制度性改革；③ 把企业的工资水平和经济效益挂钩，有利于发挥工资的效益职能；④ 岗位技能工资制从结构上把岗位劳动评价与员工个人的劳动绩效评价区分开，即分为基本工资和辅助工资。

4. 结构工资制

结构（结合）工资制是多项工资制度的综合，例如：

结构工资 = 基本工资 + 职务工资 + 工龄工资 + 奖金 + 津贴

结构工资制是把员工工资划分为若干组成部分，构成动态性的工资结构模式，用“工资分解”的方式，确定和发挥各部分工资各自不同的功能，克服原来等级工资制将劳动者工作年限长短、技术水准高低、劳动态度的优劣、贡献的大小等因素混杂一起，用混合式方法确定工资等级而带来的某些弊病。

5. 年薪制

年薪制又称年工资收入，是以企业会计年度为时间单位计发的工资收入，主要用于公司经理、企业高级职员的收入发放，称为经营者年薪制。

经营者年薪制度有几个基本的特点：首先，以企业一个生产周期——年度——为单位发放经营者的报酬；其次，年薪制的核心——把企业经营者的劳动收入以年薪的形式发放——是对特殊性质的劳动力支出的一种回报形式，本质是一种企业经营活动；再次，年薪制是一种风险工资制度，依靠激励和约束相互制衡的机制，把经营者的责任和利益、成果和所得紧密结合起来，以保护出资者的利益，促进企业的发展。

6. 员工所有权计划

员工所有权就是企业的员工拥有自己所服务的企业的股份，是薪酬制度的一个重要组成部分。包括三种形式：员工持股计划（ESOP）、管理层收购（MBO）和高层管理人员的期权激励（ESO）。

（1）员工持股计划（Employee Stock Ownership Plans），在国外指由公司内部员工个人出资认购本公司的部分股份，并委托公司工会的持股会（或信托机构等中介组织）进行集中管理的产权组织形式。ESOP 是关于员工持股的一些技术、操作上的文件，包括谁有资格获得这些股票，股票如何进行分红等。

（2）管理层收购（Management Buyout），从狭义上讲，Management 的含义是经理、管理人员的意思，可以统称为“管理者”，Buyout 是指通过购买一个公司的全部或大部分股份（Shares）来获得该公司的控制权的情形。所以，MBO 的含义是管理者为了控制所在公司而购买该公司股份的行为。MBO 译成中文是“管理者收购”，也有人翻译为“经理层收购””和“经理层融资收购”。

（3）高层管理人员的期权激励。高层管理人员的期权激励（Executive Stock Option）是公司股东（或董事会）给予管理者的一种权利，持有 ESO 的高级管理人员可在规定时期内行权，以事先确定的行权价格购买本公司的股票。在行权前，ESO 持有者没有收益，在行权后，ESO 持有者获得潜在收益（股票市价与行权之差），管理者可以自行选择适当时机出售所得股票以获取现金收益，它比现金方式的奖励有更大的股份激励作用，并把未来收益与企业发展和股市紧密结合起来。高级管理人员股票期权股份激励是目前实行的最重要的一种长期股份激励方式，期权本身不能转让，而且受激励者购买股权或期权后在任期内不上市，不交割；任期届满后，经考核经营业绩达到契约标准时，所拥有的股票期权可以按评估后的净资产变现。

上述这些长期激励性薪酬在高级管理层的薪酬设计中十分常见，其具有影响经理人行为的作用。根据美国 IOMA（国际期权市场协会）的调查报告显示，高级管理层的薪酬结构有两个明显的趋势：基本工资的比重逐渐降低，以变动的红利奖酬及其长短期激励薪酬取代；长期激励薪酬的比重从 20 世纪 70 年代的 15% 持续地增至 20 世纪 90 年代的 40% 。

导致这些情况发生的最主要的原因是由于近年来公司股东渐渐发现，高级管理层的决策行为也许无法为公司创造最佳利益，因此组织希望借由长期激励习惯拟制的薪酬制度来解决这个问题。而长期激励性质的薪酬制度设计的目的是要联结经理人与利益相关者的利益，鼓励经理人以公司长期营运的考虑为出发点，行使其决策与领导、管理的职权。

【个案分析】

麦当劳经理的成长

麦当劳餐馆 1979 年打入法国，在斯特拉斯堡开设了第一家餐馆。短短的 12 年之后，它就扩大成遍及 30 多个城市的由 100 多家餐馆组成的庞大体系。如此的发展速度和规模，必然需要一个相当成熟的中级管理阶层。在麦当劳，这个阶层主要是由年轻人组成的。下面就是麦当劳如何把一个普通毕业生培养成为成熟的管理者的过程。

人才的多样化是麦当劳普通员工的一大特点，这也是刚晋升为该公司人事部主任的年轻的艾蒂安·雷蒙的招聘工作的指导思想之一。正因如此，麦当劳不同于其他公司。真正毕业于饮食服务学校的人员只占员工的30%，而40%的员工来自商业学校，其余的则由大学生、工程师、农学家和中学毕业后进修了2~5年的人组成。

同时，麦当劳公司拥有一支庞大的年轻人才后备军。由3 500名大学生组成，他们在校上课的同时定期利用部分时间到餐馆打工。这些后备人才将有50%的机会成为公司明天的高级管理人员。他们将可以根据麦当劳公司安排的培训计划担任各种职务，并有可能同已开始在公司工作的有文凭的年轻人一起担任餐馆经理。

多样化的人才组合与庞大的后备力量使人才的培养和提升有极大的选择性，他们一起成为麦当劳管理阶层的稳固基石，不断将新鲜血液注入公司中去。

在麦当劳里取得成功的人，都有一个共同的特点，即从零开始，脚踏实地。炸土豆条，做汉堡包，是在公司走向成功的必经之路。当然，这对于那些年轻的、取得了各式文凭、踌躇满志想要大展宏图的人来说，往往是不能接受的。

但是，他们必须懂得，脚踏实地从头做起才是在这一行业中成功的必要条件。如果你没有经历过各个阶段的尝试，没有在各个工作岗位上亲自实践过，那么你又如何以管理者的身份对他们进行监督和指导呢？在这里，从收款到炸土豆条直至制作各式冰淇淋，每个岗位都会造就出未来的餐馆经理。

艾蒂安·雷蒙强调："人们要求我们的合作者做许多事情，但人们也可开开玩笑，气氛是和谐友好的。那些在公司干了6个月以上的人后来都成了麦当劳公司的忠诚雇员。"

最艰难的时期是初入公司时期。饮食业是艰苦的，在最初的6个月中，人员流动率最高，离去的人中，有80%的人根本不了解这一行业。应该知道：要听从吩咐，不要计较工作时间。

能坚持下来的关键在于协调好家庭生活与餐馆工作的时间。那些更善于分配和利用时间的人，那些对工作投入最多的人才是胜利者。

而且，他们的牺牲是有价值的，他们中那些有责任感的、有文凭的、独立自主的年轻人，在25岁以前，就可能得到在许多企业不可能得到的好机会：真正成为一个中小型企业的管理者。

"不想当将军的士兵不是好士兵。"同样的，艾蒂安·雷蒙以这样的一种态度对待公开应聘的每个人，他说："法国麦当劳公司董事长的位子等着人们去争取……"实际上，公司高级管理职务还都由在法国的美国人担任，不过，在他们的背后，一些法国人已崭露头角。

麦当劳公司力求向每位合伙者反复灌输的基本技能是对餐馆的管理。艾蒂安·雷蒙说："平均在25岁左右，一名青年就可以成为一家真正的中小型企业的领导人，管理100来人。我们在教会他们当老板……"

这在中国来说简直是天方夜谭，他们又是如何做到的呢？

原来，法国麦当劳公司实行一种快速晋升的制度：一个刚参加工作的出色的年轻人，可以在18个月内当上餐馆经理，可以在24个月内当上监督管理员。

而且，晋升对每个人是公平合理的，既不作特殊规定，也不设典型的职业模式。每个人主宰自己的命运，适应快、能力强的人能迅速掌握各个阶段的技术，从而更快地得到晋升。

这个制度可以避免有人滥竽充数。每个级别的经常性培训，只有有关人员获得一定数量的必要知识，才能顺利通过阶段考试。公平的竞争和优越的机会吸引着大量有文凭的年轻人到此，实现自己的理想。

首先，一个有文凭的年轻人要当4~6个月的实习助理。在此期间，他们以一个普通班组成员的身份投入到公司各个基层工作岗位，如炸土豆条、收款、烤牛排等。在这些一线工作岗位上，实习助理应当学会保持清洁和最佳服务的方法，并依靠他们最直接的实践来积累实现良好管理的经验，为日后的管理实践作准备。

第二个工作岗位则更带有实际负责的性质：二级助理。这时，他们在每天规定的一段时间内负责餐馆工作，与实习助理不同的是，他们要承担一部分管理工作，如订货、计划、排班、统计……他们要在一个小范围内展示他们的管理才能，并在日常实践中摸索经验，协调好他们的小天地。

在进入麦当劳8~14个月后，有文凭的年轻人将成为一级助理，即经理的左膀右臂。与此同时，他们肩负了更多更重的责任，每个人都要在餐馆中独当一面。他们的管理才能日趋完善。这样，离他们的梦想——晋升为经理，已经不远了。有些人在首次炸土豆条之后不到18个月就将达到最后阶段。

但是，在达到这梦寐以求的阶段前，他们还需要跨越一个为期15天的小阶段。与前面各阶段不同的是，这个阶段本身也是他们盼望已久的：他们可以去芝加哥汉堡包大学进修15天。

这是一所名副其实的大学，也是国际培训中心，他们接待来自全世界的企业和餐馆经理，既教授管理一家餐馆所必需的各方面的理论知识，又传授有关的实践经验。麦当劳公司的所有工作人员每年至少可以去一次美国。

应该承认的是，这个制度不仅有助于工作人员管理水平的提高，而且成为麦当劳集团在法国乃至全世界范围极富魅力的主要因素之一，吸引了大量有才华的年轻人的加盟。

当然，一个有才华的年轻人升至餐馆经理后，麦当劳公司依然为其提供了广阔的发展空间。经过一段时间的努力，他将晋升为监督管理员，负责三四家餐馆的工作。

3年后，监督管理员将升为地区顾问。届时，他将成为总公司派驻其下属的代表，用艾蒂安·雷蒙的话说，成为“麦当劳公司的外交官”。

作为公司下属十余家餐馆的顾问，他责任重大。他将是公司标准的捍卫者，而一个从炸土豆条做起，经历了各个岗位和阶段的地区顾问，对各方面的管理标准游刃有余。他将是公司哲学的保证人，一个由麦当劳特有的公司哲学创造的高级管理人员，其本人正是麦当劳哲学的保证。

作为“麦当劳公司的外交官”，他的主要职责是往返于麦当劳公司与各下属企业，沟通传递信息。同时，地区顾问还肩负着诸如组织培训、提供建议之类的重要使命，成为总公司在这一地区的全权代表。

当然，成绩优异的地区顾问依然会得到晋升，终有一天会实现艾蒂安·雷蒙所说的——法国麦当劳公司董事长的位子上坐着的是一个法国的年轻人。

“君子爱财，取之有道。”法国麦当劳公司雇员的取财之道是别具特色的。他们的个人收入水平变动频繁，正如他们实行的快速晋升的制度，每次工作岗位的调整必然导致工资收入的变化。准确估计一个雇员的年薪是很困难的，因为一名雇员的工资级别只在几个月内是有效的，以后将会很快提高。

一个刚取得文凭的年轻人，在选择工作时往往将不同企业的招聘工资加以比较，而麦当劳公司的工资调整制度则有着令人怦然心动的魅力，因为在参加工作仅仅4个月之后，他们的工资就会提高。

工资收入变动的程序是这样的。人们一进入法国麦当劳公司就开始每年领取11万~13万法郎的工资，根据每个人的文凭不同略有差别（这就是根据头4个月的工资标准计算的数额）。尔后，人们从第5个月开始就每年领取13万~15万法郎的工资（仍根据原有的文凭不同而定）。

两年后，要是一名麦当劳公司的工作人员顺利地当上了经理，那么每年就可以挣到18万法郎。如果后来他又顺利地升任监督管理员，那么他的年薪将达到25万法郎。

当然，除了年薪的增长外，他还能得到各方面的实物好处。比如，根据职务不同提供的专用车。而且，对于麦当劳公司基层至高层的每一位雇员来说，还可以白天在公司免费就餐。

最后，麦当劳公司与众不同的重要特点是，如果人们没有预先培养自己的接替者。那么他们在公司里的升迁将不被考虑。麦当劳公司的一项重要规则强调，如果事先未培养出自己的接班人，那么无论谁都不能提级晋升。

这就犹如齿轮的转动，每个人都得保证培养他的继承人并为之尽力，因为这关系到他的声誉和前途。这是一项真正实用的原则，可以想象，麦当劳公司因此而成为一个发现培养人才的大课堂。在这里，缺少的绝不会是人才。

资料来源：代凯军，江禹．管理案例博士评点．北京：中华工商联合出版社，2000.

问题：

1. 麦当劳公司在法国的成功得益于哪些原因？
2. 麦当劳公司的人力资源管理有何特点？

【关键名词】

人力资源　职务分析　工作设计　能位匹配原理　职效工资制　结构工资制　岗位技能工资制

【讨论思考】

1. 人力资源的特征有哪些？
2. 人力资源管理涉及了哪些基本原理？
3. 工作分析的主要内容有哪些？如何理解工作分析的基本过程？
4. 什么是工作设计？工作设计有哪些基本原则？
5. 简述员工招聘程序。
6. 员工招聘有哪些渠道？
7. 简述员工选拔的程序、方法。
8. 简述员工培训系统模型。
9. 简述员工培训的形式。
10. 员工绩效考核的内容有哪些？
11. 简述绩效考核的程序。
12. 常见的绩效考核的方法有哪些？
13. 简述企业薪酬的一般构成。
14. 简述企业薪酬制度的类型。

第十四章

质量管理

课前准备

【学习目标】

本章着重介绍了质量管理的相关内容，通过本章的学习，让学生了解质量管理有关概念，熟悉全面质量管理，掌握质量管理的方法和技术，熟悉 ISO 9000 系列知识要点。

【重点难点】

1. 全面质量管理；
2. 质量管理有关概念；
3. 质量管理的方法和技术；
4. ISO 9000 系列知识要点。

学习内容

第一节　质量与质量管理

产品质量是企业的生命，也是企业竞争取胜的关键。因此，积极推进全面质量管理，建立质量保证体系，不断提高质量管理水平，保证为市场提供品质优良的产品，便成为企业管理的一项重要任务。随着我国加入 WTO，企业面临着国内外的严峻挑战，搞好质量管理是企业立足的明智之举。

一、质　量

质量是指产品、过程或服务满足规定需求的特征和特性的总和。质量又可以从狭义和广义两个方面理解：

（一）狭义的质量

狭义的质量，就是指产品质量。如工业产品质量指的是工业产品适合一定的用途，可以满足国民经济一定需要所具备的某些自然属性。工业产品都具备一定质量方面的属性，而这些属性能够满足人们需要的程度，就反映了工业产品质量的优劣。

就工业产品来说，质量特性一般包括四个方面：

（1）使用性，泛指工业产品符合使用目的所具备的各个物理、化学或技术性能，如机床的功率、钢的成分、运行操作方便等。

（2）经济性，指工业产品在制造、购买和使用过程中支出费用的大小及活劳动的消耗，如制造成本、使用时燃料和动力的消耗、维修保养的省工省时或费力程度等。它是从经济角度，即成本费用消耗以及效率方面来反映的质量特性。

（3）可靠性，指工业产品使用过程中完成规定任务的能力，如精度保持时间、寿命长短、发生故障的频率等等。它是在产品使用过程中表现出来的质量特性。

（4）美观性，指各种工业产品在外形及外观方面满足需要的程度，如光洁度、色泽、几何形状等。

产品质量标准按其颁布单位和使用范围的不同，可分为国际标准、国家标准、部门标准、企业标准和合同标准。凡符合质量标准的产品就是合格品，而合格品又按其满足标准的程度，分为不同的等级；凡不符合质量标准的产品就是不合格品，不合格品又分为废品、返修品、回用品、代用品等。质量标准会随着社会有关因素的变化而不断提高。

（二）广义的质量

广义的质量，则除了产品质量之外，还包括工作质量。工作质量是指企业经营管理工作、组织工作以及思想政治工作等对达到产品质量标准、提高产品质量所具备的保证程度。工作质量虽然不像产品质量那样直观具体，但它却客观地存在于企业各项工作之中。因此，工作质量降低了，产品质量必然随之降低。

产品质量与工作质量既有区别，又有联系。产品质量是企业各方面工作的综合反映，而产品质量的好坏取决于工作质量水平的高低，因此，工作质量是产品质量的保证和基础。提高产品质量不能单纯就产品质量抓产品质量，而必须从改进工作质量入手，在提高工作质量上下工夫，用高水平的工作质量来保证高水平的产品质量。要真正树立“产品质量是工作质量的综合反映，工作质量是产品质量的保证”的意识。

二、质量管理

质量管理是企业为了保证和提高产品质量或工作质量所进行的调查、计划、组织、协调、控制、检查、处理及信息反馈等各项活动的总称。

质量管理主要包括两方面的内容，即质量保证和质量控制。

（一）质量保证

质量保证就是为了保证产品或服务质量所必需的全部有计划的系统活动。质量保证一般是指对企业外部的保证，目的是确保用户或消费者对质量的信任。换句话说，质量保证就是企业对用户在产品质量方面所提供的担保，为了保证用户所购买的产品在寿命期内质量可靠，企业要保证提供优质产品、提供优质配件、提供优质服务。

（二）质量控制

质量控制是指为达到质量要求所采用的一系列作业技术措施。质量控制活动一般包括三个环节：一是对影响质量的各有关技术活动制定控制计划和标准；二是按计划和标准所规定的程序实施，并在实施中连续进行检验和评价；三是对不符合计划和标准的情况进行处理，并及时采取纠正措施。

质量保证与质量控制是互相依赖、互相渗透、不能分割的整体。企业要通过加强控制措施或增加某些质量保证活动，以达到企业外部质量的不断提高。

三、质量管理的发展

质量管理的发展与人们的观念，现代社会科学技术的发展是密不可分的。由于人们的认识不断提高，现代技术、设备、方法为质量管理提供了物质保证，使质量管理从单纯质量检验、统计质量控制走到现在的全面质量管理阶段。

（一）单纯质量检验阶段

第二次世界大战之前，人们对质量管理的认识还仅仅局限于对产品质量的检验，通过严格检验来保证产品在每道工序传递过程和最终传到消费者手中都合格。因此，质量管理工作的核心就是检验，人们注重改进检验方式，提高检验手段，增加检验次数（甚至全数检验）。

20 世纪之前，工人是产品生产和检验的主体，即工人对自己的产品进行自检，也被称为“操作者的管理”。1918 年以前，美国出现了以泰罗的“科学管理”为代表的“管理运动”，强调工长在保证质量方面的作用，在工厂设立了专司检验职能的工长，这是质量检验职能的一次重大转移，真正使质检成为独立的管理职能，这个阶段也被称为“工长的质量管理”。至 1938 年，由于企业规模的扩大，带来生产规模和生产批量的不断扩大，这种质量检验的职能由工长转移给了专职的质量检验人员。这一时期大多数企业都设置了专职的检验部门，并直接由工厂主要领导对质量检验工作负总责，因此被称为“检验员的质量管理”。

如果单靠检验控制产品质量只能是“事后控制”，不合格品已经产生，对企业是个很大的损失，另外一点是进行全数检验，工作量太大，检验费用也太高。正是由于质量检验存在一系列问题，才使得质量管理进入第二阶段。

（二）统计质量控制阶段

统计质量控制阶段中的质量管理是由统计学家和质量管理专家联合，用统计理论和方法去解决质量管理问题。1924年，美国学者休哈特提出控制和预防缺陷的概念，是统计质量控制阶段开始的标志，但是，当时运用此方法的企业很少，直到20世纪40年代才为大众所接受和使用。第二次世界大战期间，军工产品需要量急剧增加，质量检验远远跟不上要求，检验只是事后检验，使产品无法按期交货，对企业影响很大。控制不合格产品的发生，通过一定的方法简化全数检验状况就成为统计控制的主要工作。

统计控制在实施中由于方法不容易被一般人所接受，存在一定的难度，因此限制了这种方法的推广。日本从美国引进此法并进行整理、发展，简化出的柏拉图法、因果图法、控制图法、散布图法、抽样检查法等，仍在广泛的使用。

（三）全面质量管理阶段

全面质量管理是从20世纪60年代开始的，至今还在不断地完善。人们对于产品的质量不仅要求其一般的使用性能，还要求其安全性、经济性、可靠性等；企业管理中的系统思想被广泛使用，新思想、新方法不断出现；消费者权益引起人们越来越多的关注和重视；企业为了提高自身竞争力，向顾客承诺产品质量保证，以上这些因素最终促使全面质量管理理论的诞生。

全面质量管理是把以往的质量管理工作向前向后延伸，向前延伸至市场调研、产品研发、质量设计、原料采购等，向后延伸至质量保证、售后服务和建立质量体系。

上述三个阶段的根本区别在于：单纯质量检验阶段是一种防守型的质量管理，依靠事后把关，防止不合格品出厂；统计质量控制阶段是一种预防型的质量管理，主要依靠在生产过程中实施控制，把可能发生的质量问题消灭在生产过程中；全面质量管理是一种进攻型的质量管理，它是运用现代管理思想，采取系统管理方法，全面解决质量问题，同时还要不断改进、不断提高。

第二节　全面质量管理

一、全面质量管理的概念与特点

（一）全面质量管理的概念

全面质量管理（Total Quality Management，TQM）是指“一个组织以质量为中心，以全员参与为基础，目的在于通过让顾客满意和本组织所有成员及社会受益而达到长期成功的管理途径”。

我们可以比较一下全面质量管理的创始人费根堡姆（美）和我国质量管理专家对TQM所作的定义。

费根堡姆认为，全面质量管理就是为了能够在最经济的水平上，并考虑到在充分满足顾客要求的条件下进行市场研究、设计、制造和售后服务，把企业内各部门的研制质量、维持质量和提高质量的活动构成为一体的一种有效的体系。

我国专家认为，全面质量管理就是企业全体职工及有关部门同心协力，把专业技术、经营管理、数理统计和思想教育结合起来，使产品质量产生、形成和实现全过程中的所有保证和提高产品质量的活动构成一个有效的体系，从而充分地利用人力、物力、财力、信息等资源，以最经济的手段生产出顾客满意的产品。

全面质量管理是一种科学的现代质量管理方法，它的核心是强调人的工作质量，保证和提高产品质量，达到提高企业和社会经济效益的目标。在我国，推行全面质量管理主要采取如下措施：首先，认真贯彻执行“质量第一”的方针，根据用户满意程度制定质量标准；其次，充分调动企业各部门和全体职工关心产品质量的积极性，做到人人参与质量管理活动；再次，切实有效地运用现代科学管理技术，做好产品设计、制造、销售服务和市场研究等方面的工作，加强预防性和预见性，控制影响产品质量的各项因素，达到企业最佳的经济效益。

（二）全面质量管理的特点

1. 质量管理的全面性

质量管理的全面性主要体现在以下四个方面：

（1）管理的对象是全面的。全面质量管理的对象是质量，包括产品质量、工作质量和工序质量。产品质量和工作质量，上节已经介绍。工序质量是指工序（工程）中诸因素能满足产品质量要求的程度。工序中的基本因素通常包括操作人员、机器、材料、方法和环境等五个方面。这五个方面的因素简称为“4M1E”，它们在生产过程中同时对产品质量起作用，影响着产品的质量。全面质量管理不仅要管好产品质量，而且要管好产品赖以形成的工作质量。它要求保证质量、功能，及时交货，服务周到，一切使用户满意。

（2）全面质量管理的过程是全面的。产品质量是在企业生产经营过程中逐步形成的，是各个环节和各个方面工作的综合结果。产品的质量始于设计，成于制造，终于使用。因此，全面质量管理不能局限于产品制造过程的质量管理，而是从设计到制造、辅助生产，延伸到使用过程的各个环节，是一项综合性的管理工作。

（3）参加质量管理的人员是全面的。它要求企业各业务部门、各环节的职工都参加质量管理。

（4）管理质量的方法是全面的。在质量分析和质量控制时必须以数据为科学依据，以统计质量控制方法为基础，综合运用各种质量管理方法，使组织管理、专业技术和数理统计相结合，充分发挥它们在质量管理中的作用。

2. 质量管理的预防性

要做到预防为主，必须把工作的重点由“事后把关”转换为“事先控制”，从管“产品质量”转换到管“工序质量”上来，建立一套科学的质量保证体系。在设计时，要保证产品的性能、寿命、可靠性、安全性和经济性的质量要求；在制造时，把各种影响制造质量的因素控制起来，做到防患于未然，使产品质量的形成过程始终处于受控状态。当然，预防为主也不能排除把关，要做到防检结合，以防为主。

3. 质量管理的服务性

一切为用户服务是全面质量管理的精髓。对用户，包括产品销售后的直接用户，要做到“产品出门，服务上门”，要由原来的“三包”变为“三保”；用户还包括生产过程本身工序之间的服务，下道工序是上道工序的用户，工序间流转的在制品应视为相互间提供的产品和服务，这要作为企业的一种责任制度。

4. 质量管理的科学性

科学性就是一切要靠数据或事实说话，积极采用多种管理技术、专业技术和其他一切适用的科学方法（如概率论与数理统计、科学的思想教育工作等），并强调所采用的方法的多样性和运用的综合性。

二、全面质量管理的内容

全面质量管理基本工作的内容包括设计开发过程、制造过程、辅助过程和使用过程的质量管理。

（一）设计开发过程的质量管理

设计开发过程包括开发新产品和改造老产品所进行的试验、研制、产品设计、工艺设计、试制和鉴定等。设计的“先天不足”往往导致产品成为低水平产品。设计开发过程的质量管理是全面质量管理的起点，是保证产品质量的前提。其主要内容如下：

（1）建立、健全产品设计的工作程序。该程序规定了设计开发工作的步骤和质量要求，确保设计工作在科学规律指导下进行。

（2）建立早期预警系统。该系统通过质量标准评价、产品性能评价、可靠性评价和市场评价等环节，使产品缺陷早期暴露，及时改善。

（3）运用科学的设计方法。科学方法的应用，有助于保证产品的质量，降低成本，使设计方案逐步优化。

（二）生产制造过程的质量管理

生产制造过程就是产品生产加工或服务形成的过程，在整个生产过程中处于中心地位。产品质量能否达到预定的标准，能否长期稳定，取决于生产过程的质量管理，所以，加强生产制造过程的质量管理是保证和提高产品质量的中心环节。

生产制造过程质量管理工作的内容如下：

（1）建立和健全岗位责任制，执行操作规程，遵守工艺规律。

（2）认真做好文明生产和均衡生产；灵活运用全面质量管理的数理统计方法，预防废品发生；制定和修改现有产品的技术标准。

（3）加强计量和检验工作。

（4）做好物资供应和设备维修工作，改进产品包装质量。

（三）辅助服务过程的质量管理

辅助服务过程的质量管理是指辅助生产及生产服务过程的质量管理工作，如物资、工具、工装供应的质量管理，设备维修和动力供应等工作的质量管理。其主要内容如下：

（1）物资供应的质量管理。除物资的入厂检验和库房管理外，还要对供货厂质量保证能力进行调查和控制，必要时签订质量协议。

（2）设备的质量管理。要在做好设备管理的基础上，定期测算机械能力，并作相应调整，保证设备运行的完好率。对关键工序的设备，要设立“点检卡”，以控制其精度。

(3) 工装、量仪的质量管理。对重要的工装设备应设立“周期检查卡”；量具仪表要建立量值传递和定期检定的制度。

(四) 使用过程的质量管理

使用过程是真正考核产品质量、在用户手里反映产品使用价值、实现生产目的的过程，它是质量管理的归宿点，同时又是其出发点。使用服务过程质量管理的主要内容如下：

(1) 开展对用户的技术服务工作。建设维护好售前的宣传推广，售中的技术指导，售后的服务体系。如提供适用的使用说明书，编写用户培训教材，帮助培训操作人员，设置维修站点，及时提供备品、备件等。

(2) 认真处理客户投诉问题。对用户投诉要充分关注，要热情、耐心、细心处置，可采用投诉首问负责制，即第一个接到投诉的部门和人员有责任全程跟踪服务，直到客户有了满意的答复，还要追诉到企业内部，直到找到问题出现点为止。

(3) 做好产品质量信息的反馈分析工作。通过走访用户、投寄调查表、整理维修资料等方式，搜集用户对产品质量的意见，发现问题和新的、潜在的质量要求，为改善设计、提高产品质量提供真实可靠的依据。

三、QC 小组与 PDCA 循环

(一) QC 小组

QC 小组就是质量管理小组，是一种行之有效的、群众参与的质量管理活动形式。

具体活动步骤如下：

(1) 组成小组，确定组长。小组一般由 5 ~ 7 人组成，组长要有一定的领导能力和专业技术能力。小组的组成要以自愿组合为原则。

(2) 命名。小组通常以要解决的问题为名称。

(3) 分析问题，确定主题。分析部门内可能存在的问题，包括效率问题、成本问题、质量问题、浪费问题、服务问题、组织协调问题、程序问题、制度问题等。通过分析现状，找出主要问题，结合小组自身能力、兴趣、特长来确定要攻关的问题。

(4) 确立目标，采用“5W2H”来确立目标。What：做什么，主题项目与数据。Why：为何做，明确其目标。Who：谁来做，组员分工。Where：何处进行，确定活动场所及配合部门。When：何时，确定进度。How To Do：如何做，方法的选择，步骤、措施制定。How Much：成本多少，费用的大概预算。

(5) 制定工作计划，包括工作内容、进度、负责人、效果评价、举措等。

(6) 找出问题的主要方面和原因分析。可用鱼刺图法和头脑风暴法等。

(7) 提出对策。

(8) 对策实施。

(9) 效果评价。效果评价良好则进入下一步骤，如果效果评价不好则回到 (7)，重新提出对策。

(10) 效果维持。

（11）总结发表成果。

（二）PDCA 循环

PDCA 循环，即质量保证体系是全面质量管理的一个工作体系，其运转的基本方式是按“计划—执行—检查—处理”四个工作阶段周而复始地进行着工作循环。

1. PDCA 循环的含义

PDCA 是英语 Plan、Do、Check、Action 四个单词的字头缩写，意为计划、执行、检查、处理。PDCA 循环是质量管理的工作方法，也是做任何事情的一般规律。在开展工作之前，事先必须有个设想或打算（计划），然后按计划去做，即执行计划；接着核对计划执行中的对错，即核对检查；第四个阶段就是根据检查结果，把成功的经验加以肯定并列入标准中，把没有解决的问题反映给下一个循环，继续实现，这就是处理阶段（如图 14－1 所示）。

2. PDCA 循环的特点

（1）大循环套小循环，互相促进。PDCA 循环作为质量管理的一种科学方法，适用于质量管理的各方面。即整个企业为一个 PDCA 大循环，各个单位，每一个人又有自己小范围的循环。上一级的 PDCA 循环是下一级 PDCA 循环的根据，下一级循环又是上一级循环的贯彻和具体化。通过不断的循环，把企业各项工作有机地联系起来，彼此协调、共同工作，如图 14－2 所示。

（2）螺旋上升。PDCA 四个阶段的循环是螺旋上升的，每循环一次，质量水平都提高一步，也有人将此特点称为爬楼梯式的循环，如图 14－3 所示。

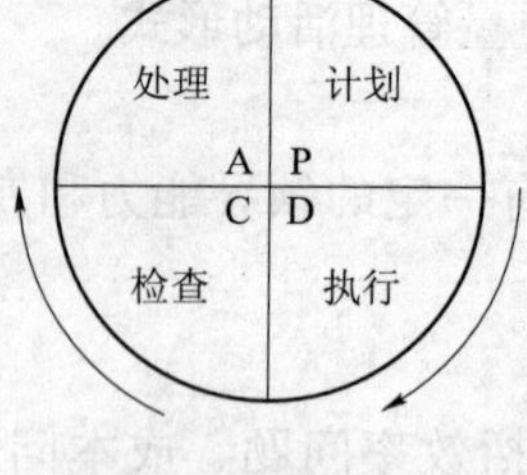

图 14－1　PDCAWT

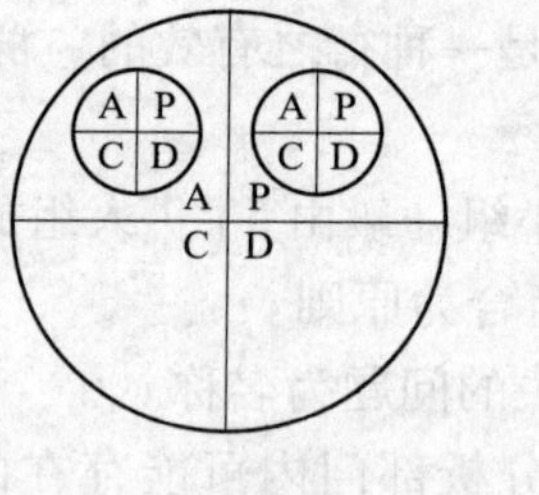

图 14－2　大循环套小循环图

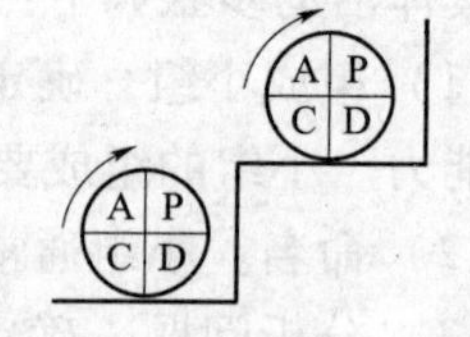

图 14－3　爬楼梯式循环

（3）四个阶段都不能缺少。

（4）“处理”阶段是关键。“处理”阶段就是总结经验，肯定成绩，纠正错误，将成功经验加以标准化、制度化，把下一个循环推向一个新的高度。

为了解决和改进质量问题，通常将 PDCA 循环的四个阶段具体化为八个步骤：

计划阶段：① 分析现状，找出存在的质量问题（用排列图、直方图、控制图）；② 分析产生质量问题的原因（用因果分析图）；③ 找出影响大的原因（用排列图、相关图）；④ 针对对质量影响大的原因，制订改进质量的措施计划，要回答“5W1H”，即 hy（必要性），what（目的），Where（地点），When（时间），Who（执行人），How（方法）。

执行阶段：⑤ 执行制定的质量改进措施计划。

检查阶段：⑥ 调查采取措施的效果（用排列图、直方图、控制图）。

处理阶段：⑦ 总结经验、巩固成绩，工作结果标准化；⑧ 提出尚未解决的问题（反映到下一循环的计划阶段中去）。

第三节　质量管理的方法和技术

一、分　层　法

这是整理数据最常用的方法，即将搜集来的数据，根据不同的目的及不同的标志进行分类、划分层次的方法。这种数据处理方法可以使杂乱无章的数据和复杂的因素系统化、条理化，以便分清责任、找出原因、采取相应的措施解决质量问题。

常用的数据分层标志有数据发生的时间、操作人员、使用的设备、操作方法、原材料、测量工具和测量方法、加工环境等。一般地说，数据分层目的不同，所采用的分层标志也就不会相同。

分层法是所有质量管理方法的基础，是对基础信息资料进行分析的最基本方法。例如，某车间三个班组在同一组设备上，一天早、中、晚三个班次生产的产品的质量和数量，可采用分层法，如表 14－1 所示。

表 14－1

项目	班、组		
	早	中	晚
产量（个）	1 000	1 050	960
不合格率（个数）	1.3%（13）	0.76%（8）	1.46%（14）

通过上表我们可以发现晚班的产量低，不合格率最高，经过进一步分析发现与晚班员工注意力不易集中、光线不好和无人管理有直接关系，可以采取调整休息时间、增加照明和增派晚班值班管理人员等措施解决问题。

二、排列图法

排列图法也叫巴雷特图法，它是用来寻找影响产品质量主要因素的一种方法，是依据“关键的少数和次要的多数”的原则制作的。在质量管理中，经常是少数因素对产生的质量不良后果影响较大（约占 80%），这类因素即为 A 类，是主要影响因素，是关键的少数。B 类因素是次要因素，对质量的影响占 10% 左右。C 类为一般因素，因素虽多，但对质量不良后果的影响约占 10%，即次要的多数。排列图的形状如图 14－4 所示。

排列图一般由两个纵坐标、一个横坐标、几个直方形和一条曲线所组成。左边的纵坐标表示频数；右边的纵坐标表示频率。横坐标表示影响质量的各个因素或项目，按各影响因素的影响程度大小从左到右顺序排列，直方形的高度表示某项因素影响的大小，曲线表示各影响因素大小的累计百分数，这条曲线就称巴雷特曲线。通常把累计百分数分为三类：0～80% 为 A 类因素；80%～90% 为 B 类因素；90%～100% 为 C 类因素。

排列图的应用十分广泛，是数理统计常用的工具之一。常见的应用场合如下所述：分析

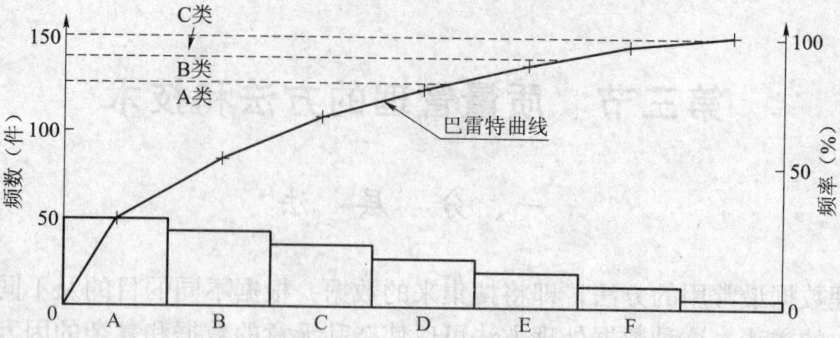

图 14－4　排列图法

主要缺陷形式；分析产生不合格品的主要工序原因；分析产生不合格品的关键工序；分析各种不合格品的主次地位；分析经济损失的主次因素；对比采取措施前后的效果。

应用排列图时应注意：第一，主要因素不要过多；第二，纵坐标频数的选择可依据分析的问题而定，如件数、金额等，原则是以找到主要影响因素为主；第三，合并一些一般因素；第四，逐层深入，即确定了主要因素，采取了相应措施之后，为了检查措施效果还要重新画出排列图。

三、因果分析图

因果分析图又称鱼刺图，它是在排列图的基础上，为清晰而有效地整理和分析质量特性（果）波动和影响要素项目（因）之间的关系，从大到小，从粗到细，寻根溯源，直至找到问题症结所在的图示技法。

影响产品质量的主要因素一般包括人、机、料、法、环五个方面。每个方面可看成是一个大原因；每一个大原因下，可包括许多个中原因；每一个中原因下，又包括很多个小原因；每个小原因视需要还可进一步分解，构成了因果之间的逻辑关系。正因为影响质量特性的因素很多，关系又比较复杂，才要求有一种方法能同时整理出平行关系和因果关系，这种方法就是因果分析图法，如图 14－5 所示。

鱼刺图的作图步骤如下：

（1）确定分析对象，即要解决什么问题；

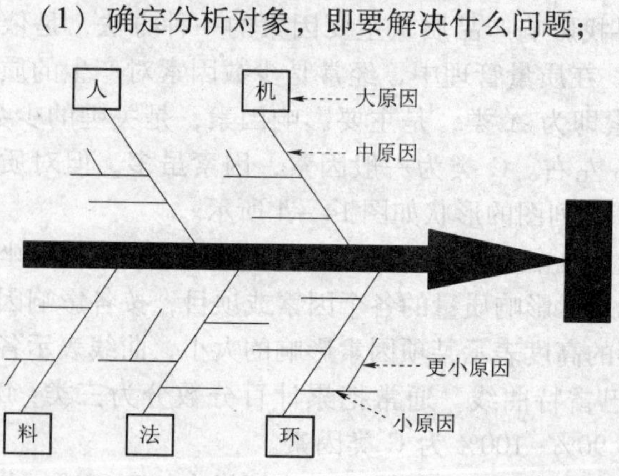

图 14－5　因果图

（2）发动群众、集思广益，分析产生质量问题的原因；

（3）整理原因，按原因的大小关系将其画在图上；

（4）采用排列图、分层法等方法，确定主要原因；

（5）记录制图的有关事项。

在制作鱼刺图时应注意：鱼刺图上的问题应是主要问题，问题要具体；要一个问题一张图；分析出的成因要简明扼要地绘在图上；原因分析要一直到具体解决办法产生为止。在主要原因处注上记号，以便分析后具体落实。解决措施实施后，用排列图检验原来的质量问题是否得到解决。图 14 - 6 所示的是实际工作中应用鱼刺图的范例。

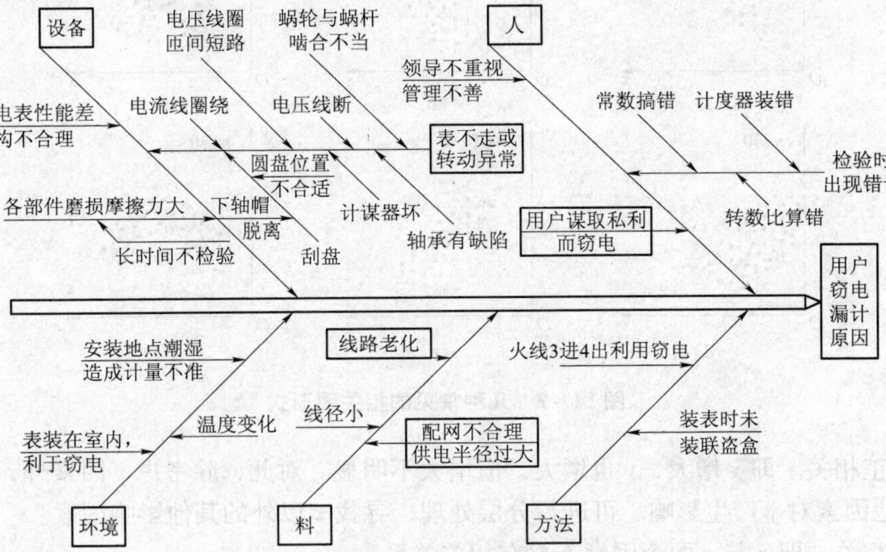

图 14 - 6　用户窃电、电能漏计因果图

四、散布图法

散布图法又称相关图法，是表示两个变量之间关系的图，用于分析两个测定值之间的相关关系。将两种有关数据列出，并用坐标点填在坐标图上，对数据的相关性进行直观地观察分析，可以得到定性的结论。

使用散布图法的步骤如下：

（1）搜集数据。搜集不少于 30 组（量小不易发现趋势）的数据，并按一一对应关系列成数据表。

（2）画出坐标图 x 轴和 y 轴，并标出刻度。x 轴和 y 轴的极限长度最好基本相等，以便分析相关性。若两组数据是特性和原因关系（如价格与成本），则常用 x 轴表示原因数据（成本），y 轴表示特性数据（价格）；若两组数据是特性关系（如身体健康状况与遗传基因），则常用 x 轴表示易测定的特性（身体健康状况），y 轴表示难测定的特性（遗传基因）。

（3）描点。将一一对应的数据描绘到图上，若有两组或多组数据完全相同，则可用重圈（O）表示。

（4）判断。研究点的分布状况，确定其相互关系的类型及密切程度。根据测量的两组数据绘成散布图后，即可从图上点的分布状况来分析两组数据间的关系及密切程度。

数据关系通常有六种基本形式，如图 14 - 7 所示。

① 强正相关。即 x 增大，y 也显著增大。对此，一般控制了 x，y 也能得到相应的控制。

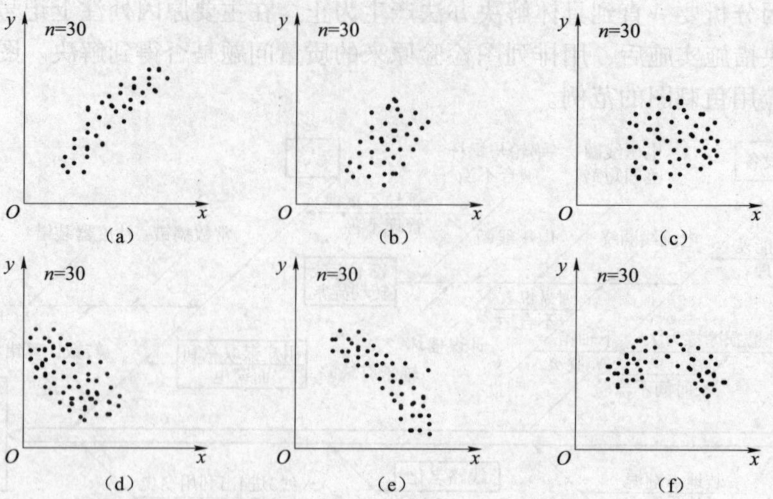

图 14－7　几种常见的相关图形式

② 弱正相关。即 x 增大，y 也增大，但增大不明显。对此，除考虑 x 因素外，还要分析是否有其他因素对 y 产生影响。可进行分层处理，寻找 x 以外的其他影响因素。

③ 不相关。即 x 与 y 两个因素不存在相关关系。

④ 弱负相关。即 x 增大，y 减小，但不明显。对此的处理与弱正相关相同。

⑤ 强负相关。即 x 增大，y 显著减小。对此，一般控制了 x，y 也能得到相应的控制。

⑥ 非线性相关。即 x 增大，y 也增大（或减小），但当 x 增大到一定程度时，x 再增大，y 反而减小（或增大）。对此，x 在某一数值前，按正（负）相关处理；超过该数值后，按负（正）相关处理。

五、直　方　图

直方图又称质量分布图，它是将产品质量分布情况用一系列直方矩形表示，根据直方矩形的分布形状、变动趋势以及直方矩形和公差界限的距离，判断生产过程和工序质量，进一步估算出哪一工序有可能产生多少不合格产品，并依此来调整工序。

绘制直方图时首先要随机抽取样品（一般为 100 个），测量后把结果填入数据表，并从中找出最大值和最小值，计算极差，也就是样本尺寸分布范围；然后将数据分组，确定组间距离，计算落入各组数据的频数，进而以频数为纵坐标，以组距为横坐标，画出一系列的条状直方矩形，就构成了直方图。如图 14－8 所示。

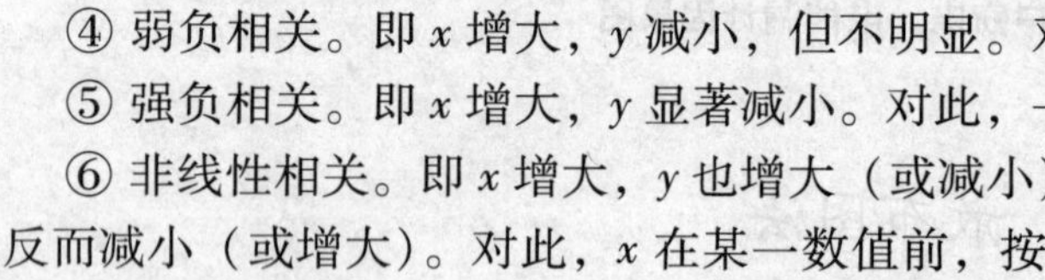

图 14－8　直方图

直方图是一种为了判断和预测产品生产过程的稳定状态与不合格品率的情况而采用的方法。要达到这种目的，就要对各类型的直方图进行观察和分析。

（1）正常型。由于生产条件稳定

而得到的数据画出的频数直方图，呈“中间高，两边低，左右近似对称”状，说明工序生产正常，这类直方图被称为正常型。

（2）偏态型。图形偏向一边，在这种情况下，必须查明技术上的原因。如镗孔时，某些操作工人怕报废，把孔镗得较小，故中心偏左；在加工轴时，可能中心偏右。

（3）折齿型。直方图像折了齿的梳子，出现了凸凹不平的形状。这可能是作频数直方图时分组过多或测量误差较大时出现的形状。

（4）双峰型。直方图中出现两个峰（正常状态只能有一个峰）。这是两种不同分布中心的产品混合的结果。例如，用两台不同的机床或用两批不同质的原材料生产的产品混在一起，或者虽然材料、加工机床都相同，但由两位工人生产的产品混在一起，容易出现双峰。

（5）倾斜型。直方图向一边倾斜分布，这种情况一般是在产品质量较差时，把不合格的部分产品剔除后所形成的数据分布类型。

（6）陡壁型。在工序能力较差的情况下，对产品进行全部检验后剩下的合格产品可能产生这种形状。

（7）孤岛型。在直方图的旁边有孤立的“小岛”出现。这可能是由于在工序中出现了异常原因，如一时材料质量突变，或在短期内由不熟练工人加工了部分零件，或测量有误。

（8）平顶型。直方图没有突出的峰顶，呈平顶。这可能由于多个母体、多种分布混在一起，或由于质量指标在某区间内均匀变化，如刀具的磨损，操作者疲劳影响等。

从直方图的外形观察，大致可以判断生产过程正常或不正常，以及其中的原因，如图 14－9 所示。

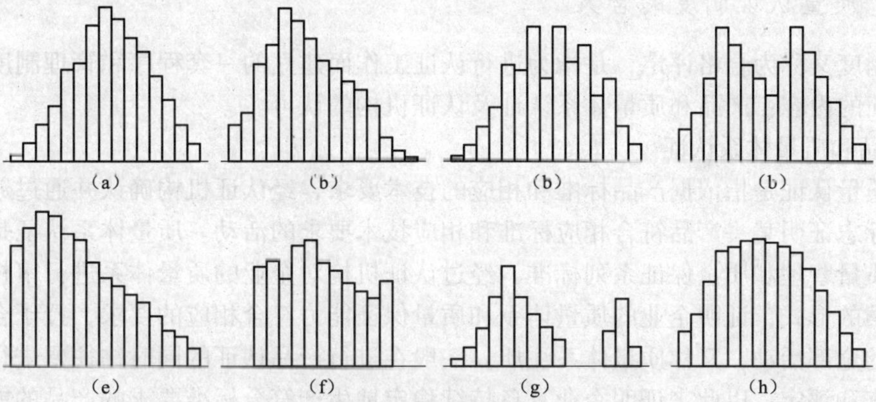

图 14－9　直方图的不同形状

（a）正常型；（b）偏态型；（c）折齿型；（d）双峰型；（e）倾斜型；（f）陡壁型；（g）孤岛型；（h）平顶型

六、控制图法

控制图又称管理图，是以控制图形式，判断和预报生产过程中质量状况是否发生波动的一种常用的质量控制统计方法。它不仅对判别质量稳定性、评定工艺过程状态以及发现并消除工艺过程中的失控现象有着重要作用，而且可以为质量评比提供依据。

如图 14－10 所示，控制图的纵坐标表示质量特性值，横坐标表示样本的编号，样本按生产加工顺序进行编号，这与其他方法是完全不同的，样本的排序即是加工的过程。图中

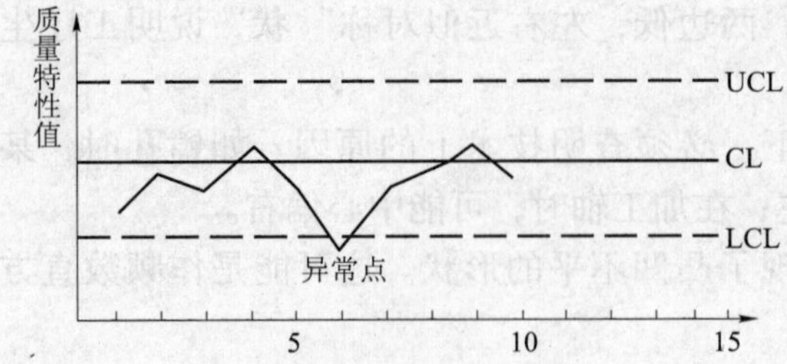

图 14－10　控制图

CL 为中心线，是标准特性值；UCL 是上控制线，LCL 是下控制线。把样品特性值绘到坐标系中，如果一组数据均在上下控制线内，且排序正常，则说明质量稳定；否则，就存在质量问题。

控制图主要用于工序质量诊断、工序质量控制、工序调查，还可用于正确制定工序质量标准和工序成本及质量成本的预测。它的主要用途是判断生产过程是否处于稳定状态。如果生产过程处于控制状态，图中的点就随机地分散在中心线的两侧附近，越接近上、下控制线，点就越少。具体地讲，当控制图同时满足下列两个条件时，可以认为生产过程处于稳定状态或控制状态：点没有超出控制界限；点的排列没有缺陷（异常）。

第四节　质量认证制度与 ISO 9000 质量体系

一、质量认证制度

（一）质量认证制度的含义

认证制度又称为合格评定，是指为进行认证工作而建立的一套程序和管理制度。一般包括两个方面的内容：产品和质量体系认证及认证机构的认可。

1. 产品和质量体系认证

产品质量认证是指依据产品标准和相应的技术要求，经认证机构确认并通过颁发认证证书和认证标志证明某一产品符合相应标准和相应技术要求的活动。质量体系认证是指依据国际通用的质量管理和质量保证系列标准，经过认证机构对企业的质量体系进行审核，并以颁发认证证书的形式，证明企业的质量体系和质量保证能力符合相应的要求，授予合格证书并予以注册的全部活动，又称质量体系注册。一般在进行产品认证的同时往往要进行企业质量体系的检查和评定，以此来证明企业具备持续稳定地生产符合标准要求的产品的能力，这是一种较经济、较简便的方法。

产品或质量体系认证，普遍被称为第三方认证。它是由一个认证机构直接管理或监督的认证制度。认证机构通常是政府或非政府的公共团体，它具有可靠地执行认证制度的必要的能力，并且在认证过程中能代表与认证制度有关各方的利益。认证机构必须独立于制造厂、销售商和使用者的权威机构，并且应具有独立的法人资格。

2. 认证机构的认可

认可是由权威性组织依据程序对某一团体或个人具有从事特定任务的能力予以正式承认。为了确保产品认证和体系认证的客观性、公正性和科学性，应对认证机构的资格进行评价和认可。需认可的认证机构包括产品认证机构，体系认证机构，检验、鉴定机构，培训机构，还包括审核员的资格注册等。

（二）认证的要素

认证的基本要素包括下列四项：

（1）型式试验。是指为了证明产品质量符合产品标准的全面要求而对产品进行的抽样检验，是构成许多类型认证的基础。

（2）质量体系检查。是指对产品生产企业的质量保证能力进行的检查和评定。

（3）监督检验。是对获取认证后的产品进行的一项监督措施。它是从企业最终产品中或市场上抽取样品，由认证独立检验机构进行检验。如果检验结果证明符合标准的要求，则允许继续使用认证标志；如果不符合，则要采取必要的措施。

（4）监督检查。是对取得认证资格的生产企业的质量保证能力进行定期复查，这是保证产品的质量持续符合标准的又一项监督措施。

（三）认证制度的分类

1. 自愿性认证和强制性认证

自愿性认证是企业自愿申请接受认证，它适用于一般性产品；强制性认证是必须接受指定机构的认证，它适用于有关人身安全、身心健康和具有重大经济价值、关系国计民生的产品，产品未经认证，不许销售。

2. 国家认证、区域认证和国际认证

国家认证以本国批准颁布的技术标准为基础；区域认证以一个地区的参加国共同制定的标准为依据，如欧洲标准化认证委员会有自己的标准和认证标志；国际认证以国际标准为基础。

3. 合格标志认证和安全标志认证

合格标志认证是以技术标志为基础的自愿性认证，认证合格后，发给“合格认证标志”；安全标志认证是以安全标准为基础的强制性认证，认证合格后发给“安全认证标志”。

（四）认证证书和认证标志

认证证书是指由认证机构颁发的证明产品质量符合标准和技术要求的具有法律效力的文件。认证证书由国务院产品质量监督部门统一管理、审批、发布认证证书书样，并负责组织印制和规定编号；由产品质量认证委员会负责对经过产品质量认证，并对符合认证要求的申请企业颁发产品质量认证证书。取得认证证书的企业，可以按照国家法规和认证机构的规定使用认证证书。

产品质量认证标志是认证机构为了证明某个产品符合认证标准和技术要求而设计、发布的一种专用质量标志。产品质量标志作为一种质量标志，其根本作用在于向产品购买者传递正确可靠的质量信息。产品质量认证标志是一种法定标志，由国务院标准化行政主管部门统一管理、审批、发布认证标志样式。我国已颁发的产品质量认证标志可分为三类，即方圆标志及其变形、PRC 标志和长城标志。

申请质量体系认证的企业经过审查和评定，若批准通过认证，则认证机构向获准企业颁发带有该认证机构专有标志的体系认证标志。企业可以利用该认证标志做广告宣传，表明本企业所具有的质量信誉，但不得标在产品上，也不得以任何可能误认为产品合格的方式使用。

二、ISO 9000 质量体系

ISO 9000 质量体系是国际标准化组织于 1987 年颁布的一套管理性质的国际标准，称为 ISO 9000 系列标准。它是在总结世界各国，特别是发达国家的先进管理经验的基础上产生的，是一套综合性质的标准，既包括质量标准、质量要素及其保证体系标准，也包括产品形成的整个过程的控制体系等。ISO 9000 系列标准于 1994 年进行了第一次修改，2000 年进行了第二次修改，并于 2000 年 11 月正式实施 2000 版 ISO 9000 族标准。该系列标准于 1995 年引入我国，对进一步改革开放，适应国际经贸往来及经济技术合作，规范企业质量管理与质量保证行为，保证产品质量，规避质量风险都起到了积极的作用。

（一）质量管理原则

（1）以顾客为关注焦点。组织依存于其顾客，因此，组织应理解顾客当前和未来的需求，满足顾客的需求并争取超越顾客的期望。

（2）领导作用。领导者将本组织的宗旨、方向和内部环境统一起来，并创造使员工能够充分参与实现组织目标的环境。

（3）全员参与。各级人员是组织之本，只有他们的充分参与，才能使他们的才干为组织带来最大的收益。

（4）过程方法。将相关的资源和活动作为过程进行管理，可以更高效地得到期望的结果。

（5）管理的系统方法。针对设定的目标，识别、理解并管理一个由相互关联的过程所组成的体系，有助于提高组织的有效性和效率。

（6）持续改进。持续改进总体业绩是组织的一个永恒的目标。

（7）基于事实的决策方法。对数据和信息的逻辑分析或直觉判断是有效决策的基础。

（8）互利的供方关系。组织与供方是相互依存的，互利关系可以增加双方创造价值的能力。

ISO 9001 和 ISO 9004 标准的许多条款，均是这些原则的具体体现。可以预见，由正确的质量管理理念指导新标准的实施，其意义是非常深远的。

（二）2000 版 ISO 9000 族标准的组成

1. 核心标准

ISO 9000：2000 质量管理体系——基础和术语

ISO 9001：2000 质量管理体系——要求

ISO 9004：2000 质量管理体系——业绩改进指南

ISO 19011：2002 质量和（或）环境管理体系审核指南

2. 其他标准

ISO 10012：2000 测量和控制系统

3. 技术报告和小册子

技术报告和小册子是 ISO 9000 族标准的组成部分，属于对质量管理体系建立和运行的指导性标准，也是 ISO 9001 和 ISO 9004 质量管理体系标准的支持性标准。

ISO/TR 10006 质量管理项目管理指南

ISO/TR 10007 质量管理技术状态管理指南

ISO/TR 10013 质量管理体系文件指南

ISO/TR 10014 质量经济性管理指南

ISO/TR 10015 质量管理培训指南

ISO/TR 10017 统计技术的应用指南

此外，《质量管理原则》、《选择和使用指南》、《小型企业的应用指南》等标准将以小册子的形式出现。

4. 技术规范

ISO/TR 16949：2002 质量管理体系——汽车生产及相关维修零件组织应用 ISO 9001：2000 的特别要求

（三）ISO 9000 系列标准与全面质量管理的关系

从本质上讲，ISO 9000 系列标准与 TQM 有着相同的理论基础——质量管理学。在此理论基础上，两者有很多的共同点，但也有些差异。

首先，从原则与认识的角度看，ISO 9000 认为质量形成于产品生命周期的各个阶段，单独一个阶段是无法形成最终产品质量的，即产品质量形成于社会化大生产的全过程。TQM 认为的“全过程”是把质量工作的重点由事后检验把关转移到预防和过程上去，树立“下道工序即是用户，为下道工序服务”的整体概念，不仅要抓设计开发、制造加工，而且把质量管理工作向后延伸，扩大到产品流通和消费环节，服务到用户。可见两者的基本认识是一致的，原则是完全相同的。

其次，从目的与做法的角度看，ISO 9000 的目的是通过贯彻标准，使企业的质量体系有效运行，使其具有持续提供符合要求的产品的能力，而且在质量保证活动中向顾客证实具有这种能力。为了实现这种目的，必须建立质量体系，通过顾客或第三方认证机构的审核、检查和企业内部的审核检查，使质量体系不断纠正自己的不符合事项，始终保持有效并不断改进。TQM 的目的是使企业以质量为中心，通过让顾客满意、让企业本身的所有成员受益和让社会受益而达到长期成功的管理途径。在管理方法上使用 PDCA 循环。

ISO 9000 与 TQM 在目的与采用的工作方法上基本一致，建立质量体系也是从质量方针和质量目标开始，然后落实到各个部门和人员，进行审核检查，最后采取纠正措施，方法的内容相同，只是描述上不一样而已。

再次，从控制与实施的角度看，ISO 9000 认为质量形成于生产的全过程，因此想要保证产品质量，就必须使影响质量的全部因素，在生产全过程中，始终处于控制状态。它是通过一套文件化的体系——质量手册、质量体系程序、质量计划和质量记录来达到控制全过程的目的。因此，要求全员参加，要求与质量体系有关的人员进行全员培训，采用先进的科学技术和设备，还必须在最高管理者的推动下全面实施标准的相关要求。TQM 是在数理统计分析的基础上，一切用数据说话，要求全员参加，实施全面质量管理。

由此可见，两者在原则与认识、目的与做法、控制与实施等方面是基本一致的，但也存在一些区别：

第一，虽然两者都强调全员参加，但 ISO 9000 指的是与质量体系有关的人员，而 TQM 强调企业所有的人员，范围不同。

第二，虽然都强调全员培训，但 ISO 9000 是指与质量有关的人员必须进行全员培训，而 TQM 是指所有的人员。

第三，虽然都讲全面质量，但 TQM 所指的质量范围较 ISO 9000 窄。

第四，虽然都指全过程控制，但 ISO 9000 强调文件化，而 TQM 更重视方法和工具。

第五，TQM 强调顾客满意和社会的效益，而 ISO 9000 强调的是企业具有持续提供符合要求的产品的能力。

第六，根据 ISO 9000 能够进行国际通行的认证，而 TQM 则不能。

第七，ISO 9000 是通用的标准，企业按规范化的要求去做，可比较、可检查、可操作，但是 TQM 只有书和文章阐述的方法，没有规范化。

【个案分析】

三角集团——质量意识

三角集团是以轮胎生产经营为主导，兼营精细化工、机电维修、三产服务的大型企业集团。仅仅 13 年时间里，三角集团固定资产、净资产分别增长了 25 倍、15 倍，职工人均年收入在原来 2 300 元的基础上翻了 3 番，达到 17 000 元，累计实现利税 28 亿元，上交税金 18 亿元，出口创汇 4.3 亿美元。三角集团成为国内轮胎企业供给内需和外贸出口的主力，销售额在国内同行处于领先地位。产品在国内外市场上树立起过硬的品牌形象，成为同行业第一个“中国驰名商标”。

而仅仅是十几年前，三角集团还是经营亏损、难以为继的企业。跨越十几年间的巨变，蕴藏着深刻的原因。众多经济学家、管理学家走访三角，得出了一个企业振兴的法则：管理，将严格的、细微科学的管理渗透到企业流程的每一个神经末梢。

法则是朴素的，甚至简约了一些。然而这一看似朴素的法则在三角却延伸出了无穷的力量。

质量管理：抓住了根本。

质量是赢得消费者的关键之所在，质量创新是企业创品牌的主战场。这一看似简单的企业运行法则，却是决定企业胜负的根本。三角集团始终坚信，“缺乏可靠的质量保证，在市场上只能糊弄一时”。

三角集团经营的主产品——轮胎——是一个特殊的消费品，随着人们生活水平的不断提高，除了追求经济性能外，人们对轮胎的安全适应性也提出了越来越高的要求，也就给轮胎的生产提出了更高的要求。

三角集团对自身产品质量的定义，不仅仅停在内在质量特性和外在质量特性上，不仅仅在产品的性能、外观、形状、款式等上对质量进行控制，而且认识到产品的工序质量与工作质量决定产品的品质质量，因此集团把质量概念延伸到生产工序的每一个环节和员工工作的每一个步骤，从而有了企业高标准的质量概念。工序质量，是指轮胎每一道生产工序都能够稳定地生产合格产品的能力；工作质量是指企业的管理工作、技术工作和组织工作对达到质量标准和提高产品质量的保证程度。三角集团的质量管理理念认为，产品质量是工序质量和工作质量的综合反映。因此，三角集团将质量管理延伸到企业生产经营活动的全过程，强调的是质量形成的各部分的有机联系、相互制约的关系。

正是基于对产品质量管理的认识突破，三角集团的质量管理才能科学有序地推进。

首先，质量必须有一个好的产品作载体。虽然子午轮胎现阶段已成为轮胎发展的主流，然而十几年前，在国家产业政策提倡轮胎换代时，市场的反应尚很平淡。三角集团率先瞄准新兴市场，把大力发展子午胎确立为公司立足市场创品牌的产品战略。集团通过认真分析市场，找准了推进子午胎战略的切入点，将发展重心转向全钢子午胎；同时优化原有斜交胎产品结构，实现与竞争对手的差异化。三角集团抢在市场结构发生重大变化之前先行一步赢得了规模效益，目前公司已形成500万套子午线轮胎的生产能力。

其次，围绕一个好的产品确立科学规范的质量管理体系。三角集团根据企业自身的发展特点，确立了全套质量管理体系，分别是目标管理体系、质量追溯体系、标准化管理体系、质量保证体系。公司每年都要针对市场情况和内部质量问题，提出有针对性和突破性的质量目标，并进行层层分解落实，对各生产车间实行关键质量指标领导集体承包，对质量管理和技术部门实行全公司综合质量指标承包，对涉及多方面的质量问题实行多部门联合承包，形成责任共同体。通过完善相应的激励约束机制，实行质量否决权制度，确保质量管理方针、目标的顺利实现。

三角集团的质量追溯体系是从供应商到各工序再到外部客户，从原材料、零部件到半成品再到成品的一整套体系。生产过程中出现的质量问题，可以通过信息系统检索追查到从原材料采购到各个工序的每一个操作工，从而形成了全员对轮胎生产的全过程负责的机制。集团多年来始终重视质量管理的标准化工作，不断追求在企业内部建立一个带有本企业特点的、能有效运行的质量体系，保证了产品质量的稳定性和持续提高。

质量保证体系是三角集团质量管理的最后保障。它向轮胎用户保证产品质量在生命周期内放心地使用，如果出现故障，企业愿意赔偿相应的损失。三角集团的质量管理从生产领域延伸到流通领域，使之无处不在。集团生产领域之外的协作单位与内部各环节的职责、任务、权限细化，建立统一这些活动的组织机构和质量信息反馈系统，形成了一个完整的质量管理体系有机体。

三角集团认为，没有质量的保证体系，质量管理就是有缺陷的。而集团着重要建立的保证体系，其关键环节是高效灵敏的质量管理信息反馈系统。集团对相关信息流进行周密的收集与组织，包括市场需求动向、用户意见、工序质量表、不合格率、工艺规程等。这些质量信息最终将成为集团进行质量决策、制订质量计划、组织质量改进、监督和控制生产过程、协调各方面质量活动的依据。

资料来源：233考试大网 http：//www. 233. com/mba/.

问题：

1. 三角集团是如何进行质量管理的？
2. 结合案例试述如何理解企业进行质量管理的现实意义。

【关键名词】

质量　质量管理　产品质量　工作质量　全面质量管理　质量认证制度ISO 9000系列标准

【讨论思考】

1. 简述全面质量管理的特点。
2. 简述全面质量管理的基本工作内容。
3. 全面质量管理常用哪几种数理统计方法？
4. 请用因果分析图法分析学习中的某一个问题。
5. 请用 PDCA 设计一项工作计划并加以实施。
6. 简述质量认证制度的分类。

第十五章

技能训练

第一节　战略管理技能训练

一、填　空　题

1. 所谓企业战略，就是企业为了求得长远的发展，在对企业________和________进行有效分析的基础上，根据企业的总体目标所确定的企业在一定时间内发展的总体设想和谋划，包括战略指导思想、________、________、________和战略策略等。

2. 战略环境分析中内部条件分析主要包括内部物质环境分析、________。

3. 增长型战略的核心就是________，能够实现企业规模扩大、经营领域扩张、产品品种增加、经营利润增加、经营网点的增加。

4. 现金牛业务指________市场成长率、________相对市场份额的业务，是成熟市场中的领导者，是企业现金的来源。

5. 在战略管理在现实操作中，按照所制定的战略，相应分为三个层次，即公司战略、事业部战略和________。

6. 多元化战略一般适用于那些规模大、________、市场开拓能力差的企业。

7. 行业环境分析主要应集中于五种基本的竞争力量，这五种竞争力量是________、________、________、________和________。

8. 国际政治环境主要包括国际政治局势、国际关系和________。

9. ________战略，是力图通过抓住特定客户群体的特殊需要，通过集中力量于有限地区的市场或者通过集中力量于产品的某种用途，来建立竞争优势和市场地位的战略。

10. ________是战略管理中最复杂、最耗时，也是最艰巨的工作。

二、单项选择题

1. 在波士顿矩阵法中，当企业市场增长率低，相对市场占有率高的时候，属于哪类企业（　　）。

A. 问题类　　B. 明星类　　C. 金牛类　　D. 瘦狗类

2. 波士顿矩阵法中的明星企业宜采取的战略是（　　）。

A. 发展　　B. 维持　　C. 收获　　D. 放弃

3.（　　）是为了克服波士顿的不足而产生的新的战略综合分析的方法。

A. 产品/市场演变矩阵　　B. SWOT 分析法

C. 麦肯锡矩阵　　D. 生命周期法

4. 电视机制造企业兼并显像管制造企业，这种一体化类型属于（　　）。

A. 前向一体化　　B. 后向一体化　　C. 横向一体化　　D. 混合一体化

5. 所谓差异化战略，是指为使企业产品与（　　）有明显的区别，形成与众不同的特点而采取的一种战略。

A. 原产品　　B. 竞争对手产品　　C. 本企业产品　　D. 同行业产品

6. 当市场逐渐成熟时，行业未来仍然有发展前途时，可以选择的市场进入战略类型是（　　）。

A. 强化营销　　B. 一体化营销　　C. 多元化经营　　D. 集中性营销

7. 纺织印染厂原来只是将胚布印染成各种颜色的花布供应服装厂，现在纺织印染厂与服装厂联合，这属于（　　）。

A. 前向一体化　　B. 后向一体化　　C. 横向一体化　　D. 混合一体化

8. 企业通过有效途径降低成本，使企业的全部成本低于竞争对手的成本，甚至在同行业中最低的成本，从而获取竞争优势的一种战略是（　　）。

A. 低成本战略　　B. 营销战略　　C. 竞争优势战略　　D. 差异化战略

9. 具有较高市场增长率和较低的相对市场占有率的业务是（　　）。

A. 问题类　　B. 明星类　　C. 金牛类　　D. 瘦狗类

三、多项选择题

1. 企业战略管理的特征有（　　）。

A. 指导性　　B. 全局性　　C. 竞争性

D. 风险性　　E. 长远性

2. 企业总体战略一般有以下类型（　　）。

A. 纵向一体化战略　　B. 多元化战略

C. 单一经营战略　　D. 竞争战略　　E. 产品战略

3. 优秀战略就是适应战略，具体讲就是战略要与（　　）相适应。

A. 竞争对手　　B. 环境　　C. 资源

D. 文化　　E. 组织

4. 企业宏观环境包括以下环境（　　）。

A. 政治法律环境　　B. 企业的社会责任

C. 人力资源　　D. 经济环境　　E. 供应商

5. 企业一般经营战略主要包括（　　）。

A. 总成本领先战略　　B. 追求产品差异的战略

C. 防御型战略　　D. 集中重点或专业化战略

E. 紧缩型战略

6. 战略管理包含的关键要素有（　　）。

A. 战略分析　　B. 战略选择　　C. 战略评价

D. 战略实施　　E. 战略控制

7. 战略分析包括的主要方面有（　　）。

A. 确定企业的使命　　B. 宏观环境

C. 微观环境　　D. 内部条件分析　　E. 确定企业的目标

四、案例分析

案例（一）

俄亥俄州牛排包装公司

在牛排包装行业中，传统的成本链包括：在分布很稀疏的各个农庄和农场饲养牛群，将这些活牛运到劳动密集型的屠宰场，然后将整块牛排送到零售商处，它们的屠宰部再把牛排砍成小块，包装起来卖给购物者。俄亥俄州牛排包装公司采用了一个完全不同的战略改造了传统的价值链：建立大型的自动化屠宰场，并将屠宰场建在便于运输牛群的地方，在加工厂将部分牛肉砍成小块牛肉，之后装盒，然后再装运到零售商那里。该公司的牛群运输费用在传统价值链下是一个主要的成本项目，但现在可以因减少了长途运输而大大减少了；同时，因不再整块运送牛肉也减少了高额的牛肉废弃，大大减少了出厂成本。该公司采取的战略非常成功，从而取得了美国最大的牛肉包装公司的地位，一举超越了先前的行业领先者。

问题：

根据以上案例说明如何实现企业的低成本。

案例（二）

个人 SWOT 分析

您在求职时，可以不妨采用 SWOT 工具对自己进行一番从里到外的“体检”。

SWOT 分析是检查您的技能、能力、职业、喜好和职业机会的有用工具。如您对自己进行一个细致的 SWOT 分析，那么，您会很明了地知道自己的优点和弱点在哪里，并且您会仔细地评估出您所感兴趣的不同职业道路的机会和威胁所在。一般来说，求职者在进行 SWOT 分析时，应遵循以下四个步骤：

1. 评估自己的长处和短处

我们每个人都有自己独特的技能、天赋和能力。在当今分工非常细的市场经济里，每个人擅长于某一领域，而不是样样精通（当然，除非天才）。例如，有些人不喜欢整天坐在办公桌旁，而有些人则一想到不得不与陌生人打交道时，心里就发麻，惴惴不安。请设计一个表格，列出您自己喜欢做的事情和您的长处所在（如果您觉得界定自己的长处比较困难，您可以找一些测试习题做一做，做完之后，您可以发现您的长处所在）。同样，通过列表，您可以找出自己不是很喜欢做的事情和您的弱势。找出您的短处与发现您的长处同等重要，因为您可以基于自己的长处和短处作两种选择：一是努力去改正您常犯的错误，提高您的技能，二是放弃那些对您不擅长的技能要求很高的职业。列出您认为自己所具备的很重要的强项和对您的职业选择产生影响的弱势，然后再标出那些您认为对您很重要的优势和弱势。

2. 找出您的职业机会和威胁

我们知道，不同的行业（包括这些行业里不同的公司）都面临不同的外部机会和威胁，所以，找出这些外界因素将有助于您成功地找到一份适合自己的工作，对您求职是非常重要的，因为这些机会和威胁会影响您的第一份工作和今后的职业发展。如果公司处于一个经常受到外界不利因素影响的行业里，很自然，这个公司能提供的职业机会将是很少的，而且没有职业升迁的机会。相反地，充满了许多积极的外界因素的行业将为求职者提供广阔的职业前景。请列出您感兴趣的一两个行业（如保健、金融服务或者电信），然后认真地评估这些行业所面临的机会和威胁。

3. 提纲式地列出今后五年内您的职业目标

仔细地对自己作一个 SWOT 分析评估，列出您从学校毕业后五年内最想实现的 4～5 个职业目标。这些目标可以包括您想从事哪一种职业，您将管理多少人，或者您希望自己拿到的薪水属于哪一级别。请时刻记住：您必须竭尽所能地发挥出自己的优势，使之与行业提供的工作机会完满匹配。

4. 提纲式地列出一份今后五年的职业行动计划

这一步主要涉及一些具体的东西。请您拟出一份实现上述职业目标列出的每一个目标的行动计划，并且详细地说明为了实现每一个目标，您要做的每一件事，何时完成这些事。如果您觉得您需要一些外界帮助，请说明您需要何种帮助和您如何获取这种帮助。例如，您的个人 SWOT 分析可能表明，为了实现您理想中的职业目标，您需要进修更多的管理课程，那么，您的职业行动计划应说明您何时进修这些课程。您拟订详尽的行动计划将帮助您作决策，就像公司事先制定的计划为职业经理们提供行动指南一样。

诚然，作此类个人 SWOT 分析会占用您的时间，而且还需认真地对待，但是，详尽的个人 SWOT 分析却是值得的，因为当您作完详尽的个人 SWOT 分析后，将有一个连贯的、实际可行的个人职业策略供您参考。在当今竞争白热化的市场经济社会里，拥有一份挑战和乐趣并存、薪酬丰厚的职业是每个人的梦想，但并不是每个人都能实现这一梦想。因此，为了使您的求职和个人职业发展更具有竞争性，请花一些时间界定您的个人优势和弱势，然后制定一份策略性的行动计划，务必保证有效地完成它，那么，您的前景将灿烂而辉煌！

第二节　人力资源管理技能训练

一、填　空　题

1. 人力包括________、________、________和________四部分。

2. 人力资源管理的基本原理包括________原理、________原理、互补优化原理、________原理、激励强化原理和________原理。

3. 能位匹配原理中，“能”指的是________；“位”指的是________。

4. 工作分析的程序包括________阶段、________阶段、________阶段和________阶段。

5. ________是工作设计常见的模式之一，它是指一段时间内，员工在不同任务间轮换。

6. 员工培训的形式有________和________。

7. 对员工进行绩效考核的主要内容包括________、________、________和________四个方面。

8. ________是一个组织对成员支付的为组织目标努力的一种经济性回报。

9. 职工的基本工资可以以________、________的形式支付。

10. 发布招聘信息的原则有________、________和________。

二、单项选择题

1. 人力资源区别于其他资源的最根本的特点是（　　）。

A. 能动性　　B. 时效性　　C. 两重性　　D. 可持续性

2. 担任某一种工作的人员所需具备的最起码的资格条件，如技艺、知识、能力、经历等属于（　　）。

A. 任务　　B. 工作描述　　C. 工作资格　　D. 工作分类

3. 内部招聘的缺点包括下面各项，除了（　　）。

A. 引起同事的不满

B. 人员选择的范围广

C. 容易造成“近亲繁殖”

D. 从内部招聘到的人可能只是组织中最合适的人，却并非一定是最合适的人

4. 通过工作过程学习技能和知识指的是（　　）。

A. 专业脱产培训　　B. 定期脱产培训

C. 分阶段脱产培训　　D. 在职培训

5. “金无足赤，人无完人”体现在人员甄选的原则上是（　　）。

A. 用人所长原则　B. 民主集中原则　　C. 因事择人原则　　D. 德才兼备原则

6. 人员招聘的直接目的是（　　）。

A. 获得企业需要的人员　　B. 树立企业形象

C. 履行社会义务　　D. 降低受雇者短期内离开企业的可能性

7. 当进行员工培训时，以书本知识为主、培训对象面广人多、培训时间有限时，应以（　　）为主进行培训。

A. 示范法　　B. 讲授法　　C. 小组讨论法　　D. 模拟训练法

8. 绩效考核的顺序应该是（　　）。

A. 组织绩效考核—中层绩效考核—基层绩效考核

B. 中层绩效考核—组织绩效考核—基层绩效考核

C. 基层绩效考核—组织绩效考核—中层绩效考核

D. 基层绩效考核—中层绩效考核—组织绩效考核

9. 如考核的目的是将部门员工从优到劣进行排序，则采用以下哪种考核方法最合适

（　　）。

A. 行为评定法　B. 关键事件法　C. 分级比较法　D. 强迫选择法

10. 关于福利与基本工资的说法正确的是（　　）。

A. 基本工资和福利都是一种薪酬形式

B. 基本工资的支付方式是实物支付和延期支付

C. 福利的支付方式只有现期支付和货币支付

D. 员工的探亲假不属于福利

三、多项选择题

1. 互补优化原理中的互补主要包括（　　）。

A. 知识互补　B. 年龄互补　C. 性格互补　D. 能力互补

2. 工作设计常见的模式有（　　）。

A. 工作生动化模式　B. 工作扩大化模式

C. 工作轮换模式　D. 工作丰富化模式

3. 企业外部招聘的渠道有（　　）。

A. 广告　B. 就业媒体　C. 猎头公司　D. 学校

4. 绩效的性质表现在（　　）这几个方面。

A. 多因性　B. 能动性　C. 多维性　D. 动态性

5. 建立合理的薪酬制度的原则有（　　）。

A. 公平性　B. 竞争性　C. 经济性　D. 合法性

四、案例分析

案例（一）

Y 公司的绩效管理

Y 公司是一家主营高档名牌服装代理、兼营餐饮的公司，在全国拥有专柜、专卖店 30 多家。Y 公司目前处于快速发展阶段，计划未来 3 年内销售年增长率为 25% 左右。员工目前总人数为 300 多人，分布在国内 5 个城市。为实现成长目标，公司希望建立一套高水平的绩效管理系统。Y 公司要求通过新的绩效管理系统的实施，科学准确地评价企业内各个分店、各个员工的真实贡献，据此确定薪酬分配和激励措施，从而在淘汰不合适员工的同时吸引和激励优秀员工，实现公司与优秀员工的双赢。由于行业的特征，Y 公司人员素质差异大，中低层员工流动率高，故绩效管理系统应该简单易行；导入新方案初期需要各级人员投入大量时间和精力以熟悉和适应新的工作内容和流程，因此短期内业绩可能不升反降；最后，为预防可能出现的反对声音、抵触心理，他们决定采取措施控制这种变革冲突。综合考虑以上因素，绩效管理系统将分 3 个阶段逐步实施。3 个阶段之间完全独立；每个阶段之间有间隔，让企业有时间充分消化和吸收；每一阶段都设定合理的目标，最终建立起一个适应

Y公司的绩效管理体系。

资料来源：中国人力资源开发网 http：//www. chinahrd. net/.

问题：

1. 请为该公司设计一套绩效管理系统。

2. 公司员工的绩效如何考评？

案例（二）

安仁股份有限公司的培训计划

安仁股份有限公司是国内一家知名的大型家电生产厂家，其代表产品除了在国内市场占有很大份额以外，还远销欧、亚、非等国家。2000年12月，公司进行股份制改造，现有员工3 000多人。自公司股票公开上市以后，公司的发展非常迅速。2002年底，公司与某大学合作，对公司的组织结构进行了重新设计，从各个管理岗位上裁员300多人，使机构更加精简、高效。2004年，公司又与该大学合作，研究公司下一步人员培训如何开展的问题，其目的是将公司建成学习型组织，将公司的发展建立在人员素质的普遍提高上。这是因为，目前国内在本行业的竞争已经白热化，几家大型厂家竞相角逐，如何在未来获得竞争优势，是每个厂家都面临的重要课题。安仁公司在进行ISO 9001认证前后已经进行了多年的培训，并对部分管理人员进行了MBA课程培训，但公司总感到已有的培训效果不理想，培训总是缺乏主动性，常常跟着业务变化及公司大的决策变动而变化，计划性较差，随时性和变动性很大。另一方面，公司也感到未来企业竞争优势的取得要依靠人员素质的提高，同时，公司在经营和发展方面遇到一些现实的问题，希望能够通过培训得以解决。鉴于此，安仁公司决定开展为期3年的公司全员大培训。

问题：

1. 如何确定公司的培训需求？

2. 各部分人员应如何培训？培训应包括哪些内容？

3. 如何形成有效的培训管理体系与制度？

第三节 质量管理技能训练

一、填 空 题

1. 广义的质量，包括________和________。

2. 质量管理主要包括________和________两方面的内容。

3. 质量管理的发展经历了________、________和________三个阶段。

4. 质量管理的全面性主要体现在________、________、________和________是全面的。

5. 要做到以预防为主，必须把工作的重点由“事后把关”转换为“________”，从管“产品质量”转换到管“________”上来，建立一套科学的质量保证体系。

6. PDCA 循环，是全面质量管理的一个工作体系，其运转的基本方式是按“________—________—________和________”四个工作阶段周而复始地进行着工作循环。

7. 质量管理的方法包括________、________、________、________、________和________。

8. 认证制度又称为合格评定，是指为进行________工作而建立的一套程序和管理制度。一般包括两个方面的内容：________认证和________认可。

9. 认证的基本要素包括________、________、________和________。

10. ISO 9000 系列标准是一套综合性质的标准，它既包括________、________，也包括产品整个形成过程的控制体系等。

二、单项选择题

1. 广义的质量，除了产品质量外，还包括（　）。
A. 工作质量　B. 管理质量　C. 包装质量　D. 存储质量

2. 世界上第一个质量管理体系和质量保证系列国际标准是（　）年首次发布的。
A. 1994　B. 1987　C. 2000　D. 1988

3. 在质量管理发展经历的 3 个阶段中，防守型的是（　）；预防型的是（　）；进攻型的是（　）。
A. 单纯质量检验阶段　B. 统计质量控制阶段
C. 全面质量管理阶段

4. 加强（　）的质量管理是保证和提高产品质量的中心环节。
A. 服务过程　B. 设计开发过程　C. 使用过程　D. 生产制造过程

5. QC 小组指的是（　）。
A. 员工活动小组　B. 质量管理小组　C. 生产作业小组　D. 清洁小组

6. “认真处理客户投诉问题”是全面质量管理中（　）过程的工作内容之一。
A. 设计开发　B. 制造　C. 辅助　D. 使用

7. 对基础信息资料进行分析的最基本方法是（　）。
A. 排列图法　B. 散布图法　C. 分层法　D. 因果分析图法

8. 在排列图的基础上，为清晰而有效地整理和分析质量特性（果）波动和影响要素项目（因）之间的关系，从大到小，从粗到细，寻根溯源，直至找到问题症结所在的图示技法被称为（　）。
A. 排列图法　B. 因果分析图法　C. 散布图法　D. 控制图法

三、多项选择题

1. 工序中的基本因素通常包括（　）等方面。
A. 人即操作人员　B. 机器　C. 材料
D. 方法　E. 环境

2. 全面质量管理的特点包括（　）。

A. 适应性　　B. 预防性　　C. 服务性
D. 科学性　　E. 全面性

3. 设计开发过程的质量管理主要内容包括（　　）。
A. 加强计量和检验工作　　B. 建立、健全产品设计的工作程序
C. 建立早期预警系统　　D. 运用科学的设计方法

4. PDCA 循环的特点有（　）
A. 大循环套小循环，互相促进　　B. 螺旋上升
C. 四个阶段缺一不可　　D. “处理”阶段是关键

5. 认证制度的分类有（　　）。
A. 自愿性认证和强制性认证　　B. 正式认证和非正式认证
C. 国家认证、区域认证和国际认证　　D. 合格标志认证和安全标志认证

6. 2000 版 ISO 9000 族标准的组成包括（　　）。
A. 核心标准　　B. 其他标准
C. 技术报告和小册子　　D. 技术规范

四、案例分析

案例（一）

得利斯集团的质量管理

山东得利斯集团公司的管理者认为，产品的质量是生产出来的。要保证产品质量，必须坚持把质量问题解决在产品生产过程中，并且要求员工在生产过程中树立“换位意识”。

所谓“换位意识”，就是上一道工序把下一道工序当成用户，下一道工序把上一道工序当成卖主，用上一道工序的产品质量保证下一道工序的产品质量，直至保证最终产品的质量。为此，他们为各工序制定了严格而详细的作业标准。例如，原料肉质量是否合格？对有疑问的原料肉，及时报告班长处理；按照分割肉的时间先后顺序提运，严禁顺序颠倒，以免造成原料肉污染；绞肉工序作业标准规定，挑选好的原料肉要严格按比例搭配；放入绞肉机前，要认真检查绞肉机内是否清洁卫生；进口处原料肉不慎掉到地面上，应随时拾起并用水冲洗干净后，方可放到绞肉机中；灌装工序作业标准规定，灌装前必须认真检查肠衣，对霉变、过粗过细、有麻筋的，一律挑出；认真检查上一道工序转交的在制品，不合格的不得灌装；包装工序的作业标准规定，成品出炉必须待冷却后方可进行包装，严禁热包装；产品冷却后，还应按顺序剪修产品，认真挑选，不准将不合格品混入合格品中；产品装箱前，首先检查包装箱内是否洁净，有无异物，确认合格后装箱，不得使产品接触纸箱，严禁把带有污物、异物、色不正不均的不合格品装入箱内；标签要注明日期和批号。

得利斯集团公司就是用这种“换位意识”，在上一道工序与下一道工序之间建立了双保证机制，从而保证了产品的质量。

问题：

1. 根据案例分析什么是“换位意识”？

2. 如何理解下一道工序就是用户？如何理解下一道工序把上一道工序当成卖主？

案例（二）

质量第一：奔驰的秘诀

“如果有人发现奔驰汽车发生故障，被修理车拖走，我们将赠送您一万美金。”这是奔驰汽车公司的一则广告，也是其超群质量的生动写照。

奔驰公司的首要目标不在于扩大生产规模，而在于提高产品的质量并使之达到首屈一指。公司新闻处的一位负责人明确地说：“我们的方针就是要优质。”在整个生产过程中，从产品的构想、设计、研制、试验、生产直至推销、维修，质量第一的原则一直贯彻始终。为提高质量，该公司紧抓两项措施：一是建立一支技术熟练的工人队伍，二是建立严格的产品和部件检查制度。

公司决策层认为，要提高产品质量，人是决定性因素。因此，他们特别重视对人的培训，可以说不惜血本。他们在国内设有502个培训中心，培训范围包括新招徒工的基本职业训练，企业领导力量的培训和在职职工的专业提高。受基本职业训练的人一般维持在6 000人左右，结业考试合格者才能成为专业工人；对在职职工，则采取多种措施，每年约有22.3万人参加再培训学习。由于注重培训，职工的业务素质比较高，所以奔驰公司在国内外市场上能够保持较强的竞争实力。

公司在生产中十分注重质量把关，明确规定：不合格的零部件坚决不用，不合格的成品不准出厂。一个引擎要经过42道检验，连油漆稍有划痕，都要返工。搞生产的工人有1/7左右是进行质量控制和检验，检查的水准很高。如果外厂提供的零部件，一箱中有一个不合格，就把这种零件全部退回。公司设有安全部，每年要有100辆崭新的汽车以时速35英里的速度冲撞坚固的混凝土厚墙，以试验前座的安全性。

今天，奔驰汽车已在世界上牢固树立一种形象——奔驰等于优质，被人们公认为优质的名牌产品，高价出售也畅销于市。

资料来源：张秋林．市场营销学．南京：南京大学出版社，2007.

问题：

1. 奔驰汽车公司的质量管理有何特点？
2. 这种质量管理对奔驰的发展有什么样的影响和作用？

参考文献

1. 胡宇辰，等．企业管理学．北京：经济管理出版社，2003.

2. 董文尧．企业管理基础．天津：南开大学出版社，2002.

3. 吴金法．现代企业管理学．北京：电子工业出版社，2003.

4. 丁仁忠，严寿鏊．现代企业管理基础．上海：立信会计出版社，2002.

5. 顾天辉，房长所．企业管理学．北京：中国经济出版社，1994.

6. 左昌鸿．现代企业管理概论．北京：中国商业出版社，2002.

7. 吴照云．管理学．北京：中国社会科学出版社，2006.

8. 王春利，李大伟．管理学基础．北京：首都经济贸易大学出版社，2005.

9. 李晓光．管理学原理．北京：中国财政经济出版社，2004.

10. 张小林．人力资源管理．杭州：浙江大学出版社，2005.

11. 赵有生．现代企业管理．北京：清华大学出版社，2004.

12. 朱明伟．现代企业管理原理．杭州：杭州大学出版社，1996.

13. 严正根，洪江如．现代企业管理．北京：清华大学出版社，北京交通大学出版社，2005.

14. 周三多，陈传明，鲁明泓．管理学——原理与方法．上海：复旦大学出版社，2005.

15. 李海波，刘学华．企业管理概论．上海：立信会计出版社，2001.

16. 陈春宝，杨德林．市场营销学．北京：中国经济出版社，2004.

17. 三峡大学政法学院．管理学原理．http：//www1．ctgu．edu．cn.

18. 王爱民，张素罗．管理学原理．成都：西南财经大学出版社，2010.

21世纪高职高专新概念（财经类）系列教材

（一）基础科目

1. 管理学概论（第二版）
2. 经济法基础
3. 计算机文化基础
4. 政治经济学原理
5. 会计学原理
6. 财经应用文
7. 国际贸易理论与实务
8. 宏微观经济学（西方经济学）
9. 公共关系教程
10. 财经数学
11. 大学语文（第二版）
12. 普通话水平训练与测试
13. 书法教程
14. 计算机应用基础教程
15. 市场营销
16. 法律基础
17. 计算机应用基础实践教程

（二）国际贸易专业

1. 国际贸易概论
2. 国际贸易实务（第二版）
3. 国际商法
4. 国际金融
5. 国际经济合作
6. 对外贸易综合技能
7. 外贸运输与保险
8. 国际结算与外贸单证
9. 国际贸易地理（第二版）
10. 进出口商品检验与通关
11. 国际货运代理实务（第二版）

（三）会计专业

1. 基础会计
2. 财务会计
3. 成本会计
4. 财务管理（第二版）
5. 审计原理与实务
6. 会计电算化
7. 统计学基础（第二版）
8. 会计综合技能训练
9. 税务法律与纳税处理

（四）商务英语专业

1. 国际商务函电
2. 外贸英语口语
3. 国际商务英语写作
4. 商务英语阅读
5. 国际商务谈判
6. 英美概况
7. 实用外贸英语谈判与函电

（五）企业管理专业

1. 工商企业经营与管理概论
2. 工商企业管理实务
3. 现代企业管理案例精析
4. 人力资源管理学教程
5. 现代企业文化学
6. 市场营销学

（六）市场营销专业

1. 市场营销学概论
2. 国际市场营销
3. 网络营销
4. 商务谈判
5. 广告理论与实务
6. 消费心理学
7. 现代物流与配送
8. 商品学
9. 市场营销实训教程
10. 市场营销综合技能训练

（七）金融与保险专业

1. 货币银行学
2. 财政与金融（第二版）
3. 国际结算
4. 证券与投资
5. 保险原理与实务
6. 商业银行经营与管理
7. 金融企业经营与管理
8. 金融保险操作综合技能

（八）电子商务专业

1. 电子商务概论
2. 电子商务实用教程
3. EDI 实务与操作
4. 电子商务安全与支付
5. 电子商务法律法规
6. 电子商务综合技能

（九）旅游与酒店管理专业

1. 旅游学概论
2. 中国旅游地理
3. 导游业务与技巧
4. 旅行社经营与管理
5. 旅游市场营销
6. 酒店经营与管理
7. 酒店管理综合技能训练
8. 旅游心理学
9. 现代旅游管理法规概论
10. 旅游文化学概论

（十）物流管理专业

1. 物流管理概论
2. 物流企业管理
3. 供应链管理
4. 物流技术与设施
5. 物流管理信息系统
6. 仓储与配送